COLEÇÃO

ENGRE
NAGENS
URBANAS

MÁRCIA LEITE • LIA ROCHA
JULIANA FARIAS • MONIQUE CARVALHO (ORGS.)

MILITARIZAÇÃO NO RIO DE JANEIRO:

DA PACIFICAÇÃO À INTERVENÇÃO

mórula
EDITORIAL

REVISÃO
Leonardo Cunha

CURADORIA DA COLEÇÃO ENGRENAGENS URBANAS
Juliana Farias
Lia de Mattos Rocha
Márcia Pereira Leite
Monique Batista Carvalho

CIP-BRASIL. CATALOGAÇÃO NA PUBLICAÇÃO
SINDICATO NACIONAL DOS EDITORES DE LIVROS, RJ

M588

Militarização no Rio de Janeiro: da pacificação à intervenção / organização Juliana Farias ... [et al.]. – 1. ed. – Rio de Janeiro : Mórula, 2018.
320 p. : il. ; 23 cm. (Engrenagens Urbanas ; 2)

Inclui bibliografia
ISBN 978-85-65679-81-7

1. Segurança pública – Rio de Janeiro (RJ). 2. Violência – Rio de Janeiro (RJ). 3. Intervenção (Governo Federal) – Rio de Janeiro (RJ). I. Farias, Juliana.

18-52820 CDD: 355.6098153
CDU: 355.244(815.3)

R. Teotônio Regadas, 26/904 – Lapa – Rio de Janeiro
www.morula.com.br | contato@morula.com.br

Para Marielle Franco, cujo assassinato foi um crime político, por seu ativismo denunciando as arbitrariedades e crimes perpetrados pelos aparatos estatais de repressão.

Para Marielle, porque quem grita vive contigo.

SUMÁRIO

APRESENTAÇÃO

9 Sobre os dispositivos de governo dos pobres em uma cidade militarizada
MÁRCIA PEREIRA LEITE, LIA DE MATTOS ROCHA, JULIANA FARIAS E MONIQUE BATISTA CARVALHO

PARTE I | **AGENCIAMENTOS EM TORNO DE UM "RIO OLÍMPICO" E DA "VIOLÊNCIA URBANA"**

17 Impactos socioespaciais do experimento neoliberal na cidade do Rio de Janeiro no contexto dos Jogos Olímpicos de 2016
ORLANDO ALVES DOS SANTOS JUNIOR E PATRÍCIA RAMOS NOVAES

39 Formas de governo e conflitos com o Exército na produção da "região olímpica de Deodoro"
FRANK ANDREW DAVIES

57 Da deriva pela Av. Brasil à fixação numa esquina na Maré: usuários de crack, refugiados da "pacificação"
TANIELE RUI

PARTE II | **GOVERNANDO OS POBRES URBANOS: DISCIPLINARIZAÇÃO, MORALIDADES E MERCADOS**

70 "Vivendo entre dois deuses": a fenomenologia do habitar em favelas "pacificadas"
PALLOMA VALLE MENEZES

92 "Bem-aventurados os pacificadores": práticas de militarização e disciplinarização dos corpos no programa de pacificação de favelas do Rio de Janeiro
MONIQUE BATISTA CARVALHO

111 "2009" na Cidade de Deus: os pontos de vista dos moradores sobre a UPP e o "problema-favela"
JUSSARA FREIRE

129 As políticas de moradia do PAC/PMCMV e os condomínios como dispositivos de controle e "pacificação"
WELLINGTON DA SILVA CONCEIÇÃO

142 Militarização e Religião: alianças e controvérsias entre projetos morais de governo de territórios urbanos "pacificados"
CARLY MACHADO, VINÍCIUS ESPERANÇA E VINÍCIUS RODRIGUES GONÇALVES

161 A pacificação vista da Baixada Fluminense: violência, mercado político e militarização
EDSON MIAGUSKO

179 Empreendedorismo cultural nas margens da cidade
LIVIA DE TOMMASI

203 Militarização das escolas públicas: tensões e negociações em torno deste modelo de gestão escolar
SANDRA DE SÁ CARNEIRO E MARIA JOSEFINA G. SANT'ANNA

PARTE III | **FAZENDO A "GUERRA" NA CIDADE: MILITARIZAÇÃO, INTERVENÇÃO, RESISTÊNCIAS**

223 Democracia e militarização no Rio de Janeiro: "pacificação", intervenção e seus efeitos sobre o espaço público
LIA DE MATTOS ROCHA

240 Militarização e dispositivos governamentais para lidar com os "inimigos" do/no Rio de Janeiro
MÁRCIA PEREIRA LEITE E JULIANA FARIAS

262 A lógica da destruição: sufocamento, asfixia e resistências nas favelas do Rio de Janeiro
ALEXANDRE MAGALHÃES

283 Rio de Janeiro: o caleidoscópio da militarização urbana
RACHEL BARROS

297 Pelo direito de ser vítima: narrativas, moralidades e mobilização virtual em torno do assassinato de uma criança no Complexo do Alemão
PATRÍCIA LÂNES

APRESENTAÇÃO

Sobre os dispositivos de governo dos pobres em uma cidade militarizada

MÁRCIA PEREIRA LEITE • LIA DE MATTOS ROCHA
JULIANA FARIAS • MONIQUE BATISTA CARVALHO

Esta coletânea reúne textos que, de diversas perspectivas, buscam compreender o processo de crescente ampliação da gestão militarizada do espaço e as dinâmicas sociais daí advindas.

Este é o segundo volume da coleção "Engrenagens urbanas", que reúne contribuições de pesquisadores de diferentes áreas dos estudos urbanos, tendo por eixos analíticos a gestão de territórios e populações e a experiência de cidade das mesmas. Desta perspectiva, a coleção enfoca desde as distintas formas de produção do urbano e de gestão do espaço público, através de políticas, projetos e agenciamentos variados, até as tensões, negociações, estratégias e táticas cotidianas de seus moradores face às práticas governamentais que caracterizam as cidades contemporâneas.

Apresentamos pesquisas empíricas e de cunho qualitativo/etnográfico articuladas a partir dos projetos de pesquisa "Políticas públicas, cidadania e territórios periféricos: a permanente (re)construção do estado nas margens do Rio de Janeiro" (coordenado pela professora Lia de Mattos Rocha e financiado pelo Edital Jovem Cientista do Nosso Estado — FAPERJ/2015) e "Sociabilidade, violência e vigilância em favelas cariocas" (coordenado pela professora Márcia Leite, contemplado pelo Edital de Apoio aos Grupos Emergentes de Pesquisa — FAPERJ/2010). Ambos os projetos foram realizados em estreita interlocução com as redes de pesquisa do "CIDADES — Núcleo de Pesquisa Urbana" e do "Coletivo de Estudos sobre Violência e Sociabilidade" (CEVIS) sediadas na Universidade do Estado do Rio de Janeiro. A fim de problematizar alguns dos resultados obtidos e ampliar o escopo analítico dos fenômenos abordados, convidamos também pesquisadoras e pesquisadores cujos trabalhos dialogam diretamente com os resultados dos projetos antes referidos.

Quando esta coletânea começou a ser organizada estávamos em 2016. Naquele momento, a crise que hoje se abate sobre o Brasil e particularmente sobre o estado do

Rio de Janeiro já se apresentava no horizonte, mas não tínhamos a compreensão de sua dimensão. De 2016 para cá, vivemos diversas expressões da militarização no país, no estado e na cidade.

No plano nacional, vivemos o golpe institucional-jurídico-parlamentar que destituiu a presidente Dilma Rousseff, a desconstrução de políticas públicas para os territórios e as parcelas mais desfavorecidas da população, assim como dos direitos do trabalho; o avanço do fascismo, do racismo, da LGBTfobia e do machismo, que crescentemente encontram legitimidade e audiência em nossa sociedade; e o crescente uso da lei como arma de guerra através de manobras jurídico-políticas a serviço do bloco de poder, muito distantes de nossa configuração constitucional.

No plano estadual, vivemos o contingenciamento radical de verbas tanto da UERJ quanto da FAPERJ, que colocou em risco as duas instituições e praticamente paralisou a produção científica no estado; o desmonte da saúde e da educação públicas; e, sobretudo, vimos a "guerra" se transformar no dispositivo de governamentalidade matriz de gestão de territórios, populações e situações conflitivas, produzindo cada vez mais mortes dos pobres, negros e moradores de favelas e periferias e se articulando de forma decisiva à chamada crise das Unidades de Polícia Pacificadoras (UPPs) e à intervenção federal na segurança pública fluminense.

Na cidade do Rio de Janeiro, vivemos a execução da vereadora do PSOL Marielle Franco, colega e amiga, participante do Cidades, representante de tantas das lutas que contamos neste livro, e talvez a expressão mais evidente de todo o processo de extermínio da população negra e moradora das favelas cariocas.

Foram tantos os golpes que pensamos, por diversas vezes, em desistir do projeto. Mas compreendemos que é exatamente em momentos assim que precisamos refletir, investigar, analisar e nos posicionar sobre o contexto que enfrentamos — cientes das limitações que temos, dispostas a contribuir como sabemos. Por isto, a proposta desta coletânea é refletir sobre a militarização em seus diversos aspectos e não apenas no que diz respeito à avaliação da atuação das forças militares do aparato de segurança pública. Tais escolhas não são por acaso: no que diz respeito à militarização, compreendemos que se trata da versão contemporânea de um fenômeno mais antigo, cujas características atuais indicam uma forma de governo, no sentido foucaultiano do termo (Foucault, 2008), e não uma questão estrita do campo da segurança pública. Desta perspectiva, compreendemos que o debate sobre a militarização deve ser travado para além das avaliações a respeito do bom ou mau uso das forças militares no combate ao crime nas grandes cidades. Afinal, delineado desta forma, o debate termina por ser capturado por perspectivas normativas — o que reduz as possibilidades analíticas sobre os processos em curso.

Neste sentido, a escolha pela etnografia é central. Somente perseguindo os fluxos e trajetos que corpos e coisas fazem pela cidade podemos compreender as dinâmicas em curso, para além dos jogos de luz e sombra produzidos pelas políticas governamentais que atualizam formas de gestão da vida. Entendemos que perspectivas qualitativas permitem compreender fenômenos que estão conectados entre si, mas que aparecem como separados nos discursos oficiais, nas páginas e exibições dos jornais e nas pesquisas que levantam indicadores de eficiência e eficácia das tecnologias executadas. É desse esquema que joga luz sobre certos lugares, pessoas e acontecimentos, e joga nas sombras o "resto" da cidade, que queremos escapar.

Como dito acima, compreendemos a militarização como uma forma de governo[1], o que significa que o poder não emana apenas das instituições estatais — ainda que seus operadores sejam atores centrais de vários dos processos e situações aqui analisados —, mas pode ser observado circulando em diversos contextos a partir de seus diferentes agentes e funcionários (aqui, o Exército, a Polícia Militar, a Polícia Civil; ali, seus agentes e a burocracia de suas diversas instituições), das igrejas, das ONGs, dos trabalhadores dos programas sociais, do mercado, e muitas vezes do crime. Todos estes personagens também governam[2]. Evidentemente, não estamos operando com a clássica (na filosofia e na ciência políticas) distinção entre Estado e Sociedade. Os governados são, sobretudo, os pobres urbanos, os moradores de periferias e favelas, os considerados insuficientemente civilizados, como caracterizam Das e Poole (2004), mas em certo sentido todos e todas que experimentam as transformações na forma de existir, ocupar, produzir e habitar a/na cidade, criando também resistências diversas como formas de inventar seu cotidiano como possível/vivível.

Temos sido governados por este dispositivo da militarização. Esta forma de governo está articulada, entrelaçada e enredada com uma outra série de dispositivos que vem sendo trazida nos textos desta coletânea, a partir de situações etnográficas, e que vão compondo essa trama de tecnologias de governo. A "pacificação", predominante no Rio de Janeiro a partir de 2008 e até muito recentemente, é compreendida em diversos dos capítulos deste volume enquanto um desses dispositivos, assim como os megaeventos (sobretudo Copa do Mundo e Olimpíadas), cuja duração[3] não por acaso é similar à da

---

1 Mobilizamos aqui a noção de governo dos pobres, apoiada na análise da governamentalidade, de Foucault, como uma forma de exercício de poder "que tem como alvo principal a população, como forma mais importante de saber, a economia política, como instrumento técnico essencial, os dispositivos de segurança" (2010, p. 303), e que envolve a preeminência da soberania e da disciplina para modelar condutas (e, portanto, não apenas o governo dos outros, mas também o governo de si).

2 Para Foucault (Ibid), esse exercício de poder certamente compreende as instituições políticas e jurídicas, e, neste sentido, o que usualmente referimos por Estado. Entretanto, não se limita a elas, envolvendo outras formas de regulação e outros agenciamentos que expressam e atualizam correlações de forças e arranjos específicos entre público e privado.

3 Fazemos referência aqui ao período de preparação para os megaeventos, desde a indicação do Brasil para ser sede da Copa do Mundo, em outubro de 2007, e do Rio de Janeiro como cidade-sede das Olimpíadas, em outubro de 2009, até sua realização, respectivamente junho a julho de 2014 e em agosto de 2016. É a este período que chamamos de ciclo de megaeventos, que teve duração similar a do projeto de "pacificaçao".

política de "pacificação" de favelas através das UPPs. Os dois estão claramente articulados, visto que este experimento de segurança pública foi praticado em certas favelas do Rio de Janeiro, quase todas no entorno de áreas turísticas da cidade e nas proximidades das principais vias de acesso à cidade e dos equipamentos esportivos produzidos para alavancar o Rio de Janeiro como uma "cidade de negócios", como nos ensina Harvey (2005), através dos megaeventos. Mas não apenas: o empreendedorismo, a religião, nos nexos que vêm promovendo entre moralidade e disciplinarização, e a inclusão no/pelo mercado também são dispositivos identificados e analisados em diversos capítulos deste volume.

Os artigos aqui reunidos discutem, portanto, como a militarização da vida e da cidade atualiza processos históricos de tutela, disciplinarização e conversão moral dos pobres urbanos, mas contextualizando esse momento a partir dos marcos do urbanismo neoliberal — que subsidiaram as propostas e políticas de realização dos megaeventos e do projeto de "pacificação" de favelas, explorando e analisando a imbricação entre esses processos. Um de seus efeitos parece-nos ter sido colonizar (ou buscar fazê-lo) as formas de pensar dos habitantes do Rio de Janeiro. Muitos deles, provenientes de camadas médias e/ou abastadas e morando em bairros formais e/ou áreas "nobres" do Rio, subscrevem a "guerra" como a modalidade, atual e necessária, de governo dos pobres e de seus territórios de moradia.

Por terem sido produzidos majoritariamente em 2016 — com algumas revisões e atualizações para sua publicação em 2018 — os textos expressam fortemente essas questões, que nos mobilizavam à época. O papel do exército na vida política; a militarização de escolas públicas em diversas cidades do país; o processo de disciplinarização e controle envolvido na realocação de moradores de favelas em condomínios do "Minha Casa Minha Vida" e nas remoções de favelas e, sobretudo, as reconfigurações sociais e territoriais a partir da ocupação de favelas pelas forças militares através das UPPs, assim como das circulações e fluxos urbanos.

Como podemos observar, no texto de Orlando Jr. e Novaes, o ordenamento neoliberal da cidade, no contexto/projeto de acionar os megaeventos para alavancar o Rio como "cidade de negócios", produziu uma significativa reestruturação urbana da cidade e de seu padrão de governança urbana, com efeitos nada desprezíveis na vida e na dinâmica urbanas. Um deles, destacamos, é um modo de governo de territórios e populações não consistente com nossa configuração constitucional, formalmente democrática. "Destruição", "terror" e "guerra" resumem a percepção de muitos dos removidos de seus territórios de moradia sobre o que é o Estado, visto através dos contatos dessas pessoas com seus agentes e instituições, em seu modo habitual de operar com relação aos pobres urbanos, como demonstra Magalhães.

O tema é retomado, sob outros viéses analíticos, em diversos dos artigos dessa coletânea que se debruçam sobre as implicações da instalação desse modo de gestão de territórios e populações em sua vida, em sua sociabilidade e na articulação de suas ações coletivas (Barros; Carvalho; De Tommasi; Freire; Lânes; Leite e Farias; Menezes; Rocha). Certamente, viver sob exceção, a partir dos muitos ilegalismos operados pelo Estado, produz inúmeras dificuldades para os movimentos sociais efetuarem a crítica e/ou de poderem expressá-la no espaço público, como demonstram Lânes, Barros, Leite e Farias, e Rocha, nesta coletânea.

Apesar de neste momento estarmos frente ao que parece ser o fim do ciclo dos megaeventos e do projeto das Unidades de Polícia Pacificadora, compreendemos que é relevante analisar os impactos sociais produzidos por eles, porque mesmo o que aparentemente "deu errado" deixa um "legado" — utilizando a categoria tão acionada no debate sobre os megaeventos. Desta forma, propomos uma "etnografia do 'fracasso'", como sugerem Machado, Esperança e Gonçalves nesta coletânea (a partir da leitura de Malpas e Wichman, 1995), apreendendo das análises sobre este momento o que se modifica, o que permanece, e o que permite vislumbrar tendências vindouras.

Desta forma, o que vai se delineando como efeito dos processos aqui analisados é a produção de um ordenamento social que tem na militarização do espaço urbano uma lógica condutora. Assim, mais do que a presença de armas e outros aparatos considerados "de guerra" no cenário da cidade, produz um regime de legitimação do aumento do controle sobre a população, através do crescimento da vigilância, do enquadramento moral — mas também criminal — dos comportamentos considerados desviantes, da disseminação de valores identificados com o universo militar, como a ordem e a hierarquia, e da rejeição de valores como a diversidade e a democracia — separando os "limpos" dos "sujos" (Lutz, 2006), da necessidade de conversão dos sujeitos considerados passíveis de ajustarem-se a esse processo civilizador e, por consequência, da produção de segregação para apartar os qualificados como indesejáveis/irrecuperáveis/ingovernáveis.

Tal regime de legitimação ganha corpo com a produção de legislações e regulamentos que permitem sua operacionalização, e que vão sendo executados de forma constante e contínua, mas sem ser objeto de debate público. A narrativa que nomeia esse momento como de crise permite a aceitação da aplicação de mecanismos considerados "de exceção", que vêm sendo amplamente disseminados no campo das políticas e propostas sobre como rebaixar a "violência urbana" (Leite, 2017) e de como controlar seus mais prováveis "frutos", como analisou Birman (2008). Assim, podemos observar nos casos aqui investigados, como a militarização de escolas, em casos fora do estado do Rio de Janeiro (Carneiro e Santana, neste volume), mas imaginados a partir do processo de militarização deste, é apresentada como solução para resolver a suposta crise de autoridade dos professores, a falta de investimentos e o baixo rendimento em questionáveis testes padronizados, e é endossada pelas famílias dos estudantes.

Aqui também podemos observar como a urgência em preparar a cidade para os megaeventos legitimou operações ilegais, como no caso da transformação de terras públicas em bens imobiliários privados pelo Exército (no trabalho de Davies) e o crescimento da percepção sobre a violência urbana justificando a exceção de uma ocupação militar nos territórios favelados (trabalhados por Freire, Menezes, Barros, Rui). Portanto, é significativo o caráter rotineiro da militarização, como evidenciam Menezes, ao analisar a penetração dos aparelhos técnicos e ideológicos de vigilância nas favelas ocupadas por UPPs, Conceição, discutindo a vigilância que se introjeta e que passa a ser agenciada pelos próprios vigiados, e Carvalho, analisando a atuação pedagógico-civilizatória, registrada também por "materiais informativos" distribuídos pelos agentes das UPPs.

Como destacamos antes, a produção desse novo regime de militarização não é realizada apenas pelos agentes militares. O texto de Machado, Esperança e Gonçalves e o de Davies investigam as articulações entre militares e agentes religiosos e de movimentos sociais, e como essas interações são marcadas também por tensões, divergências de expectativas e conflitos. Os autores destacam também a heterogeneidade das instituições militares e religiosas, o que complexifica as movimentações dos atores sociais pelas cenas analisadas. Operando com outro viés analítico e discutindo as UPPs por sua ausência na Baixada Fluminense, Miagusko complexifica ainda mais a trama de como e quem hoje governa os pobres urbanos no estado, ao analisar também os operadores do mercado ilícito e do mercado político.

Os textos aqui reunidos examinam também as contingências deste processo, as possibilidades de resistência que escapam dessa trama de controle e disciplina. Rocha descreve as possibilidades de contornamento da disciplinarização e do silenciamento por moradores de favelas ocupadas por UPPs, quando em contextos de interação com seus agentes operadores. Rui demonstra como os frequentadores de um local de uso de crack, mesmo que "à deriva" por terem sido deslocados pela ocupação militar, agenciam sua presença na cidade com os moradores da localidade, a polícia e os traficantes de drogas — ainda que em um equilíbrio sempre instável. De Tommasi descreve como o que ela denomina de dispositivo da arte e da cultura permite, ainda que dentro do contexto de ocupação do território pelas UPPs, que jovens produzam outros discursos sobre a condição de favelado que os caracteriza. Freire contrasta dois momentos, antes e depois da "pacificação", para argumentar como a "gramática da pacificação", em seus termos, orienta os jovens moradores da localidade analisada na busca por "ser respeitado".

Outras questões, que nos pareceram extremamente relevantes, aqui também são abordadas. Como o projeto de "pacificação de favelas" via UPPs, que aspirou produzir o controle e a disciplinarização dos pobres urbanos em seus territórios de moradia, ao ser derrotado pela forma de governo efetivamente ali praticada, produziu e legitimou, como reflete Rocha, outros experimentos de governo desses territórios e populações, entre eles a intervenção militar na segurança pública do estado.

A intervenção federal volta à cena, nos artigos de Barros, de Leite e Farias e de Miagusko. Barros examina a "estética militar" desde o período de "pacificação" de

Manguinhos até o início da intervenção no Rio de Janeiro, evidenciando conexões entre o discurso de soberania estatal e a necropolítica. Miagusko analisa, nesse contexto, os efeitos circulatórios da violência na produção de regimes territoriais polarizados pela "pacificação", como dispositivo da militarização, mesmo sem instalação local de uma UPP. Leite e Farias discutem como e porque a produção sistemática de mortes (dos pobres, negros, moradores de favelas e periferias, mas também daqueles que, com outras inscrições raciais, territoriais e sociais, passaram a ser considerados como "matáveis") tornou-se a forma dominante de governo de quem é tipificado como "ingovernável", e vem obtendo crescente legitimação no contexto da intervenção.

A definição de militarização como um dispositivo que enreda uma série de agentes, valores, tecnologias e aparelhos emerge, portanto, do diálogo entre esses diferentes artigos — e da variedade de objetos, questões, enquadramentos teóricos e conclusões que eles apresentam. Os autores aqui reunidos estão entre os principais interlocutores que temos nesta agenda de pesquisa para descrever e compreender os processos sociais pelos quais o Rio de Janeiro tem passado. Agradecemos a todas e todos pela interlocução privilegiada que nos oferecem e pelas instigantes análises que apresentam. Agradecemos ainda, e especialmente, pela parceria em momentos tão difíceis.

Por fim, ainda gostaríamos de registrar que a decisão e o esforço de produzirmos esta coletânea foram movidos por uma inquietação acadêmica, existencial, política: podemos voltar a habitar, de fato, como sendo nossos, a cidade, o estado e o país? Isso foi o que nos inspirou, como organizadoras deste volume, convocando-nos a retomar nossos esforços para a sua publicação. Jamais o conseguiríamos sem o apoio editorial e político da Mórula — e aqui queremos explicitamente agradecer a nossos maravilhosos editores que, como a maior parte dos habitantes desse país, também estão tentando sobreviver na adversidade.

REFERÊNCIAS BIBLIOGRÁFICAS

AGAMBEN, Giorgio. *Homo Sacer:* o poder soberano e a vida nua I. Belo Horizonte: Editora UFMG, 2002.

BIRMAN, Patricia. *Favela é comunidade?* In: MACHADO DA SILVA, L. A. (org.). *Vida sob cerco*: violência e rotina nas favelas do Rio de Janeiro. Rio de Janeiro: FGV/FAPERJ, 2008.

DAS, Veena; POOLE, Deborah (orgs.). *Anthropology in the Margins of the State.* Oxford: James Currey, 2004.

FOUCAULT, Michel. *Ditos e escritos IV.* 2ª ed. Rio de Janeiro: Forense Universitária, 2010.

____. *Segurança, território, população*: curso dado no Collège de France (1977-1978). Martins Fontes, 2008.

HARVEY, David. *A produção capitalista do espaço*. São Paulo: Anablume, 2005.

LEITE, Márcia P. *State, market and administration of territories in the city of Rio de Janeiro*. Dossiê The Urban Periferies, Vibrant, vol. 14, n. 3, 2017.

LUTZ, Catherine. *Making war at home in the United States*: militarization and the current crisis. American Anthropologist 104(3), p. 723-735, 2002.

MALPAS, Jeff; WICKHAM, Gary. *Governance and failure*: on the limits of sociology. Anzjs, vol. 31, n. 3, 1995.

Impactos socioespaciais do experimento neoliberal na cidade do Rio de Janeiro no contexto dos Jogos Olímpicos de 2016

ORLANDO ALVES DOS SANTOS JUNIOR[1] • PATRÍCIA RAMOS NOVAES[2]

Introdução

Busca-se nesse artigo[3] refletir sobre as transformações urbanas associadas ao contexto de preparação da cidade do Rio de Janeiro para receber dois megaeventos esportivos, a Copa do Mundo de 2014 e os Jogos Olímpicos de 2016. Parece haver fortes indícios para afirmar que esses dois megaeventos estiveram associados a profundas mudanças na reestruturação urbana da cidade e no seu padrão de governança urbana, sustentada por uma coalizão de forças econômicas, políticas e sociais que conduziu esse projeto. Tomando como base a concepção de neoliberalização como processo, o objetivo deste artigo é discutir os impactos espaciais, ou o ajuste espacial nos termos propostos por Harvey (2005), decorrentes da crescente adoção do empreendedorismo urbano e da urbanização neoliberal na cidade do Rio de Janeiro.

Este ajuste espacial seria expresso pela reconfiguração urbana de certos espaços, notadamente a Barra da Tijuca, a Área Portuária e a Zona Sul, apontando na direção do aprofundamento das desigualdades socioespaciais da cidade do Rio de Janeiro e para possíveis processos de gentrificação. As mudanças experimentadas foram em grande

1 Sociólogo, doutor em planejamento urbano e regional, professor do Instituto de Pesquisa e Planejamento Urbano e Regional (IPPUR) da Universidade Federal do Rio de Janeiro (UFRJ), pesquisador da rede Observatório das Metrópoles, bolsista de produtividade em pesquisa do CNPq — Nível 2.

2 Doutora em planejamento urbano e regional pelo Instituto de Pesquisa e Planejamento Urbano e Regional (IPPUR) da Universidade Federal do Rio de Janeiro (UFRJ), pesquisadora da rede Observatório das Metrópoles.

3 Esta é uma versão atualizada do artigo que foi publicado originalmente na Revista e-metropolis na edição de junho de 2016, intitulado "Rio de Janeiro: impactos territoriais e o ajuste espacial na cidade olímpica".

medida legitimadas discursivamente pela realização desses megaeventos e do suposto legado social que os mesmos seriam capazes de proporcionar à cidade, o que permite interpretar estas mudanças como um projeto de modernização neoliberal.

Para alcançar o objetivo proposto, o artigo está estruturado em três partes. Na primeira, busca-se refletir sobre a emergência da governança empreendedorista e da urbanização neoliberal no contexto específico da cidade do Rio de Janeiro. Dando sequência, na segunda parte busca-se refletir sobre o papel exercido pelo poder público na promoção das transformações verificadas, que não se restringiu a viabilizar os projetos de renovação urbana que seriam promovidos pelo capital privado. De fato, a prefeitura do Rio de Janeiro aparece como a principal promotora dos projetos de renovação urbana que foram implementados, atuando de diversas formas, envolvendo a articulação ou elaboração dos projetos, o financiamento direto de diversas intervenções, a concessão de incentivos fiscais e isenções de impostos para a atração dos empreendimentos privados, a instituição de parcerias público-privadas e a adoção de novos arranjos institucionais de gestão do espaço urbano e de mudanças na legislação anteriormente vigente, em especial aquela relacionada aos parâmetros construtivos.

Na terceira parte, busca-se refletir sobre a relação entre as transformações nas configurações urbanas vinculadas à Barra da Tijuca, à Área Portuária e à Zona Sul e os processos de valorização imobiliária, envolvendo possíveis processos de gentrificação e elitização social na cidade do Rio de Janeiro, marcados por diversas ambiguidades e contradições.

Não se pode deixar de registrar, pelo fato de muitas destas transformações terem sofrido retrocessos e reversões após 2016, que as análises delineadas neste ensaio se constituem em hipóteses a serem aprofundadas em novos estudos.

O ajuste espacial neoliberal no Rio de Janeiro

Como já demonstrado em diversas análises, é possível afirmar que nos últimos anos ocorreram reestruturações urbanas na cidade e mudanças no seu padrão de governança na direção daquilo que poderia se considerar uma nova rodada de mercantilização ou neoliberalização (Ribeiro e Santos Junior, 2013; Castro et al, 2015; Santos Junior, 2015). De acordo com essas análises este processo estaria diretamente associado ao contexto de preparação da cidade do Rio de Janeiro para receber dois megaeventos esportivos, a Copa do Mundo de 2014 e os Jogos Olímpicos de 2016. Com base em Polanyi (2000, p. 289), pode-se dizer que "o conflito entre o mercado e as exigências elementares de uma vida social" marcam a história do capitalismo, se traduzindo em rodadas de mercantilização, na qual os fatores vinculados à reprodução social passariam a ser geridos com base nos preços autorregulados, e em rodadas de desmercantilização onde estes mesmos fatores seriam protegidos por meio de convenções e regulações que limitariam o mercado, subordinando-o a mecanismos de proteção e garantia de direitos sociais. Assim, ao acionar a ideia de uma nova rodada de mercantilização na cidade pretende-se indicar exatamente o processo por meio do qual o acesso a certos bens e equipamentos necessários à reprodução social estaria sendo desregulado e subordinado à lógica mercantil de preços autorregulados.

Para este argumento, parte-se da concepção de que a progressiva substituição das ideias e políticas vinculadas ao liberalismo social[4], ou políticas keynesianas, pelas ideias e políticas neoliberais, expressam o modelo que hoje denominamos de neoliberalização.

De início, é preciso considerar que o liberalismo social também se manifestou de forma diferenciada nos diversos países e contextos nacionais considerados. Mas pode-se, de uma forma muito sintética, caracterizá-lo como a combinação dos princípios do liberalismo clássico (sobretudo o foco no indivíduo e a ênfase no mercado) com o Estado-nação redistributivo que teria o papel de intervir para garantir algumas das condições econômicas fundamentais para o exercício das liberdades individuais defendidas. Entre as intervenções aceitas e justificadas estavam as políticas de habitação pública e de zoneamento urbano, as leis antitruste, as políticas de segurança alimentar e de renda mínima. Em síntese, o argumento mais importante para justificar essas intervenções estava fundado na ideia da imperfeição dos mercados autorregulados, que poderiam colocar em risco o funcionamento da sociedade sem a intervenção promovida pelos governos (Hackworth, 2007).

Já o neoliberalismo, como Harvey afirma, poderia ser entendido como

> uma teoria sobre práticas de política econômica que afirma que o bem-estar humano pode ser mais bem promovido por meio da maximização das liberdades empresariais dentro de um quadro institucional caracterizado por direitos de propriedade privada, liberdade individual, mercados livres e livre comércio. O papel do Estado é criar e preservar um quadro institucional apropriado a tais práticas (2008, p. 2).

Como diversos autores apontam, existe uma relação entre a ascensão do neoliberalismo nos países centrais e a emergência de um novo padrão de governança, caracterizada pelo empreendedorismo urbano (Harvey, 2005; Hackworth, 2007), entendendo por governança certo padrão de interação entre o governo, a sociedade e o mercado (Santos Junior, 2001).

Segundo Harvey (2005), a governança empreendedorista neoliberal seria caracterizada por três elementos centrais:

---

[4] David Harvey caracteriza as políticas vigentes antes do neoliberalismo de liberalismo embutido (2008).

1. A constituição de uma coalização de poder, que sustenta a governança empreendedorista, conformada em torno da "(...) noção de 'parceria público-privada', em que a iniciativa tradicional local [a iniciativa privada] se integra com os usos dos poderes governamentais locais, buscando e atraindo fontes externas de financiamento, e novos investimentos diretos ou novas fontes de emprego" (p. 172);
2. A promoção de atividades empreendedoras, por parte da coalização de poder e da parceria público-privada, subordinadas ao mercado, que, como todas as demais atividades capitalistas, estão "sujeitas a todos os obstáculos e riscos associados ao desenvolvimento especulativo, ao contrário do desenvolvimento racionalmente planejado e coordenado" (p. 173);
3. O enfoque do empreendedorismo urbano está ligado a lugares específicos da cidade, capazes de atrair o capital privado e proporcionar rentabilidade aos investimentos, e não ao conjunto do território, o que implicaria em grandes riscos de aumento das desigualdades socioterritoriais.

Nesse contexto, a ascensão do neoliberalismo, o acirramento da competição interurbana e a difusão do empreendedorismo urbano trariam diversas implicações para a dinâmica das cidades. Tomando como referência a abordagem de Harvey (2005), pode-se destacar como uma dessas implicações "(...) a ênfase na criação de um ambiente favorável para os negócios [que] acentuou a importância da localidade como lugar de regulação concernente à oferta de infraestrutura, às relações trabalhistas, aos controles ambientais e até à política tributária em face do capital internacional" (p. 180).

Entre os efeitos desse processo, pode-se destacar o aumento da flexibilidade espacial das empresas e do capital, decorrentes das novas posturas adotadas pelo empreendedorismo urbano. Entretanto, ao mesmo tempo, as medidas promovidas também tenderiam a gerar processos homogeneizadores entre as cidades, na medida em que as estratégias inovadoras que estariam sendo adotadas pelas mesmas, com o objetivo de se tornar atraentes como centros culturais e de consumo, tenderiam a ser replicadas e copiadas pelas demais cidades, o que poderia tornar efêmeras as vantagens competitivas eventualmente alcançadas.

Nesse contexto, na busca pela atração de capitais, poderia se constatar a proliferação de projetos especulativos, de alto risco, pelas administrações locais, o que seria expresso na multiplicação de projetos de turismo, de espetáculos culturais e de eventos esportivos.

Além disso, a governança da cidade cada vez mais se assemelharia à governança das empresas privadas, o que permitiria caracterizá-la como uma governança empreendedorista corporativa empresarial, ou de governança empreendedorista neoliberal. Nessa perspectiva, a ênfase da gestão recairia sobre os lugares ou áreas da cidade capazes de atrair investidores, e não mais sobre o conjunto do território, o que poderia agravar as desigualdades intraurbanas e gerar processos de decadência ou abandono das áreas negligenciadas.

Esse processo seria atravessado por muitas contradições que abririam novas possibilidades de ação política envolvendo disputas em torno dos projetos de cidade. Nessa perspectiva, uma das características da neoliberalização seria a emergência de novos conflitos urbanos em torno da produção, gestão e apropriação da cidade (Hackworth, 2007).

Apesar desse processo ter sido reconhecido inicialmente nos países centrais, também se verificam nas cidades brasileiras a transformação da governança urbana na perspectiva da governança empreendedorista neoliberal, marcada por especificidades. De fato, o neoliberalismo pode ser considerado, como argumenta Hackworth (2007), um "processo altamente contingente que se manifesta, e é vivido de forma diferente, através do espaço. A geografia do neoliberalismo é muito mais complicada do que a ideia do neoliberalismo" (p. 11)[5].

Nesse sentido, utiliza-se o conceito de neoliberalismo realmente existente, tal como formulado por Theodore, Peck e Brenner (2009), compreendendo que o neoliberalismo não deveria ser concebido como um sistema acabado, mas como um processo de transformação socioespacial. É nesta perspectiva que estes autores entendem os "processos contemporâneos de neoliberalização como catalizadores e expressões de um processo de destruição criativa do espaço político-econômico existente, e que se dá em múltiplas escalas geográficas." (p. 3).

A compreensão destas transformações requer que se leve em consideração

> as interações, dependentes das trajetórias e contextualmente específicas, que ocorrem entre osmarcos regulatórios herdados, por um lado, e os projetos emergentes de reformas neoliberais orientados para o mercado, por outro. Ou seja, projetos cuja aparência e conexões substantivas os definem como significativamente neoliberais (Ibid, p. 3).

Entendida como um processo socioespacial, a neoliberalização poderia ser interpretada como uma modalidade de ajuste espacial (Harvey, 2005), expressando-se na forma de uma urbanização neoliberal (Hackworth, 2007; Theodore, Peck e Brenner, 2009). Nestes termos, a urbanização neoliberal seria caracterizada por uma dinâmica que envolveria um processo de destruição criativa de estruturas urbanas, instituições de gestão, marcos regulatórios e representações simbólicas adequados à dinâmica de acumulação de capital em um mercado desregulamentado, funcionando com base

---

5 Nas palavras do autor: "Neoliberalism (...) is a highly contingent process that manifests itself, and is experienced differently, across space. The geography of neoliberalism is much more complicated than the idea of neoliberalism", tradução livre dos autores.

nos princípios neoliberais. Em outras palavras, a urbanização neoliberal expressaria o conjunto de políticas e práticas visando à mercantilização das cidades.

Neste contexto, entende-se que a crescente adoção do empreendedorismo urbano na cidade do Rio de Janeiro poderia atingir de forma específica a configuração urbana de certos espaços, apontando na direção do aprofundamento das desigualdades socioespaciais da cidade. As mudanças empreendidas na cidade foram em grande medida legitimadas discursivamente pela realização dos megaeventos já citados (Copa do Mundo e Jogos Olímpicos) e do suposto legado social que os mesmos seriam capazes de proporcionar à cidade. Nessa perspectiva, a prefeitura do Rio de Janeiro denominou Projeto Olímpico o conjunto de intervenções planejadas para a cidade, incorporando sob essa marca tanto as intervenções vinculadas à Copa do Mundo 2014 como aquelas vinculadas aos Jogos Olímpicos.

Tomando como base estas formulações, a hipótese deste artigo seria de que a cidade do Rio de Janeiro experimentou um processo de modernização neoliberal, marcado pela progressiva adoção do padrão de governança baseado no empreendedorismo urbano, envolvendo, nos termos propostos por Theodore, Peck e Brenner (2009):

a) o desmantelamento e a destruição de estruturas urbanas, arranjos institucionais, regulações e representações simbólicas vinculadas às gramáticas existentes no município do Rio de Janeiro e à história da cidade, visando à desregulamentação da economia, a promoção de uma nova rodada de mercantilização da cidade e o fechamento dos espaços públicos de participação a elas vinculados.

b) a construção de novos espaços urbanos, instituições, modalidades de gestão pública, regulações institucionais e representações simbólicas adequados aos princípios do neoliberalismo e à governança urbana empreendedorista neoliberal.

c) a manutenção de espaços urbanos, arranjos institucionais, regulações públicas e representações simbólicas anteriores que foram considerados fundamentais para o exercício do poder pela nova coalização empreendedorista, na medida em que esta tem que compor com as antigas coalizões de poder vinculadas à trajetória política da cidade e às suas diferentes gramáticas, universalismo de procedimentos, clientelismo, patrimonialismo e corporativismo.

Apesar de se verificar transformações urbanas em outras áreas da cidade, observa-se que o ajuste espacial neoliberal experimentado na cidade do Rio de Janeiro envolveu especificamente o bairro da Barra da Tijuca, a região portuária e a Zona Sul, pois estas áreas sofreram mais fortemente os impactos da urbanização neoliberal.

Desta forma, a mudança na espacialidade da cidade pareceu caminhar na direção da combinação de quatro configurações urbanas: (i) no fortalecimento da centralidade da Zona Sul, por meio da valorização do entorno das favelas da Zona Sul e das próprias favelas, em especial das suas áreas privilegiadas pela localização, que passariam a atrair um segmento das classes médias; (i) na revitalização da centralidade decadente da área Central, por meio da renovação urbana da área portuária, na perspectiva de atrair novas empresas e residências voltadas para as classes média e alta; (iii) na criação de uma nova centralidade na Barra da Tijuca, por meio da intensificação da valorização e elitização desta região, que se torna progressivamente uma área não apenas de expansão imobiliária, mas um centro de negócios e serviços econômicos; e (iv) na continuidade da expansão na periferia metropolitana, tanto na perspectiva do crescimento da favelização quanto na diversificação dos núcleos residenciais voltados para as classes de média renda. O que é importante demarcar é que essas mudanças na espacialidade e o surgimento dessa complexa configuração urbana não seriam resultado de uma aleatoriedade, mas seria a expressão local do ajuste espacial promovido pela governança empreendedorista neoliberal que, de forma diferenciada, impacta as cidades dos países centrais (Hackworth, 2007).

O poder público como agente promotor da urbanização neoliberal

Através de investimentos públicos em sistemas de mobilidade urbana, vias expressas, viadutos, túneis e redes de infraestrutura percebe-se que foram promovidas profundas transformações urbanas no bairro da Barra da Tijuca, na área portuária e na Zona Sul da cidade do Rio de Janeiro. No que se refere aos investimentos em mobilidade, percebe-se que a Barra da Tijuca foi beneficiada com os sistemas de transportes BRTs (*Bus Rapid Transit* — Ônibus de Trânsito Rápido) TransCarioca, TransOlímpica e TransOeste; a Barra da Tijuca e a Zona Sul foram beneficiadas com a extensão da linha 4 do metrô, que interligou as duas regiões; e a área portuária recebeu o sistema VLT (Veículo Leve sobre Trilhos, do inglês *Light Rail Vehicle — LRV*). Excetuando o BRT TransCarioca, que foi financiado com recursos da Copa do Mundo, todos os demais investimentos foram vinculados à preparação da cidade para receber os Jogos Olímpicos de 2016.

Além do metrô, a Barra da Tijuca ainda foi beneficiada com outros investimentos em infraestrutura vinculados às Olimpíadas, envolvendo obras de esgotamento sanitário, duplicação de avenidas e a construção do Parque Olímpico, construído em uma área de 1,18 milhão de metros quadrados, onde antes existia o Autódromo do Rio, e que se transformou em uma área renovada com parque e espaços de moradia para a população de média e alta renda. A região portuária também foi, e ainda permanece sendo, palco de uma das maiores intervenções em curso na cidade, a Operação Urbana Consorciada da Área de Especial Interesse Urbanístico da Região Portuária do Rio de Janeiro, criada em 2009. Neste projeto de renovação urbana, que abrange cinco milhões de metros quadrados, estão em curso ações relacionadas à modernização da infraestrutura urbana, saneamento ambiental, redes de informática e telecomunicações, entre outros serviços.

Já a Zona Sul viveu uma situação mais complexa, pois além da extensão da linha 4 do metrô, pode-se observar investimentos públicos em segurança pública e na urbanização das favelas. Algumas favelas, tais como Babilônia e Chapéu Mangueira, situadas no bairro do Leme, foram beneficiadas pelo programa Morar Carioca Verde[6], que realizou diversos investimentos tais como iluminação pública, redes de água e saneamento, e construções habitacionais. Mas outros investimentos também foram realizados nas favelas Pavão-Pavãozinho e Cantagalo (situadas entre os bairros de Copacabana e Ipanema), Vidigal (no bairro do Leblon), e Santa Marta (no bairro de Botafogo)[7], todas situadas em áreas de grande valorização imobiliária. Todas estas favelas também receberam Unidades de Política Pacificadora (UPPs), passando a integrar a política de segurança do governo de estado de combate ao tráfico nas favelas.[8] Essas favelas não foram as únicas a receber programas de urbanização e de segurança pública, mas argumenta-se que as intervenções realizadas tiveram impactos diferenciados nas favelas da Zona Sul em relação a outras favelas da cidade, situadas em áreas menos nobres sem tanto interesse do mercado imobiliário.

No processo de renovação urbana experimentado, percebe-se a criação de novos arranjos de gestão de serviços e equipamentos públicos e dos próprios espaços urbanos reconfigurados, sobretudo por meio da instituição de Parcerias Público-Privadas (PPPs), em geral promovidas no contexto da preparação da cidade para a Copa do Mundo de 2014 e as Olimpíadas de 2016. Como destaca Hackworth (2007), "um dos fundamentos da governança neoliberal no âmbito local é a cooperação público-privada. Estas alianças podem variar consideravelmente na forma, mas crescentemente espera-se que os governos municipais sirvam como facilitadores do mercado, em vez de atuar nas falhas dos mercados" (p. 61).[9] Vários são os exemplos desta cooperação público-privada no caso do Rio de Janeiro, envolvendo, entre outros, a renovação da área portuária, por meio da Operação Urbana Porto Maravilha que se realiza através da maior parceria público-privada do Brasil, e a construção do Parque Olímpico, a segunda maior do país.

---

[6] Cf. <http://www.cidadeolimpica.com.br/projetos/morar-carioca/>.

[7] O complexo de favelas do Pavão-Pavãozinho e do Cantagalo foi beneficiado com obras do Programa de Aceleração do Crescimento (PAC), iniciado em 2008, que realizou diversas obras de urbanização e saneamento, reassentou moradores em novas moradias e implantou um elevador visando facilitar o acesso dos moradores, com um mirante no alto da favela. O Morro Santa Marta também foi beneficiado com obras de urbanização do PAC, após a instalação da primeira Unidade de Polícia Pacificadora, em dezembro de 2009.

[8] A favela Santa Marta foi a primeira a receber a UPP, em 2008. As favelas Babilônia e Chapéu Mangueira e Cantagalo e Pavão-Pavãozinho receberam o programa em 2009; e a favela do Vidigal em 2012.

[9] Tradução livre dos autores. No original, "one of foundations of neoliberal governance at the local level is public-private cooperation. These alliances can vary considerably in form, but city governments are increasingly expected to serve as market facilitators, rather than salves for market failures."

As parcerias público-privadas concedem a administração de equipamentos e serviços por um determinado período de tempo, e implicam a participação do Estado por meio de alguma modalidade de transferência de recursos públicos, como isenções fiscais, obras de infraestrutura, transferência de patrimônio, ou de recursos orçamentários.

Os contratos mediante PPPs revelam duas questões importantes. A primeira diz respeito à mudança no padrão de atuação das empresas privadas que passam de executoras de grandes obras a gestoras de equipamentos e serviços públicos[10]. A segunda questão é relacionada a riscos da subordinação da gestão de equipamentos e de espaços públicos à lógica do mercado, tendo em vista que as empresas gestoras desses equipamentos e espaços públicos passam a tomar decisões vinculadas à eficácia econômica e à maximização do lucro de seus investimentos. No caso do Porto Maravilha e do Parque Olímpico há que se ressaltar que a gestão privada diz respeito a grandes espaços urbanos da cidade do Rio de Janeiro.

Um aspecto a ser considerado na análise das transformações urbanas na perspectiva da neoliberalização da cidade diz respeito à destruição criativa de regulações favoráveis ao mercado (Hackworth, 2007; Theodore, Peck e Brenner, 2009). Tal como observado nos Estados Unidos e nos países centrais, esse fenômeno também pode ser verificado no contexto do Rio de Janeiro e envolveu a adoção de novas regulações vinculadas aos projetos de renovação urbana em curso na cidade, apontando para um padrão de intervenção do poder público crescentemente marcado pela adoção de regulações de exceção, subordinadas aos interesses do mercado nas áreas que estão sendo objeto de renovação urbana.

Em segundo lugar, no caso do Rio de Janeiro, percebe-se o papel ativo do poder público na promoção das transformações verificadas, não se restringindo a viabilizar os projetos de renovação urbana que seriam promovidos pelo capital privado. Nessa perspectiva, a prefeitura do Rio de Janeiro se constituiu no principal promotor dos projetos de renovação urbana que foram implementados, atuando de diversas formas, envolvendo a articulação ou elaboração dos projetos, o financiamento direto de diversas intervenções, a concessão de incentivos fiscais e isenções de impostos para a atração dos empreendimentos privados, a adoção de novos arranjos institucionais de gestão do espaço urbano e de mudanças na legislação anteriormente vigente, em especial aquela relacionada aos parâmetros construtivos. Nesse processo, não se pode deixar de registrar a participação de outras esferas do poder público, do governo federal e do governo

---

[10] No caso do Rio de Janeiro, as PPPs são geridas pelas seguintes empresas: PPP do Porto Maravilha — Consórcio Porto Novo, integrada pelas Construtoras OAS, Odebrecht e Carioca Engenharia; PPP do Parque Olímpico — Consórcio Rio Mais, integrado pelas construtoras Odebrecht, Andrade Gutierrez e Carvalho Hosken; PPP do VLT do Porto — Consórcio VLT Carioca, integrado pelas empresas CCR Actua, Invepar, Odebrecht Transport, RioPar, RATP e Benito Roggio Transporte; PPP do BRT TransOlímpica — Consórcio Rio Olímpico, formado pelas construtoras Invepar, Odebrecht TransPort e CCR.

estadual, sobretudo no que diz respeito aos investimentos diretos e ao financiamento das intervenções, como no caso das obras de mobilidade dos BRTs, do VLT e do metrô.

Além disso, em terceiro lugar, as transformações nas configurações urbanas vinculadas à Barra da Tijuca, área portuária e Zona Sul estiveram associadas a experimentos que envolviam processos de valorização imobiliária, gentrificação e elitização social.

Urbanização neoliberal e gentrificação na cidade do Rio de Janeiro

A discussão sobre os impactos territoriais da urbanização neoliberal no Rio de Janeiro envolve a discussão em torno de possíveis processos de gentrificação em algumas áreas da cidade.

O conceito de gentrificação com base nas formulações de Neil Smith (1987; 2006), implica no processo de reestruturação das áreas centrais, em decadência e ocupadas pela população de baixa renda, pela ação de atores coletivos públicos e privados (empreendedores, setor imobiliário, bancos, gestores públicos, proprietários individuais) movidos tanto pela característica locacional, quanto pelo preço da terra menos valorizada em relação a outras áreas da cidade. Assim, renovações de moradias ou até novas construções para classe média, além do estabelecimento de empresas e serviços nestas áreas, passam também a atrair novos moradores e este efeito aos poucos acabam propiciando a saída dos antigos pelo aumento do custo de vida e descaracterização do espaço.

As formulações de Smith buscam ressaltar quatro aspectos centrais que estão por traz do conceito de gentrificação. Primeiro, a dimensão de classe. Nesse caso, argumenta-se que estaria em curso, pelo menos potencialmente, uma mudança dos agentes detentores da posse da terra urbana nas localidades que estariam sendo objeto da renovação urbana, substituindo setores das classes populares por segmentos das classes média e alta.

Em segundo lugar, o diferencial de renda da terra (*rent gap*). Smith (2007) propôs uma tese explicativa da gentrificação que se funda sobre a produção do espaço urbano. Para o autor, a substituição dos detentores da posse da terra urbana nas localidades centrais das cidades seria explicada mais como o resultado da dinâmica do capital do que como decorrência de preferências e interesses pessoais. Assim, a reestruturação das áreas centrais atraíram os atores coletivos públicos e privados que produzem o espaço urbano (empreendedores, setor imobiliário, bancos, gestores públicos, proprietários individuais) tanto pela característica locacional, quanto pelo preço da terra menos valorizada em relação a outras áreas da cidade. Neste sentido, a renovação de moradias ou até novas construções para a classe média, além do estabelecimento de empresas e serviços nestas áreas, passam também a atrair novos moradores. Segundo este ponto de vista, o processo de gentrificação se inicia a partir de decisões e atuações de uma coalisão de atores no espaço urbano.

Em terceiro lugar, a gentrificação como estratégia de renovação urbana. Nesta perspectiva, os processos de gentrificação não seriam concebidos apenas como resultado da lógica do mercado imobiliário, mas como uma estratégia de classe, da coalizão dominante, envolvendo uma particular interação entre o poder público e os agentes privados, na qual são adotadas políticas e implementadas ações voltadas para a promoção da gentrificação. Para Smith (2006), o papel do Estado é essencial nos processos de gentrificação, na medida em que cria as condições para atuação dos empreendedores imobiliários através de programas de ajuda financeira ou políticas públicas de renovação dos espaços urbanos.

E por fim, a dimensão espacial. Para Hackworth e Smith (2001), o contexto atual se caracterizaria pela generalização do processo de gentrificação, pois neste período, mais do que reabilitação de moradia para classe média, a gentrificação envolveria a reconstrução de todo um modo de vida, a partir da transformação das áreas de lazer e consumo nos bairros. Além disso, a ideia da gentrificação como um fenômeno generalizado, permitiria identificar que este fenômeno não só se estendeu a outras partes do mundo, mas também se estendeu para além das áreas centrais tradicionais, ou seja, para outras localidades na cidade, redefinindo-se a escala daquilo que era tido como centro urbano.

Além destas quatro características presentes nas formulações de Smith, deve-se considerar uma outra, sugerida por Pereira (2014), centrada no capital simbólico presente nas áreas que sofrem processos de gentrificação. Com base nas formulações de Ley (1978), de Bourdieu (2007) e de Harvey (1993), Pereira (2014) sugere que alguns centros urbanos tidos como degradados são capazes de atrair agentes portadores de capital simbólico, mesmo que não tenham capital econômico. Estas áreas, onde poder-se-ia observar uma defasagem entre o capital simbólico e o capital econômico, seriam espaços passíveis de sofrerem processos de gentrificação.

Neste sentido, Pereira considera que esta abordagem permite perceber que as possibilidades de valorização associadas aos processos de gentrificação "vão além dos ciclos de realização e depreciação dos capitais incorporados ao espaço urbano e da ampliação da escala das cidades" (2014, p. 321), tendo em vista que a renda potencial de um determinado espaço seria influenciada não apenas pela sua localização, mas também pelos atributos simbólicos associados ao mesmo. Ao mesmo tempo, esta abordagem permite "entender por que os centros — e não qualquer lugar da cidade — são áreas especialmente propensas a passar por um processo desse tipo" (Ibid).

Além das formulações de Smith apontadas acima, destacamos as análises sobre a gentrificação comercial (Chernoff, 1980; Chabrol et al, 2014) e a gentrificação turística

(Mendes, 2013; Gant, 2015) que consideram a atração da população de classe média aos espaços populares renovados não para estabelecer moradias, mas para consumir. Assim levam em consideração as transformações no padrão de lazer, turismo e entretenimento dessas localidades, mesmo que não tenha havido mudanças no padrão residencial.

Como reconhecido pela literatura sobre o tema, as experiências de gentrificação são muito diversificadas (Janoschka; Sequera; Salinas, 2014), envolvendo contextos culturais, econômicos e políticos específicos, que se conectam de maneira muito complexa com as dinâmicas econômicas nacionais e globais. Os primeiros debates sobre o fenômeno da gentrificação no Brasil, bem como em outros países da América Latina, surgiram a partir dos anos 2000 (Janoschka, Sequera, Salinas, 2014) relacionados à adesão dos governos estaduais e municipais a políticas de "renovação" e "revitalização" urbana, primando pelo embelezamento, reordenamentos habitacionais e criação de novos espaços de cultura e lazer destinados às classes média e alta. Percebeu-se que alguns territórios populares que receberam essas políticas sofreram elitização e por isso na década seguinte, o conceito de gentrificação passou a ser acionado não só por pesquisadores nas suas análises acadêmicas, mas também pelos meios de comunicação e por movimentos populares que sentiram os efeitos da elitização nos espaços em que vivem.

Tendo isto em vista, e levando em consideração a abordagem em torno da gentrificação aqui delineadas, será discutido a seguir algumas hipóteses em torno dos impactos sociais do ajuste neoliberal na cidade do Rio de Janeiro.

Como dito anteriormente, o ajuste espacial neoliberal incidiu sobre três áreas específicas, a Zona Sul, a região portuária e o bairro da Barra da Tijuca, reconfigurando estes espaços na perspectiva de fortalecer, revitalizar ou constituir centralidades na cidade[11].

O diferencial do preço do solo urbano existente entre estas áreas e o seu entorno, relativamente desvalorizados em razão do abandono pelo poder público, da ocupação por classes populares e da violência, poderia torná-las atrativas tendo em vista seus potenciais de valorização. Assim, poderia se observar a desvalorização relativa de certos bairros do entorno da Barra da Tijuca (Recreio, Vargem Grande, Jacarepaguá e Curicica), em relação à Barra da Tijuca; da área portuária em relação ao Centro do Rio de Janeiro; das favelas Babilônia, Chapéu Mangueira, Pavão-Pavãozinho, Cantagalo, Vidigal e Santa Marta, bem como dos seus respectivos entornos, em relação aos bairros da Zona Sul nos

[11] Considera-se centralidade "os núcleos de negócios e de relevância econômica, que exercem uma influência sobre um determinado entorno, que pode ser considerado como sua periferia. Nesse sentido, a centralidade remete a um papel de comando sobre os processos de acumulação de capital e de reprodução social, e está associada à intensidade de fluxos de dinheiro, mercadorias e pessoas. Além disso, as áreas centrais se distinguem por sua multifuncionalidade, concentrando, entre outros, centros de comércio e de negócios, atividades de gestão pública e privada, redes de escolas e universidades, instituições de saúde, serviços de transportes, áreas turísticas e centros culturais, e áreas residenciais de alta renda" (Santos Junior, 2015, p.28).

quais se encontram. O atual preço do solo urbano e dos imóveis tornaria atrativas essas áreas para os agentes do mercado imobiliário que, promovendo a renovação urbana das mesmas, poderia se beneficiar da incorporação do potencial de valorização decorrente das suas privilegiadas localizações. No entanto, pelo menos até o momento, parece pouco provável apostar no desaparecimento das classes populares do cenário urbano destes espaços. De fato, os processos de transformação urbana destas áreas parecem mais complexos, colocando dúvidas sobre esta explicação simplista.

O caso da Zona Sul

Na Zona Sul, pesquisas mais recentes vêm apontando processos de gentrificação em favelas. Em geral elas apontam mudanças no padrão dos comércios e serviços, no perfil da população que circula e consome estes serviços, além do encarecimento do custo de vida e novas oportunidades criadas para venda e aluguel de imóveis por valores nunca praticados na favela (Ost, 2012; Lacerda, 2016). Observou-se, também, que nos espaços onde antes ocorriam os bailes funk passaram a ser ocupados por outros sons, como *soul music*, samba e jazz e esses espaços cobravam valores de ingressos inacessíveis aos moradores (Miranda e Fortunato, 2016). Outras análises apontam que a distribuição de títulos de propriedade, decorrente da regularização fundiária em algumas favelas na Zona Sul, gerou processos de privatização de estoques de terras públicas. Tal fato poderia caminhar para a legitimação de processos de gentrificação, na medida em que criou novas condições de mercado em territórios que passaram por um forte processo de requalificação econômica, social e cultural (Bonamichi, 2016).

Assim, as transformações urbanas na Zona Sul da cidade apontam para uma dupla tendência: se por um lado estas transformações promoveram, ainda que de forma temporária, uma ressignificação das favelas, por outro lado, estimularam a revalorização do entorno destas áreas.

As favelas situadas nesta região foram objeto de programas habitacionais de interesse social, voltados para o reassentamento dos próprios moradores, como no caso das favelas da Babilônia, do Pavão-Pavãozinho e Cantagalo, e do Santa Marta[12]. Tais programas de habitação de interesse social, voltados para a população de baixa renda,

[12] Entre 2009 e 2015, na favela do Pavão-Pavãozinho e Cantagalo foram construídas 120 unidades habitacionais de interesse social no âmbito do Programa de Aceleração do Crescimento, promovido pelo governo do Estado do Rio de Janeiro; na favela da Babilônia foram construídas 117 unidades habitacionais de interesse social no âmbito do Programa Morar Carioca Verde, de responsabilidade da Prefeitura Municipal do Rio de Janeiro. E na favela Santa Marta está prevista a construção de 64 unidades habitacionais de interesse social pelo governo do Estado do Rio de Janeiro.

contrariariam a teoria da gentrificação, ao se constituírem em políticas que evitam a substituição das classes populares pelas elites.

Ao mesmo tempo, percebe-se que estas favelas foram objeto de ativas políticas culturais e sociais promovidas pelo poder público e pelo setor privado. Em todas elas verificou-se a instalação de *hostels*, bares e casas noturnas, que atraíram turistas e moradores da cidade, em um processo de ressignificação simbólica destas áreas[13]. Nestas favelas também encontram-se trilhas que levam a mirantes com vistas privilegiadas da cidade, sendo que um dos maiores *shopping center* da cidade, o Shopping Rio Sul, foi patrocinador de uma delas, a trilha da Babilônia[14].

Neste sentido, cabe indagar se esta ressignificação não teria por objetivo tornar a favela um ativo simbólico capaz de revalorizar seu entorno, situado em bairros de alta valorização imobiliária (Botafogo, Leme, Copacabana, Ipanema e Leblon).

As transformações ocorridas na configuração urbana da Zona Sul da cidade sugerem que este território vivenciou processos combinados de: (i) ressignificação simbólica das favelas situadas nesta região, gerando uma relativa elitização heterogênea destes espaços, sem que se possa caracterizar estes processos como gentrificação, pelo menos no sentido clássico do termo; (ii) intensa valorização imobiliária das áreas situadas no entorno das favelas da Zona Sul, proporcionadas pela ressignificação das favelas como uma ativo simbólico positivo, tornando estes espaços, já ocupados pelas classes médias e altas, ainda mais elitizados; (iii) experimentos de gentrificação em algumas favelas da Zona Sul, ou pelo menos de algumas de suas áreas melhor situadas e de mais interesse do mercado imobiliário.

A partir de 2016, observa-se que o programa das UPPs começa a sofrer um uma grave crise, com a diminuição do efetivo policial[15], corte de verbas[16] e aumento da violência em várias favelas do Rio, incluindo as que estão situadas na Zona Sul[17]. A segurança entra em crise, bloqueando os incipientes processos de gentrificação.

De fato, estas favelas nunca deixaram de se constituir em territórios populares. Os incipientes processos de ressignificação simbólica e de apropriação destes territórios

---

13 A favela Babilônia foi tema de uma telenovela brasileira, exibida pela maior rede de televisão, a Rede Globo, exibida entre 16 de março e 28 de agosto de 2015.

14 Cf. <http://www.riosul.com.br/shopping_cidadania.php>.

15 Segundo o site G1, no ano da Copa, em 2014, o efetivo policial no projeto era de 9.500 policiais, tendo sido reduzido em 1.000 policiais o efetivo no início de 2018. Disponível em <https://g1.globo.com/rj/rio-de-janeiro/noticia/upps-perderam-mil-policiais-de-2014-ate-este-ano-no-rio.ghtml>.

16 Cf. <https://www.nexojornal.com.br/entrevista/2017/12/15/Como-ficam-as-UPPs-ap%C3%B3s-corte-de-verbas-e-perda-de-autonomia>.

17 O desmonte do programa das UPPs e o aumento da violência têm sido destacado por vários meios de comunicação. Ver, entre outros, <https://exame.abril.com.br/brasil/a-falencia-das-upps/> e <https://g1.globo.com/rio-de-janeiro/noticia/cinco-motivos-que-levaram-o-rio-a-pior-crise-de-seguranca-em-mais-de-uma-decada.ghtml>.

por agentes econômicos que ofereciam serviços e comércios destinados às classes médias e altas (tais como *hostels*, bares e restaurantes) ocorreram reproduzindo a ordem urbana híbrida, desigual e combinada que marca a configuração urbana periférica da cidade do Rio de Janeiro (Ribeiro e Santos Junior, 2017). Em outras palavras, os experimentos de gentrificação nas favelas da Zona Sul reproduziram a estrutura socioespacial da cidade, que se caracteriza pela perversa combinação entre proximidade física e distância social, bem como suas contradições e conflitos, que eclodem sistematicamente no cotidiano. Por esta razão, parece mais consistente compreender este processo a partir da ideia de gentrificação periférica (Novaes, 2018), entendida como processos parciais de elitização social, seja na forma de apropriação do território por agentes que oferecem serviços e comércios para as elites, seja na forma direta de moradia das classes médias e altas, sem descaracterizar totalmente seu caráter popular, reproduzindo na escala micro o padrão de segregação da cidade, com espaços destinados à moradia e ao consumo popular e espaços destinados ao consumo e a moradia das elites.

Neste sentido, pode-se interpretar o desmonte dos programas das UPPs e a reversão de diversos processos de gentrificação periférica, com o fechamento de bares e *hostels* e abandono destas áreas pelas elites[18], como expressão das contradições que atravessam a própria ordem urbana híbrida, desigual e combinada da cidade do Rio de Janeiro.

O caso da Zona Portuária

O projeto de revitalização da Zona Portuária, denominado de Porto Maravilha, é implementado por meio da Operação Urbana Consorciada da Região Portuária do Rio de Janeiro, e abrange cinco milhões de metros quadrados. Deste total, aproximadamente 3,8 milhões fazem parte da Área de Proteção do Ambiente Cultural (APAC) dos bairros Saúde, Gamboa e Santo Cristo, que inclui ainda algumas favelas, entre as quais o Morro da Providência e a Pedra Lisa, além do Morro da Conceição. A população total residente na área da Operação Urbana era de 29.953 pessoas em 2010, segundo o Censo do IBGE, cujo o perfil pode ser caracterizado como de baixa e média renda.

Desde 2010 vem se dando um processo de reocupação da área, financiado pela venda de Certificados de Potencial Adicional de Construção (CEPACs), que afeta de forma diferenciada os diferentes setores da área portuária, que têm potencial construtivo diferenciado segundo o número máximo de pavimentos que é possível construir em cada setor. Além disso, o projeto de renovação urbana envolve fortes investimentos no patrimônio histórico e cultural e na construção de artefatos culturais marcadamente

18 O caso das favelas da Babilônia e do Chapéu Mangueira é ilustrativo deste processo. Ver Paiva (2018).

pós-modernos, como o Museu do Amanhã e o Museu de Arte do Rio de janeiro (MAR), que também expressam a intencionalidade de ressignificação simbólica da região, buscando atrair novos consumidores de classe média, através da mudança das representações negativas da região. O local pobre e degradado da região portuária está sendo reinventado como local da cultura, do "business" e do futuro. E por outro lado a herança negra e popular da região vem sendo tratada como passado a ser patrimonializado como ativo de valorização da região.

Tendo em vista a existência de uma grande área de preservação cultural, de uma população de baixa e média renda, e de muitas favelas, parece pouco provável que a região portuária sofra um processo de gentrificação na sua totalidade. Assim, a hipótese mais plausível é de que estejamos diante de mais um risco de gentrificação periférica, ou seja, de que os setores de maior potencial construtivo sofram processos de gentrificação, acompanhados de relativa elitização heterogênea no restante da área. Reforçando esta hipótese, constata-se que os grandes empreendimentos imobiliários e comerciais que estavam sendo lançados na região se situavam exatamente nas áreas de maior potencial construtivo, tais como o projeto residencial de alta renda Porto Vida e o projeto corporativo Torre Carioca Concal[19]. É nesta mesma área que se situam os maiores vazios urbanos e onde foram promovidas diversas remoções, entre as quais se destacam as ocupações Flor do Asfalto (30 famílias), Quilombo das Guerreiras (70 famílias), Casarão Azul (70 famílias) e Zumbi dos Palmares (133 famílias), apesar de se constatar outras remoções em toda a área portuária (Comitê Popular da Copa e Olimpíadas do Rio de Janeiro, 2015).

O projeto Porto Maravilha também vem enfrentando diversos problemas financeiros decorrentes da crise econômica vivida pelo país a partir de 2016, que vem afetando diretamente a dinâmica imobiliária da região portuária e ameaçando a viabilidade do modelo de sustentação da Operação Urbana e o seu futuro[20].

O caso da Barra da Tijuca

O bairro da Barra de Tijuca tem como característica ser ocupado predominantemente por complexos condominiais de edifícios altos, *shopping centers* e centros comerciais e empresarias. Porém, diversos bairros no seu entorno, tais como Jacarepaguá, Curicica, Recreio e Vargem Grande, são caracterizados por serem ocupados por uma população

19 Cf. <http://www.imovelrj.com/porto-vida/> e <http://www.imovelrj.com/torre-carioca/>.

20 Sobre a estagnação da dinâmica imobiliária e a crise da operação urbana do Porto Maravilha ver <http://observatoriodasmetropoles.net.br/download/informe_criseportomaravilha_2018.pdf>.

de renda mais baixa e pela predominância de algumas favelas. São estes bairros que vêm se transformando de forma mais acentuada. Constata-se que a existência das classes populares e de assentamentos informais nestas áreas, de interesse dos agentes econômicos promotores da renovação urbana, se torna um obstáculo ao processo de apropriação desses espaços e de sua inserção nos circuitos de valorização do capital vinculados à produção e à gestão da cidade. Efetivamente, uma das principais formas de enfrentamento desse obstáculo pelo poder público foi a promoção de processos de remoção, os quais envolveram reassentamentos das famílias nas áreas periféricas, principalmente por meio de programas de habitação de interesse social subsidiados pelo governo federal — o programa Minha Casa Minha Vida —, e também de diversas modalidades de indenização com valores abaixo do mercado, o que impede a permanência destas famílias na mesma área da qual foram removidos.

A partir de uma perspectiva mais ampla, é possível interpretar esse processo como uma espécie de despossessão, com a transferência de patrimônio sob a posse das classes populares para outros segmentos de classe, configurando processos de gentrificação em certas áreas da Barra da Tijuca, que progressivamente se constitui em uma nova centralidade da cidade.

De acordo com dados do Dossiê do Comitê Popular da Copa e Olimpíadas do Rio de Janeiro (2015), as obras dos novos sistemas de mobilidade urbana da Barra da Tijuca, em especial os BRTs TransCarioca, TransOeste e TransOlímpica, foram responsáveis pela remoção de cerca de 1.500 famílias, do total das 4.130 famílias removidas em razão das obras da Olimpíada 2016. Para a construção do BRT TransOeste, destacam-se as remoções de comunidades inteiras, tais como Restinga, Vila Harmonia, Recreio II, Notredame e Vila da Amoedo, totalizando aproximadamente 400 famílias removidas. Além disso, no processo de construção do Parque Olímpico (Barra da Tijuca), a Prefeitura Municipal tentou remover a comunidade da Vila Autódromo, que fortemente mobilizada e articulada com outras redes e organizações sociais, resistiu e finalmente conseguiu assinar um acordo de permanência de 20 famílias[21]. Tal vitória, de grande importância para a comunidade e resultado de uma longa história de resistência, não apaga o fato de terem sido removidas cerca de 500 famílias que residiam nesta comunidade.

Neste sentido, pode-se argumentar que certas áreas da Barra da Tijuca estão sofrendo processos de gentrificação promovidos pelo poder público e isso se expressa na medida em que o poder público promove, ao mesmo tempo, processos de remoções e a expansão imobiliária nesta região, especialmente voltada para as populações de mais alta renda.

---

21 Cf. site da Defensoria Pública do Estado do Rio de Janeiro: "Defensoria e Prefeitura firmam Acordo Coletivo de Permanência e Urbanização da Vila Autódromo". Ver <http://www.portaldpge.rj.gov.br/Portal/conteudo.php?id_conteudo=3137>.

Considerações finais

No decorrer deste artigo, buscou-se interpretar as transformações experimentadas na cidade do Rio de Janeiro no processo de preparação dos Jogos Olímpicos de 2016 como uma modalidade de ajuste espacial neoliberal, fortemente impulsionado pela realização deste megaevento, fortalecido ainda pela realização da Copa do Mundo de 2014. Neste contexto, discutiu-se a hipótese da ocorrência de processos de gentrificação na cidade do Rio de Janeiro, fazendo-se algumas ressalvas, dadas as características específicas das configurações urbanas e as transformações consideradas, seja na área portuária, no bairro da Barra da Tijuca ou na Zona Sul.

Apesar de se tratar de processos ainda em curso, a análise evidenciou que as transformações urbanas experimentadas estavam associadas à tentativa de fortalecimento, revitalização ou criação de centralidades na cidade, por meio de processos de destruição criativa de estruturas urbanas, de instituições, regulações públicas e da ressignificação destes espaços. Argumentou-se ainda não se tratar de um processo de gentrificação puro e extensivo, onde ocorreria uma completa substituição das classes populares residentes por segmentos das elites sociais e econômica, mas de um processo híbrido, desigual, combinado e complexo, melhor sendo caracterizado como experimentos de gentrificação periférica. Neste sentido, enquanto alguns espaços pareciam sofrer os riscos de serem gentrificados, outros pareciam se transformar no sentido de se tornarem relativamente mais elitizados e heterogêneos, com a relativa preservação do seu perfil popular. Há que se considerar também os conflitos sociais envolvidos nestas transformações e os processos de reversão e desmonte vivenciados pela cidade a partir de 2016, que torna seu desfecho ainda incerto.

A questão a ser considerada diz respeito ao papel que o poder público municipal desempenhou nesse processo. Tal como observado no caso das cidades norte-americanas (Hackworth, 2007), a Prefeitura do Rio de Janeiro se envolveu diretamente na promoção da gentrificação, com todas as contradições já mencionadas, atuando tanto na retirada dos obstáculos políticos e econômicos existentes, tornando-a possível através dos mecanismos de mercado, como diretamente, promovendo a remoção das comunidades de baixa renda e sua transferência para localidades mais distantes.

Ao longo desta análise, buscou-se trazer alguns elementos que possibilitam interpretar os projetos urbanos experimentados na cidade do Rio de Janeiro como um processo de modernização neoliberal, expresso em uma nova rodada de mercantilização, associado a um processo de destruição criativa envolvendo configurações urbanas, arranjos institucionais, regulações urbanísticas e sociais, e ressignificações simbólicas, envolvendo certos espaços da cidade, notadamente situados na Barra da Tijuca, na Zona Portuária e na Zona Sul. Cabe agora, nessas considerações finais, levantar alguns impactos dessa modernização neoliberal sobre a governança urbana e o futuro da cidade do Rio de Janeiro.

Em primeiro lugar, cabe destacar que este processo de mudanças preservou antigos agentes, práticas, estruturas urbanas, instituições e arranjos institucionais e que a emergência de novos agentes, práticas, estruturas urbanas, instituições e arranjos institucionais ocorreu se combinando com aquilo que era preservado. Assim, o que se tentou mostrar é que não estávamos diante da mera continuidade de processos anteriormente em curso. Ocorreram processos novos que não expressaram exatamente uma ruptura com as antigas práticas, mas uma inflexão, na qual a modernização neoliberal experimentada pode ser considerada conservadora em muitos aspectos. Nesse sentido, torna-se um desafio analisar como se combinaram as velhas e a novas culturas políticas[22]. De qualquer forma, já é possível inferir que, do ponto de vista da governança urbana, esta modernização neoliberal parece se aproximar das práticas patrimonialistas, que tanto marcam a história da cidade do Rio de Janeiro, e se distanciar da gestão democrática associada ao ideário do direito à cidade. Nesse contexto, as esferas públicas de participação foram progressivamente substituídas por processos decisórios que subordinaram o poder público à lógica do mercado.

Em segundo lugar, em sintonia com a abordagem utilizada (Hackworth, 2007), o processo de implementação desse projeto de neoliberalização envolveu diversas contradições e suscitou diferentes conflitos urbanos envolvendo resistências e oposições, por exemplo, no tocante às prioridades dos investimentos realizados, às remoções de comunidades situadas nas áreas de intervenção, à inexistência de canais de participação social, e às transformações na vida social. Tais conflitos, protagonizados por uma diversidade de organizações e movimentos sociais, incidiram nos rumos do experimento de neoliberalização, alterando-o em alguns pontos, como no caso da permanência da Vila Autódromo.

No entanto, como terceiro aspecto, não se pode ignorar a força hegemônica demonstrada pela coalizão de poder que comandou este projeto de governança empreendedorista neoliberal, que teve capacidade de incorporar de forma subordinada, pelo menos discursivamente, os interesses subalternos, compondo com outros agentes e com outras gramáticas políticas existentes, de forma a viabilizar a implementação deste experimento, resultando na especificidade da cidade neoliberal do Rio de Janeiro. Em síntese, mesmo que de forma subordinada, é preciso reconhecer ganhos parciais e fragmentados das classes populares em algumas áreas da cidade, como decorrência dos investimentos que foram sendo realizados, em especial no campo da mobilidade urbana.

Em suma, as profundas transformações experimentadas na dinâmica urbana da cidade do Rio de Janeiro envolveram, de um lado, novos processos de mercantilização da cidade, e de outro, novos padrões de relação entre o poder público e o setor privado,

---

22 O estudo de Guimarães (2015) elucida alguns dos mecanismos por meio dos quais se combinam estas velhas e novas práticas no caso da modernização neoliberal da Barra da Tijuca.

caracterizados pela subordinação do poder público à lógica do mercado. Nesse contexto, caberia refletir sobre as possibilidades da constituição de um bloco de oposição às transformações em curso, superando as tendências à fragmentação impulsionadas pela coalizão de poder, e da construção de um projeto alternativo, na perspectiva da afirmação de uma cidade inclusiva, mais justa e democrática no Rio de Janeiro.

REFERÊNCIAS BIBLIOGRÁFICAS

BONAMICHI, Nayana Corrêa. *Favela on sale*: regularização fundiária e gentrificação de favelas no Rio x de Janeiro. Dissertação (mestrado) — Universidade Federal do Rio de Janeiro, Instituto de Pesquisa e Planejamento Urbano e Regional, Programa de Pós Graduação em Planejamento Urbano e Regional, 2016.

BOURDIEU, Pierre. *A Distinção*: crítica social do julgamento. São Paulo: Edusp; Porto Alegre: Zouk, 2007.

CASTRO, Demian Garcia; GAFFNEY, Christopher; NOVAES, Patrícia Ramos; RODRIGUES, Juciano; SANTOS, Carolina Pereira; SANTOS JUNIOR, Orlando Alves dos. *Rio de Janeiro: os impactos da Copa do Mundo 2014 e das Olimpíadas 2016*. Rio de Janeiro: Letra Capital, 2015.

COMITÊ POPULAR DA COPA E OLIMPÍADAS DO RIO DE JANEIRO. *Megaeventos e Violações dos Direitos Humanos no Rio de Janeiro* — Dossiê do Comitê Popular da Copa e Olimpíadas do Rio de Janeiro. Olimpíada Rio 2016, os jogos da exclusão 2015. Rio de Janeiro, novembro de 2015. Disponível em <http://issuu.com/mantelli/docs/dossiecomiterio2015_issuu_01>.

CHABROL, Marie; FLEURY, Antoine; VAN CRIEKINGEN, Mathieu. *Commerce et gentrification*. Le commerce comme marqueur, vecteur ou frein de la gentrification. Regards croisés à Berlin, Bruxelles et Paris. In: GASNIER, A.; LEMARCHAND, N. *Le commerce dans tous ses états*. Espaces marchands et enjeux de société. Rennes: PUR, p. 277-291, 2014.

GANT, Agustin Cocola. *RC21 International Conference* on The Ideal City: between myth and reality. Representations, policies, contradictions and challenges for tomorrow's urban life. Urbino (Italy), p. 27-29, August, 2015.

GUIMARÃES, Renato Cosentino Vianna. *Barra da Tijuca e o Projeto Olímpico*: a cidade do capital. Dissertação apresentada ao Curso de Mestrado do Programa de Pós-Graduação em Planejamento Urbano e Regional da Universidade Federal do Rio de Janeiro — UFRJ. Rio de Janeiro, UFRJ, 2015.

HACKWORTH, Jason. *The Neoliberal City*: governance, ideology, and development in American Urbanism. New York: Cornell University Press, 2007.

HACKWORTH, J. ; SMITH,N.. *The changing state of gentrification*. Tijdschrift voor Economische en Sociale Geografie, 92(4): 464-477.

HARVEY, David. *A Condição Pós-moderna*. São Paulo: Loyola, 1993

____. *O Novo Imperialismo*. São Paulo: Loyola, 2004.

____. *A Produção Capitalista do Espaço*. São Paulo: Annablume, 2005.

____. *O Neoliberalismo:* história e implicações. São Paulo: Loyola, 2008.

____. *Rebel Cities*. London: Verso, 2012.

JANOSCHKA, M.; SEQUERA, J.; SALINAS, L. *Gentrification in Spain and Latin America* — a Critical Dialogue. International Journal of Urban and Regional Research, v. 38, p. 234-1265, jul. 2014.

LACERDA, Larissa Gdynia. *Conflitos e Disputas pela Mercantilização de Territórios Populares*: o caso da favela do Vidigal. Dissertação (mestrado) — Universidade Federal do Rio de Janeiro, Instituto de Pesquisa e Planejamento Urbano e Regional, Programa de Pós-Graduação em Planejamento Urbano e Regional, 2016.

LEY, David. *Inner city resurgence units societal context* in Conferencia Anual de la Asociación de Geógrafos Americanos, Nueva Orleans, 1978.

MENDES, Luis. *Gentrificação turística em Lisboa*: neoliberalismo, financeirização e urbanismo austeritário em tempos de pós-crise capitalista 2008-2009. Cad. Metrop., São Paulo, v. 19, n. 39, pp. 479-512, maio/ ago 2017.

MIRANDA, Irma. Teixeira; FORTUNATO, Rafael. *O turismo sobe o morro do Vidigal (Rio de Janeiro, Brasil)*: uma análise exploratória. Turismo e Sociedade, 9, 2: 1-20, 2016.

NOVAES, Patricia Ramos. *A Gentrificação Periférica na Cidade do Rio de Janeiro*: um estudo sobre as favelas Babilônia, Chapéu Mangueira, Vidigal e Santa Marta. Tese apresentada ao Curso de Doutorado do Programa de Pós-graduação em Planejamento Urbano e Regional da Universidade Federal do Rio de Janeiro — IPPUR/UFRJ, 2018

PAIVA, Livia de Salles. *Poder Público e a Urbanização Neoliberal das Favelas do Rio de Janeiro*: reflexões a partir do caso de Chapéu Mangueira e Babilônia. Dissertação apresentada ao Curso de Mestrado do Programa de Pós-Graduação em Planejamento Urbano e Regional da Universidade Federal do Rio de Janeiro — IPPUR/UFRJ, 2018.

PEREIRA, Alvaro Luis dos Santos. *A Gentrificação e a Hipótese do Diferencial de Renda*: limites explicativos e diálogos possíveis. Cadernos Metrópoles, São Paulo, v. 16, n. 32, pp. 307-328, nov 2014. Disponível em http://dx.doi.org/10.1590/2236-9996.2014-3201

POLANYI, Karl. *A Grande Transformação*: as origens da nossa época. Rio de Janeiro: Editora Campus: 2000.

RIBEIRO, Luiz Cesar de Queiroz; SANTOS JUNIOR, Orlando Alves dos. *Neoliberalization and mega-events*: the transition of Rio de Janeiro's hybrid urban order. Journal of Urban Affairs, Volume 39, 2017 — Issue 7, 2017.

____. *Governança Empreendedorista e Megaeventos Esportivos*: reflexões em torno da experiência brasileira. O Social em Questão, nº 29, primeiro semestre de 2013.

SANTOS JUNIOR. Orlando Alves dos. *Governança Empreendedorista*: a modernização neoliberal. In: RIBEIRO, Luiz Cesar de Queiroz. *Rio de Janeiro: transformações na ordem urbana*. Rio de Janeiro: Letra Capital, Observatório das Metrópoles, 2015, p. 453-483

____. *Metropolização e Megaeventos*: proposições gerais em torno da Copa do Mundo 2014 e das Olimpíadas 2016 no Brasil. In: SANTOS JUNIOR, Orlando Alves dos. GAFFNEY, Christopher; RIBEIRO, Luiz Cesar de Queiroz. *Brasil: os impactos da Copa do Mundo 2014 e das Olimpíadas 2016*. Rio de Janeiro: E-papers, 2015, p. 21-40

____. *Democracia e Governo Local*: dilemas da reforma urbana no Brasil. Rio de Janeiro: Revan: FASE, 2001.

SMITH, Neil. *Gentrification and the Rent Gap*. Annals of the Association of American Geographers. V. 77, nº 3, p. 462-465, Sep. 1987.

____. *A gentrificação generalizada*: de uma anomalia local à "regeneração" urbana como estratégia urbana global. In: BIDOU-ZACHARIASEN, C. (org.). *De volta à cidade*. Dos processos de gentrificação às políticas de "revitalização" dos centros urbanos. São Paulo: Annablume, 2006. p. 59-87.

____. *Gentrificação, a Fronteira e a Reestruturação do Espaço Urbano*. GEOUSP — Espaço e Tempo, São Paulo, Nº 21, 2007, p. 15-31.

THEODORE, Nik; PECK, Jamie; BRENNER, Neil. *Urbanismo neoliberal*: la ciudad y el imperio de los mercado". Temas Sociales, Santiago de Chile, nº 66, Mzo. 2009.

Formas de governo e conflitos com o Exército na produção da "região olímpica de Deodoro"

FRANK ANDREW DAVIES[1]

Das quatro "regiões olímpicas" escolhidas para os Jogos de 2016, "Deodoro" é a menos conhecida pelas representações difundidas sobre o Rio de Janeiro. Situada entre as Zona Norte e Oeste da cidade e próxima a municípios da região metropolitana, a "região" se caracteriza pelo percurso dos trens[2], a ocupação residencial por camadas médias e pobres[3] e a concentração de unidades e terrenos administrados pelo Exército Brasileiro. A Vila Militar, maior aquartelamento da América Latina, tem em parte se transformado em local de arenas e estádios para eventos esportivos.

A maioria desses equipamentos já existe desde a realização dos XV Jogos Panamericanos em 2007, quando Deodoro se inscreveu em definitivo na agenda esportiva da cidade, acompanhando a "era dos megaeventos". Para os Jogos Olímpicos de 2016 foram previstas reformas e também novas instalações, que em sua maioria são ou passarão a ser administradas pela corporação militar, como ficou confirmado ao fim do evento[4]. O objetivo deste

---

[1] Doutor em Ciências Sociais pela Universidade do Estado do Rio de Janeiro (PPCIS/UERJ) e pesquisador do CEVIS — Coletivo de Estudos sobre Violência e Sociabilidade (IESP-UERJ) e do CIDADES — Núcleo de Pesquisa Urbana (PPCIS-UERJ), atualmente professor do Departamento de Sociologia da Universidade Federal de Pernambuco (UFPE).

[2] A estação de Deodoro é terminal do ramal Central-Deodoro e também ponto de disjunção de duas linhas, Central-Santa Cruz e Central-Japeri.

[3] A região se caracteriza por baixos índices de desenvolvimento humano e social e os próprios moradores argumentam que a "condição de pobreza" diferencia as formas de vida e tratamento em relação à "Zona Sul", inserindo a experiência de desigualdade em uma hierarquia urbana inscrita e conhecida.

[4] O centro de tiro, hipismo e a piscina de pentatlo moderno receberam reformas; o circuito de mountain bike e outras instalações são temporárias e ainda outras construções permanentes formam a Arena Deodoro (esgrima e basquete), a pista de ciclismo (ao fim transferida para a região da Barra) e o circuito de canoagem slalom, que teve seu tamanho reduzido em 40% para poder ser construído no prazo. Cf. O Globo: Obras para as olimpíadas sequer começaram em Deodoro, disponível em <http://oglobo.globo.com/rio/obras-para-as-olimpiadas-sequer-comecaram-em-deodoro-10961457#ixzz2zctCalaY>, acesso em 01 out 2015.

texto é explorar dados da minha pesquisa de doutorado, em que acompanho processos da produção dessa "região olímpica" (Davies, 2017). O uso do termo "produção do espaço" indica uma leitura das transformações urbanas a partir de processos dialéticos (Lefebvre, 2006), e que inspira a pensar "Deodoro" por meio de dinâmicas que envolvem moradores, representantes da administração municipal e do Exército nos anos que prepararam a cidade para os Jogos Olímpicos e Paralímpicos.

Na "região olímpica de Deodoro" os equipamentos esportivos estão localizados especialmente na Vila Militar, em terrenos sob a administração da corporação. Contudo, os projetos e investimentos[5] atrelados aos Jogos também alcançam os bairros vizinhos, como Deodoro, Ricardo de Albuquerque, Guadalupe, Magalhães Bastos e Realengo. Nessas localidades, casos de ameaça de desapropriação, especulação fundiária e de disputa quanto a um "projeto" colocaram moradores organizados em conflito com os comandos do Exército. Entendo "casos" em sentido próximo ao utilizado por Lacerda (2015), em referência a situações articuladas por discursos políticos que estabelecem semelhanças quanto a natureza dessas situações e seus agentes responsáveis. Nas páginas seguintes apresento esses "casos" buscando pensar como os militares têm participado da gestão da vida local, em especial nos anos que antecederam o megaevento e que fizeram de "Deodoro" um dos seus palcos principais.

Na complexidade desses processos, em geral executados pela administração municipal e financiados pelo governo federal, os comandos militares têm ocupado papel privilegiado ao administrar terras e interferir sobre os rumos dos diferentes "projetos". Ressalto aqui os agenciamentos, as técnicas e as "lutas" com a máquina militar para a produção dessa "região olímpica".

O termo "região olímpica", formulado pelos organizadores dos Jogos de 2016, é atribuído a uma parte da cidade a partir de um "formato territorial impreciso, (...) perímetros que agregam estádios e arenas que, por vezes, estão distanciados geograficamente" (Davies, 2014b, p.2). Comparando a candidatura do Rio ao de outras cidades-sede do megaevento, Christopher Gaffney (2014) identifica uma repetição nas formas de espacialidade da competição nos diferentes contextos urbanos. Desde a edição de 1992 em Barcelona, um padrão de atuação territorial teria se configurado por meio de círculos (as "regiões olímpicas") interligados por fluxos de transporte. O presidente do Comitê Olímpico Internacional (COI) afirmou que, nesse sentido, "todas as candidaturas parecem as mesmas" (apud Gaffney, 2014, p. 87), demonstrando correspondências entre

5 Compreendo, seguindo o dossiê de candidatura da cidade, que os "investimentos" para os Jogos englobam não apenas a construção de "complexos esportivos" mas também no incremento de gastos públicos em transporte e habitação, por exemplo. Mobilizando a ideia de "legado", o argumento dos organizadores é que "a Olimpíada traz mais do que só a Olimpíada", como afirma um dos anúncios publicitários que acompanha as "obras" recentes na cidade.

os Jogos e as orientações do planejamento estratégico[6]. Os megaeventos, para além da sua importância na "cultura pública" (Roche, 2000), também revelam ter efeitos consideráveis nas formas de governo das cidades. Ao considerar a atualização da política de remoção de favelas nos anos pré-olímpicos, Alexandre Magalhães considera que os megaeventos teriam operado como uma espécie de "ancoragem moral que vem permitindo a dimensão assumida pelo reordenamento do espaço urbano do Rio de Janeiro atualmente em curso, cuja justificativa mais comum seria justamente a do 'legado'" (2013, p. 162).

Além dessa gestão pela administração pública com "ancoragem moral" na ideia de "legado", em "Deodoro" o governo pelos militares se envolveu a essa lógica, apelando para outras justificativas morais. Representantes da corporação indicaram em discursos e práticas o interesse pela produção da "região olímpica" para a "família militar". Assim, incrementos urbanísticos, habitacionais e quase todo o complexo esportivo foram destinados à administração e uso dos próprios militares, sendo os Jogos de 2016 entendidos, segundo o general chefe do Comando Militar do Leste, Fernando Azevedo e Silva, como uma oportunidade que "ganha o Exército com a revitalização da maior guarnição militar da América Latina, que é a Vila Militar" (Silva, 2016). A fala do comandante deixa em evidência os múltiplos interesses para a realização dos Jogos. A "revitalização" da Vila Militar, apontada como um ganho ao Exército a partir das Olimpíadas, é a síntese de um projeto que orienta a produção da "região de Deodoro" e que escapa das leituras dedicadas à preparação da "cidade olímpica", orientadas para a observação de certas dinâmicas, mas não de outras.

A partir da minha experiência de pesquisa em "Deodoro", entendi que diferentes formas de governo contribuíram para as transformações do espaço. Moradores também elaboraram projetos, se organizaram a partir de lógicas de ação e acionaram um repertório de técnicas de poder a fim de orientar práticas. A atuação desses agentes foi além do mero papel reativo de "resistência" às propostas, tal como são usualmente enquadradas essas "lutas".

Vale mencionar que utilizo o conceito de governo como um modo de estruturação do campo de ação dos outros, uma possibilidade de conduzir e orientar condutas como se refere o filósofo Michel Foucault (2008a). Na medida em que organizam práticas, os governos podem ser lidos como exercícios de poder, entendendo o poder como um tipo de relação e não algo concreto. Nesse sentido, governos podem ou não fazer parte das instituições, e se caracterizam especificamente como formas de ordenamentos das relações.

---

6 "Planejamento estratégico" como jargão do administrativo urbano "em que as decisões relativas à cidade como um todo são divididas em partes e resolvidas separadamente. Podemos dizer que os projetos urbanos não buscam intervir na cidade como um todo, preferindo o foco em espaços delimitados por sua capacidade de servirem de exemplos, em decorrência de sua visibilidade e tipologia" (Fridman; Siqueira, 2003, p.27).

Na próxima seção identifico justificativas que os discursos mobilizados por agentes estatais utilizaram para eleger "Deodoro" para a realização dos Jogos. Tento elucidar os pontos que foram destacados nas narrativas dos organizadores e também considero os elementos que foram colocados à espreita dessas narrativas. Na seção seguinte do texto apresento três situações de disputa que giram em torno da preparação dos Jogos na localidade: (a) a passagem da via TransOlímpica no bairro de Magalhães Bastos[7]; (b) o destino de uma área pública "abandonada" em Realengo e; (c) o projeto de um autódromo em Deodoro. Esses "problemas públicos", como define Dewey (2012), serão explicitados com a intenção de discutir as formas de gestão e as situações de conflito que a corporação tem causado para a produção dessa "região olímpica".

Para esta discussão lanço mão de trechos de entrevistas feitas com moradores desses bairros, análise de documentos produzidos no contexto de investimentos olímpicos na localidade e observações de reuniões e encontros com esses agentes. Neste artigo chamo atenção às práticas dos comandos das organizações do Exército, em especial da 1ª Divisão do Exército[8] e do Comando Militar do Leste[9]. Minha intenção é explicitar "performances" e formas de regulação empreendidas pelas autoridades da corporação em meio à vida urbana, sob um contexto de significativa transformação do espaço.

Por que "Deodoro"?

Considerando o dossiê de candidatura da cidade para 2016, a escolha das "regiões olímpicas" foi realizada pelo Comitê Especial de Legado Urbano, criado em 2008 e dirigido pela administração municipal[10]. Conforme o documento afirma, este "comitê

---

7 Na seção seguinte do texto apresento três situações de disputa que giram em torno da preparação dos Jogos na localidade: (a) a passagem da via TransOlímpica no bairro de Magalhães Bastos". A nota: Este caso de conflito entre moradores organizados e comandos do Exército no curso na produção da "região olímpica" é analisado de forma mais detalhada em outro texto (Davies, 2017b).

8 A 1ª Divisão do Exército é a organização a qual se subordinam as outras unidades do Exército sediadas na Vila Militar.

9 O Comando Militar do Leste é responsável pela 1ª e 4ª regiões militares (sediadas no Rio de Janeiro e em Belo Horizonte).

10 Esse comitê foi constituído pelo decreto municipal nº 29.398/08 e submetido a Gerência de Macroplanejamento (GMP) da Coordenadoria Geral de Planejamento Urbano (CGPU) da Prefeitura do Rio de Janeiro. O Plano de Legado Urbano e Ambiental Rio2016, elaborado por esse comitê, data de outubro de 2008 e, após a vitória da candidatura carioca aos Jogos, o Ministério do Esporte produziu três volumes do Caderno de Legado Rio2016, que por sua vez seccionam o "legado" em 3 partes: "urbano e ambiental", "social" e "esportivo". Cf. SECRETARIA MUNICIPAL DE URBANISMO DO RIO DE JANEIRO. http://www.rio.rj.gov.br/web/smu/exibeconteudo?article-id=138922; TRIBUNAL DE CONTAS DA UNIÃO. http://portal.tcu.gov.br/lumis/portal/file/fileDownload.jsp?inline=1&fileId=8A8182A14E1CA3E4014E-1CFD7E102DA2.

certificou-se de que o plano dos Jogos estava alinhado com os objetivos de longo prazo da cidade, otimizando as perspectivas de legado urbano e social" (Rio 2016, 2009, p. 38). A preleção das "zonas" da "Barra da Tijuca", "Deodoro", "Maracanã" e "Copacabana", tal como definidas pelos organizadores, seguiria "as necessidades de longo prazo das comunidades locais e da cidade como um todo" (Ibid, p. 38). Em breves parágrafos, o dossiê apresenta as justificativas às escolhas dessas áreas e especificamente relaciona "Deodoro" à "juventude":

> A região Deodoro tem a maior concentração de jovens da área metropolitana do Rio de Janeiro. Até recentemente, este bairro não tinha infraestrutura ou serviços suficientes para atender as necessidades da população. A criação de instalações para os Jogos Pan-americanos Rio 2007 incentivou os jovens das áreas carentes do bairro a participar de atividades esportivas. A construção de novos equipamentos esportivos, sobretudo o complexo do Parque Radical, reforçará as perspectivas de desenvolvimento social e esportivo dos jovens" (Ibid; grifos meus).

No discurso oficial veiculado pelo Dossiê, a "maior concentração de jovens" teria sido o critério que legitimou os investimentos em equipamentos esportivos no "cluster" ou "zona Deodoro". Entretanto, sem apresentar dados quantitativos, o discurso oficial não esclareceu se tem por base a "região" ou o "bairro" de Deodoro (interessante notar que no texto estes termos aparecem como sinônimos). Contudo, o documento remete a escolha da localidade aos jovens e, em especial aos "jovens das áreas carentes do bairro", desse modo dialogando com a ideia de "problema" social e vinculando as atividades esportivas ao "repertório dos projetos sociais" (Rocha, 2014) e a inscrição de "Deodoro" nesse mercado.

Diferente do que afirma o dossiê, Rogério, morador de Magalhães Bastos (bairro vizinho à Vila Militar) comentou uma vez que os jovens do bairro não se integravam aos treinos que aconteciam nos centros e arenas esportivas administradas pelo Exército desde 2007. Em uma tarde durante a minha pesquisa de campo, observei um grupo de atletas jovens, identificados por camisetas que indicavam a prática de hipismo. Rogério me contou que a gestão do Exército restringia o uso das instalações para "pessoas específicas", que vinham de outras partes da cidade e do país, enquanto moradores, jovens e de todas as idades, eram impedidos de sequer conhecer. Ainda que se realizem torneios e competições na localidade[11], essas práticas têm acontecido sem qualquer envolvimento

[11] De acordo com organizadores já foram realizados mais de 300 torneios nos centros esportivos de "Deodoro" desde a realização do Pan.

dos moradores do entorno[12]. A escolha da "região de Deodoro" foi justificada ou motivada, de acordo com o dossiê de candidatura, pelo fato de que "este bairro não tinha infraestrutura ou serviços suficientes para atender as necessidades da população", ou seja, trata-se de uma "área carente". Ainda que pouco reverenciada no imaginário da cidade, a "região de Deodoro" se inscreve no imaginário carioca de "subúrbio", uma forma nativa de representar parte da cidade em razão da passagem das linhas de trem, da ocupação pelas classes populares e pelas ausências de equipamentos e serviços urbanos.

Investigadores têm destacado o "subúrbio" como um "conceito carioca", integrado a sua forma no vocabulário das representações sobre a cidade (Soares [1960]1990; Carneiro, 2009; Guimarães e Davies, 2018). Em certas partes o dossiê opera com base nesse imaginário difuso[13] para representar "Deodoro", depositando em seus conteúdos simbólicos os motivos para a escolha da localidade como "região olímpica". Privilegiando a "concentração de jovens" e a condição de "área carente", o documento de candidatura da cidade deixava de mencionar outros elementos que poderiam servir para caracterizar esse espaço e explicar sua escolha como "região olímpica". Na perspectiva dos moradores que tive contato para esta investigação, razões geográficas, fundiárias e financeiras justificariam o interesse dos comandos militares, da administração municipal e de certos empresários na produção de "Deodoro".

A localização privilegiada da região no tecido metropolitano justificaria em especial a criação de novas linhas de circulação e o incremento em modalidades de transporte público (nova via para a Barra da Tijuca, BRTs e integração com os ramais de trens). Já para os moradores, o motivo para explicar a escolha de Deodoro não está no pelo perfil de ocupação da localidade, mas na oferta de terras de propriedade pública, administradas pelos comandos do Exército.

Contrariando as perspectivas do dossiê, moradores não sentem que a realização dos Jogos em "Deodoro" os traria benefícios diretos, em especial se referindo ao "legado esportivo". Em contraste, a presença do Exército na localidade e a participação das Forças Armadas no programa federal de incentivo ao esporte não foram sequer mencionadas pelo documento de candidatura aos Jogos, mesmo sendo fundamentais para explicar a construção de arenas e centros de treinamento em área militar.

---

12 Em visita a "Deodoro" em maio de 2014, um diretor do Comitê Olímpico Internacional disse em entrevista: "Um dos assuntos difíceis hoje (no Rio) é Deodoro. Foi uma vontade política colocar estádios numa "zona pobre" do Rio. Nós sempre dissemos: não coloquem lá só os estádios, sem que coloquem um programa (social). Ora, esses programas não existem hoje porque as federações esportivas não fizeram o trabalho, não foi feita a parte social ( ). Eu disse: por que não falam com o Exército que tem uma grande base? Ainda não responderam". Trecho da reportagem: O Globo. *COI faz duras criticas à falta de ações sociais na região de Deodoro*. Disponível em <http://oglobo.globo.com/rio/rio-2016/coi-faz-duras-criticas-falta-de-acoes-sociais-na-regiao-de-deodoro-12397205>, acesso em 01 jun 2014.

13 O próprio dossiê utiliza o termo "trens do subúrbio" para identificar as linhas ferroviárias que atravessam a cartografia apresentada da cidade.

Em 2008, o Programa de Integração de Atletas de Alto Rendimento das Forças Armadas (PAAR) foi criado sob a iniciativa dos Ministérios da Defesa e do Esporte. Com o objetivo de ampliar o apoio da administração pública para atletas de competições esportivas, o programa vem contratando atletas por meio de editais, com a oferta temporária de benefícios da carreira militar (como soldo, 13º salário, plano de saúde, férias) e acesso às instalações esportivas adequadas para treinamento. De acordo com o secretário executivo do Ministério do Esporte, Ricardo Leyser, a iniciativa não é positiva apenas para o desempenho do atleta, mas também porque recupera a "tradição esportiva que as nossas forças armadas tiveram em um passado recente. A gente está recuperando essa vocação" (Canes, 2015).

No ano de 2011, o Rio de Janeiro sediou a 5º edição dos Jogos Mundiais Militares, em sua grande parte realizada em Deodoro. Na ocasião, o Brasil ficou em primeiro lugar no quadro de medalhas entre 111 delegações. O PAAR foi uma das apostas para o aumento de medalhas do país em 2016. A despeito do programa e dos episódios recentes de continências no pódio[14], o general da reserva Augusto Heleno Pereira, diretor de comunicação e educação corporativa do COB (Comitê Olímpico Brasileiro), considerou em uma reportagem que "não há militarização. É a participação das Forças Armadas no esporte de alto rendimento" (Merguizo, 2015).

* * *

A história da formação de Deodoro e dos bairros vizinhos a Vila Militar remete a dinâmicas de "urbanização militar", tema pouco explorado nas pesquisas sobre o Rio de Janeiro[15]. A ocupação do Exército nas imediações, iniciada com treinos de tiro em "terras realengas" em meados do século XIX, se expandiu ao longo dos anos seguintes através do repasse das fazendas ao Ministério da Guerra e a construção de um grande complexo militar, considerado à época necessário à conversão do Município Neutro em Distrito

---

14 Em 2015, durante os Jogos Panamericanos de Toronto, dos 590 competidores que representaram o país, 123 faziam parte do PAAR e foram responsáveis por 17 das 41 medalhas obtidas. Em reportagem, a judoca Mayra Aguiar, terceiro-sargento da Marinha, disse: "Prestar continência para a bandeira é o que eles (Forças Armadas) recomendam e a gente sente orgulho de fazer. Fizemos a iniciação lá dentro. Pegamos o espírito do militarismo". Cf. O POVO. "Organização não vê problema em continência de atletas". Publicado em: http://www.opovo.com.br/app/opovo/esportes/2015/07/17/noticiaesportesjornal,3471445/organizacao-nao-ve-problema-em-continencia-de-atletas.shtml. Disponível em: 01/10/2015.

15 "No Brasil, especialmente quanto à cidade moderna e contemporânea, os espaços urbanos militares ainda são terra incógnita para a geografia urbana. Simplesmente desconhecemos processos e morfologias urbanas que foram ou continuam sendo influenciados ou determinados pelas necessidades e vontades das corporações militares e seus membros", considera Fernandes (2006).

Federal[16]. Com o desenrolar desses processos, a presença militar[17] se firmou além dos limites da Vila, alcançando áreas do centro de Realengo, Magalhães Bastos, Deodoro e Ricardo de Albuquerque. No âmbito das relações locais, o éthos militar provoca atritos com o entorno "civil" desses bairros e localidades. A oposição civil-militar, carregada de tensões, se revela por meio de falas jocosas (acusações de "milicos" e "paisanos"[18]) e também em várias modulações das práticas do cotidiano. No contexto em que o megaevento serve de "ancoragem moral" para políticas governamentais, grupos e comissões de moradores rivalizaram com os comandos militares, disputando os sentidos do "legado". Apresento a seguir relatos de disputas emersas da produção dessa "região olímpica". Esses casos colocam em evidência as "performances" de comandos do Exército na gestão dos espaços e dos investimentos na "região de Deodoro", e apontam para os efeitos da presença do Exército na configuração das dinâmicas urbanas.

Três casos

Com a exceção de um parque, todos os novos equipamentos esportivos e de moradia[19] previstos para "Deodoro" foram incorporados ao patrimônio imobiliário do Exército, seguindo o curso dos investimentos realizados nos Jogos de 2007 (Panamericano) e de 2011 (Jogos Mundiais Militares). Além disso, um conjunto de terrenos administrados pelos comandos do Exército tem sido negociado com organizações públicas e privadas nesses anos que antecederam o megaevento. As novas instalações se concentram na faixa central da Vila Militar, ao passo que lotes vizinhos aos bairros "civis" têm recebido a nova via expressa, o parque público, um condomínio privado e ainda está previsto um novo autódromo para a cidade, que será administrado por uma empresa.

Parte do Campo de Instrução do Gericinó serviu para a administração municipal construir o Parque Radical, anunciado como o segundo maior parque da cidade. Além

---

[16] As Fazendas Sapopemba e Gericinó, repassadas ao governo federal no início do século XIX, se somam às terras do rei/sem dono ("realengas") do Campo Grande para conformar um verdadeiro latifúndio sob administração pública no início dos anos republicanos. Além das instalações e campos militares, essas terras deram origem à Vila Proletária de Marechal Hermes e a formação desses bairros, alguns sob modo de invasões, cessões de uso, loteamentos privados ou programas habitacionais.

[17] Carvalho (2005), Castro (1990) e outros pesquisadores marcam o início do século XX como o período de profissionalização e modernização das Forças Armadas brasileiras, quando as terras da região de Deodoro e Realengo são transferidas para o Ministério da Guerra.

[18] Maneira como os militares costumam pejorativamente chamar os "civis". Em oposição, os militares em tom jocoso são apelidados de "milicos".

[19] Como afirma o volume 3 do dossiê de candidatura (Cf. Rio 2016, 2009), a "Vila de Deodoro" é um conjunto residencial destinado a técnicos e também a membros da imprensa, este último grupo pagando um valor fixo de diária.

dessas terras, a prefeitura negociou o Campo do Camboatá e o Morro dos Araújos para destino do novo autódromo, em projeto ainda incerto. Além dessas áreas, a passagem da TransOlímpica nos limites da Vila Militar com o bairro de Magalhães Bastos mobilizou a transferência de uma parte da área da Vila, ao passo em que no centro de Realengo um terreno de administração militar "abandonado" há mais de trinta anos está dando lugar a um projeto de condomínio, financiado por um banco ligado ao Exército. Em todas as situações estão em curso processos de disputa pelas terras públicas administradas pelos comandos do Exército.

As transferências de terra têm se dado especialmente através de acordos com a administração municipal, mas no caso do antigo lote da Fábrica de Cartuchos em Realengo, a 1ª Divisão de Exército negociou com o Fundo Habitacional do Exército (FHE), uma "entidade de personalidade jurídica de direito privado" que está vinculada à corporação. A transferência entre a 1ª DE e o FHE valorou em cinco milhões de reais um lote de 142 metros quadrados no centro do bairro, um valor que um grupo organizado de moradores considera irrisório. Além disso, as décadas de desuso regeneraram a mata sob o antigo pátio fabril, onde edifícios atualmente em ruínas são reivindicados como patrimônio do bairro e futuro "parque verde".

O projeto de condomínio é apresentado pelo FHE como um "complexo habitacional que contará com áreas públicas para edificação de escola, creche, comércio e parque urbano com espaço de lazer que irá gerar empregos e mais qualidade de vida para a comunidade da região"[20]. Tal como todos os imóveis empreendidos pelo Fundo, a venda será feita por financiamento a correntistas da Associação de Poupança e Empréstimo do Exército — a Poupex, que por sua vez é a instituição que financia o FHE. Diferente de outros empreendimentos imobiliários que são patrimônio da União, chamados de "próprios residenciais nacionais", os apartamentos do condomínio do FHE são vendidos no mercado imobiliário, sinalizando uma "gambiarra jurídica" (Telles, 2012) para converter áreas públicas em bens imobiliários privados. O controle da negociação de terras públicas pelo Exército não é atribuição da Secretaria de Patrimônio da União (SPU), setor que administra os patrimônios federais. Nesses casos a autonomia dos comandos militares tem sido garantida pela vigência da Lei especial nº 5.651 de 1970, que define ser "autorizado ao Ministério do Exército a proceder a venda ou permuta de bens imóveis da União, de qualquer natureza sob sua jurisdição, cuja utilização ou exploração não atenda mais as necessidades do Exército"[21]. Ainda que depois de 40 anos e uma nova constituição federal, a Lei especial teria vigência, de acordo com Gomes (2011).

---

20 Anúncio do empreendimento imobiliário, indicado como "aguardando remanejamento patrimonial", disponível em <http://www.fhe.org.br/empreendimentos/residencialrealengoverde/ResidencialRealengoVerde.asp>, acesso em 1 out 2015.

21 Disponivel em <http://www.planalto.gov.br/ccivil_03/leis/1970-1979/L5651.htm>

Segundo ele, a alienação de propriedades fundiárias por iniciativa de comandos militares tem tido parecer favorável nas instâncias judiciais, que alegam a validade legal em vista da necessária "monetarização" das Forças Armadas. Desse modo, os dispositivos da lei têm autorizado a negociação de "áreas militares".

Os comandos militares locais já "alienaram" (um eufemismo para a venda do bem público) um conjunto de lotes de Realengo, dando espaço para supermercado, uma escola privada e o primeiro condomínio do FHE, o Parque Real, fundado em 1980 em outro lote da mesma Fábrica de Cartucho, agora sob o risco de construção de outro condomínio. Ainda que esses processos de "alienação" venham ocorrendo há décadas e de forma recorrente nesse conjunto de bairros, nem todas as transferências operaram na legalidade que a Lei especial antevê[22].

Usos privados de terras públicas são práticas comuns em muitas cidades e revelam mais do que ilegalidades, mas expressões próprias das relações de poder sob os contextos locais em que se manifesta o conflito urbano. Ao considerar terras geridas pelo governo estadual paulista, Guilherme Boulos havia chamado atenção para as "discretas invasões da burguesia" (2014). De acordo com relatório final da CPI das terras públicas da Assembleia Legislativa de São Paulo, produzido em 2001, há universidades privadas, agências bancárias, shopping centers, espaços associativos e clubes — até mesmo clubes militares — gozando de tolerância às invasões das terras públicas do estado paulista. Ao mesmo tempo, contrapõe o autor, "há mais de 25 ordens de despejo contra ocupações de sem-teto só no centro de São Paulo" (Ibid) e mais tantas outras nas periferias, consistentemente conduzidas de forma truculenta pelas forças policiais militares. O que a crítica de Boulos apontava é mais do que a gestão através de arbitrariedades, é a operacionalidade discricional de consentimento a essas práticas que deslizam o modus operandi dos agentes estatais entre a conivência e a violência institucional.

O caso da área de Realengo se aproxima e ao mesmo tempo se diferencia das outras duas situações que acompanho, o projeto do autódromo em Deodoro e a passagem da TransOlímpica por Magalhães Bastos. Ambos os casos envolvem o repasse de terras da União à administração municipal por meio da autonomia dos comandos do Exército. Tais repasses, entretanto, se deram mediante indenizações que não são divulgadas. A percepção dos grupos de moradores que se envolveram a esses processos é que há (1) falta de transparência e incerteza quanto aos usos desses espaços e (2) há intransigências por parte de autoridades militares nas tentativas de "resolver" as situações que envolvem a vizinhança "civil".

---

22 Vizinho à estação de Realengo, por exemplo, há um terreno repassado de um comandante local a uma imobiliária, sem contudo a escritura lavrada; há anos há um impasse legal sobre o lote. Outros espaços foram invadidos e ocupados conforme subornos às autoridades.

Contra o projeto do autódromo, moradores do entorno do Campo do Camboatá e do Morro dos Araújos se organizaram para reivindicar a preservação da área verde e sua conversão em parque público, alegando a falta de espaços de lazer, a conservação da floresta "regenerada" e o risco de se utilizar um terreno altamente contaminado por explosivos, uma vez que no Campo do Camboatá funcionou um paiol explodido em 1958.

Apesar das dúvidas quanto à viabilidade de um autódromo nesse espaço, em setembro de 2012 o Ministério do Esporte firmou um Termo de Cooperação com o Exército determinando a negociação. A contrapartida em relação à área viria do repasse de recursos para obras de instalação do 21o Grupo de Artilharia de Campanha (21o GAC) no Forte Imbuy, em Niterói. Essa ação foi chamada no Termo de Cooperação como "manobra patrimonial"[23] entre as duas instâncias da esfera federal. Apesar da divulgação do Termo, não foram publicadas as cifras dessa movimentação. O Ministério do Esporte, por sua vez, iria repassar integralmente as terras à administração municipal, que tem o projeto do autódromo embargado desde 2014[24]. Contudo, ainda cinco anos depois da "manobra patrimonial", o Exército continua mantendo a segurança do terreno, sem utilizá-lo. A outra parte do terreno, o Morro dos Araújos, está sendo usado em parte pela administração municipal para restituir imóveis residenciais do Exército demolidos pela passagem da TransOlímpica. "Áreas militares", nesse caso, estão se convertendo parcialmente em patrimônio residencial para o próprio Exército, ou mantém seu futuro incerto frente à renovação da ideia de autódromo no início do mandato do novo prefeito, Marcelo Crivella[25].

Em Magalhães Bastos, a nova via expressa que liga a Barra da Tijuca à Avenida Brasil mobilizou uma reivindicação dos moradores pela alteração do traçado. Licitada em 2012, a TransOlímpica previu a demolição de 403 residências apenas nesse bairro. Em março de 2013 foi decretada pela Prefeitura a ordem de desapropriação de 143 desses imóveis. Iniciada naquele período, a mobilização de moradores reivindicou a revisão da via em seu percurso tal como era previsto pelo Estudo de Impacto Ambiental (EIA), divulgado em maio de 2012. O que essa comissão local propôs foi o uso de terrenos da 1ª Divisão do Exército que eram vizinhos ao bairro, considerados por eles como "ociosos".

---

23 O Termo foi comunicado pelo Departamento de Engenharia e Construção do Exército. Disponível em <http://www.dec.eb.mil.br/multimedia/inf/DEC_INF_32.pdf>.

24 Cf. KESTELMAN, Amanda; FILIP, Leonardo. *Construção do autódromo de Deodoro é suspensa por tempo indeterminado.* Globo Esporte, 11/11/2014. Disponível em <http://globoesporte.globo.com/motor/noticia/2014/11/construcao-do-autodromo-de-deodoro-e-suspensa-por-tempo-indeterminado.html>

25 O projeto de autódromo no campo do Camboatá ainda está indefinido pelo embargo jurídico, mas voltou a ser considerado pela gestão atual da administração municipal. Cf. Veja Rio. *Crivella retoma o projeto do autódromo de Deodoro.* 11/03/2017. Disponível em <http://vejario.abril.com.br/cidades/crivella-retoma-o-projeto-do-autodromo-de-deodoro>.

Conversas com generais e quadros técnicos da 1ª DE se revelaram difíceis aos esforços da comissão de moradores, que chegou a propor um traçado alternativo ao qual chamaram de "Perimetral 2", em alusão à via suspensa que passava sobre instalações da Marinha, na região portuária da cidade. Em julho de 2013, o general Abreu, comandante da 1ª DE, reagiu aos pedidos da comissão, em encontro gravado em vídeo[26]: "Não queiram dilapidar o nosso patrimônio que eu viro o bicho", prosseguindo em tom assertivo:

> Tudo isso aqui é área da Vila Militar ( ). Isso aqui é área nossa, área federal, área do Exército. Somos proprietários e estamos cedendo o que é nosso para atender. É preciso que os senhores entendam isso ( ). Estão querendo mais do que o dono do terreno que somos nós ( ). A impressão que eu tenho é que estão querendo diminuir o tamanho da nossa Vila Militar.

Ao longo da pesquisa observei tentativas de diálogo e modos de articulação que não lograram êxito em converter os planos dos comandos militares e do poder municipal ao cumprimento dessas e de possíveis outras demolições. É verdade que o prefeito na ocasião se considerou "sensível" aos moradores — em uma reunião em março de 2013, ele disse: "Esses generais são duros de negociar pra caramba. Todos. A gente sofre com eles.". Apesar de reconhecer que os comandantes eram "duros de negociar", o fato é que o traçado estava mantido e cabia ao grupo de moradores "buscar uma solução" para aqueles planos.

Depois de buscar mediação com parlamentares federais, a comissão local de moradores conseguiu uma reunião com o Comando-Geral do Exército, em Brasília. Em junho de 2013, em encontro com o general Enzo Peri, o grupo pediu a negociação da área sob administração da 1ª DE. O Comandante alegou desconhecer o "problema", se comprometeu com a comissão e, em setembro daquele mesmo ano, um novo traçado foi anunciado pela prefeitura, dessa vez passando por áreas militares vizinhas e demolindo apenas oito imóveis em Magalhães Bastos, nenhum residencial.

* * *

Nas situações de conflito e disputa que produziram a "região olímpica de Deodoro", a complexidade das práticas do Estado se expressou também através da autonomia dos comandos militares em transformar terras públicas em mercadoria e no benefício para a "família militar". Nas negociações entre moradores organizados e esses agentes, o Exército dispôs da prerrogativa de alienação de imóveis sob sua administração,

---

26 A fala é transcrita do vídeo publicado no YouTube por um dos membros da comissão de moradores, que teve autorização para o registro. Disponível em <https://www.youtube.com/watch?v=KkvQ1zmxPGw>. As falas a seguir são transcritas deste material.

concedida por uma lei de 1970, justificada pela necessidade de "monetarização" das Forças Armadas (Gomes, 2011).

De acordo com o jornal Folha de S. Paulo, entre 2007 e 2011 o Exército arrecadou mais de 115 milhões de reais com a venda e a permuta de terrenos (2011). A negociação de "áreas militares" tem sido feita há décadas e de forma recorrente no conjunto de bairros que envolve a "região olímpica", mas o que chama atenção na preparação para os Jogos de 2016 é o aprofundamento desses processos, redefinindo o espaço de atuação da corporação por meio da "alienação" de lotes vizinhos a bairros "civis". Os conflitos têm ocorrido em vista das negociações dessas áreas, feitas sob desconhecimento e à revelia dos moradores que se sentem afetados por essas transformações. As formas de autoridade, marcantes da cultura da corporação (Leiner, 1997), afetam as relações com a população "civil" e são reforçados pela autorização legal às tomadas de decisão sobre as terras. Esses casos ilustram, portanto, a difícil experiência de controlar as práticas das corporações militares e as limitadas possibilidades de escuta e atendimento das reivindicações expressas pelos moradores "civis". Em outra medida, explicitam os limites dos governos eleitos, representados pelo papel da administração municipal.

Em uma investigação que realizei em favelas cariocas ocupadas pelas Unidades de Polícia Pacificadora (UPP), pude observar e considerar o protagonismo exercido pelos comandos locais da Polícia Militar nas formas de relação e de mediação entre os moradores e agentes de serviços públicos e do setor privado (Davies, 2014a). Ao frequentar as "reuniões comunitárias" organizadas por esses comandos, compreendi que o quadro da hierarquia militar atravessava os processos de tomadas de decisão e se colocava menos como oportunidade de "integração" e mais como obstáculo às possibilidades de reivindicação dos moradores. Nesses encontros, por exemplo, os comandantes organizavam falas e buscavam ensinar modos "adequados" de se posicionar frente aos representantes dos serviços públicos, regulando as formas de pedir e exigir[27]. Este é um dado constitutivo das possibilidades contemporâneas de "encontros com o Estado" nas favelas e bairros populares do Rio de Janeiro, e que dialogam com as questões que tenho observado nessa "região olímpica"[28].

---

27 Ao analisar as mobilizações em torno de "casos" de violência contra meninos no Pará e no Maranhão, Paula Lacerda faz a diferenciação entre "pedir" e "exigir" da gramática política: "exigir ou pedir são formas de ação política que comunicam posições distintas em relação à instancia com a qual se interage. Enquanto a exigência é uma forma de imposição que afasta possibilidades de regateio, o pedido é um recurso dos mais fracos, mas nem por isso menos eficaz" (2015, p. 29).

28 Em fase de finalização, a pesquisa em que faço parte intitulada "Participação em tempos de paz: espaços e dinâmicas de participação em favelas com Unidades de Polícia Pacificadora", coordenada pela Professora Lia de Mattos Rocha e financiada pelo Fundo de Amparo à Pesquisa do Estado do Rio de Janeiro (FAPERJ), tem apontado para os efeitos do protagonismo militar nas dinâmicas das favelas "pacificadas". Esses resultados dialogam com as questões matizadas nesses processos da "região olímpica de Deodoro".

Jogando luz em práticas do Exército e nas disputas que envolvem os comandos da corporação, busquei apresentar processos arrolados à produção da "região olímpica de Deodoro". Muitos desses dados refletem relações de poder entre diferentes agentes, mas em outra dimensão também consubstanciam a questão das subjetividades e dos modos de pertencimento, além do tema dos governos e da condução de condutas. A presença militar nesse conjunto de bairros integra as condições objetivas e os processos subjetivos desses agentes, e nessa dupla camada de fenômenos, a dimensão moral da vida na caserna sai dos muros e das cercas e afeta seu entorno.

A relação histórica dos militares com esse conjunto de bairros é componente relevante para considerar as trajetórias dos participantes dessas formas de mobilização e constituem também seus modos de conceber e direcionar as críticas tal como escolhem fazer.

Analisando a presença do Exército na cidade do Rio de Janeiro nas últimas décadas, Corrêa-Martins (2011) comenta o número considerável de baixas e de transferências de grupamentos e batalhões para outras áreas do pais, contudo considera que "a Vila Militar continua a ser o principal núcleo das forças operacionais do Exército no Rio de Janeiro" (p. 15). Pensando nas próximas décadas, o autor faz um prognóstico de redução maior das atividades militares na cidade, assim "outros próprios nacionais estarão disponíveis, para servir à cidade fundada por Estácio de Sá" (Ibid, p. 16). Minha análise contribui para indicar os deslizamentos entre o público e o privado que operam nessas dinâmicas através do Exército, e assim sinalizar para os sentidos atribuídos ao público e que se colocam em disputa no contexto de preparação para o megaevento.

Considerações finais

Na produção da "região olímpica de Deodoro", as "áreas militares" em transferência de propriedade têm sido alvo de críticas de diferentes grupos de moradores organizados, que interpelam agências e representantes do Estado a fim de reivindicar revisões e suspensões dos projetos. De modos distintos, esses grupos buscam também governar essas transformações, em grande parte orientados pelo que consideram como "melhorias" às localidades em que moram.

A experiência de pesquisa junto aos moradores dessa "região" mostrou que as disposições e os interesses dos comandos militares interferem diretamente nas dinâmicas fundiárias e definem parte dos ganhos que suas formas de mobilização podem lograr. Os casos das "áreas militares" em que há passagem da TransOlímpica, da "área abandonada" do centro de Realengo e do campo do Camboatá/Morro dos Araújos, manifestam, cada um a sua maneira, a centralidade que o comando da 1ª Divisão do Exército tem obtido para essas transformações. Isso quer dizer que generais arbitram os destinos dessas terras e, em todos os casos, se colocam pouco dispostos ao entendimento com os moradores.

Pesquisas sobre o Exército (Castro, 1990; Leirner, 1997; Gonçalves, 2014) consideram que, no nível das interações, os militares percebem o "mundo civil" como "desordeiro" e violento, e os perigos de contágio da tropa ameaçam o disciplinamento da hierarquia militar. De acordo com a visão de mundo militar, os oficiais expressam o legítimo éthos da corporação, ao passo que praças e suboficiais são frequentemente acenados como suspeitos, ainda que façam parte da corporação.

Na leitura feita por Lutz (2006) a partir da pesquisa realizada na cidade norte-americana de Fayetteville, o conceito de "militarismo" é apropriado para considerar a profusão de valores morais sobre ordem, disciplina e hierarquia que atravessam o complexo militar de Fort Bragg e impactam o cotidiano da vida civil, modulando aquilo que Wright Mills (1968) compreende como "definição militar da realidade". O "militarismo" e a "definição militar da realidade" explicaria a visão suspeita e "suja" sobre o "civil"/ "paisano", que dentro da corporação é reverberada aos não-oficiais.

O termo "militarização", para Lutz, se refere de forma mais específica ao conjunto de práticas, discursos e conhecimentos que reforçam a lógica de investimentos em equipamentos militares e nas suas técnicas de controle, domadas pelas estruturas de hierarquia e disciplina. Assim, entendo que a militarização (enquanto conjunto de práticas e discursos que reforçam investimentos) tem aberto espaço para um modo específico de investimento público em esportes de alto rendimento, o PAAR. Nesse mesmo movimento, a militarização também está na vigência da Lei especial de 1970, sendo condição de mercantilização do solo urbano.

O Brasil pouco avançou no tema do controle do governo civil sobre as Forças Armadas desde a "redemocratização" em 1985 (Zaverucha, 1994; Zaverucha e Teixeira, 2003). Assim como a "sobrevivência" da lei de 1970, "a Constituição de 1988 aprovou várias leis que, por serem ambíguas e vagas, puderam ser interpretadas de maneiras diferentes por civis e por militares, conforme as circunstâncias políticas" (Zaverucha, 1994, p. 227). Essa ambiguidade é levada em conta nas formas como moradores organizados têm buscado se fazer compreendidos. Assim as reivindicações se ajustavam mais a pedir do que a exigir, considerando aa relações de poder que as envolvem ao governo dos militares.

As formas de "governo", entendido como modo de conduzir condutas e orientar fluxos de relações a partir das dimensões do Estado, têm se dado na produção dessa "região olímpica" por meio de arranjos particulares, ou de "lógicas de estratégia", como considera Foucault (2008a, 2008b). Além do destaque ao protagonismo dos comandos militares, é possível acenar de modo mais amplo para a "coreografia" (Machado, 2017) que se constitui entre as maneiras de agir dos diferentes grupos envolvidos (moradores, administração municipal, comandos militares etc.). Minha intenção neste artigo foi lançar dados sobre essas dinâmicas, apontar limites e alcances da gestão do Exército para as transformações em "Deodoro" e instigar leituras e reflexões sobre o tema da presença militar no contexto urbano .

REFERÊNCIAS BIBLIOGRÁFICAS

BOULOS, Guilherme. *As discretas invações da burguesia*. Outras Palavras, 22/08/2014. Dispoinível em <http://outraspalavras.net/posts/quem-sao-mesmo-os-invasores>.

CANES, Michèlle. *Brasil quer ficar entre os dez primeiros colocados nos Jogos Olímpicos de 2016*. EBC, 04/08/2015. Disponível em <http://www.ebc.com.br/noticias/2015/08/brasil-quer-ficar-entre-os-dez-primeiros-colocados-nos-jogos-olimpicos-de-2016>, acesso em 04 ago 2015.

CARNEIRO, Sandra de Sá. *Rio, Zona Norte e Zona Sul*: fronteiras para além dos estigmas. In: CARNEIRO, Sandra de Sá; SANT'ANNA, Maria Josefina Gabriel. (orgs). *Cidades, olhares e trajetórias*. Rio de Janeiro: Garamond, 2009.

CARVALHO, José Murilo de. *Forças Armadas e Política no Brasil*. Rio de Janeiro: Jorge Zahar, 2005.

CASTRO, Celso. *O Espírito Militar*: um estudo de Antropologia Social na Academia Militar das Agulhas Negras. Rio de Janeiro: Jorge Zahar, 1990.

CORRÊA-MARTINS, Francisco José. *"Conquistas e manter?"*: a cartografia da presença do Exército Brasileiro no Rio de Janeiro nos últimos cinquenta anos". In: I Simpósio Brasileiro de Cartografia Histórica. Paraty, 2011.

DAVIES, Frank. *"Rituais de Pacificação"*: uma análise das reuniões organizadas pelos comandos das UPPs. In: Revista Brasileira de Segurança Pública. São Paulo, v. 8, n. 1, Fev/Mar, 2014a.

________. Via-crúcis, via expressa: dinâmicas políticas e gramáticas religiosas na passagem da Transolímpica. *Religião & Sociedade*. 2017b, vol.37, n.2, pp.64-85.

________. *Produzindo a 'região olímpica de Deodoro'*. In: Reunião Brasileira de Antropologia. Natal: RBA, 2014b.

________. *Deodoro*: formas de governo para a produção de uma 'região olímpica'. Tese (Doutorado em Ciências Sociais). Rio de Janeiro: Universidade do Estado do Rio de Janeiro, 2017.

DEWEY, John. *The Public and Its Problems*: An Essay in Political Inquiry. Pensilvânia: Penn State University Press, 2012.

FERNANDES, Nelson da Nóbrega. *Os militares e o espaço urbano do Rio de Janeiro*: um programa de pesquisa em geografia urbana e geopolítica. In: Scripta Nova, v. X, n. 218, 2006.

FOLHA DE S. PAULO. *Venda de terras rende R$ 114,4 mi a militares*. 31/07/2011. Disponível em <www1.folha.uol.com.br/fsp/poder/po3107201104.htm>.

FOUCAULT, M. *Segurança, Território e População*. Rio de Janeiro: Martins Fontes Editora, 2008a.

________. *O Nascimento da Biopolítica*. Rio de Janeiro: Martins Fontes Editora, 2008b.

FRIDMAN, Fania; SIQUEIRA, Eduardo César. *Uma cidadela global no Rio de Janeiro*. In: Revista Rio de Janeiro. Rio de Janeiro: UERJ, n.9, jan/abr. 2003.

GOMES, Agnaldo Nogueira. *A competência do comando do Exército para alienar imóveis administrados pela força terrestre*. Monografia (Especialização em Direito Administrativo). Brasília: Instituto Brasiliense de Direito Público — IDP, 2011.

GAFFNEY, Christopher. *Fronteiras, Barreiras e Mobilidades*: problematizando o projeto olímpico no Rio de Janeiro in: SANTOS, Angela Moulin S. Penalva; SANT'ANNA, Maria Josefina (org.). *Transformações Territoriais no Rio de Janeiro do século XXI*. Rio de Janeiro: Gramma, 2014.

GONÇALVES, Vinicius Rodrigues. *A cruz e a espada*: disputas e negociações pela pacificação de indivíduos, nações e cidades. Dissertação (Mestrado em Ciências Sociais). Seropédica: Universidade Federal Rural do Rio de Janeiro, 2014.

GUIMARÃES, Roberta Sampaio; DAVIES, Frank Andrew. Alegorias e deslocamentos do 'subúrbio carioca' nos estudos das ciências sociais (1970-2010). *Revista Sociologia e Antropologia, v. 8, p. 452-482, 2018.*

LACERDA, Paula. *Meninos de Altamira*: violência, "luta" política e administração pública. Rio de Janeiro: FAPERJ, Garamond, 2014.

LEFEBVRE, Henry. *O direito à cidade*. São Paulo: Centauro, 2001.LEIRNER, Piero de Camargo. Meia volta volver: Um estudo antropológico sobre a hierarquia militar. Rio de Janeiro: Editora Fundação Getúlio Vargas, 1997.

LUTZ, C. *Making War at Home in the United States*: militarization and the Current Crisis. In: SHARMA, Aradhana; GUPTA, Akhil (eds.). The Anthropology of the State. A Reader. Blackwell Publishing, 2006.

MACHADO, Carly. Conexões e rupturas urbanas: projetos, populações e territórios em disputa. *Revista Brasileira de Ciências Sociais*, v. 32, pp. 1-21, 2017.

MAGALHÃES, Alexandre. *O 'legado' dos megaeventos esportivos*: a reatualização da remoção de favelas no Rio de Janeiro. In: Revista Horizontes Antropológicos, n. 40, jul/dez 2013.

MERGUIZO, Marcelo. *Além de atletas-militares, COB tem general que liderou missão no Haiti*. FOLHA DE SÃO PAULO, 16/07/2015. Disponível em <https://www1.folha.uol.com.br/esporte/2015/07/1656514-alem-de-atletas-militares-cob-tem-general-que-liderou-missao-no-haiti.shtml>, acesso em 16 jul 2015.

MILLS, C. Wright. *A Elite do Poder*. Rio de Janeiro: Jorge Zahar, 1968.

RIO 2016 (Comitê organizador dos Jogos Olímpicos e Paralímpicos Rio 2016). *Dossiê de candidatura do Rio de Janeiro à sede dos Jogos Olímpicos e Paralímpicos de 2016*. 2009. Disponível em <http://www.rio2016.com/sites/default/files/parceiros/dossie_de_candidatura_v1.pdf>.

ROCHA, Lia de Mattos. O '*repertório dos projetos sociais*': política, mercado e controle social nas favelas cariocas. In: BIRMAN, Patrícia. et al (orgs.). *Dispositivos urbanos e trama dos viventes*: ordens e resistências. Rio de Janeiro: Faperj, FGV, 2014.

ROCHE, Maurice. *Mega-Events and Modernity: Olympics and Expos in the Growth of Global Culture*. London: Routledge, 2000.

SILVA, Fernando Azevedo e. *O Exército Brasileiro e as Olimpíadas de 2016*. Comando Militar do Leste. Disponível em <http://www.eb.mil.br/documents/10138/6107625/O+Ex%C3%A9rcito+Brasileiro+e+as+Olimp%C3%ADadas+2016/1628b710-d791-42d6-9846-3c92b8fd9a34>; Acesso em 1 nov 2016.

SOARES, Maria Therezinha S. *Divisões principais e limites externos do Grande Rio de Janeiro*. In: BERNARDES, Lysia; SOARES, Maria T. S. *Rio de Janeiro: cidade e região*. Rio de Janeiro: Secretaria Municipal de Cultura, Turismo e Esportes / Departamento Geral de Documentação e Informação Cultural, Divisão de Editoração, [1960]1990.

TELLES, Vera. *Jogos de poder nas dobras do legal e do ilegal:* anotações de um percurso de pesquisa. In: AZAIS, C.; KESSLER, G.; TELLES, V. (orgs). *Ilegalismos, cidade e política*. Belo Horizonte: Editora Fino Traço, 2012, pp. 27-56.

ZAVERUCHA, Jorge. *Rumor de sabres*: controle civil ou tutela militar. Estudos comparativos das transições democráticas no Brasil, na Argentina e na Espanha. São Paulo: Ática, 1994.

ZAVERUCHA, Jorge; TEIXEIRA, Helder B. *A Literatura sobre Relações Civis-Militares no Brasil (1964-2002)*: Uma Síntese. In: BIB — Revista Brasileira de Informação Bibliográfica em Ciências Sociais, São Paulo, v. 55, p. 59-72, 2003.

Da deriva pela Av. Brasil à fixação numa esquina na Maré: usuários de crack, refugiados da "pacificação"[1]

TANIELE RUI[2]

> "Aqui na Flavia Farnese a maioria toma banho, limpa a casa e lava as roupas. (...) Eu, mesmo sendo usuário de droga, tomo banho, tenho educação, sempre converso com os vizinhos e me dou bem com eles. Nunca um vizinho me chamou de cracudo mesmo sabendo que uso o crack. A convivência com os vizinhos já foi pior, mas hoje eles nos ajudam, vêm aqui e conversam, pedem pra gente fazer algum serviço. É bom que as pessoas saibam que aqui na cracolândia, apesar dos problemas, vivemos como família para conseguirmos sobreviver. A gente briga e se entende e eu acabo permanecendo aqui também por causa disso. Aqui nós temos que seguir ordens, mas nem sempre as ordens são cumpridas, como em qualquer condomínio, por exemplo. Aí tem confusão. Dona Vera, uma das líderes daqui, eu considero como minha mãe e ela consegue fazer essa união (...). Não quero sair daqui sem ter para onde ir. Pelo menos aqui eu sei que tenho um chão pra dormir, aqui ninguém vai me matar de bobeira. Também não quero voltar pra minha família na situação em que me encontro. Eles não merecem". (Prazer, meu nome é Reginaldo, não cracudo)[3].

---

1 Esse texto concentra esforços de pesquisa realizados entre 2013 e 2015, no âmbito de duas pesquisas de pós-doutorado, financiadas pela CAPES (2014-2015) e pelo SSRC-EUA (2013-2014). Agradeço a Marcia Leite, Lia Rocha e mais amplamente ao PPCIS-UERJ pela interlocução parceira, bem como a Mariana Cavalcanti e Livia De Tommasi, as quais me acolheram no Rio de Janeiro. Sem a mediação fundamental de Henrique Gomes e das conversas com Nick Barnes, Bira Carvalho, Maíra Anhorn, Lidiane Magacho e Eliana Sousa Silva, esse trabalho não teria existido. Agradeço-os profundamente.

2 Professora do departamento de Antropologia da Unicamp, autora de Nas Tramas do Crack: etnografia da abjeção (Prêmio Capes de tese, 2013), e co-organizadora de Novas Faces da Vida nas Ruas (finalista do Jabuti, 2017).

3 Depoimento completo disponível em <http://redesdamare.org.br/blog/noticias/prazer-meu-nome-e--reginaldo-nao-cracudo/>.

Desde os primeiros anos da década de 2000 se registra o comércio de crack na cidade do Rio de Janeiro e pelo menos desde 2006 cenas de consumo da droga vem sendo descritas no Morro da Mangueira (Veríssimo, 2015), no Morro do Cajueiro (Rosales e Barnes, 2011), no Complexo do Alemão, no bairro da Glória, no entorno da estação da Central do Brasil, nas favelas da Coreia, Manguinhos e Jacarezinho e em áreas do Complexo da Maré como o Parque União (Valim, Zaluar e Sampaio, 2015; Frugoli Jr. e Calvalcanti, 2013; Rosales e Barnes, 2011). Mas eu arrisco dizer, entretanto, que a ascensão do crack como problema urbano, como "questão", no Rio de Janeiro pode ser mais especificamente datada: ela se deu entre os anos de 2012 e 2013 — precisamente os anos que antecediam grandes eventos na cidade, Copa das Confederações (2013), Copa do Mundo (2014) e Olímpiadas (2016) — quando centenas de pessoas consumidoras da droga apareceram à população carioca como vagando, à deriva, pela Avenida Brasil.

Expostos aos que por ali passavam de ônibus ou carro[4], acumulando-se com seus corpos emagrecidos e sujos ao longo das passarelas 9 e 10 até a entrada da Ilha do Governador (em frente ao 24º Batalhão do Exército) por calçadas, canteiros centrais, debaixo de viadutos, em escombros de construção, nos tapumes das obras da TransCarioca, a visibilidade gritante desses sujeitos numa das principais vias de ligação entre o aeroporto internacional e a Zona Sul fez emergir a "questão do crack" como problema público e político na cidade, elevado pela imprensa[5], e com projeção nacional a partir das ações de recolhimento compulsório levadas a cabo pela Secretaria Municipal de Desenvolvimento Social, com acompanhamento da Polícia Militar[6].

"Crack", inclusive, foi "a palavra do ano" de 2012 do jornal O Globo. Uma coluna de Ancelmo Gois de final de dezembro observou que mais de 366 matérias sobre o assunto apareceram no diário naquele ano — "mais de uma por dia"[7]. As matérias jornalísticas sobre o que se passava na Avenida Brasil destinavam-se a identificar o "endereço do crack"[8]; a expressar o "risco" que os usuários corriam ao projetarem seus corpos frente

---

4 Beatriz Brandão (2015) realizou, nesse sentido, uma interessante reflexão sobre a visualização da defecação de um usuário na Av. Brasil presenciada enquanto ela passava de ônibus. Da mesma forma Mariana Lopes (2015) diz que a cena de vários usuários de crack vista diretamente da janela do ônibus a moveu a pesquisar o assunto.

5 A dissertação de mestrado de Mariana Lopes (2015) discute precisamente a abordagem da imprensa carioca sobre o assunto nesse período.

6 Ao longo de 2012 foi realizada na região do Parque União, por exemplo, 27 operações consecutivas com mais de 600 pessoas recolhidas. Cf. <http://redesdamare.org.br/blog/noticias/internacao-compulsoria--e-solucao/>.

7 O jornalista especifica: "O flagelo não esteve só nas páginas de polícia. Apareceu 13 vezes na primeira página, 48 na seção de Opinião e até no Segundo Caderno, com 21 citações". Cf. <http://blogs.oglobo.globo.com/ancelmo/post/a-palavra-crack-479761.html>.

8 Cf. "Viaduto em Ramos vira endereço do crack", de julho de 2012, disponível em <http://oglobo.globo.com/rio/viaduto-em-ramos-vira-endereco-do-crack-5591483>.

aos carros que passavam em alta velocidade e os riscos que, por conseguinte, eles impingiam aos motoristas; a narrar as megaoperações de recolhimento dos consumidores da droga, e seus desdobramentos, que quase sempre culminavam com o retorno desses sujeitos aos locais de onde haviam sido retirados[9]. No mesmo passo, chamava atenção a forte presença imagética desses sujeitos que, como observou de modo perspicaz Mariana Lopes, "apesar de fotografados, não encaravam a câmara ou o fotógrafo, mas também não escondiam os seus rostos" (2015, p. 62).

É precisamente a partir desses anos que a história a ser narrada por esse texto se inicia. Como escrito, ao longo de 2012, as matérias jornalísticas sobre os "cracudos" da Avenida Brasil transbordaram do noticiário local e tomaram projeção nacional, principalmente via redes sociais e grupos antiproibicionistas de estudo e de mobilização política voltados à temática das drogas, que viam com preocupação o recolhimento compulsório levado a cabo pelo município. Vindo de uma trajetória de estudos sobre a questão do crack em São Paulo[10], achei importante realizar o deslocamento espacial e observar o caso do Rio de Janeiro. No segundo semestre de 2013 iniciei os primeiros contatos e pude então observar de perto o que estava acontecendo entre as passarelas 9 e 10 e no interior da Maré. Esse trabalho de observação se seguiu até o final de 2015 e consistiu de idas mensais ao campo[11].

O que vi na Maré ao longo de 2013 já era uma situação diferente da narrada nos noticiários em 2012, com poucos consumidores a esmo pela Avenida Brasil. Devido à grande visibilidade midiática e policial sobre a avenida e, consequentemente, sobre o Complexo da Maré — o que poderia prejudicar o comércio varejista de drogas e facilitar a incursão policial, um acordo entre associação de moradores, tráfico e usuários de crack foi estabelecido. Estes últimos passaram a ocupar uma esquina específica no Parque Maré, ato que culminou no arrefecimento do excesso de atenção midiática, bem como de operações policiais ao local.

O que conto nesse texto é simplesmente o histórico da ocupação de usuários de crack nessa esquina na Rua Flávia Farnese (de onde emerge o depoimento-epígrafe) e seus desdobramentos recentes. Busco situá-lo em uma história urbana do consumo e do comércio de crack no Rio de Janeiro, bem como das intervenções estatais que

---

9 De que são exemplos <http://ultimosegundo.ig.com.br/brasil/rj/2012-10-24/operacao-retira-usuarios-de-crack-das-margens-da-avenida-brasil.html>; <http://noticias.uol.com.br/cotidiano/ultimas-noticias/2013/02/19/operacao-no-rio-da-inicio-a-internacao-compulsoria-de-adultos-usuario-de-crack.htm>; <http://oglobo.globo.com/rio/vinte-nove-usuarios-de-crack-sao-internados-involuntariamente-7614534>; <http://veja.abril.com.br/noticia/brasil/o-tratamento-de-choque-contra-o-crack-no-rio-de-janeiro>.

10 Cf., por exemplo, Rui (2013, 2014).

11 Cada uma dessas idas implicava entre 3 e 5 dias no Rio de Janeiro, dormindo no próprio Complexo da Maré e sempre na companhia de Henrique Gomes.

lhes foram direcionadas. Ao fazer essa sistematização, procurarei argumentar que tal ocupação se liga fundamentalmente ao processo de "pacificação" implementado pelo governo do Rio de Janeiro e, nesse sentido, que os usuários e usuárias de crack talvez sejam os sujeitos mais vulneráveis às ações deflagradas de ocupação militar de territórios. Refugiados do processo pacificador, estes sujeitos condensam em suas trajetórias, de modo talvez exemplar, o deslocamento errante, a busca por fixação e, sobretudo, os paradoxos de um governo que ocupa, desloca, recolhe, reprime, atende e desaparece.

Do "mistério carioca" à visibilidade na Avenida Brasil

O Rio de Janeiro é a grande cidade brasileira onde o crack mais demorou a chegar. Só uma década depois de São Paulo e Belo Horizonte, a partir dos anos 2000, é que se tem notícia da droga sendo comercializada no município do Rio. Ninguém parece contestar a versão de que isso só aconteceu por decisões morais e de mercado das facções[12] criminais cariocas, que, no entanto, desde o final dos anos 1970 e durante toda a década de 1980, já disputavam territórios da cidade entre si e com a polícia, bem como o controle das vendas de cocaína no varejo. Essa datação histórica da cocaína como ponto de inflexão na história do tráfico carioca está associada à consolidação, a partir da entrada da Colômbia, das rotas de tráfico internacional de Bolívia e Paraguai, através dos aeroportos de Rio de Janeiro e São Paulo, com destino à Europa (Misse, 2003). História que, de modo instigante, mostra que "não foi a demanda, mas a enorme oferta e a redução dos preços a varejo" (Ibid, s.p.) as principais responsáveis pela mudança econômica.

Mas por que essas facções, em confronto na disputa pelo comércio de cocaína, não disputaram ao longo dos anos 1990 o mercado de crack — algo que já ocorria em São Paulo, por exemplo (Rui, 2016; Manso, 2012) — é a pergunta que ressoa enigmática. O que foi chamado de "mistério carioca" (Barbosa, 1998) aponta para uma série de percepções morais do próprio tráfico sobre o crack: ora tido como substância com alto potencial destrutivo, incapaz de gerar lucro por muito tempo; ora pensado como droga que poderia atrapalhar todo o esquema da "boca"[13] caso algum funcionário passasse a consumir (o que se agravaria em caso de estar armado); ora ainda tomado como produto que destruiria as relações de vizinhanças em decorrência de pequenos furtos por partes dos consumidores. Percepções morais que, ao longo dos anos 2000, entraram em disputa com a alta rotatividade de capital proporcionada por esse comércio. Um cálculo moral e monetário bastante delicado, portanto.

---

12 Para uma interessante reflexão crítica sobre a configuração da "facção", ver Grillo (2013, p. 48-59).

13 Para uma ótima descrição sobre a "boca", ver Grillo (2013, p.80-94).

Para lançar mão de uma exemplificação extrema, na própria Maré, um ex-dono da favela de Nova Holanda chegou a fazer uso problemático de crack, tendo inclusive procurado tratamento em instituições religiosas e depois em uma clínica de reabilitação em um estado bem distante, onde inclusive foi preso[14]. Ainda ali mesmo na Maré, durante uma conversa, um integrante do Comando Vermelho me contou que, desde que se colocou em pauta o comércio da droga, ele votou e votará várias vezes para a interrupção da venda de crack — "aqui não é como São Paulo", ele me disse, "tem que valer a moral, não o mercado". Reconheceu, entretanto, que sua opinião não é partilhada por outros membros da facção, atentos à lucratividade e ao giro rápido desse comércio. "Sabe como é, né? Ninguém acha certo vender, mas viram que o negócio dá grana. Tem que pensar como uma empresa também".

Fato parece ser que a entrada mais maciça de crack no Rio se deu concomitante ao enfraquecimento do Comando Vermelho ao longo das primeiras décadas de 2000, à baixa procura por cocaína entre 2001 e 2006, à crescente cobrança de policiais que preferiam extorquir[15] e prender traficantes a expulsá-los de seus territórios e, ainda, aos possíveis novos acordos comerciais com a facção criminal paulista Primeiro Comando da Capital (PCC), em decorrência de rompimento de acordos e alianças de fornecimento antigos[16]. Michel Misse resume o que se passou:

> O enfraquecimento da principal facção, o CV, na época em que surgia e se fortalecia em São Paulo o PCC permitiu que acordos se estabelecessem entre essas redes, mas sabe-se muito pouco sobre sua extensão. *Um dos indicadores de que existe essa ligação é a entrada do crack no Rio de Janeiro, sempre evitada pelo CV quando este estava fortalecido.* Outro indicador do enfraquecimento do CV foi o surgimento da ADA (Amigos dos Amigos), que se interpôs na antiga e permanente disputa entre o CV e o chamado Terceiro Comando (Misse, 2011, s.p., grifos meus).

A partir dos anos de 2005 e 2006, então, o consumo público de crack ficou mais evidente na capital carioca (Barnes e Rosales, 2011) e a figura do "cracudo" passou a

---

14 Cf. <http://extra.globo.com/casos-de-policia/traficante-da-nova-holanda-se-internou-em-clinica-da--paraiba-para-se-livrar-do-crack-12372876.html> e <http://oglobo.globo.com/rio/chefe-do-trafico-da--favela-nova-holanda-esteve-internado-em-clinica-de-reabilitacao-na-paraiba-12373149>.

15 Como o próprio Michel Misse (2011) observa, extorquir não é a melhor palavra, uma vez que o que de fato havia era um rearranjo do poder que de fato interessava a ambas as partes.

16 Carolina Grillo, em comentário proferido durante a III Oficina de Estudos Urbanos (UFF-2015), bem lembrou que é nesses primeiros anos de 2000, precisamente em 2001, que ocorre o que ficou conhecido como "Massacre de Capitán Bado" (na fronteira Brasil-Paraguai), quando o traficante Fernandinho Beira-Mar ordenou a morte dos filhos e do próprio João Morel, seu antigo distribuidor e aliado. Este é um fato importante para entender a mudança dos acordos comerciais do atacado de drogas no Rio, bem como a possível, mas ainda pouco estudada, relação CV-PCC.

condensar a síntese do tipo de uso de crack que não se deve fazer e do tipo de pessoa que não se deve ser (Brandão, 2015; Veríssimo, 2015). Além disso, e como bem anotaram Frugoli Jr. e Cavalcanti,

> a venda e o consumo de crack rapidamente transformaram as próprias dinâmicas do tráfico nas áreas em que se instauraram, gerando uma nova estrutura de gestão e de vendas da droga, **mas também esforços cotidianos do próprio tráfico na ordenação dos espaços sob a sua influência, tendo em vista as novas territorialidades produzidas pelas tensões entre os fluxos e as permanências dos usuários de crack** (2013, p.74, grifos meus).

Para os propósitos da história que registro, chama a atenção que, diferentemente do caso paulista, em que o consumo de crack ficou mais evidente numa "cracolândia" central que perdura há duas décadas e meias, ainda não se verificou um fenômeno propriamente de territorialização do consumo de crack no Rio de Janeiro (Frugoli Jr. e Cavalcanti, 2013). As pequenas cenas de consumo da droga, que não chegavam a ultrapassar o número de 200 pessoas, se fixavam temporalmente em espaços bastante delimitados dos morros, favelas e áreas populares centrais do Rio de Janeiro, longe de certa visibilidade pública. Fluídas, elas deslocavam-se e reordenavam-se a cada conjuntura hostil.

Como observei na introdução — e por isso insisto na produção do crack como um problema urbano recentíssimo no Rio de Janeiro —, muito barulho foi feito principalmente quando centenas de usuários foram vistos zanzando pela Avenida Brasil, nos anos de 2012 e 2013. Aqui, a história se conecta a das intervenções estatais na então cidade-sede dos grandes eventos esportivos, na medida em que, como pretendo destacar, a aparição de usuários de crack vagando pela Avenida Brasil está imbricada à implantação das Unidades de Polícia Pacificadora (UPPs)[17], bem como às obras urbanísticas que se espalharam a toda velocidade pela cidade nos últimos anos.

Seguindo Frugoli Jr e Cavalcanti (2013), a ocupação militar do Complexo do Alemão em dezembro de 2010 produziu um inchaço no número de usuários de crack nas cenas de consumo do Jacarezinho e Manguinhos. Os constantes conflitos entre os consumidores da droga e o tráfico chegaram inclusive a culminar na interrupção da venda de crack no local, justificada pelos traficantes em razão das correntes intervenções policiais que os "cracudos" atraíam. Com a efetiva implantação da UPP no local em outubro de 2012, a situação explodiu na Avenida Brasil.

---

17 Para análises críticas sobre as UPPs, cf. Machado da Silva (2010); Barbosa (2012); e o dossiê "Unidades de Polícia Pacificadora-CEVIS", organizado por Machado da Silva e Leite (2014 e 2015). Mais que recomendado também é o trabalho de Menezes (2015), certamente o estudo de maior fôlego em torno do assunto.

Assim, expulsos de regiões em que se iniciou o processo de "pacificação" e travando tensas relações com os traficantes, os consumidores da droga, errantes pela Avenida Brasil, apareceram à cidade, à imprensa, ao país. Deslocados, ao mesmo tempo em que tentavam se esquivar das ações de recolhimento compulsório, reiniciaram seus "esforços territorializantes" (Frugoli Jr. e Cavalcanti, 2013) por canteiros, tapumes, arredores e calçadas da Avenida Brasil e de determinadas áreas do Complexo da Maré, na extensão entre o Parque União, Rubens Vaz, Nova Holanda e o Parque Maré[18]. Tamanha visibilidade, como descrita, induziu ações do poder público, reclamações mil dos moradores e motoristas e precisou ser minimizada.

Da Avenida Brasil à esquina da Flávia Farnese

Fui pela primeira vez à ocupação de usuários de crack na esquina da Rua Flávia Farnese no Parque Maré, três quadras adentro da Av. Brasil, numa manhã de dezembro de 2013. O lugar em si já me instigou, pois se tratava de uma área liminar na favela, estruturada de antigos depósitos industriais e apartada das áreas residenciais e das ruas comerciais. Estava com Henrique Gomes, morador da Nova Holanda que então trabalhava na ONG Redes da Maré. A cena constituía-se de não mais que 15 barracos de lona preta que abrigavam os consumidores, os quais ainda acordavam, mas já nos olhavam de modo desconfiado. Ninguém conversou conosco. Henrique chamou por Vera, uma mulher negra de mais de sessenta anos, identificada como liderança local. Eu me apresentei a ela, disse vir de São Paulo e me apressei em dizer que não queria atrapalhá-la naquele momento, já que eu tinha intenção de retornar mais vezes para a realização de uma pesquisa. Era mesmo um primeiro contato.

Também era a primeira vez que interagia com Henrique, que desde logo expressou seu incômodo com intelectuais que pesquisam favelas e depois não retornam os resultados para a comunidade. No entanto, após a conversa com Vera, ele fez um comentário que me deixou mais à vontade. Revelando seu potencial de observador, ele me disse que eu falei com ela de uma forma "natural". "Você nem infantiliza a pessoa, nem fica olhando nos olhos excessivamente só para mostrar que está prestando atenção". Nesse mesmo dia, ele me contou ainda que a maioria daqueles usuários de crack não era da Maré e me confirmou que o estabelecimento deles nessa calçada tinha sido negociado com o tráfico e com a associação de moradores e que de fato esse arranjo "bom para todo

[18] Importante notar, portanto, que a pesquisa não se estende a toda Maré, considerada o maior complexo de favelas do Rio de Janeiro (com 16 favelas) com uma população de aproximadamente 130.000 habitantes. Um morador uma vez me atentou para o fato de que "a Maré é uma invenção para os de fora, quem mora aqui fala que é do Parque União, de Nova Holanda, da Baixa do Sapateiro".

mundo" fez diminuir o confronto com a polícia na Avenida Brasil. Entretanto, anotou que eles ficavam por ali apenas durante o dia, mas que voltavam para a avenida durante a noite, já que a esquina ficava exatamente na divisa estabelecida como demarcação entre o Comando Vermelho (CV) e o Terceiro Comando (TC). Talvez, e também por isso, disse ter a sensação de que um dia tudo aquilo iria explodir.

Desde essa primeira visita, acordei com ele que visitaria o local mensalmente. A intensão era estender a pesquisa no tempo o máximo que eu conseguisse, ao invés de condensá-la em alguns meses, justamente porque me interessava mais observar os desdobramentos desta cena de consumo. A questão que me movia era "simples": quanto tempo esta ocupação persistiria, já que tudo parecia indicar o seu rápido desmantelamento?

Acompanhá-la ao longo desses anos (2014 e 2015) me possibilitou verificar a passagem de uma situação em que os usuários e usuárias de crack estavam instáveis em barracos frágeis de lona, bastante castigados em dias de chuva, permanecendo na esquina durante o dia, mas se deslocando à Rua Sete de Março e à Avenida Brasil todas as noites, para uma fixação que foi se intensificando e se estruturando, especialmente depois da entrada do Batalhão de Operações Policiais Especiais, o BOPE, em 30 de março[19], e posteriormente, do Exército, ambos "forças" instrumentais ao processo embrionário, mas nunca completamente efetivado, de "pacificar" a Maré.

Embora num primeiro momento tenha havido certo temor em relação ao que aconteceria com os usuários durante a presença do Exército — eles inclusive esperavam pelo pior e há relatos de que muitos nesse período voltaram a Manguinhos e Jacarezinho (já em situação menos conflituosa) —, o fato concreto é que, também em razão de negociação com a associação de moradores e a Redes da Maré, eles não foram importunados. A presença das "forças de pacificação", ao contrário, cooperou para a fixação desta cena de uso, na medida em que, sobretudo, provocou a diminuição dos confrontos entre CV e TC nessa zona de fronteira. Deste modo, o ponto a ser destacado é que a "pacificação" empreendida pelo Estado nesse caso corroborou para territorializar os usuários de crack nesta esquina.

Ao longo de todo o ano de 2014 os barracos de lona preta foram dando lugar aos barracos fixos de madeira, decorados com móveis e dispostos com energia elétrica, que alimentavam frigobares, televisores e aparelhos de rádio e DVD. Através do exemplo do barraco de Vera é possível contar essa evolução. O primeiro e maior barraco da cena de consumo, antes uma lona preta, quando estruturado em madeira foi subdividido entre a parte da casa e a da birosca, que vendia copo d'água, cigarro e bebidas alcóolicas. Eu sempre fazia comentários sobre a casa bem estruturada e um dia ela me contou que

---

19 Uma instigante descrição dessa ocupação pode ser lida em Barnes (2014).

quase tudo o que tinha, ela conseguia "na nóia". Só com o transcorrer da conversa é que entendi que ela se referia à "nóia" de outros, intercambiada com os produtos da birosca, em transações transcorridas frequentemente durante a noite. "Sabe quanto custou esse radinho? Um copo de água e um cigarro. A colcha do lado de fora da casa? Um cigarro". Seguiu me mostrando que adquiriu da mesma forma sabonetes, bolsas, roupas, *babyliss* para o cabelo, radinho de pilha, colcha da cama, sofá, cadeira, armário, quadros, aparelho de DVD e rack. Durante a Copa do Mundo, e já bem mais próxima afetivamente de Vera, eu a presenteei com uma televisão comprada por 150 reais numa loja de aparelhos usados na Nova Holanda, item que faltava para completar a decoração de sua casa. A televisão persistiu lá até fevereiro de 2016, durante minha última visita.

Para além de observar os desdobramentos desta cena de consumo e sua cada vez mais evidente territorialização, também conversei com outros atores atuantes no local. Conheci e entrevistei (sem o uso de gravador) o diretor da associação de moradores de Nova Holanda, que era chamado pelos usuários de crack como "presidente da cracolândia". Nessa entrevista, ele confirmou o acordo realizado para tirar os usuários da Avenida Brasil, pois "eles chamavam muita atenção para a Maré". Disse que conversou diretamente com o dono da fábrica onde fica a esquina e este permitiu aquela ocupação. "Agora os usuários estão tranquilos, podem circular pela comunidade, são livres. Só não podem roubar". As principais formas de ganho que desenvolvem, por isso, se concentram em "garimpar" latinhas de alumínio e recicláveis, consertar peças quebradas, prestar pequenos serviços para moradores e roubar fora da Maré. Embora tenha me dito que todas as "bocas" na Maré vendem crack (confirmando a rentabilidade do negócio), o presidente da associação afirmou que "quando o tráfico quiser, acaba a cracolândia".

Mais fortalecida territorialmente, a manutenção da "comunidade" criada era, entretanto, constituída de um equilíbrio precário. Alguns conflitos ficaram mais evidentes ao longo do estudo. Certa vez, Vera estava com as pernas bastante machucadas. A versão inicial que me deu é que teria ido cobrar a dívida de uma mulher e o filho dessa interveio. Disse que quando deu as costas, ele pegou um pedaço de madeira e bateu com força em suas duas pernas — a perna esquerda especialmente, que ele teria batido "mais de quatro vezes", estava muito inchada. Perguntei se ninguém a havia protegido, ela disse que até tentaram, mas que o filho da mulher "era bandido". Ao meu ouvido, contudo, falou baixo que, no fundo, estava com muita vergonha, porque se a vissem machucada daquele jeito poderiam pensar que ela fez algo errado. Evitou a rua durante todo o período de recuperação. Em mais uma ocasião, outra usuária teve os dedos da mão quebrados, acusada de uma tentativa de roubo na Maré. Conversei com sua mãe, moradora de Nova Holanda, e ela estava bastante preocupada, dividida entre as responsabilidades do trabalho e as idas ao hospital para visitar a filha nos dias seguintes ao ocorrido. Tais conflitos mostram a gestão total sobre as quais estão sujeitos esses usuários.

Do mesmo modo, conheci o presidente de uma pequena ONG local, que se apresentava como ex-usuário de cocaína e que hoje, recuperado, realiza serviço voluntário nesta esquina oferecendo o encaminhamento para comunidades terapêuticas evangélicas. Certa vez, um morador da Nova Holanda, bastante informado sobre o histórico de consumo de crack na Maré, então composto de pequenos agrupamentos no Parque União, me disse que a igreja é ator fundamental no contato com os usuários. Demarcou que eles já ofereciam tratamento antes de qualquer serviço do Estado, antes mesmo do interesse da Redes da Maré.

Com efeito, foi a criação de uma cena de consumo mais fixada que fez emergir ações assistenciais e sanitárias do Estado, que provocou o interesse da organização não governamental. Ao longo de 2014, em Bonsucesso, bastando apenas atravessar a passarela 9, foi aberto um "Centro de Atenção Psicossocial álcool e outras drogas" (CAPSad) e formada uma equipe do programa Proximidade[20], da Secretaria Municipal de Desenvolvimento Social. Ambos os serviços confirmaram terem sido estruturados para atender à demanda proveniente de usuários de crack do entorno da Avenida Brasil. Afora esses, o serviço mais conhecido dos usuários era o Consultório na Rua, da Clínica da Família Victor Valla, de Manguinhos[21]. Ainda assim, o modo de funcionamento rotineiro dos serviços, bem como suas atribuições pareceram um tanto obscuros. Henrique mesmo um dia me expressou: "todo mundo fala que tem um monte de serviço, mas eu quase não vejo ninguém aqui"[22].

Entre janeiro e julho de 2015, um novo momento se demarca a partir da efetiva consolidação do interesse da ONG Redes da Maré pelo local. Em parceria com o Centro de Estudos de Segurança e Cidadania (CESeC), o Núcleo Interdisciplinar de Ação e Cidadania (NIAC/UFRJ), com apoio financeiro da Open Society Foundation (OSF), uma equipe da ONG passa a atuar diretamente no local, incialmente fazendo um levantamento da população fixada e com o transcorrer das atividades oferecendo oficinas de fotografia e um cineclube aos usuários da droga[23]. Produzindo conhecimento mais qualificado sobre o local, o levantamento realizado enumera que, no ano de 2015, havia cerca de 70 moradores fixos, distribuídos em 16 barracos. Observa também que não há possibilidade de expansão desta cena de consumo e que o "direito à moradia" é dado

---

[20] Para mais informações sobre o programa, ver <http://vivario.org.br/drogas/programa-proximidade/>.

[21] Uma interessante reflexão sobre esse serviço pode ser lida em Araujo (2017).

[22] Como foi ficando mais claro ao longo da pesquisa, a assistente social da ONG Redes da Maré notou que não havia efetivamente um espaço formal de discussão e interlocução entre os serviços estatais que atuam no local, entretanto, os próprios profissionais acabaram fazendo um grupo no Whatsapp para discutir os casos.

[23] Informações sobre o trabalho realizado no local podem ser lidas em <http://redesdamare.org.br/blog/noticias/a-cena-do-crack-de-perto/>, mas principalmente em Redes da Maré, CESEC, 2016. E outras informações sobre esta cena em <http://vozerio.org.br/Endereco-cracolandia>.

pelo diretor da associação de moradores, mas que há certa rotatividade de pessoas chegando e saindo.

A constatação de que não eram mais muitos os usuários de crack no local e de que a maior parte deles estava já bastante fixada, sem causar um grande problema de visibilidade para a cidade ou de conflito no interior da Maré, era em certa medida partilhada pelos serviços públicos. Tal fixação "pacífica" e "controlada" veio acompanhada da percepção, expressa por um dos membros da equipe da ONG, de que os usuários foram sendo como que abandonados pelos serviços públicos, que teriam voltado a atenção para outras cenas de uso e para outros casos politicamente mais "urgentes". Não deixa de inquietar o fato de que, do mesmo modo que a ida desses sujeitos para esta esquina implicou um acordo local, a permanência deles parece também estar submetida, no limite, à aceitação local. Mas o mais curioso é notar que, como vem fazendo há anos no governo das populações pobres, o Estado parece bem saber calcular a hora de reprimir, de comparecer e criar serviços de atenção e depois de praticamente desaparecer, deixando para as organizações locais a gerência da situação.

Considerações finais

Como observei na introdução, nesse texto busquei simplesmente descrever o processo que vi se desenrolar entre os anos de 2012 e 2015, dos usuários de crack errantes pela Avenida Brasil à sua territorialização em uma esquina do Parque Maré. Pretendi mostrar que o que deslocou tantos usuários de crack para a Avenida Brasil foi, em seu ápice, a instalação de uma Unidade de Polícia Pacificadora nas favelas de Manguinhos e Jacarezinho (Frugoli e Cavalcanti, 2012). Como escrito, o processo de pacificação incitou o fluxo dos usuários para a avenida e tal fluxo muito rapidamente se tornou notícia nas principais páginas dos jornais locais, evidenciando o crack e seus consumidores como uma "questão" urbana, com projeção nacional. Muita gente à deriva, grande visibilidade para a área do entorno da Maré, forças policiais atuando de forma repressiva, a Secretaria Municipal de Desenvolvimento Social realizando práticas de exceção como as internações compulsórias, pessoas que chegaram a morrer atropeladas fugindo de perseguição policial e — pasmem — de agentes da assistência social.

Nesse sentido, levar os usuários de crack e toda a cena de consumo para dentro do Parque Maré foi, principalmente, uma forma de diminuir esta visibilidade e para tanto demandou negociação entre traficantes, usuários de crack e associação de moradores. O local onde eles se estabeleceram é bastante estratégico: uma esquina numa região onde existem muitos galpões, alguns deles vazios, relativamente distantes das casas dos moradores, passível de ser vigiada de vários cantos. Quando o processo de pacificação se iniciou com a entrada do BOPE e do Exército, sem nunca se cumprir, contribuiu ainda mais para que os usuários de crack se estabelecessem no local, na medida em que diminuíram os confrontos entre as facções em disputa no território. Ainda que com especificidades, o caso da Maré pode dar pistas para pensar o estabelecimento de outras cenas de consumo na cidade do Rio de Janeiro.

Em contato com esta cena de uso e com os sujeitos que ali estavam, chamou minha atenção o quanto as histórias pessoais daqueles usuários de crack estavam marcadas por deslocamentos territoriais. Não sei quantas vezes ouvi, de vários deles, falas como "eu já passei por todas as cracolândias dessa cidade", "eu conheço todas as cracolândias do Rio". Conversando sobre isso em certa ocasião, um usuário de crack, inclusive, me aconselhou a anotar os locais por onde passou. "Anota aí: Jacaré, Bandeira 2, Mandela, Manguinhos, Mangueira, Engenho da Rainha, Kobal, San Pedro, Leopoldo Bulhões, Campinho, Juramento e agora na Maré".

A meu ver, tais deslocamentos, cravados em trajetórias errantes, são a resultante perversa da insistência do governo do Rio de Janeiro em ocupar militarmente os territórios de pobreza. Refugiados na Maré desde então, aos usuários de crack não resta outra opção que não se esforçarem para não causar muitos conflitos. Como o depoimento-epígrafe de Reginaldo anuncia, apesar dos possíveis problemas, é necessário viver, qual família, para sobreviver.

REFERÊNCIAS BIBLIOGRÁFICAS

ARAUJO, Erick. *A vida em cenas de uso de crack*. Rio de Janeiro: Editora Papeis Selvagens, 2017.

BARBOSA, Antônio Rafael. *Um abraço para todos os amigos*: algumas considerações sobre o tráfico de drogas no Rio de Janeiro. Niterói: EDUFF, 1998.

_____. Considerações introdutórias sobre territorialidade e mercado na conformação das Unidades de Polícia Pacificadora no Rio de Janeiro. Revista Brasileira de Segurança Pública. Vol.6, n. 2, 2012.

BARNES, Nicholas. *Rio de Janeiro's BOPE and Police Pacification*: fear and intimidation in Complexo da Maré". Anthropoliteia, 2014. Disponível em <http://anthropoliteia.net/2014/06/06/rio-de--janeiros-bope-and-police-pacification-fear-and-intimidation-in-complexo-da-mare/>.

BRANDÃO, Beatriz. *Usos do crack na cidade* — antropologizando sinais do corpo. Anais da V Reunião Equatorial de Antropologia (V REA-ABANNE), 2015.

FRUGOLI JR, Heitor. CAVALCANTI, Mariana. *Territorialidades da(s) cracolândia(s) em São Paulo e Rio de Janeiro*. Anuário Antropológico/2012, vol. 38, n. 2 UNB-Brasília, 2013.

GRILLO, Carolina C. *Coisas da vida no crime*: tráfico e roubo em favelas cariocas. Tese de doutorado. IFCS-UFRJ, 2013.

LOPES, Mariana Freire. *No meio das notícias tinha uma pedra*: uma reflexão sobre a alteridade a partir da análise de três anos de notícias envolvendo usuários de crack no Jornal O Globo para pensar as políticas públicas adotadas para o 'cracudo' nos anos anteriores a grandes eventos no Rio de Janeiro. Dissertação de Mestrado. ECO-UFRJ, 2015.

MACHADO DA SILVA, Luís Antonio. *"Afinal, qual é a das UPPs?"*. Observatório das Metrópoles, março de 2010. Disponível em <http://www.observatoriodasmetropoles.ufrj.br/artigo_machado_UPPs.pdf>.

______; LEITE, Marcia (orgs). *Dossiê Unidades de Polícia Pacificadora* — CEVIS. Dilemas. vol. 7, n. 4. 2014 e vol. 8, n.1, 2015.

MANSO, Bruno Paes. *Crescimento e queda dos homicídios em São Paulo entre 1960 e 2012*. Doutorado (Ciência Política), Universidade de São Paulo, 2012.

MENEZES, Palloma. *Entre o "fogo cruzado" e o "campo minado"*: uma etnografia do processo de "pacificação" das favelas cariocas. Tese de doutorado. IESP/UERJ, 2015.

MISSE, Michel. *Os rearranjos de poder no Rio de Janeiro*. Le Monde Diplomatique Brasil, julho de 2011.

________. *O Movimento*. A constituição e reprodução das redes do mercado informal ilegal de drogas a varejo no Rio de Janeiro e seus efeitos de violência. In: BAPTISTA, Marcos et al (orgs.). *Drogas e pós modernidade 2*. Rio de Janeiro: EDUERJ, 2003. Disponível em <http://necvu.ifcs.ufrj.br/images/4O%20Movimento.pdf>.

REDES DA MARÉ; CESEC. *"Meu nome não é cracudo"*: a cena aberta de consumo de drogas da rua Flavia Farnese, na Maré, Rio de Janeiro. Rio de Janeiro. Boletim Segurança e Cidadania, n. 22, 2016.

ROSALES, Kristina; BARNES, Taylor. *New Jack Rio*. Foreign Policy, 14 set. 2011. Disponível em <http://foreignpolicy.com/2011/09/14/new-jack-rio/>.

RUI, Taniele. *Nas tramas do crack*: etnografia da abjeção. São Paulo: Terceiro Nome/Fapesp, 2014.

________. *Depois da "Operação Sufoco"*: sobre espetáculo policial, cobertura midiática e direitos na "cracolândia" paulistana. Contemporânea — Revista de Sociologia da UFSCar (Dossiê Fronteiras Urbanas, org. por Gabriel Feltran e Neiva Vieira), v. 3, 2013.

________. *Fluxos de uma territorialidade*. Duas décadas de cracolândia (1995-2014). In: KOWARICK, Lucio; FRUGOLI JR., Heitor. *Pluralidade Urbana em São Paulo*. São Paulo: Editora 34, 2016.

VALIM, Daniele; ZALUAR, Alba; SAMPAIO, Christiane. *Uma etnografia das cenas de uso de crack no Rio de Janeiro e seus efeitos nos usuários*. In: TEIXEIRA, Mirna; FONSECA, Zilma. *Saberes e práticas na atenção primária à saúde*: cuidado à população em situação de rua e usuários de álcool, crack e outras drogas. São Paulo: Hucitec, 2015.

VERÍSSIMO, Marcos. *Quem são os "cracudos"?* Apontamentos para o estudo antropológico de um "problema social". Dilemas: Revista de Estudos de Conflito e Controle Social. Vol.8, n. 2, 2015.

"Vivendo entre dois deuses": a fenomenologia do habitar em favelas "pacificadas"

PALLOMA VALLE MENEZES[1]

Introdução[2]

Quando a Polícia Militar do Estado do Rio de Janeiro ocupou a Cidade de Deus e o Morro Santa Marta, há quase dez anos, em novembro de 2008, lideranças comunitárias, moradores e jovens que atuavam no comércio varejista de drogas ilegais pensaram estar diante de apenas mais uma "operação policial normal". A ação da polícia nesses territórios, a princípio, parecia seguir o mesmo roteiro das incursões que há algumas décadas vinham reiteradamente ocorrendo nas favelas cariocas.

Como de costume, policiais fortemente armados entraram nas duas favelas contando com o fator surpresa e encontraram a resistência de traficantes. Trocaram tiros — seguidos de mortes no caso da Cidade de Deus —, efetuaram prisões em flagrante e apreenderam drogas e armas. Apenas o último elemento do roteiro "padrão" das operações policiais de praxe nas favelas não fez parte da ação realizada em novembro de 2008: dessa vez a polícia não se retirou dos territórios alguns dias após o início da incursão.

Em um primeiro momento, ninguém entendeu muito bem o sentido da polícia permanecer na favela. Os repertórios habituais de que dispunham os moradores dessas localidades não auxiliavam nesse trabalho interpretativo. Também não

---

[1] Doutora em sociologia pelo Instituto de Estudo Sociais e Políticos da Universidade do Estado do Rio de Janeiro (IESP/Uerj) e pelo Department of Social and Cultural Anthropology da Vrije Universiteit Amsterdam. Atua como professora adjunta do Departamento de Ciências Sociais da Universidade Federal Fluminense (UFF).

[2] Gostaria de agradecer aos valiosos comentários feitos por Patrícia Birman e Edson Miagusko a uma primeira versão desse texto, apresentado no GT 34 "Sobre periferias: novos conflitos no espaço público" do 39º Encontro Anual da ANPOCS, coordenado por Cibele Rizek e Carly Machado.

havia informações oficiais disponíveis sobre o que estava ocorrendo ou iria ocorrer. Inicialmente, não houve qualquer anúncio de que seriam inauguradas no Santa Marta e na Cidade de Deus as duas primeiras Unidades de Polícia Pacificadora (UPPs) da cidade do Rio de Janeiro — até porque, nesse momento, o nome UPP ainda nem sequer existia.

Logo, ninguém podia antecipar que naquele momento começava a ser elaborado e testado um projeto que ganharia centralidade no debate sobre segurança pública no Brasil. Era impossível prever que se tratava do início, nessas duas favelas, de uma experiência que, posteriormente, seria classificada como uma das mais significativas em termos de segurança pública produzidas no Rio de Janeiro nas últimas décadas[3].

Como sintetizou o presidente da Associação de Moradores do Santa Marta, no momento que o morro foi ocupado, a sensação de grande parte da população da favela era a de estar "entrando num grande túnel escuro, esperando chegar rapidamente do outro lado para ver muita luz"[4]. É possível dizer, portanto, que, em novembro de 2008, os moradores do Santa Marta e da Cidade de Deus viveram plenamente o que o filósofo pragmatista John Dewey definiu certa vez como uma "situação indeterminada", ou seja, uma situação "incômoda, problemática, ambígua, confusa, cheia de tendências conflitivas, obscura etc." (1938, p.171). E, diante dessa situação, diversos atores começaram a indagar a respeito do que estava ocorrendo, mobilizando assim suas capacidades e competências reflexivas com a finalidade de tornar inteligível aquela indeterminação. Eles então começaram a realizar o que Dewey (1938) chama de "processo de investigação".

O presidente da Associação de Moradores do Santa Marta descreve com detalhes essa experiência do trato com a nova indeterminação e narra como muitas pessoas o procuraram para perguntar o que estava se passando na favela. Incapaz de dar uma resposta, ele conta que deu início a um processo de investigação ao procurar outros presidentes de associações de outras favelas da Zona Sul para conversar e se reunir com o poder público, exigindo uma explicação sobre o que estava acontecendo. Nas palavras dele:

---

3 Pouco a pouco foi formando-se um consenso em torno da ideia de que "após mais de três décadas de experimentos fracassados de programas de segurança pública no Rio de Janeiro", as UPPs apresentavam-se como "uma resposta bem-sucedida para a questão da violência nesse estado, em especial na sua capital" (Burgos et al., 2012, p. 2). Ou como sugeriu Barbosa (2012, p.257), em 2012, havia uma percepção coletiva de que era possível "elevar o tom e dizer que, desde a reforma urbana e sanitária do prefeito Pereira Passos (com o "bota-abaixo" dos cortiços e moradias pobres no centro da cidade, no início do século XX) e a remoção das favelas durante os anos 1960 e 1970, são poucas as ações governamentais que tiveram tanto impacto na vida dos moradores da cidade".

4 Trecho de depoimento "Aprendendo com os erros", dado por Zé Mário e publicado no jornal "Extra" de 28 de dezembro de 2008.

> Bom, eu vou ser breve, mas vou contar um pouquinho da história. Em novembro de 2008 chegou um aparato policial muito grande aqui no Santa Marta. Nós achávamos que era uma incursão (...). Aí eu fui procurar saber o que estava acontecendo. Como presidente da associação, o pessoal vinha me procurar. O secretário falou assim: "não, Zé Mário, isso aqui não é uma incursão, não. Isso aqui foi a chegada da polícia para nunca mais sair daqui do Santa Marta"[5].

Os jovens envolvidos com o comércio varejista de drogas nessas duas favelas também começaram a se perguntar e a tentar entender o que estava ocorrendo. Eles contam que acionaram os contatos que tinham e quando notaram que não estavam diante de uma "operação policial normal", não sabiam ao certo como agir:

> Quando a UPP chegou, eu me lembro! Foi a maior correria! Nós não sabíamos, não estávamos programados (...). Nós estávamos acostumados com a favela tranquila. Sempre amanhecia arregadona. Então, nós chegávamos, deitava na cama, deixava o fuzil de um lado, pistola do outro, e ia dormir. Acordava, tomava banho, escovava o dente, botava o fuzil do lado, ligava a moto e saía para começar a colocar a boca para funcionar. Quando eu fui fazer isso, vi o Caveirão e falei: "ih, caralho"! Já desliguei a moto, fui pelo cantinho da parede, entrei em casa de novo e já acordei meus parceiros e falei: "qual foi, mano? Os canas estão aqui na favela". (...) Papo vai, papo vem, liga para um, liga para outro (...) e para tirar os negócios [armas e drogas] de dentro da casa? Maior adrenalina doida, acordamos todo mundo (...). Então, foi assim: UPP entrou, vários amigos dormindo, os canas invadiram, viram o fuzil do lado e nem esperou falar nada (...). No dia que a UPP chegou morreram uns nove (...). A gente achava que era uma operação policial normal.[6]

O depoimento acima evidencia que ter informação, naquele momento, era essencial para que os jovens envolvidos com o "mundo do crime" pudessem traçar estratégias minimamente seguras de ação. Mesmo não sabendo nada a respeito do modo como a polícia iria atuar na favela durante a ocupação, bastou a informação de que a partir daquele momento a PM ficaria na favela para que os traficantes improvisassem uma estratégia de ação, como mostra o relato abaixo:

---

5 Trecho do discurso feito por Zé Mário durante a inauguração do Projeto Rio Top Tour, realizada no dia 30 de agosto de 2010 na Quadra da Escola de Samba Mocidade Unida do Santa Marta.

6 Trecho de entrevista realizada com um traficante da Cidade de Deus. As entrevistas que seguem com traficantes da Cidade de Deus foram realizadas em 2013 pela autora.

> Sabe como é que é, polícia é bandido, bandido é polícia, é assim. Como eles têm nossa informação daqui para lá, nós temos de lá para cá também. Aí nós batemos um rádio para a arregadeira [policiais corruptos], mandamos ir no comandante para ver se ia ter papo. Aí o comandante falou: "você está maluco? Agora não tem mais nada, não tem negociação. A polícia vai ficar. Pode falar para eles!" De tarde, foi uma loucura, atravessando daqui para a Penha de moto roubada, casacão, fuzil, pistola pra caralho voando na Linha Amarela. O dono da boca na tua garupa, foragido pra caralho. Não foi eu que levei ele não, fui em outra moto, mas estava todo mundo num bonde só. Aí você fica como? Tinha que, ao mesmo tempo, ficar na contenção do cara e pilotar a moto! Tu vai deixar o dono da boca para morrer contigo ali? Tu morre, mas não pode deixar o cara morrer.

Ainda que de modo precário e permeado de riscos, alguns resolveram se esconder, outros (sobretudo aqueles de alta hierarquia) decidiram escapar e fugir temporariamente para outras favelas não ocupadas pela polícia e, portanto, mais seguras para eles. Só alguns poucos traficantes de áreas específicas, como o Karatê na Cidade de Deus, resolveram enfrentar diretamente a polícia em meio à situação indeterminada.

Neste trabalho, analiso a chegada da polícia no Santa Marta e na Cidade de Deus como uma "crise" (Shibutani, 1966)[7] ou "momento crítico" (Boltanski, 1990; Boltanski e Thévenot, 1991). Ou seja, um evento capaz de produzir uma ruptura com as formas habituais de ação, quebrando com as expectativas que os atores possuem acerca de sua maneira rotineira de ser, de se comportar e de agir.

Sugiro que a ocupação policial permanente do Santa Marta e da Cidade de Deus reconfigurou o ambiente rotineiro com o qual os atores que ali habitavam estavam habituados. E, quando isso ocorreu, os primeiros territórios "pacificados" tornaram-se, momentaneamente, paisagens desconhecidas para os próprios moradores que ali residiam e para os traficantes que atuavam ali há anos. Essas novas paisagens instituíram-se como verdadeiros centros de indeterminação com os quais esses atores não sabiam exatamente como lidar, já que não dispunham mais dos repertórios e dispositivos necessários para avaliar a situação e, para usar a expressão de Cavalcanti (2008), "medir o clima" da favela.

Os antigos repertórios e formas tácitas, habituais e espontâneas de avaliação da atmosfera local de que os atores dispunham não eram mais capazes de dar conta da

---

7 Como explica Shibutani: "a crisis is any situation in which the previously established social machinery breaks down, a point at which some kind of readjustment is required. Crises are often provoked by environmental changes. (...) A crisis is a crisis precisely because men cannot act effectively together. When previously accepted norms prove inadequated as guides of conducts, a situation becomes problematic, and some kind of emergency action is required" (1966, p.172).

nova situação. As pequenas "pistas"[8], os pequenos marcos sensórios disponíveis na favela como os fogos, a movimentação dos moto táxis, a localização da boca de fumo, a posição dos "atividade" ou "contenção", a frequentação das biroscas já não serviam mais para auferir o clima no território da favela. Daí porque houve uma alteração sensível e cognitiva, já que um novo repertório sensível (Ingold, 2013) e novos "mapas mentais" (Gell, 1985) precisaram ser forjados. Uma nova fenomenologia do tempo e do espaço foi introduzida no universo potencial próprio ao contexto prático de ação dos atores. E as "pistas" (Ingold, 2013), antes rotinizadas não apenas para antever potenciais riscos relativos aos tiroteios, mas para orientar a ação no trato cotidiano com os traficantes e policiais, foram fortemente alteradas. Daí porque uma nova "educação da atenção" (Gibson, 1979; Ingold, 2000) foi requisitada, isto é, uma nova modalidade de afinação do sistema perceptivo dos residentes com o ambiente foi necessária para (re)aprender a "navegar" (Vigh, 2009) na ecologia sensível da favela pós "pacificação".

Como houve uma disrupção temporária e radical dos elementos que permitiam ler o "clima da favela", os atores tiveram que buscar novos elementos que os auxiliassem a lidar com a nova situação. Diante da zona de indeterminação que se impunha com a chegada da UPP, os residentes se perguntavam e buscavam elementos para entender o que estava acontecendo. Ou seja, era necessário que fosse realizado um "processo de investigação".

Este trabalho tem como hipótese básica, portanto, o fato de que a UPP, desde sua chegada, não foi outra coisa senão um objeto constante de investigação dos atores por ela direta ou indiretamente afetados. Tal investigação foi um processo reflexivo e experimental de reengajamento no "novo" ambiente da favela. Em suma, tratou-se de uma busca, por parte dos atores, por uma nova "ação que convém", para usar o termo de Thévenot (2006).

Com base em uma pesquisa etnográfica realizada entre 2009 e 2015 no Santa Marta (localizado na Zona Sul do Rio de Janeiro) e na Cidade de Deus (localizada na Zona Oeste da cidade) analiso, neste artigo, os impactos das UPPs na rotina, sociabilidade e

---

8 Segundo Ingold uma "pista" é um ponto de localização que concentra os elementos díspares da experiência em uma orientação unificada que, por sua vez, abre o mundo a uma experiência de maior clareza e de maior profundidade. Nesse sentido, "as pistas são chaves que abrem as portas da percepção: quanto maior o número de chaves, um maior número de portas você pode abrir, e mais o mundo se abre a você" (2013, p. 32). Sugiro que seja interessante estabelecer uma aproximação entre o que Ingold (2013) chama de "pistas" e Cavalcanti (2008) chama "códigos tácitos, porém compartilhados e altamente sensórios". Para a antropóloga o conjunto desses códigos e de sua leitura pode ser pensado como o "aspecto de legibilidade do espaço da favela que emerge de modo coletivo pela própria naturalização do conflito" (p. 49). Nesse sentido, é possível pensar que quanto maior o número de "pistas" compartilhadas, maior será o aspecto de legibilidade do espaço da favela e maior será a facilidade para "navegar" no ambiente (Vigh, 2009). Ou, pelo contrário, quanto menor o número de "pontos de ancoragem" disponíveis, menor será a possibilidade de ler o "clima da favela".

mobilidade nas duas primeiras favelas "pacificadas". Sustento que um dos principais impactos da implementação das UPPs foi uma mudança na fenomenologia do habitar da favela. Tal mudança se deu, sobretudo, a partir da contiguidade territorial entre moradores, PMs e traficantes que passaram a conviver na favela 24 horas por dia.

Analiso, ao longo do presente texto, como a sobreposição de duas diferentes formas de gestão e de controle nos territórios "pacificados" impostas por "dois deuses" — o "dono do morro" e o comandante da UPP — gerou, nos últimos anos: 1) um aumento da percepção de que "na favela, está tudo monitorado"; 2) uma alteração no que Machado da Silva e Leite (2008) chamaram de experiência de "vida sob cerco"; e 3) uma sensação de que viver em áreas "pacificadas" é viver entre o "fogo cruzado" e o "campo minado".

Múltiplas camadas de vigilância que se sobrepõem em favelas "pacificadas"

As duas imagens a seguir, postadas em redes sociais no fim de 2014, sintetizam uma das questões centrais que observei ao longo dos anos de trabalho de campo que realizei no Santa Marta e na Cidade de Deus: a presença de dispositivos que engendram a experiência de vigilância generalizada presente nas favelas "pacificadas" que adiante defino como parte do regime do "campo minado".

A primeira imagem é uma fotografia de Carlos Coutinho, um talentoso repórter fotográfico, morador do Complexo do Alemão. A foto postada no Facebook retrata uma representativa cena da "Caminhada pela Paz"[9], realizada no Alemão no dia 11 de outubro de 2014. Essa cena, ocorrida na aludida Caminhada pela Paz, poderia ter sido capturada em qualquer favela "pacificada" do Rio de Janeiro ou nas inúmeras manifestações que ocorreram na cidade a partir de junho de 2013.

No primeiro plano, a imagem exibe um policial branco, uniformizado e de capacete que aparece de costas segurando em suas mãos um telefone celular. Pela posição das mãos, do celular e do dedo posicionado em cima da tela é possível dizer que o clique para que uma imagem seja capturada na forma de foto ou vídeo já foi ou será dado em instantes. O alvo da câmera são os manifestantes que, em parte, aparecem no segundo plano da foto. Dentre esses, destaca-se uma mulher que está parada em frente ao policial,

---

9 No site do grupo Raízes em Movimento a convocação para a manifestação indicava que, no dia 27 de setembro, "o jovem Marcos Vinicius Soares Heleno, 17 anos, foi mais uma vítima desta guerra instalada no Complexo do Alemão depois da ocupação militar com a UPP. É daí que moradores, lideranças e militantes comunitários vão para as ruas gritar, brigar por dignidade e respeito à vida". Disponível em <http://www.raizesemmovimento.org.br/caminhada-pela-paz/#sthash.cbLuLs3u.dpuf>.

POLÍCIA

POLÍCIA
LATUFF 2014-BRASIL 247

em uma posição muito semelhante à dele. Ela, como o policial, segura em suas mãos um telefone celular usado como dispositivo para capturar a imagem daquele que a fotografa. Ao lado dela encontra-se um jovem que observa o duplo clique enquanto outra manifestante, que está logo atrás, olha para outro lado.

A imagem revela, portanto, três cliques feitos ao mesmo tempo: o do fotógrafo, o do policial e o da moradora. Todos esses cliques captam registros alheios. E assim resume-se a principal ideia expressa na foto: aquele que captura a imagem é também capturado pela imagem de um outro.

A segunda imagem é uma ilustração feita pelo cartunista e ativista político brasileiro Latuff em 2014. No primeiro plano, há sete mãos (algumas brancas e outras negras) armadas com câmeras que buscam capturar o que Cartier-Bresson chamou de "momento decisivo". O alvo das câmeras é um policial branco que se encontra com uma arma em punho apontada na direção da cabeça de um homem negro, sem camisa, que está ajoelhado de costas e com as mãos algemadas. A quase onipotência do policial opõe-se à vulnerabilidade absoluta do homem negro, em uma posição de escravo capturado. Mas, o mais interessante, é a opção que Latuff faz da captura do instante. Ao invés de capturá-lo diretamente, ele interpõe entre a imagem que ele faz ver e a cena que ele deseja mostrar outras várias câmeras, elas também, voltadas para a captura do instante da execução.

Mas há um outro elemento fundamental na imagem: nela se vê que o policial movimenta a cabeça para trás e percebe a presença das câmeras apontadas para ele. Os três pingos de suor e o rosto mostram que o policial não parece nada satisfeito com a presença das câmeras. Elas lhe subtraem a onipotência. Nesse sentido, a presença das câmeras na ilustração de Latuff não serve apenas para mostrar a pluralidade de capturas possíveis; mais do que isso, elas possuem um efeito concreto sobre a ação do policial e interferem diretamente nas relações de poder da situação. O policial sabe que é visto por elas e que tudo aquilo que ele fizer ali será imediatamente capturado. E é apenas por isso que a provável execução não ocorrerá. Será graças à vigilância imposta pelo dispositivo que o policial não poderá levar o curso planejado e desejado da sua ação até o seu fim.

Isto dito, qual seria a relação dessa imagem com a primeira? A mais óbvia é salientar a presença de policiais e de dispositivos fotográficos — que, na situação, operam como dispositivos de controle. Para além disso, contudo, vale observar que uma oitava mão aparece no lado esquerdo da ilustração de Latuff, mão esta que se encontra em posição contrária a todas as outras. Ela está apontada para aqueles que estão com os outros celulares em punho, o que evidencia outra semelhança com a primeira imagem, já que em ambas pode-se vislumbrar uma espécie de "panóptico" de simetria generalizada em que, ao contrário do de Jeremy Bentham, aquele que vê também é olhado; aquele que monitora também é monitorado. Aqui os papéis de vigia e de vigiado se alternam, uma vez que não há uma direcionalidade única do olhar e do monitoramento.

Nesse sentido, as duas imagem salientam um ponto central que observei desde o início do meu trabalho de campo: a importância dos sistemas e dispositivos de vigilância e controle no contexto das favelas "pacificadas". Dispositivos esses que, além de permitirem um controle mútuo e generalizado, têm por consequência um aumento nas formas de autocontrole. Ou seja, o correlato do panoptismo generalizado instituído pelos dispositivos de vigilância é um processo de internalização da repressão na qual o ator, por antecipar a visibilidade de seus próprios atos a partir da captura do olhar do outro, remodela permanentemente suas próprias ações.

As duas imagens mostradas anteriormente, contudo, tratam apenas da experiência de policiais e de moradores. Por isso, para deixar mais claro o que chamo de panóptico de simetria generalizada, gostaria de descrever as marcações que observei em duas paredes da favela Cidade de Deus que introduzem um outro ator nesses sistemas de vigilância presentes nas áreas "pacificadas": os jovens envolvidos com o tráfico de drogas varejista.

Certa vez, passando por um dos prédios da UPP na Cidade de Deus, vi um cartaz enorme colado na parede com o seguinte texto: "Ajude a UPP CDD a ajudar você. Denuncie. Telefone: 23336600. E-mail: denunciacdd@gmail.com". O cartaz incentivava explicitamente os moradores a denunciarem as ações criminosas de traficantes locais. Aquilo que do ponto de vista do tráfico — e de boa parte dos moradores da favela — era e continua sendo visto negativamente como delação, coisa de "X-9" ou "caguete", no cartaz da UPP era apresentado, portanto, como denúncia, ou seja, como algo benéfico à comunidade e àqueles que a fazem.

Já a segunda demarcação do espaço da favela que chamou minha atenção foi feita não por agentes estatais como a primeira, mas por agentes ligados ao "mundo do crime". Em uma das paredes da Cidade de Deus destacava-se uma pichação com o seguinte recado: "Seja Bem-vindo. Mas não venha mandado. Tudo monitorado. APP. CDD. Bruck". A mensagem que podia ser vista na região dos Apartamentos, "Apês" e Bruck (nome usado para definir uma região adjacente e considerada como parte dos Apartamentos, o Pantanal) anunciavam que todos eram bem-vindos ao local desde que não tivessem a intenção de delatar as ações do tráfico (nas palavras nativas, "não venham mandado"). O recado era seguido ainda de um alerta que apontava que qualquer "mancada" não passaria em branco, uma vez que estava "tudo monitorado". Assim, enquanto o cartaz da UPP incentivava a prática do monitoramento e da delação por parte dos moradores com relação ao tráfico, o recado dos traficantes avisava que, da parte deles, os moradores estavam sob sua vigilância e que, caso alguém tentasse denunciá-los ou delatá-los, seriam "cobrados", isto é, receberiam algum tipo de punição.

Diversos rumores e "avisos"[10] espalhados em pichações presentes nos muros das favelas com UPP e em letras de *funks* proibidões que tocam constantemente nesses territórios reforçam a ideia de que os traficantes estão constantemente monitorando os moradores para tentar evitar que eles "fechem com o errado", ou seja, com a UPP. Ainda a título de ilustração, segue adiante a foto de uma pichação e o trecho da letra de um *funk* do Mc Novinho intitulado "Bonde do Bruck Evolution 2013"[11] que faz referência ao monitoramento permanente realizado por traficantes na favela:

> Como é que tá o Bruck aí, meu parceiro?
> Tranquilidade!
> E a visão? E a visão?
> Tá tudo monitorado!
> Se mexer com o nosso bonde o toque vai ser passado
> Que na favela tá tudo monitorado!
> Que na favela tá tudo monitorado!
> Mexe com a família Bruck que você vai ser cobrado
> Que na favela, tá tudo monitorado
> É o bonde do Bruck, comédia!
> Conexão total na favela!

Em resumo, pode-se dizer que após a inauguração das UPPs intensificou-se o monitoramento no território das favelas sobrepondo-se diversas camadas de vigilância, uma vez que policiais vigiam moradores e traficantes; traficantes vigiam policiais e moradores; moradores também vigiam traficantes e policiais (podendo, por exemplo, fazer denúncia de traficantes para a polícia e também de policiais que não estejam agindo corretamente); todos esses atores também vigiam aqueles que pertencem ao mesmo grupo (ou seja, policiais vigiam outros policiais; traficantes vigiam outros traficantes; e os moradores também vigiam uns aos outros). Enfim, como bem resumiu Jaqueline Muniz:

---

10 Esses "avisos" do tráfico presentes nos muros e nos *funks* atingem sobretudo a população mais jovem. Farias (2008) indica que "apesar de os jovens afirmarem que dominam os códigos de conduta incontornáveis impostos pelos traficantes, é recorrente nos relatos uma certa indefinição em relação ao que pode acontecer caso eles não sejam obedecidos. Tanto que, mesmo quando eles próprios afirmam que não existe uma regra que proíba explicitamente determinada conduta, sentem um medo difuso e se auto impõem restrições pela simples expectativa de retaliação potencial. Isto, é evidente, torna virtualmente universal a presença das regras do tráfico, mesmo sem o apoio de qualquer dispositivo concreto de garantia externa" (p.184).

11 Este *funk* está disponível no Youtube <https://www.youtube.com/watch?v=RRi6COx8J9g#t=25>.

> As Unidades de Polícia Pacificadora e as áreas pacificadas no Rio de Janeiro se converteram numa espécie de grande Big Brother. Ou seja, você tem sucessivas camadas de vigilância, de mútuas vigilâncias, vigilâncias essas orientadas por suspeições, que de dentro criam e favorecem a instabilidade.[12]

A continuidade e a alteração da experiência de "vida sob cerco" pós-UPP

Nos primeiros anos após o lançamento da UPP, muitas matérias de jornais e reportagens de TV nacionais e internacionais classificaram o projeto como uma iniciativa de grande sucesso por ter gerado uma drástica redução nos confrontos armados em áreas "pacificadas" e uma significativa redução nos índices de homicídios no Rio de Janeiro. Essas reportagens, assim como as propagandas oficiais do governo, apontavam que um dos benefícios inegáveis gerados pela "pacificação" seria a garantia do direito de ir e vir dos moradores nas favelas e também de turistas, jornalistas e celebridades internacionais que passaram a frequentar algumas áreas "pacificadas", como o Morro Santa Marta, por exemplo. Logo, uma análise rápida poderia indicar que a "pacificação" teria gerado o fim da experiência de "vida sob cerco" (Machado da Silva e Leite, 2008) — isto é, a experiência de confinamento socioterritorial e político que provocava nos moradores de favelas uma intensa preocupação com manifestações violentas que impediam o prosseguimento de suas rotinas diárias e dificultavam a manifestação pública de suas demandas.

Sugiro, no entanto, que as imagens, músicas e os depoimentos apresentados acima servem como expressões singulares de que a "pacificação" das favelas não significou o fim da experiência de "vida sob cerco", ainda que ela tenha produzido mudanças qualitativas dessa experiência. A partir de minha experiência de campo, pude verificar que os moradores de favelas "pacificadas" continuavam tendo que conviver com problemas relativos à sua mobilidade no território. Todavia, nesse novo contexto, tal experiência passou a estar relacionada a uma nova modalidade de antecipações e de expectativas, caracterizada por uma transformação brutal do "regime de familiaridade" (Thévenot, 2006) gerada pela ampliação da vigilância fragmentada.

Sustento que essa mudança pode ser entendida a partir da comparação entre dois regimes que geram diferentes experiências de "vida sob cerco": o regime do "fogo cruzado" e do "campo minado". Para comparar esses dois regimes, primeiramente, é preciso lembrar que a chegada da UPP não significou o início da presença de agentes do

---

12 Trecho de entrevista concedida por Jaqueline Muniz para Globo News em 2013.

Estado, nem a saída de todos os traficantes das favelas "pacificadas" — como as análises apresentadas pela mídia costumam apontar —, mas sim uma transformação nas modalidades de presença desses atores nos territórios favelados. Se antes da "pacificação" as relações entre traficantes e policiais eram pautadas basicamente pela alternância entre confrontos armados e negociações envolvendo "arregos", nos primeiros anos após a inauguração da UPP, houve uma redução dos confrontos armados e a relação entre traficantes e policiais passou a repousar, sobretudo, na lógica da vigilância e do monitoramento mútuos.

A redução momentânea dos confrontos armados em áreas "pacificadas", obviamente, gerou um alívio inicial na "vida sob cerco", já que essa experiência estava diretamente associada à preocupação com as interrupções da rotina que as constantes manifestações violentas geravam nos moradores de favela. Também colaborou para o afrouxamento da sensação de "cerco" o fato da presença de traficantes nas favelas "pacificadas" ter se tornado bem menos visível e ostensiva logo após a inauguração das primeiras UPPs.

Como dito anteriormente, em um primeiro momento após a ocupação policial do Santa Marta e da Cidade de Deus, alguns traficantes deixaram essas favelas temporariamente e, entre os que ficaram, poucos enfrentaram a polícia. As vendas de drogas, temporariamente, chegaram a ser interrompidas e, logo em seguida, passaram a ocorrer de modo muito discreto. Contudo, esse cenário não permaneceu intacto por muito tempo. Como os traficantes notaram que não era possível retomar por completo o domínio territorial da favela, dada a superioridade do poder armado do Estado, e como não era possível em um primeiro momento estabelecer algum tipo de negociação envolvendo "arrego", perceberam que não seria eficaz confrontar os policiais cotidianamente. Eles entenderam rapidamente que precisariam mudar suas estratégias de atuação para continuar agindo na favela. Por isso, logo começaram a investigar a atuação dos policiais da UPP, monitorar por onde eles passavam e mapear quem fazia parte de cada plantão e como cada um desses grupos geralmente trabalhava, para, assim, traçar estratégias de ação que pudessem se ajustar ao novo ambiente da favela.

Assim, a força "sedentarizante" do fuzil deu lugar à observação atenta dos olheiros e à comunicação "flexibilizante" dos celulares e radinhos usados para monitorar os fluxos de circulação pelo território. E, desse modo, os mecanismos de monitoramento passaram a ganhar maior centralidade na atuação cotidiana dos traficantes nas favelas "pacificadas".

Sugiro que a lógica do "tá tudo dominado" que guiava a atuação dos traficantes no período pré-UPP deu lugar à lógica do "tá tudo monitorado" do contexto pós-"pacificação". Isso porque após a inauguração das UPPs os traficantes entenderam que não podiam mais ter — e, em certo sentido, não precisavam de — o domínio do território para continuar a venda de suas mercadorias. Contudo, eles tiveram, para isso, que transformar suas condições de existência para continuar subsistindo no novo ambiente pós-UPPs. Nessa nova lógica, o "traficante ideal" ou o "ideal de traficante" momentaneamente deixou de ser apenas pautado pela valorização da "disposição para o confronto" armado passando a ser também avaliado, em grande medida, por sua "capacidade de manter-se 'na atividade'", ou seja, permanecer vigilante e sempre atento àquilo que estava acontecendo ao seu redor, fazendo cálculos e antecipações do que poderia vir a ocorrer logo em seguida.

Com o aumento da importância da vigilância dentro da favela para a "boa" atuação dos traficantes, uma tensão psicológica permanente se estabeleceu entre eles. Sugiro estar aí uma boa explicação para a frase que um traficante utilizou para definir o que muda no contexto pós-pacificação. Segundo ele, "agora a adrenalina tá na mente, cara!". Ele explicou que depois da chegada das UPPs mais importante do que o confronto armado era a estratégia mental, o raciocínio rápido e estar constantemente "na atividade".

Essa "pressão psicológica" atingiu também os policias. Para eles, a lógica do monitoramento também passou a ser muito importante. Isso porque os policiais passaram a monitorar todos os "movimentos suspeitos" dentro das favelas. Tal monitoramento foi necessário para eles conseguirem, pouco a pouco, mapear "quem é quem" e descobrir como os traficantes estavam atuando no território. Entender o modo de atuação do tráfico no novo contexto e monitorar a movimentação dos traficantes era fundamental para que os PMs pudessem escolher o melhor momento para "dar o bote" e capturar os "inimigos".

No meio desse jogo de "gato e rato", no qual policiais e traficantes monitoravam permanentemente o território, os moradores eram constantemente empurrados a participar das disputas estabelecidas entre os dois primeiros atores. Embora em muitas situações a população local tentasse manter-se neutra, os outros dois atores tentavam forçá-la e/ou conquistá-la para que ela escolhesse um lado, porque para eles o não posicionamento parecia significar, quase inevitavelmente, a escolha do lado "inimigo".

As ações tanto do tráfico como da polícia em relação ao morador deslizavam entre a coação e o convencimento. As tentativas de tentar impedir o contato entre o morador com o lado "inimigo" quase sempre se baseavam em ameaças diretas e indiretas que se relacionam com múltiplas camadas de vigilância e um complexo "jogo de contaminação".

Quando falo em "jogos de contaminação" refiro-me ao conjunto de: a) objetos, pessoas e situações com potenciais "contaminadores"; b) tentativas de antecipação desses potenciais por parte de quem pode ser contaminado; c) circulação de informações sobre situações "suspeitas" (por meio de fofocas) que podem gerar uma "contaminação"; d) apresentação de acusações diretas ou indiretas (através de piadas e brincadeiras) a alguém que pode ter sido "contaminado"; e) esforços de "limpeza moral" que ocorrem após uma contaminação inevitável; f) expectativas — compartilhadas coletivamente via rumores — de sanções que já foram e/ou que podem vir a ser aplicadas futuramente em casos de "contaminação. Logo, o termo "jogo de contaminações" refere-se a uma experiência que envolve práticas e percepções compartilhadas, uma espécie de condição tangível comum do território (Bessy e Chateauraynaud, 1995; Chateauraynaud, 1997).

Obviamente os "jogos de contaminação" e os esforços de "limpeza moral" (Leite, 2008; Birman, 2008; Rocha, 2011) não surgiram com as UPPs. No entanto, com a chegada da UPP, o problema da contaminação e os esforços de "limpeza moral" continuaram ligados à vida cívica e política da cidade, mas ganharam ainda mais atenção na esfera da sociabilidade dentro do próprio território da favela. Esses "jogos de contaminação" complexificaram-se no âmbito da sociabilidade local porque os moradores passaram a ter que lidar não só com a contiguidade territorial inescapável com bandos armados, mas também com a proximidade cotidiana da polícia que deixava de atuar de modo esporádico e intermitente e passou a permanecer na favela de modo permanente.

A presença desses dois atores no território não foi uma novidade. Mas, a permanência ininterrupta da polícia nas favelas foi um fator novo que gerou uma série de consequências, sendo uma das principais a ampliação dos potenciais de "contaminação". Isso aconteceu porque os moradores, por um lado — e mais do que antes —, passaram a ter medo da contaminação que o contato com traficantes podia gerar (uma vez que a polícia passou a atuar dentro da favela 24 horas observando todos os passos da população local). Por outro, eles passaram a ter receio igualmente de serem contaminados por qualquer contato com policiais, já que rumores que circulavam pela favela os faziam lembrar a todo instante que os traficantes ainda estavam presentes no território e vigiavam permanentemente quem podia ser um potencial "X9".

O duplo potencial de "contaminação" que o contato tanto com policiais quanto com traficantes gerou nos moradores de favelas criou uma enorme tensão e um esforço reflexivo constante que envolvia diferentes dinâmicas. Para evitar uma possível "contaminação", os moradores empreendiam diferentes esforços em suas vidas cotidianas como: a) evitar falar sobre a UPP e o tráfico; b) evitar falar ou ter contato com policiais e traficantes; c) usar mediadores para evitar ter um contato direto para resolver alguma questão com policiais ou traficantes; d) pedir "licença", "prestar conta previamente" ou ainda apresentar uma "justificação antecipada" quando a evitação do contato com um desses atores não for possível; e) tentar se "limpar moralmente" quando a contaminação é inevitável.

Um morador do Santa Marta certa vez me disse que viver em área "pacificada" era viver entre "dois deuses". E explicitou que sempre era necessário tomar muito cuidado para não desagradar nenhum desses "dois deuses", pois se desagradasse um poderia ser taxado de X9 e se despertasse a desconfiança do outro podia ser condenado por associação ao tráfico. Um jovem da Cidade de Deus também falou da mesma preocupação:

> O morador fica oprimido. Olha só, se você mora aqui, você é criado aqui, só porque você pegou uma certa amizade com um policial, só porque você levou um copo d'agua, o tráfico te oprime. Se você é um morador que mora aqui há não sei quantos anos e se acostumou com o tráfico e ajuda o tráfico, o policial te oprime. Então tu fica acuado, porque tu tem que ficar no meio de tudo e de todos, mas não se deixar levar por nenhum deles. Tem que ser que nem um poste, tem que ficar parado e intacto.

A expressão "tem que ser que nem um poste" designa uma das formas contemporâneas da "(i)mobilidade" cotidiana nas favelas. Uma (i)mobilidade cujo foco passa a ser, em grande parte, agir para "paralisar-se" frente aos posicionamentos do tráfico e da polícia. Nesse contexto, o dilema passa a ser como transitar pelo território sem que, no entanto, esse trânsito implique em um ato de adesão a um dos lados. Daí a necessidade de introduzir uma importante nuance, pois embora o discurso oficial aponte que a "mobilidade" nas favelas aumentou com a chegada da UPP — e parte da população confirme que passou a circular com menos medo na favela com a redução dos tiroteios —, muitos moradores apontam que a contiguidade territorial cotidiana com traficantes e policiais gerou também uma paralisia paradoxal. Paralisia essa que se impunha exatamente porque a maior "liberdade" de trânsito pelo território, que potencialmente ampliou a capacidade de ir e vir dos moradores — considerando a redução de tiroteio —, implicou na ampliação do risco potencial de contaminação que essa mesma "liberdade" de trânsito gerou.

Em suma, o aumento potencial da mobilidade física correspondeu a um crescimento real da tensão psicológica, uma vez que a contiguidade territorial e a convivência cotidiana com esses dois agentes pouco previsíveis e potencialmente arbitrários e violentos — a polícia e o tráfico — obrigou os moradores a preocuparem-se constantemente com possíveis consequências de atos corriqueiros dentro da favela. Nesse espaço tensionado em que todos se tornaram potencialmente monitorados, disseminou-se um medo permanente de que atos banais viessem a produzir uma "contaminação" que pudesse, por sua vez, acabar desembocando em uma situação crítica (como uma "dura" ou um "desenrolo"[13]). Embora esses momentos críticos pudessem ser "contornados", sempre havia o risco de que eles tivessem um desfecho violento que pudesse envolver desde

[13] Como indica Mattos, o termo "desenrolo" costuma ser "utilizado para definir o uso de uma peculiar habilidade argumentativa em situações diversas no cotidiano. O 'desenrolo' adquire dimensão extraordinária no crime, tornando-se dispositivo de mediação retórica de conflitos e regulação da violência entre moradores e traficantes" (Mattos, 2014, p. 645).

humilhações a graves agressões causadas tanto por traficantes como por policiais[14]. Por isso, os moradores evitavam ao máximo esse tipo de situação, pois sabiam os riscos envolvidos e reconheciam que, uma vez que uma violência ocorresse, muito provavelmente ela não poderia ser denunciada no espaço público e, mesmo que o fosse, o risco de "não dar em nada" ou de sofrer alguma represália era enorme.

Entre o "fogo cruzado" e o "campo minado"

O fato de se sentirem permanentemente "monitorados" e, por isso, terem que aumentar a vigilância de si, empreendendo esforços cotidianos — como tentar controlar, ao máximo, onde, como, quando e com quem circulam, falam ou estabelecem algum outro tipo de contato —, acabou gerando nos moradores de favelas "pacificadas" uma sensação de estar constantemente "pisando em ovos" ou vivendo em um "campo minado"[15]. Tanto no Santa Marta quanto na Cidade de Deus ouvi diversas vezes moradores usando essas duas expressões para indicar uma mesma característica da vida cotidiana no contexto pós-"pacificação": uma espécie de imperativo de realização constante de antecipações. Antecipações essas que, diferentemente das brilhantes análises goffmanianas, não se reduziam ao risco de "perder a face" (Goffman, 1967), mas sim de perder a vida. Isto significa que, nesse contexto, houve por parte dos habitantes dos territórios "pacificados" uma hipertrofia das antecipações de expectativas, já que eles precisavam ter um permanente cuidado para antecipar os riscos envolvidos em cada ação. Isso porque um simples passo errado poderia "quebrar um ovo" ou detonar uma bomba — ou seja, pode ter por corolário imediato uma situação crítica.

A expressão "campo minado" pareceu-me heuristicamente válida, em especial, porque se entendermos a "pacificação" como a metáfora do estágio final de uma "guerra", temos que pensar também no papel das minas que permanecem no território

---

[14] Uma jovem moradora de uma favela "pacificada" me disse certa vez que foge de um "desenrolo" como "quem foge da cruz". Perguntei por que ela evitava tanto os desenrolos e ela respondeu: "Ah, eu evito porque a gente nunca sabe como um desenrolo pode acabar. Pode ser que tudo se resolva no papo, mas também pode ser que você leve ou veja alguém levando um tapa na cara, uma madeirada ou até mesmo pode acabar em morte! Então, é sempre melhor evitar ir para um desenrolo".

[15] Outros autores também vêm utilizando a expressão "campo minado". Ost e Fleury indicam que "há grande preocupação quanto à sustentabilidade do projeto (...) Tal preocupação leva-os a agir com prudência quanto às associações que fazem e quanto ao que falam, pois se sentem em um terreno ainda minado". (Ost; Fleury, 2013, p. 664). Já Mendonça (2014) aponta que uma de suas interlocutoras se referia à vida no Batan como um campo minado: "Aqui pra todo lado que você vai ou tem os UPP, ou tem milícia, atravessou tem os caras do movimento. Tem que saber sempre onde você está pisando, é tipo um campo minado! Qualquer erro e você explode" (p.16)

que foi palco do conflito armado. Isso porque, quando cessa o "fogo cruzado", os campos minados permanecem como um problema a ser administrado e as bombas enterradas continuam sendo objeto de preocupação cotidiana, já que apresentam um alto potencial de letalidade e uma permanente fonte de indeterminação para aqueles que habitam as áreas onde guerras (reais ou metafóricas) ocorreram.

Nesse sentido, essa metáfora é particularmente sugestiva porque no "campo minado", diferentemente do "fogo cruzado", a violência tem menos visibilidade — já que as minas estão enterradas e não são tão visíveis quanto os tiros que são escutados e cruzam o campo de visão de todos que estão ao redor de onde eles ocorrem. No entanto, embora seja menos visível, a violência não está ausente no "campo minado" e pode ser tão letal quanto no "fogo cruzado", além de ainda envolver uma indeterminação permanente, já que ninguém sabe ao certo onde estão as bombas e as tentativas de desarmá-las sempre envolvem riscos. Por isso, nesse contexto, todos precisam desenvolver estratégias para tentar evitar o contato com elas. Todos precisam criar raciocínios lógicos e antecipatórios com o objetivo de antever e evitar a explosão das bombas — que, no caso das favelas "pacificadas", são os "momentos críticos" que podem terminar em "situações traumáticas", envolvendo ações violentas tanto de policiais como de traficantes. Sugiro, portanto, usar a ideia de regime de "campo minado" para caracterizar essa nova fenomenologia do habitar que se não se instaurou, ao menos se intensificou de forma particular no novo ambiente pós-"pacificação":

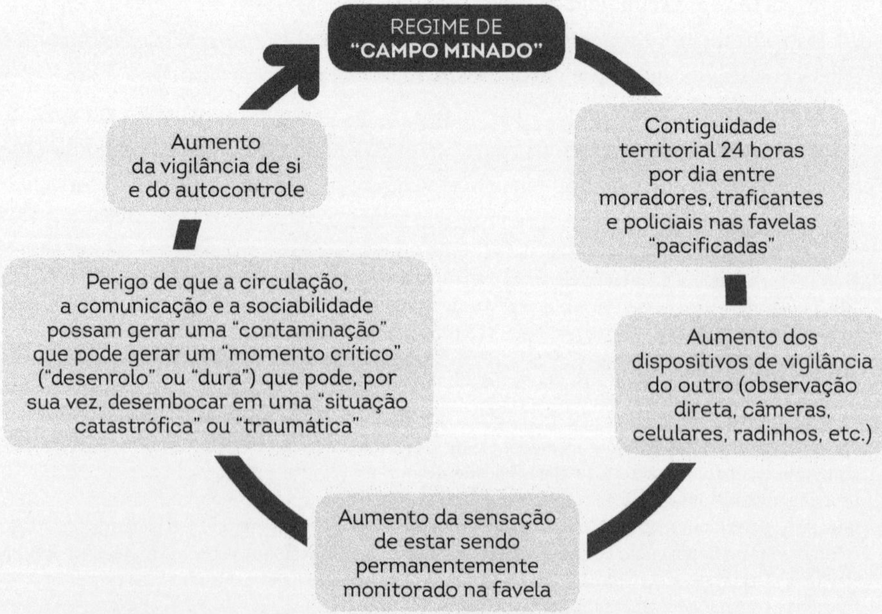

Penso no regime de "campo minado" a partir de uma contraposição ao regime de "fogo cruzado" que estava em voga antes da inauguração das UPPs (e que sempre permaneceu em vigência nas favelas não "pacificadas"). Tanto o "fogo cruzado" como o "campo minado" resultam da sobreposição de duas formas de gestão presentes nos territórios das favelas: a gestão territorial militarizada imposta pela polícia e aquela imposta pelo tráfico. Mas cada um desses regimes envolve dinâmicas distintas. Enquanto o de "fogo cruzado" baseia-se na oscilação entre confrontos (que ocorriam a partir da realização de operações policiais nas favelas) e negociações (envolvendo o estabelecimento dos valores dos "arregos"), a de "campo minado" é calcada na investigação permanente do ambiente e no monitoramento constante dos fluxos de circulação de pessoas e objetos que nele ocorrem.

É importante destacar que o regime de "campo minado" é experimentado não só pelos moradores de favelas "pacificadas", mas também pelos traficantes que atuam nesses territórios, pelos policiais que ali trabalham e até mesmo por outras pessoas que circulam por essas áreas (eu mesma também senti na pele a sensação permanente de estar sendo vigiada enquanto fazia meu trabalho de campo[16]). Os moradores são, sem dúvida, o lado mais fraco da disputa de forças existente no "campo minado", mas isso não quer dizer que sejam só "passivos", pois além de serem monitorados, eles também monitoram.

Por isso, é importante salientar que a experiência de "campo minado" não é vivida sempre da mesma forma. Ela varia dependendo: a) da pessoa, b) do lugar e c) do momento em questão. A experiência de "campo minado" vivida por um policial, obviamente, não é a mesma de um traficante ou de um morador. Mas mesmo entre cada um desses grupos há muitas variações. Traficantes, policiais e moradores não são grupos homogêneos. Logo, a experiência de "campo minado" vivida, por exemplo, por um "morador comum" não é a mesma daquela experimentada por uma liderança comunitária ou religiosa, a de um jovem nem sempre é a mesma que a de uma pessoa mais velha, a de um homem pode ser bem diferente da de uma mulher. Portanto, gênero, idade, atividade profissional, engajamento político, filiação religiosa, entre outros fatores, podem tornar a experiência de "campo minado" mais ou menos intensa. O mesmo vale para policiais e traficantes, pois a sensação de estarem sendo constantemente monitorados pode variar muito dependendo da atividade que cada um exerce e da posição que cada um ocupa na hierarquia da polícia ou do tráfico.

---

[16] Obviamente sei que não posso comparar a minha experiência de "campo minado" com a de um "morador comum" da favela, uma vez que mesmo morando no Santa Marta (durante o período de um ano para fazer trabalho de campo), para mim era muito mais fácil sair do morro caso me sentisse ameaçada do que para alguém que tem uma residência fixa e família no local.

Há também uma variação significativa dessa experiência de "campo minado" de favela para favela[17]. Desde o início da minha pesquisa na Cidade de Deus notei que ali os moradores tinham bem menos contato com a polícia e era muito mais intensa a circulação de rumores sobre represálias impostas pelo tráfico para quem se aproximasse dos policiais do que no Santa Marta (Menezes, 2014). A circulação desse tipo de informação obviamente tinha um impacto nos jogos de antecipação realizados cotidianamente pelos atores.

Além de variar de lugar para lugar, o grau de intensidade da experiência de "campo minado" também variava de um momento para o outro. Isso quer dizer que circular em certas áreas na parte da noite podia ser mais complicado do que de dia; que durante a semana o monitoramento podia ser mais intenso do que no final de semana. Mas além dessas variações mais infinitesimais, havia também variações mais visíveis que ocorriam de um período para o outro (Menezes e Corrêa, 2018).

Considerações finais

Em linhas bem gerais, é possível dizer que no primeiro ano após a chegada da UPP a experiência de "campo minado" foi muito intensa. Isso porque, por um lado, aumentaram os dispositivos de vigilância utilizados pela polícia como abordagens policiais constantes e a instalação de câmeras em diversos pontos na favela para ajudar a UPP a mapear "quem é quem" e controlar os fluxos de circulação no território. Por outro lado, os traficantes também reforçaram seus sistemas de vigilância, usando, por exemplo, olheiros espalhados por toda a favela para monitorar o deslocamento dos policiais pelo território e também a aproximação entre os PMs e a população local. Formavam-se, assim, múltiplas camadas de vigilância.

Nos dois primeiros anos de UPP, a partir de uma vigilância constante, traficantes, policiais e moradores foram mapeando o novo ambiente da favela e também os padrões de ação uns dos outros. Uma vez que esses padrões foram mapeados, tornou-se um pouco mais fácil "ler o clima" da favela e fazer antecipações. Houve, portanto, a partir do fim de 2010, uma rotinização das UPPs e um afrouxamento momentâneo do monitoramento e da experiência de "campo minado".

Inicialmente, os moradores narravam que esse afrouxamento tinha gerado um distensionamento das relações e uma redução momentânea na sensação de "cerco".

---

17 Vale ainda ressaltar que há uma variação dessa experiência mesmo dentro da favela, dependendo da região em questão. Na área dos Apartamentos na Cidade de Deus, os moradores narravam que, desde o início da ocupação policial, o clima sempre foi menos tenso, enquanto no Karatê "o bicho pegava". Isso era apontado não só pelos moradores, mas também pelos próprios policiais. No caso do Santa Marta, os moradores apontam que viver no Pico (parte mais alta da favela), tanto antes como depois da UPP, sempre foi mais difícil do que habitar a parte baixa do morro.

Mas, em pouco tempo, essa percepção foi mudando e os moradores passaram a associar o afrouxamento da vigilância ao aumento de crimes não letais, à volta do fortalecimento do tráfico, ao aumento da corrupção e, consequentemente, houve um retensionamento das relações, o que gerou uma ampliação da experiência de "campo minado".

Com o aumento dos casos de corrupção, os moradores do Santa Marta e da Cidade de Deus passaram, a partir de 2011, a novamente expressar de forma mais explícita o medo de fazer denúncias contra o tráfico. Essa "volta da corrupção" colaborou para abalar a reputação do projeto e a confiança dos moradores na polícia. Eles ficaram mais receosos de estabelecer qualquer contato com os policiais na favela, pois não sabiam mais exatamente quem estava "fechado" com o tráfico ou não. E tal sensação aumentou ainda mais depois do caso Amarildo, das manifestações de 2013, da quebra do consenso que havia em torno das UPPs, do (re)fortalecimento do tráfico, da intensificação dos conflitos armados entre traficantes e policiais e do aumento de homicídios em áreas "pacificadas".

Desde 2014, com o aumento da frequência dos tiroteios em áreas ditas "pacificadas", as preocupações com a interrupção das rotinas voltaram a fazer parte do cotidiano dos moradores de várias favelas com UPPs, Mas, ao contrário do que uma análise apressada poderia indicar, a volta do "fogo cruzado" não trouxe o retorno da experiência de "vida sob cerco" tal como ela era antes da invenção das UPPs, uma vez que a lógica do "campo minado" não desapareceu por completo. Pelo contrário, como o ambiente ficou ainda mais tenso, a vigilância foi redobrada pelos policiais, traficantes e moradores nesses territórios. Como todos sabem que estão sendo ainda mais monitorados, todos tentam antecipar possíveis desdobramentos de suas ações. E, consequentemente, a vigilância do outro, de si e o autocontrole também são reforçados.

Portanto, sugiro que em favelas com UPP passou a haver, especialmente nos últimos anos, uma sobreposição, com variações de intensidade, entre o regime do "fogo cruzado" e do "campo minado". Em alguns momentos, a ansiedade gerada pelo "fogo cruzado" centraliza a atenção dos atores, enquanto em outros momentos (em que o "fogo cessa") a preocupação com o monitoramento e as "contaminações" ganha novamente centralidade no cotidiano dessas favelas. Mas, importa enfatizar que nos dois momentos há uma continuidade da experiência de "vida sob cerco", que segue sendo reatualizada tanto pelos confrontos armados como pela vigilância constante.

Acredito que para refletir sobre a conjuntura atual — assim como sobre a crise das UPPs e o fim do projeto de "pacificação" — é necessário pensar nas possíveis sobreposições, interpenetrações e arranjos criativos entre o que aqui chamei de regime de "fogo cruzado" e de regime de "campo minado". Isso porque um dos principais "legados" que o projeto das UPPs deixou foi o incremento da vigilância e controle nas favelas. Portanto, habitar esses territórios atualmente significa para os moradores não apenas viver entre "dois deuses", mas também ter que conviver cotidianamente tanto com o perigo do "fogo cruzado" como com a vigilância de simetria generalizada do regime de "campo minado".

REFERÊNCIAS BIBLIOGRÁFICAS

ARAUJO SILVA, Marcella Carvalho; CARVALHO. Monique Batista. *Circuitos políticos em uma favela pacificada*: Os desafios da mediação. Dilemas: Revista de estudos de conflito e controle social, Rio de Janeiro, Vol. 8 - no 1, Jan/Fev/Mar 2015.

BARBOSA, Antonio Rafael. *Considerações introdutórias sobre territorialidade e mercado na conformação das Unidades de Polícia Pacificadora no Rio de Janeiro*. Revista Brasileira de Segurança Pública, v. 6, p. 256-265, 2012.

BOLTANSKI, Luc. *L'amour et la justice comme compétences*: trois essais de sociologie de l'action. Paris: Métailié, 1990.

___________; THÉVENOT, Laurent. *De la justification*: Les économies de la grandeur. Paris: Gallimard, 1991.

CAVALCANTI, Mariana. *Tiroteios, legibilidade e espaço urbano*: Notas etnográficas de uma favela consolidada. Dilemas: Revista de Estudos de Conflito de Controle Social, Vol. 1, no 1, pp. 35-59, 2008.

CORRÊA, Diogo Silva. *Anjos de fuzil*: uma etnografia da relação entre Igreja e tráfico na Cidade de Deus. Tese de Doutorado em Sociologia. Universidade do Estado do Rio de Janeiro, 2015.

DAS, Veena; POOLE, Deborah. *Anthropology in the Margins of the State*. New Delhi: Oxford University Press, 2004.

DEWEY, John. *Logic*: the theory of inquiry. New York: Henry Holt, 1938.

DOUGLAS, Mary. *Pureza e Perigo*. São Paulo: Editora Perspectiva, 1976.

ELIAS, Norbert. *A sociedade de corte*: investigação sobre a sociologia da realeza e da aristocracia da corte. Rio de Janeiro: Jorge Zahar Ed., 2001.

FARIAS, Juliana. *Da asfixia*: reflexões sobre a atuação do tráfico de drogas nas favelas cariocas. In: MACHADO DA SILVA, Luiz Antonio (org.). *Vida sob cerco*: violência e rotina nas favelas do Rio de Janeiro. Rio de Janeiro: FAPERJ/Nova Fronteira, 2008.

FELTRAN, Gabriel de Santis. *Fronteiras de tensão*: política e violência nas periferias de São Paulo. São Paulo: Editora Unesp: CEM: Cebrap, 2011.

FOUCAULT, Michel. *Segurança, território e população*. Acesso em: 9 nov. 2013.

___________. *Vigiar e punir*: nascimento da prisão. Petrópolis: Vozes, 1977.

GARFINKEL, Harold. *Studies in Ethnomethodology*. Englewood Cliffs: Prentice-Hall, 1967.

GELL, Alfred. *How to Read a Map*: Remarks on the Practical Logic of Navigation. Man. New Series, Vol. 20, No. 2, pp. 271-286, Jun., 1985.

GIBSON, James. *The ecological approach to visual perception*. Boston: Houghton Mifflin Company, 1979.

GOFFMAN, Erving. *Interaction Ritual Garden City*. NY: Anchor Books, 1967.

INGOLD, Tim. *Being alive*: Essays on movement, Knowledge and description. London: Routledge, 2011.

________. *The Perception of the Environment*: Essays in Livelihood, Dwelling, and Skill. London and New York: Routledge, 2000.

LEITE, Márcia Pereira. *Entre a 'guerra' e a 'paz'*: Unidades de Polícia Pacificadora e gestão dos territórios de favela no Rio de Janeiro. Dilemas: Revista de Estudos de Conflito e Controle Social, v. 7, p. 625-642, 2014.

________. *Da "metáfora da guerra" ao projeto de "pacificação"*: favelas e políticas de segurança pública no Rio de Janeiro. In: Revista Brasileira de Segurança Pública. São Paulo v. 6, n. 2, Ago/Set 2012, pp. 374-389, 2012.

MACHADO DA SILVA, Luiz Antonio. *A experiência das UPPs*: Uma tomada de posição. Dilemas, v. 8, p. 7-24, 2015.

________ (org.). *Vida sob Cerco*: violência e rotina nas favelas do Rio de Janeiro. Rio de Janeiro: Editora Nova Fronteira, 2008.

MATTOS, Carla dos Santos. *Parado na esquina*: performances masculinas e identificações entre 'bondes' juvenis na Nova Holanda, Maré, RJ. Dilemas: Revista de Estudos de Conflito e Controle Social, v. 7, p. 643-663, 2014.

MENDONÇA, Tássia. *Batan*: Tráfico, Milícia e "Pacificação" na Zona Oeste do Rio de Janeiro. Dissertação (mestrado) — UFRJ / Museu Nacional / Programa de Pós-Graduação em Antropologia Social, 2014.

MENEZES, Palloma. *Entre o "fogo cruzado" e o "campo minado"*: uma etnografia do processo de "pacificação" de favelas cariocas. Tese (Doutorado em Sociologia). Instituto de Estudos Sociais e Políticos, Universidade do Estado do Rio de Janeiro, Rio de Janeiro, 2015.

________. *Os rumores da "pacificação"*: a chegada da UPP e as mudanças nos problemas públicos no Santa Marta e na Cidade de Deus. Dilemas: Revista de Estudos de Conflito e Controle Social, v. 7, p. 665-683, 2014.

MENEZES, Palloma. CORREA, Diogo. *From disarmament to rearmament*: elements for a sociology of critique of the Pacification Police Unit Program. Vibrant (Florianópolis), v. 14, p. 192-215, 2018.

MISSE, Michel. *Os rearranjos de poder no Rio de Janeiro*. Le Monde Diplomatique Brasil, 2011.

OST, Sabrina; FLEURY, Sonia. *O mercado sobe o morro*: a cidadania desce? Efeitos socioeconômicos da pacificação no Santa Marta. Dados, v. 56, p. 635-671, 2013.

ROCHA, Lia de Mattos; PALERMO, Luís Cláudio. *'O morro está na calmaria'*: mídia impressa e o repertório da paz no contexto da pacificação. Dilemas: Revista de Estudos de Conflito e Controle Social - Vol. 8 - no 1, p. 25-40, Jan/Fev/Mar 2015.

SHIBUTANI, Tamotsu. *Improvised news, a sociological study of rumor*. Indianapolis- New York, The Bobbs-Merrill Co Inc, 1966.

THEVENOT, Laurent. *L´action au pluriel*: sociologie des regimes d´engajament. Paris: La Découverte, 2006.

TELLES, Vera. *A cidade nas fronteiras do legal e ilegal*. Belo Horizonte: Fino Traço, 2010.

VALLADARES, Lícia do Prado. *A invenção da favela*: do mito de origem a favela.com. Rio de Janeiro: FGV, 2005.

VIGH, Henrik. *Motion squared*: A second look at the concept of social navigation Anthropological Theory 9: 419-438, December 2009.

"Bem-aventurados os pacificadores": práticas de militarização e disciplinarização dos corpos no programa de pacificação de favelas do Rio de Janeiro

MONIQUE BATISTA CARVALHO[1]

Introdução[2]

"Bem-aventurados os pacificadores" é um versículo bíblico e está pintado em um muro de uma favela na Zona Sul do Rio de Janeiro que foi ocupada por uma Unidade de Polícia Pacificadora (UPP). Logo abaixo da citação, vemos um desenho de um policial segurando a mão de uma criança e ambos estão sorrindo. A imagem pintada no muro se junta a outras iniciativas realizadas pelos gestores do programa de pacificação numa tentativa de apresentar uma nova imagem da polícia militar através das ações dos policiais lotados nas UPPs, aqueles que seriam os responsáveis pela "pacificação" [3] da favela e dos moradores.

---

[1] Doutora em Ciências Sociais pelo Programa de Pós-Graduação em Ciências Sociais (PPCIS/Uerj), mestre em Memória Social pela Unirio e graduada em Ciências Sociais pela Puc-Rio. É pesquisadora do CIDADES — Núcleo de Pesquisa Urbana/Uerj.

[2] Esse artigo é um resumo da discussão presente no terceiro capítulo de minha tese de doutorado intitulada "Os dilemas da 'pacificação': práticas de controle e disciplinarização na 'gestão da paz' em uma favela no Rio de Janeiro" defendida em 2014 no Programa de Pós-Graduação em Ciências Sociais (PPCIS/UERJ). Uma primeira versão do artigo foi apresentada no 40º Encontro Anual da ANPOCS em 2016. Agradeço as contribuições dos professores Luiz Antônio Machado da Silva, Jussara Freire, Daniel Noel e Carly Machado.

[3] A "pacificação" é aqui compreendida à luz das outras políticas de intervenção urbanística na cidade como um todo e, em diferentes favelas, de forma particular. Nesse sentido, utilizo a "pacificação" como uma categoria analítica correspondente ao processo que envolve o que denomino por "gestão da paz" (Carvalho, 2014) nas favelas da cidade do Rio de Janeiro. Essa gestão, que tem seu centro na militarização, envolve ainda outros agentes do Estado e organizações da sociedade civil. Ou seja, os programas de urbanização e os projetos sociais que surgem no bojo da UPP estão alinhados a esse contexto, e perpassavam a preparação da cidade para a recepção dos grandes eventos esportivos, especialmente os jogos olímpicos em 2016.

Essa representação é o ponto de partida para a análise de um conjunto de materiais distribuídos pelos comandantes das UPPs e pelos gestores da política de pacificação como um todo. Menos que meras peças de divulgação, as mensagens trazidas nos panfletos, cartilhas, livros, blogs e redes sociais deixam explícita a forma como a polícia militar deseja impor um conjunto de normas e modos de conduta, arbitrado pelos policiais, nos espaços ocupados pelo novo modelo de policiamento.

Como sabemos, a atuação do aparato da segurança pública na cidade do Rio de Janeiro possui um histórico de violência nos espaços mais populares da metrópole carioca, em especial, nas favelas e contra seus moradores. Existe uma extensa bibliografia que se preocupou em analisar desde a formação das polícias brasileiras e os efeitos na sua forma de atuação junto à população, até também os mais diferentes planos de segurança pública, implementados no Rio de Janeiro desde a década de 1980, com o foco apontado para o combate ao tráfico de drogas no varejo, realizado em grande medida nas denominadas "bocas de fumo", localizadas em inúmeras favelas (Soares, 2000; Holloway, 1997; Kant de Lima, 1995; Machado da Silva, 2010; Carvalho, 2014).

Isto porque é sobre o tráfico de drogas que recai boa parte da responsabilidade pela "violência urbana" experimentada na capital. Assim, a lógica de "guerra às drogas" imprimiu na cidade uma forma de intervenção policial militar pontual e violenta e, por outro lado, contribuiu para a estigmatização das favelas e de seus moradores. O cenário é composto então por disputas pelo controle dos pontos de venda por grupos de traficantes, por intensa corrupção policial e por constantes conflitos armados que deixaram ao longo dos últimos trinta anos um elevado saldo de mortes de moradores de favelas e de agentes policiais.

Como uma tentativa de mudança na atuação da polícia militar nas favelas da cidade, a Secretaria de Estado de Segurança iniciou em dezembro de 2008 um programa diferenciado de policiamento que teve por princípio a ocupação permanente das favelas concretizado em Unidades de Polícia Pacificadora (UPP). Criada sem um planejamento consolidado, a UPP se apresentava ora sob uma perspectiva de polícia comunitária, ora como uma polícia de proximidade, sem, contudo, estabelecer uma conceituação mais sistematizada sobre sua prática. Conforme aponta a página eletrônica na internet:

> As UPPs trabalham com os *princípios da polícia de proximidade*, um conceito que *vai além da polícia comunitária* e que tem sua estratégia fundamentada na parceria entre a população e as instituições da área de segurança pública. A atuação da polícia pacificadora, pautada pelo diálogo e pelo respeito à cultura e às características de cada comunidade, aumenta a interlocução e favorece o surgimento de lideranças comunitárias. O programa das UPPs engloba convênios e parcerias firmados entre segmentos do poder público, da iniciativa privada e do terceiro setor (apud Carvalho, 2014).

Esse modelo de policiamento recebeu tanto por parte da opinião pública quanto por parte da comunidade acadêmica uma atenção que há muito não se observava. As UPPs se tornaram o centro não apenas de uma pretensa política de segurança pública, mas também de uma política de "intervenção social" nas favelas. O discurso das autoridades se pautava na ideia de uma "ausência de Estado" nessas localidades que seria suprimida então com a chegada, em primeiro lugar das forças da manutenção da ordem, que garantiria a segurança necessária para que, posteriormente, outros serviços pudessem ser oferecidos pelo poder público e pela iniciativa privada.

O discurso, portanto, acionado pelos gestores das UPPs, em especial na figura do então secretário de segurança pública, José Mariano Beltrame, reiterava que sem a entrada do "social", a atuação isolada da polícia não resolveria as inúmeras questões que as favelas apresentavam. Nessa perspectiva, a Secretaria de Estado de Assistência Social e Direitos Humanos (SEASDH) inaugurou em 2010 o programa UPP Social que tinha por objetivo "consolidar a pacificação e promover melhorias na qualidade de vida de populações que moram nos territórios pacificados" (Henriques e Ramos, 2011).

Esse conjunto de ações foi apresentado aos cariocas como a "chegada da paz" na cidade do Rio de Janeiro e a "libertação" dos moradores de favelas que viviam sob a égide da violenta ação dos grupos armados. Em uma das primeiras publicações, produzida pelo governo do estado e veiculada no site da UPP, denominada "UPP veio pra ficar" (s.d.)[4], podemos encontrar esses elementos através das imagens e textos. O documento contextualiza o tema da violência urbana, apresentando as favelas dominadas pelos grupos de traficantes e constrói uma narrativa sobre o processo de implantação das 19 primeiras unidades que informa ao leitor que a "retomada do território de favelas" é a etapa fundamental para a "conquista da paz".

Para além da perspectiva do controle da criminalidade, os agentes do programa de "pacificação de favelas" atuam na promoção de iniciativas que buscam moralizar as práticas de sociabilidade dos moradores dessas localidades, entendidas pelos policiais como "comportamentos desviantes" (Becker, 2008). Assim, os policiais lotados nas UPPs passaram a desenvolver ações direcionadas aos moradores, em especial as crianças e as pessoas idosas, que envolviam reforço escolar, prática de esportes, principalmente lutas e futebol, aulas de instrumentos musicais, promoção de passeios culturais pela cidade, casamentos coletivos, bailes de debutantes, dentre outros.

O objetivo desse artigo é, portanto, analisar os diversos materiais publicitários produzidos pelos agentes públicos assim como as falas dos policiais entrevistados ao longo da pesquisa na perspectiva de identificar os principais elementos, tanto imagéticos quanto retóricos, que reforçam a hipótese de uma pedagogia civilizatória

---

4 O livro pode ser acessado através da página na internet <www.upprj.com/upload/multimidia/LIVRO_UPPs.pdf>.

perpetrada pelos policiais enquanto tentativas de disciplinarização e enquadramento dos moradores de favelas, buscando transformá-los em "novos favelados". Essa pedagogia civilizatória não é necessariamente uma novidade nas políticas públicas direcionada às favelas e seus moradores. A UPP, contudo, inovou ao fazer da polícia o principal agente civilizador nesse processo[5].

O ponto de partida para essa reflexão foi um estudo de caso realizado em uma favela com UPP localizada na Tijuca, Zona Norte do Rio de Janeiro, entre 2010 e 2013. O trabalho de campo ocorreu em diferentes espaços de sociabilidade, mas, sobretudo, nos encontros promovidos pelos policiais da UPP com as lideranças locais, representantes de ONGs e moradores. Na maior parte das vezes, esses encontros tinham por finalidade apresentar projetos sociais promovidos por instituições parceiras do "programa de pacificação" e discutir os problemas vivenciados no cotidiano como falta de abastecimento de água, descarte irregular de lixo, falta de iluminação pública, precariedade no transporte público. Poucas foram as vezes em que a pauta era, de fato, a questão da segurança. Também acompanhei algumas atividades promovidas pelos policiais e realizei entrevistas semiestruturadas com o coordenador geral das UPP e o comandante da UPP local.

O artigo está dividido em duas seções. A primeira é a contextualização do projeto das Unidades de Polícia Pacificadora a partir da análise de sua enxuta organização normativa. Acreditamos que essa estrutura permitiu que os comandantes das unidades atuassem de acordo com suas interpretações sobre o policiamento de proximidade, o que contribuiu, por sua vez, para atuações variadas nas UPPs. A segunda é uma análise mais detalhada de materiais produzidos tanto pela coordenação geral da UPP quanto pelo comandante da unidade local que pesquisei e inventariei ao longo do trabalho em campo. Nas considerações finais, busco alinhavar as duas seções na perspectiva de refletir sobre os efeitos dessas ações na construção de um discurso de paz na cidade do Rio de Janeiro e na militarização da vida dos indivíduos.

A experiência da "pacificação de favelas"

No início da manhã de 19 de novembro de 2008 os moradores da favela Santa Marta, localizada em Botafogo, Zona Sul do Rio de Janeiro, foram acordados por mais uma operação policial. Até aquele momento eram corriqueiras essas operações, em geral nos horários de entrada ou saída da escola ou do trabalho, onde a polícia militar fazia uma incursão pontual em busca de armas e drogas e, ao final, voltava ao Batalhão, via de regra, apreendendo pouco ou nada do objetivo inicial.

---

5 Sobre a ação civilizatória nas políticas de habitação ver Carvalho (2003) e sobre a pacificação como uma prática civilizatória ver Oliveira (2014).

A diferença nessa operação foi a permanência dos policiais na favela durante alguns dias. Eles montaram uma base em uma antiga creche e permaneceram por lá, avisando que ocupariam a favela por tempo indeterminado. A operação foi batizada como "choque de ordem" e o objetivo era combater o tráfico de drogas e "estabelecer a ordem" na favela.

Em fevereiro de 2009, a polícia militar utilizou os mesmos mecanismos para ocupar duas outras favelas, a Cidade de Deus e o Batan, ambas na Zona Oeste da cidade. Dessas intervenções, realizadas sem planejamento prévio e sem uma estrutura normativa robusta, é que surgiram as Unidades de Polícia Pacificadora, proclamada por toda cidade como a mais nova política de segurança pública que tinha por pressuposto a ocupação permanente nas favelas como forma de garantir a ordem pública através de um policiamento diferenciado, que preconizava a polícia de proximidade além de estimular, com a ocupação, diferentes parcerias entre os setores públicos e privados[6].

Como forma de dar visibilidade a toda essa novidade levada pela polícia militar às primeiras favelas um grande aparato de comunicação institucional foi mobilizado. Ao invés de utilizar a página eletrônica da polícia militar, por exemplo, o programa construiu um novo endereço eletrônico (www.upprj.com) para divulgar as ações da "nova polícia", assim como um canal de vídeo no youtube e diferentes perfis nas redes sociais, especialmente no twitter e no facebook[7].

O princípio organizador das UPPs era o de "pacificar os territórios" a partir da presença cotidiana da polícia e de estabelecer novas relações entre os policiais e os moradores como demonstrado no trecho extraído da apresentação do programa, na sua primeira versão[8].

> A Unidade de Polícia Pacificadora é um novo modelo de segurança pública e de policiamento que promove a aproximação entre a população e a polícia, aliada ao fortalecimento de políticas sociais nas comunidades. Ao recuperar territórios ocupados há décadas por traficantes e, recentemente, por milicianos, as UPPs levam a paz às comunidades.

Assim, nos meios de comunicação essas informações eram amplamente divulgadas e repetidas constantemente. A polícia militar figurou na grande mídia, entre 2009 e 2011, como uma instituição que de fato estava levando a paz para a cidade do Rio de Janeiro. Retomando a publicação "UPP veio pra ficar" citada na introdução, encontramos a afirmação de que essa atuação policial transformou o cenário de violência e teve um amplo apoio da sociedade:

---

6 Para uma análise mais detalhada sobre as primeiras UPPs ver Carvalho (2014) e Menezes (2014).

7 Os perfis nas redes sociais mereceriam uma análise especial, mas que não cabem no escopo desse texto.

8 A página eletrônica foi reformulada em 2014 e não fora mais utilizada essa explicação.

> O Rio deixou de frequentar o noticiário policial com manchetes da violência urbana para estampar notícias de suas realizações nos setores econômico e social. Com segurança pode se afirmar que o Rio de Janeiro voltou a ser a 'melhor cara do Brasil'. As bases são sólidas, com significativo apoio popular e credibilidade nacional e internacional. Podemos citar o relatório da Junta Internacional de Fiscalização de Entorpecentes (JIFE), das Nações Unidas (ONU), que aponta o Rio de Janeiro como exemplo de boas práticas na área de segurança pública, em especial com o projeto da UPP. A maior realização foi a forte elevação da autoestima da população, resultado das conquistas sociais e do grande e consistente avanço no setor de segurança pública. E um dos pilares da nova política de segurança pública do Governo do Estado do Rio de Janeiro é a retomada dos territórios conflagrados e antes dominados pela bandidagem e pelo tráfico de drogas, a instalação das UPPs — Unidades de Polícia Pacificadora — e a consolidação da 'polícia de proximidade' (UPP, s.d., p. 1).

Parece-nos que os sentidos atribuídos à paz, à conquista dos territórios e à atuação da polícia foram sendo construídos e, ao mesmo tempo, disputados pelos diferentes atores sociais que atuavam nas favelas, na medida em que cada unidade ia sendo implantada. Continuando com a leitura do livro, os autores nos informam que ocorreu um planejamento rigoroso até a definição dos locais para sua instalação:

> Um amplo planejamento, envolvendo diferentes setores da área de segurança pública, precedeu a instalação da primeira UPP. Foi feito o reconhecimento das localidades que precisavam ser retomadas e pacificadas, por uma análise de fatores, como a ausência do poder público e um alto grau de informalidade, que favorecem o crime. Os Serviços de Inteligência realizavam o levantamento da presença de criminosos e de armas letais. Depois entrou em cena uma grande preparação logística (pessoal, equipamentos, armamentos e suprimentos). A retomada do território só era feita depois de todo esse planejamento. A chegada das forças especiais era realizada para desestimular a reação dos criminosos (UPP, s.d., p. 23).

Entretanto, em entrevista realizada em julho de 2011, o coordenador geral da Coordenadoria de Polícia Pacificadora (CPP)[9], aqui denominado Coordenador, revelou que o início da pacificação se deu de forma bastante improvisada. Segundo o ele, as três primeiras unidades (Santa Marta, Cidade de Deus e Batan) foram constituídas sem muito planejamento da Secretaria de Segurança Pública.

---

[9] A Coordenadoria de Polícia Pacificadora (CPP), criada através do decreto nº 42.787, de 6 de janeiro de 2011, "tem como missão dirigir estrategicamente as ações e operacionalizar o plano de implantações das Unidades de Polícia Pacificadora (UPPs), da Polícia Militar do Estado do Rio de Janeiro".

> A UPP em si, como plano, se vale muito do acaso. A primeira ocupação ocorreu lá no Santa Marta. De que forma fazer uma polícia que ficasse cuidando dessas coisas, do ordenamento urbano? É uma polícia que não poderia ir todo dia lá fazer uma guerra para entrar, tendo em vista que o morro era ocupado por uma facção criminosa. Aí, se decidiu entrar e permanecer. Mas de que forma vai permanecer? Precisou-se de efetivo. Esse efetivo foi conseguido. E a creche, que até então nunca tinha funcionado, ela serviu de base para a ocupação e foi criado um posto comunitário, como a polícia sempre soube fazer, um posto de polícia comunitário [...]. Foi muito positiva, muito bem recebida, mas até então não tinha plano nenhum, isso era uma extensão do Batalhão [...].
>
> A segunda foi na Cidade de Deus. Foi uma ação individual de um comandante local, que, fazendo suas análises, entendia que em muitos dos crimes que ocorriam em Jacarepaguá, os criminosos utilizavam o refúgio garantido que era a Cidade de Deus [...].
>
> Do Batan veio logo em seguida. Também por um acidente. Batan foi aquela situação dos jornalistas que foram sequestrados, torturados, e tinha uma milícia lá. [...]. Então, equivocadamente, não se tinha ali nenhum plano. Eu creio que a partir dessas três, a secretaria começa a fazer um cálculo.

Portanto, o planejamento de "bases sólidas" publicizado no livro que apresenta as UPPs não parece coerente com as informações dadas pelo coordenador. Outro elemento que reforça essa tendência inicial ao improviso é a data do primeiro documento normativo das unidades. Os primeiros dois decretos[10] foram promulgados em janeiro de 2009 pelo governador do Estado do Rio de Janeiro, Sérgio Cabral (2007-2010). O primeiro, com data de 21 de janeiro, "dispõe sobre a criação da Unidade de Polícia Pacificadora (UPP) e dá outras providências". Com apenas três artigos, o decreto estabelece a criação da Unidade de Polícia Pacificadora, escrito no singular, considerando que a Polícia Militar do Estado do Rio de Janeiro "necessita de uma tropa especializada e tecnicamente preparada para a execução de ações especiais concernentes à pacificação e manutenção da ordem pública nas comunidades carentes".

O segundo decreto data do dia seguinte e "dispõe sobre a concessão de gratificação aos policiais lotados nas Unidades de Polícia Pacificadora", neste caso escrito no plural. Os artigos do decreto estabelecem os critérios para o pagamento do valor de R$ 500 como gratificação de encargos especiais, não sendo possível a incorporação aos vencimentos do servidor, assim como fica excluída da base de cálculo para o adicional de tempo de serviço. A gratificação foi estabelecida pela compreensão de que os policiais que integrassem uma UPP teriam que se submeter a condições especiais de serviço e teriam que receber treinamento especializado para executarem as ações da pacificação e manutenção da ordem pública.

[10] Refiro-me aos decretos n º. 41.650, de 21 de janeiro de 2009 e ao n º 41.653, de 23 de janeiro de 2009.

Esses dois primeiros documentos, que não explicam muita coisa sobre o que seria uma Unidade de Polícia Pacificadora, apenas autorizam normativamente a execução das atividades, também ainda sem muito planejamento. A legislação surge 30 dias após o início da ocupação do Santa Marta, ainda com ares de indefinição do que seria a "pacificação" e como se daria a manutenção da ordem pública.

O terceiro decreto[11], com um pouco mais de informação, data de janeiro de 2011. Nesse momento, as UPPs já se encontravam em franca expansão, mas as atribuições do programa ainda eram muito nebulosas. As orientações eram realizadas de forma quase que individual e a atuação dos comandantes era determinante na compreensão do que seria uma UPP. O decreto inicia considerando a "necessidade de regulamentar a implantação das Unidades de Polícia Pacificadora (UPP), visando a dotá-las de estruturas e procedimentos padronizados para o desenvolvimento de suas atividades". Determina, então, os objetivos e as etapas da implantação, os critérios para recepção de uma UPP, os procedimentos, as gratificações e outras formalidades.

Em seu art. 1º, o decreto de 2011 revela que a UPP destina-se a aplicar o policiamento de proximidade e estabelece como critério para a execução as "comunidades pobres, com baixa institucionalidade e alto grau de informalidade, em que a instalação oportunista de grupos criminosos ostensivamente armados afronta o Estado Democrático de Direito". E aponta como objetivos da UPP:

> **a.** Consolidar o controle estatal sobre comunidades sob forte influência da criminalidade ostensivamente armada;
>
> **b.** Devolver à população local a paz e a tranquilidade públicas necessárias ao exercício da cidadania plena que garanta o desenvolvimento tanto social quanto econômico.

É possível notar que a definição dos objetivos da UPP vai além da garantia da segurança para os cidadãos. A UPP se propõe a, primeiro, "recuperar o território" a partir da entrada das forças ostensivas e, depois, preparar a "comunidade" para receber outros serviços públicos e privados. Esses são elementos fundamentais para a construção da "paz" anunciada pela pacificação.

Diferente do que foi apresentado no início da ocupação no Santa Marta sobre a repressão ao tráfico de drogas, no segundo ano de funcionamento das UPPs, esse já não era mais o objetivo central. O foco principal de atuação, no plano discursivo, passou a ser o controle da circulação e da ostentação das armas a fim de garantir a tranquilidade

---

[11] Decreto n º 42.787, de 6 de janeiro de 2011.

aos moradores, devolvendo ao Estado o território que fora tomado pelos traficantes[12].

O Coordenador, evocando as orientações do secretário de Segurança Pública, revela que a UPP é diferente de outros programas nesta área porque ela parte da "ação para o conceito". De acordo com ele, os outros programas, quando lançados, já tinham consolidados seus objetivos e sua estrutura. Na pacificação, não. Primeiro, realizou-se uma ação de ocupação, como já demonstrado, e só posteriormente, após sua entrada na CPP, em junho de 2010, foram delineados os conceitos dessa política. Contudo, ele mesmo revela a existência de um cronograma de implantação a ser seguido prevendo a instalação de 40 UPPs até 2014[13], o que não aconteceu na prática.

Outro elemento inovador para o coordenador das UPPs era a possibilidade de juntar dois aspectos importantes, em sua visão, do policiamento. E essa junção seria, então, a definição da pacificação. Em suas palavras:

> Você tem num ponto mais extremo um fazer militar, bélico, repressivo e tem no outro ponto extremo um fazer comunitário. O grande barato da UPP, que eu vejo aqui, é que você concilie esses dois fazeres. E você dá coerência lógica a uma instituição. Então, tem espaço para todo mundo. Num primeiro momento em que há a necessidade de uma intervenção bélica, bem treinada, você satisfaz aquele que entende que eu só faço polícia quando eu estou lá na minha conduta de patrulha. Tem espaço. É o primeiro momento da ocupação, muito mais tenso. E tinham também aqueles grupos dos policiais comunitários porque absorveram todo esse ensinamento de fora, de uma forma acrítica, sem reflexão, pensando que aqui é a mesma coisa que nos EUA e aqui a gente poderia fazer a mesma coisa e fica naquele romantismo. Muitas das vezes isso foi prejudicial porque foi detonado pela fragilidade que era, não tinha coerência. Então, você tem também espaço para que estes possam desenvolver, não a polícia comunitária, mas a polícia de pacificação, que é um modelo para o Rio de Janeiro.

---

12 Já foram inúmeras as declarações sobre os objetivos da implantação das UPPs nas favelas aos meios de comunicação. De acordo com o secretário de Segurança Pública, José Mariano Beltrame: "A ideia e o objetivo da UPP é a pacificação, mas seria leviano garantir que vamos retirar dessas favelas todas as armas, todas as drogas, todos os criminosos, toda a munição". ("Secretário diz que UPPs não impedem a presença de bandidos", disponível em <http://noticias.terra.com.br/brasil/noticias>). E também segundo o major Eliezer de Oliveira, responsável pela formação de policiais para atuar nas UPPs: "Não é objetivo da UPP acabar com o narcotráfico, e, sim, afastar a influência dos narcotraficantes sobre as comunidades". ("UPP não tem objetivo de acabar com o tráfico, diz major", disponível em <http://www1.folha.uol.com.br/cotidiano>).

13 Até agosto de 2014, haviam sido instaladas 38 UPPs no Rio de Janeiro. Em entrevista ao jornal O Globo, o Coordenador revelou que essa meta virou uma armadilha na política de pacificação. ("A Secretaria ficou refém do discurso político de ter 40 UPPs, diz ex-comandante", disponível em <http://oglobo.globo.com/brasil/a-secretaria-ficou-refem-do-discurso-politico-de-ter-40-upps-diz-ex-comandante-13727647>).

Conforme já apontado, a "política de pacificação" pode ser entendida como uma categoria analítica que abarca outros elementos para além da segurança e tem como princípio o controle territorial com vistas à integração das favelas aos espaços formais da cidade a partir de uma lógica burguesa de ordenamento urbano que envolve a militarização desses espaços. Nas palavras do Coordenador, trata-se de uma política que une repressão a um "fazer comunitário". Em que medida os mecanismos de repressão são acionados no cotidiano das favelas ocupadas e como esse "fazer comunitário" se desenvolve nos ajustamentos que a UPP provoca internamente são questões centrais para a compreensão do cenário que se constrói a partir do momento em que o BOPE conclui a etapa de intervenção tática e passa o comando a um capitão da PM.

A possibilidade apontada pelo Coordenador de um "novo fazer policial" baseado em grande medida na própria função da polícia foi interpretada de forma bastante difusa na rotinização das UPPs. Embora a disciplina militar tenha na hierarquia sua arma para garantir a obediência, no formato da UPP os comandantes das unidades interpretaram essas orientações de diferentes maneiras, demonstrando o quão individualizado foi esse processo.

Na UPP na qual realizei a pesquisa, o comandante da unidade estabeleceu um conjunto de regras e intervenções que ele avaliou como sendo um "fazer comunitário", dentre elas, estipulou um número arbitrário de mototáxis que poderiam circular na favela; estabeleceu um teto de horário para funcionamento dos bares, que não seguia a lei municipal do silêncio; proibiu a realização de festas nos espaços públicos da favela; colou cartazes nas ONGs orientando formas de comportamento adequadas; pintou diversas paredes com a inscrição UPP de tinta azul em clara alusão a uma tomada de território; dentre outras ações que serão analisadas na seção a seguir.

A intervenção "social" da polícia militar

> Nada sobrevive só com segurança. Não será um policial com um fuzil na entrada de uma favela que vai segurar, se lá dentro das comunidades as coisas não funcionarem. É hora de investimentos sociais (Bottari e Gonçalves, 2011)

Esse trecho destacado de uma das inúmeras entrevistas em que o então secretário de Segurança, José Mariano Beltrame, solicita aos outros órgãos públicos a entrada nas favelas é revelador de uma forma de compreensão da atuação do Estado nessas localidades. Pode-se afirmar que, ao desconsiderar as ações de diferentes setores das diversas instâncias governamentais ao longo do tempo, ela desliza no discurso da ausência de serviços públicos. Por outro lado, essa é uma visão que não coloca em xeque os mais diversos acordos firmados no tocante às trocas eleitorais que, ao longo do século XX, contribuíram para a reprodução de uma forma de gestão pautada no que Machado da Silva (2002) classificou como "controle negociado", perpetuando um padrão de integração fragmentado dos favelados à cidade. O Estado sempre esteve presente nas favelas. Sua modalidade de atuação, ou as situações como os diferentes atores se apresentam, é que deve ser colocada em questão.

Como argumentou Leite:

> Não é que o Estado esteja ausente das favelas, mas sua presença caracteriza-se pela prestação de serviços de baixa qualidade, clientelismo e ineficiência das instituições estatais, brutalidade policial e desrespeito aos direitos civis de seus habitantes que não têm reconhecido e garantido seu estatuto de cidadania (2008, p. 120).

Por esse lado, quando a polícia militar, através da UPP, se apresenta como um ator que buscará solucionar os problemas não resolvidos sob o argumento da ausência do Estado, as instituições que atuam nas favelas "desde antes da pacificação", também passam a questionar e problematizar a própria intervenção da polícia. Com algumas exceções, a relação estabelecida entre a polícia e as demais instituições públicas não era demasiado amistosa, como pude acompanhar em diversas reuniões.

Entre 2009 e 2013, um conjunto de eventos foi realizado a fim de promover uma imagem positiva da UPP, tais como os casamentos comunitários, bailes de debutantes, um baile funk autorizado pela polícia, excursões a locais turísticos da cidade, festas de dia das crianças e de Natal, dentre outros. Também um conjunto de peças publicitárias foi distribuído pelos policias nas diferentes UPPs e em diferentes situações.

Como exemplar do que estou chamando a atenção, cito o lançamento da cartilha "UPP: a conquista da paz", com ilustrações de Ziraldo inspirado em seu personagem "Menino Maluquinho". A publicação apresenta uma nova favela, agora pacificada, com policiais abrindo o caminho para a entrada de médicos, professores, lixeiros, dentre outros servidores públicos, seguidos sempre da palavra "cidadão". As primeiras páginas da cartilha apresentam uma "cidade partida", sendo "unida" pela atuação policial, enfatizando que em "breve vão acabar de vez — e para sempre — o medo, a insegurança, a desconfiança, a guerra, os falsos amigos e os falsos heróis" (p. 12). A frase é seguida por uma imagem de um menino com uma mochila caminhando ao lado de um muro pintado com desenhos de pessoas armadas, rabiscos e um corpo no chão envolto em sangue e velas acesas.

A página seguinte exibe o mesmo menino dizendo: "Agora estamos começando a conhecer nossos direitos" (p. 15) e segue apresentando esses direitos supostamente desconhecidos pelos moradores de favelas: o direito de ir e vir, o direito de brincar, o direito de ter segurança. Para representar a descoberta dos direitos, a imagem escolhida foi de dois policiais caminhando em direção ao personagem acompanhados da frase: "Agora podemos contar com os amigos verdadeiros. Eles foram os primeiros a chegar!" (p. 21).

Nas páginas finais, o material produzido pela Secretaria de Segurança chama a atenção dos leitores para os dois lados presentes na obtenção da cidadania. Um é referente aos direitos e o outro, aos deveres, sendo o primeiro deles a obediência às leis e, depois, o respeito aos direitos dos outros. Assim, a cartilha finaliza com a frase: "Não vai ser difícil. Estamos, entre outras coisas boas, conhecendo NOVOS AMIGOS. E vamos viver numa cidade inteira" (p. 29). O último desenho é de um policial ajudando um deficiente visual a descer as escadas e de um menino apresentando a favela para um casal de turistas.

O caráter pedagógico da cartilha, que oferece a ideia de que os favelados não conhecem os seus direitos, não aprenderam seus deveres e que têm nos policiais seus novos amigos (a ênfase se dá através do texto em caixa alta), reflete a já conhecida fórmula de atuação do Estado nas margens[14], operando a partir de uma lógica civilizatória. Ela também aparece na fala do Coordenador, ao enfatizar que, a partir da entrada do Estado, é necessária uma adequação às normas da civilidade, nos termos utilizados por ele:

> A UPP visa a resgatar a legitimidade do Estado, não da polícia, mas do Estado como um todo, e não entrar só o braço armado, mas entra também aquilo que a ordem tem de ruim, que é aquela coisa constrangedora de um comportamento dentro dessas normas. Das normas de civilidade. Mas também tem um lado bom, que são a benesses de você estar dentro dessa ordem, de você estar inserido nessa ordem.

Percebemos ainda o trânsito entre a política de controle e a pedagogia civilizatória a partir do relato de um capitão de uma das primeiras UPPs sobre a proibição dos bailes funk:

> Eu sou contra. Todo baile funk tem envolvimento com o tráfico. Apesar de ser uma cultura popular, a população ainda não está preparada para isso. No futuro, quando estiverem conscientizados, escutando música clássica, música popular brasileira, conhecendo outros ritmos, outras culturas, a gente até pode autorizar, mas hoje não (Mattar; Chequer; Dias, 2010, p. 76).

---

14 Em contraposição ao modelo interpretativo que identifica as margens como espaços da desordem, onde o papel do Estado é a instauração e/ou manutenção da ordem, as antropólogas Veena Das e Deborah Poole (2004) apresentam um conjunto de situações compreendido a partir de práticas políticas da vida cotidiana que modelam as práticas políticas de regulação e disciplina, constituintes do próprio Estado. Desse ponto de vista, as agências estatais redefinem seus modos de governar e legislar em todo o momento e a partir de cada situação específica. Portanto, são múltiplas as negociações e articulações acomodadas cotidianamente nas margens, aqui identificadas nas favelas cariocas, pelos diferentes programas públicos e justificadas pela forma como essas áreas foram sendo organizadas numa dialética entre informalidade e formalidade, ilegalidade e legalidade.

Para além da atuação policial, o que está posto na afirmação são representações dos favelados que desde muito tempo se encontram naturalizadas pelo senso comum. Os favelados não sabem, não têm consciência das coisas, inclusive dos seus direitos, portanto, se faz urgente uma intervenção. Essa intervenção não é novidade, já foi analisada por diferentes autores que se debruçaram sobre as políticas públicas direcionadas às favelas. Parece-nos, entretanto, que a novidade apresentada pelas UPPs é o fato de que a intervenção policial passa a pautar e conduzir essas práticas civilizatórias.

Como o capitão afirma, é preciso, antes de autorizar o baile funk ("apesar de ser uma cultura popular"), incutir novos hábitos naquela população, entendidos como padrões ideais de comportamento. No futuro, quando conscientizados, portadores de novos padrões de comportamento e outros gostos musicais, a polícia pode vir a — quem sabe? — autorizar a realização dos bailes.

Ficou em evidência também que a UPP elegeu dois públicos para direcionar sua atuação: as crianças e os idosos. Na linha direcionada às crianças, pude observar durante a pesquisa de campo, em dois momentos temporais diferentes, a maneira como os soldados da UPP buscam envolvê-las em dinâmicas lúdicas para apresentá-las a um novo modelo de "fazer policial" e para reforçar a construção da ideia da "favela pacificada".

Ao longo dos três anos de pesquisa, presenciei diferentes modalidades de atividades direcionadas às crianças: festas na sede da UPP, inauguração de um campo de futebol, passeios com as crianças do CIEP, realização de projetos sociais de esportes e música, dentre outros, mas a escolha por descrever os dois eventos abaixo se deve pela distância temporal entre a realização das atividades e pelo seu grau de abrangência. A Rua São Miguel e a Praça Xavier de Brito são locais situados no entorno da favela e que, de certa forma, ampliam a visibilidade das atividades da UPP para além das fronteiras do morro, possibilitando que os moradores da Tijuca observem a forma como a polícia pacificadora atua na localidade.

No primeiro evento organizado pela UPP na Rua São Miguel, em setembro de 2010, uma das atividades presentes na programação era o "passeio no caveirão". Havia um carro blindado da polícia militar utilizado em geral pelo BOPE, estacionado no começo da rua e aberto à visitação para as crianças. Antes, porém, quando de sua entrada na Rua São Miguel, diante dos olhares curiosos daqueles que acompanhavam as atividades, suas portas se abriram e policiais ofereceram flores brancas ao público no entorno do carro.

Tratava-se do evento Tijuca Maravilhosa, organizado pela UPP em parceria com a Subprefeitura da Grande Tijuca. O mote do evento era apresentar a Unidade aos moradores do bairro com o objetivo de "integrar favela e asfalto". Foi realizado, ao longo do dia, um conjunto de atividades, como apresentações de música, teatro, dança, dentre outras. O "passeio no caveirão" chamou tanta atenção que um jornal de grande circulação publicou uma matéria festejando a integração facilitada pela polícia militar[15].

---

15 Cf. em "Caveirão atira flores em festa da paz no Borel", O Dia, 13/09/2010.

Dois anos depois, um evento denominado Comunidade na Praça, organizado pelo programa Territórios da Paz[16] em parceira com as instituições que atuam na favela foi realizado na Praça Xavier de Brito, localizada nas proximidades. No *stand* montado pela UPP, desenrolavam-se atividades de desenho e pintura apenas com as crianças. Havia no estande, além do banner UPP Criança, alguns materiais informativos como um panfleto que anunciava uma ouvidoria específica para a UPP e uma cartilha sobre atuação policial denominada: "Guia de Direitos Humanos: conduta ética, técnica e legal para instituições policiais militares".

O direcionamento da atuação da UPP para as crianças pode ser explicado dentro de uma percepção da própria polícia de que já haveria uma geração, a juventude perdida para o "tráfico de drogas". De acordo com a análise de Carolina[17], uma das principais interlocutoras na pesquisa, para os policiais da UPP, "essa juventude já não tem mais solução, então, pra ela só repressão, linha dura". Segundo sua percepção, a polícia militar justifica suas ações baseada na ideia de que a "cultura do tráfico está muito entranhada". Ela, então, questiona: "Que cultura do tráfico que está entranhada e em quem está entranhada?".

> Você tem uma juventude que circula, que sai, que vai pra festa, vai pro baile, é quem está circulando, e aí, se está circulando e anda em grupo, então, gera um atrito maior. E é uma relação muito tensa porque continua a coisa das revistas, as revistas não são feitas de forma educada, e aí, gera uma reação por parte do outro. E aí, a reação é vista como um desrespeito à autoridade que está ali naquele lugar ou como saudade do tráfico, enfim, é visto dessa forma.

Logo em seguida, Carolina conta um caso de abordagem policial envolvendo o seu filho:

> É engraçado porque um dos policiais revistando o meu filho, ele disse assim: "Nós estamos aqui para tomar conta de vocês" [fala do policial]. Eu achei isso super engraçado, "tomar conta de vocês". "Antes os bandidos davam na cara de vocês e vocês não faziam nada" [fala do policial]. Ou seja, a visão também que se tem era que todo mundo vivia apanhando dos bandidos.

---

16 O programa desenvolvido pela SEASDH é denominado formalmente como Gestão Social em Territórios. A iniciativa busca promover o contato e a articulação entre os atores locais e as instituições que possam contribuir para o atendimento das demandas, atuando como uma interlocução do Estado junto à comunidade, de forma que a população tenha maior possibilidade de participar e intervir nas políticas públicas e nas ações privadas implantadas. Mais informações em <http://www.rj.gov.br/web/seasdh/exibeconteudo?article-id=971929>.

17 Carolina é um nome fictício. Na tese de doutorado trabalhei com sete personagens que representaram o conjunto de interlocutores que participaram das entrevistas. A personagem Carolina representa uma reunião de relatos de diferentes mulheres, acima de 35 anos, que atuam em projetos sociais e/ou são lideranças comunitárias.

Esse depoimento de Carolina é interessante quando articulado à narrativa do Comandante da UPP em uma de nossas conversas em agosto de 2010. Ao ser perguntado sobre os conflitos envolvendo os policiais e os jovens da favela, ele imediatamente falou que o problema maior era que as pessoas não gostavam de ser revistadas e por essa razão havia uma maior resistência em aceitar o novo modelo instituído. Sua orientação aos soldados era o emprego das técnicas aprendidas na academia de polícia para controlar as situações de conflitos, a saber, o uso gradual da força lançando mão de armamentos não letais, como o spray de pimenta[18]. Ele revela que essa forma de atuar "seria melhor" do que o emprego da força física durante as abordagens.

> A pessoa é abordada, mas ela não quer ser abordada. Já cria uma resistência. Aí, você tem a técnica: o uso comedido da força, a utilização de armamentos não letais, que é o spray de pimenta. Eu prefiro mil vezes que o policial utilize o spray de pimenta do que dê um tapa na cara do morador. E quando o morador vem questionar porque estamos usando o spray de pimenta, eu falo: "*Você prefere um tapa na cara, uma abordagem arbitrária ou um spray de pimenta?*" Porque tem que ter abordagem.

Dessa perspectiva, para os moradores de favelas, as opções são apanhar de bandidos, apanhar de policiais ou levar spray de pimenta. Não é permitido a esse grupo da população exercer seu direito de reivindicar não receber uma abordagem considerada indevida, vexatória e ilegal.

Quando perguntei ao Comandante da UPP sobre a postura dos soldados diante das adversidades do cotidiano, ele teceu elogios aos seus comandados, mas deixou escapar uma frase que interpreto como reveladora da postura da corporação, que entende o trabalho em favelas na lógica do combate, do uso da violência e da ilegalidade.

> Os soldados estão de parabéns. Estou aqui há dois meses e se não houve nenhum problema sério até hoje é por causa deles. Estão aí sem casaco, sem gratificação, sem rancho, comendo quentinha fria, sem lugar pra dormir, sem banheiro. Estão aí. Tirando serviço, dando bom dia, boa tarde. Você viu, você percorreu, você viu! Um ou outro, tudo garoto, tudo moleque, *que faz uma molecagem*, e a gente tem que *dar um puxão de orelha, mas nenhuma coisa assim grave, falta grave, espancamento*, sabe?

Na percepção do Comandante, os policiais, ainda que em condições adversas, estavam procurando desempenhar o seu papel. E estavam desempenhando sem nenhuma alteração, sob o seu ponto de vista, pois até aquele momento não havia sido

[18] A utilização do spray de pimenta nos conflitos envolvendo policiais e moradores no Borel ocorreu diversas vezes de acordo com os relatos dos meus interlocutores, tanto moradores quanto policiais.

registrado nenhuma falta grave, nenhum espancamento. Possíveis desvios de conduta podiam ser relativizados, já que eram uma "molecagem", uma vez que os policiais eram jovens e ainda estavam aprendendo. Para o aprendizado, um "puxão de orelha" seria um castigo suficiente.

Quando analisamos os depoimentos do Comandante em contraste com os depoimentos dos mais diversos entrevistados, vemos que as situações são bem mais complexas e tensionadas e que um simples "puxão de orelha" não dá conta de solucionar os conflitos entre moradores e policiais.

Com efeito, parece-nos que, como aponta Leite (2014), a metáfora da guerra permanece como um dispositivo-matriz, nos termos de Michel Foucault, para a construção de discursos e práticas engendrados nas favelas da cidade e direcionados aos seus moradores. Ou seja, a ameaça que esses indivíduos provocam nos demais cidadãos pela proximidade ou até mesmo pelo pertencimento às redes de ilegalidades relacionadas ao tráfico de drogas e ao padrão de ordenamento urbano que estaria descolado da regulação formal — como a ocupação do terreno, os gatos nos serviços de água, luz, telefonia — não sofre mudança alguma com a chegada da UPP.

É possível, então, analisar as representações em torno da construção da ideia da pacificação como uma modalidade específica de paz que tem por premissa esse cenário. O controle das "classes perigosas" se atualiza com novos e sofisticados recursos, mas, ao fim e ao cabo, repete a lógica do disciplinamento dos moradores. Aqueles que não estão de acordo com o novo sistema vigente são coniventes com o tráfico e a favor dele. A possibilidade que o Estado denomina de "proteção" e de "controle da paz" é a vigilância continuada ou spray de pimenta para aqueles que não seguirem as novas diretrizes.

Considerações finais

Buscamos ao longo do texto analisar as Unidades de Polícia Pacificadora à luz de sua atuação marcadamente pedagógica que tinha por objetivo a manutenção da ordem pública de uma perspectiva estritamente relacionada a elementos que fazem parte do comportamento dos moradores e são determinados por uma dada forma de moralidade.

A interpretação que fazemos é a de que a ação da polícia pacificadora põe em evidência uma representação há muito utilizada na sociedade de que os favelados seriam representantes das classes perigosas, no sentido apontado por Machado da Silva e Leite (2008), por não cumprirem as regras de conduta ideal contidas na moral dominante. A proximidade territorial com os traficantes de drogas permitiria o contato e o estabelecimento de relações sociais variadas que dariam legitimidade às formas de atuação do tráfico de drogas e, por outro lado, garantiriam apoio e proteção aos envolvidos nessa rede ilícita. Ao fim e ao cabo, essa conivência dos moradores implica, segundo essa visão, a negação dos valores morais e da ordem institucional vigente.

Portanto, faz-se necessário o controle desses grupos (que não conseguem diferenciar o certo do errado) pela organização de seu cotidiano e de suas práticas de sociabilidade, ensinando-lhes a melhor maneira de se comportar na sociedade. Sob esse aspecto, a parcela da população que mais apresentou problemas em não obedecer a esse direcionamento foi a juventude. Os jovens, de acordo especialmente com a polícia, são os mais suscetíveis aos encantos do tráfico de drogas e os que mais causam problemas.

Nos primeiros anos de instalação do programa de pacificação nas favelas houve um incentivo à realização de encontros entre organizações coletivas de base e instituições públicas e/ou privadas, através tanto das reuniões promovidas pela polícia em seus Cafés Comunitários[19], quanto nos Fóruns organizados pelo programa UPP Social.

Portanto, o controle da ordem pública e a atuação pedagógica dos policiais e seus "programas sociais" nas favelas que receberam uma UPP se conjugam em uma gestão da paz substantivada no enquadramento dos favelados e na necessidade de disciplinar os padrões morais, culturais, de consumo e também de organização política, e se desdobram, por sua vez, no deslocamento dos conflitos e em novos arranjos sociais.

Os relatos aqui apresentados corroboram esses pressupostos. A suspensão das incursões pontuais e dos tiroteios transforma o cotidiano dos moradores, mas isso não significa a superação da "metáfora da guerra". Pelo contrário, ela segue mais viva do que nunca pautando a perseguição incessante às "classes perigosas", personificadas sobretudo na juventude; justificando a concepção de que o Estado deve "libertar" os favelados; mas, principalmente, colocando na mesa os pressupostos morais e disciplinadores nesse quadro sugerido pelos agentes da "pacificação". É a polícia o principal ator desse cenário e a ela cabem as tarefas de ordenamento. Em um processo que articula controle, voltado para a segurança, e moralização, com vistas à civilidade, o papel da nova polícia é vigiar, educar, revistar e gerir o cotidiano. A gestão da paz tem no fim do tiroteio seu evento mais visível, mas ela enfeixa mais contradições do que supõem as manchetes de jornais. As relações estabelecidas por parte da polícia com crianças e jovens são, talvez, os exemplos mais cristalinos desse complexo ajustamento. Para as crianças está reservada a educação. Aos jovens, ouvintes de funk proibidão, cabe a repressão. Tudo ainda baseado na longínqua lógica da guerra: é preciso conter as margens para que esse novo "tempo da pacificação" seja vivenciado por toda a cidade.

Atualmente as Unidades de Polícia Pacificadora estão em fase de extinção. Desde fevereiro de 2018 que o Rio de Janeiro está sob Intervenção Federal Militar e metade das UPPs já foram desativadas. Ao longo desses dez anos, o projeto passou por inúmeras

---

19 Para uma análise dos Cafés Comunitários nas UPPs, ver Davies, 2014.

alterações que não resultaram, significativamente, na redução da violência no Rio de Janeiro, pelo contrário. No dia em que secretário de segurança José Mariano Beltrame pediu exoneração do cargo ocorreu uma intensa troca de tiros na favela do Cantagalo. O fato chamou a atenção da imprensa pela localização geográfica da favela, situada entre os bairros de Ipanema e Copacabana, ocupada pela UPP em dezembro de 2009. A imagem de uma pessoa caindo de um penhasco após ser atingida por um tiro, veiculada em diversos meios de comunicação, é simbólica na representação de um projeto para segurança que reproduziu os mesmos equívocos de outras tentativas sem, contudo, discutir os elementos fundamentais para uma efetiva redução da violência urbana, como o proibicionismo, a guerra às drogas e a criminalização da pobreza.

Durante esse período vimos o projeto das UPPs ser exaltado por diversos setores da sociedade, vimos diversos militantes de direitos humanos que lutam contra a violência policial serem deslegitimados nos espaços públicos ao se posicionarem contrários a essa atuação da polícia e, estamos vendo, a permanência de uma lógica genocida de atuação policial nos espaços mais populares do Rio de Janeiro. Ao que parece, as Unidades de Polícia Pacificadora foram mais uma experiência dentre tantas de policiamento em favelas que ao fim e ao cabo desdobrou em mais violência. A UPP que era celebrada pela ausência de confronto bélico, sairá de cena com um saldo bastante elevado de vítimas, tanto de policiais quanto de moradores, esses, evidentemente, muito mais expostos à ação truculenta das forças da ordem.

REFERÊNCIAS BIBLIOGRÁFICAS

BECKER, Howard. S. *Outsiders*: estudos de sociologia do desvio. Rio de Janeiro: Zahar, 2008.

BOTTARI, Elenice; GONÇALVES, Liane. *Beltrame quer pressa em investimentos sociais pós-UPPs*: 'Nada sobrevive só com segurança'. O Globo, 28/05/2011. Disponível em <http://oglobo.globo.com/rio/beltrame-quer-pressa-em-investimentos-sociais-pos-upps-nada-sobrevive-so-com-seguranca-2764060#ixzz2jA5pJ5q2>.

CARVALHO, Monique Batista. *Questão habitacional e controle social*: a experiência dos Parques Proletários e a ideologia "higienista-civilizatória" do Estado Novo. Monografia (Graduação em Ciências Sociais). Pontifícia Universidade Católica do Rio de Janeiro, Rio de Janeiro, 2003.

__________. *Os dilemas da "pacificação"*: práticas de controle e disciplinarização na "gestão da paz" em uma favela no Rio de Janeiro. Tese de doutorado em Ciências Sociais — PPCIS/UERJ, 2014.

DAS, Veena; POOLE, Deborah. *Anthropology in the margins of the state*. New Delhi: Oxford University Press, 2004.

DAVIES, Frank Andrew. *Rituais de pacificação:* uma análise das reuniões organizadas pelos Comandos das UPPs. Revista Brasileira de Segurança Pública, São Paulo, v. 8, n. 1, 2014.

FOUCAULT, Michel. *Segurança, território, população*. Curso no Collège de France (1977-1978). São Paulo: Martins Fontes, 2008.

HENRIQUES, Ricardo; RAMOS, Silvia. *UPPs Social*: ações sociais para a consolidação da pacificação, 2011.

HOLLOWAY, Thomas H. *Polícia no Rio de Janeiro:* repressão e resistência numa cidade do século XIX. Rio de Janeiro: FGV, 1997.

KANT DE LIMA, Roberto. *A polícia da cidade do Rio de Janeiro*: seus dilemas e paradoxos. Rio de Janeiro: Forense, 1995.

LEITE, Marcia Pereira. *Violência, risco e sociabilidade nas margens da cidade*: percepções e formas de ação de moradores de favelas cariocas. In: MACHADO DA SILVA, Luiz Antonio. (Org.). *Vida sob cerco*: violência e rotina nas favelas do Rio de Janeiro. Rio de Janeiro: Nova Fronteira, 2008.

________. *Entre a guerra e a paz*: Unidades de Polícia Pacificadora e gestão dos territórios de favela no Rio de Janeiro. DILEMAS: Revista de Estudos de Conflito e Controle Social — Vol. 7 — n 4 — 2014.

MACHADO DA SILVA, Luiz Antonio. *A continuidade do problema da favela*. In: OLIVEIRA, Lucia Lippi. (org.) *Cidade: história e desafios*. Rio de Janeiro: FGV, 2002.

_____. *"Violência urbana", segurança pública e favelas*: o caso do Rio de Janeiro atual. Caderno CRH, Salvador, v. 23, n. 59, maio-ago 2010, p. 283-300.

_____; LEITE, Marcia Pereira. *Violência, crime e polícia*: o que os favelados dizem quando falam desses temas? In: MACHADO DA SILVA, Luiz Antonio. (Org.). *Vida sob cerco*: violência e rotina nas favelas do Rio de Janeiro. Rio de Janeiro: Nova Fronteira, 2008.

MATTAR, Flávia; CHEQUER, Jamile; DIAS, Mariana. UPP: tecendo discurso. *Democracia Viva*, n. 45, jul. 2010.

MENEZES, Palloma Valle. *Os rumores da pacificação*: a chegada da UPP e as mudanças nos problemas públicos no Santa Marta e na Cidade de Deus. DILEMAS: Revista de Estudos de Conflito e Controle Social — Vol. 7 — n 4, 2014.

OLIVEIRA, João Pacheco. *Pacificação e tutela militar na gestão de populações e territórios*. Mana, vol. 20, n. 1, pp. 125-161, 2014.

SOARES, Luis Eduardo et al. *Meu casaco de general*: quinhentos dias no *front* da segurança pública do Rio de Janeiro. São Paulo: Companhia das Letras, 2000.

"2009" na Cidade de Deus: os pontos de vista dos moradores sobre a UPP e o "problema-favela"

JUSSARA FREIRE[1]

"A UPP" em situação

Este artigo tem como primeiro objetivo descrever e interpretar alguns dos repertórios que contribuem para ressignificar a "violência urbana" após a execução do "projeto de pacificação" do governo do Estado do Rio de Janeiro apresentado publicamente como "novo momento" na cidade. Neste processo de "pacificação", a linguagem da "violência urbana" seguiu um movimento moral que se articulou com a inserção de um novo componente no pacote interpretativo do "problema favela" (Machado da Silva e Leite, 2007) na cidade do Rio de Janeiro — com sensíveis diferenças e continuidades em relação às tematizações anteriores às Unidades de Polícia Pacificadoras (UPPs). Esta primeira consideração permite atingir o segundo e principal objetivo de minha proposta. A compreensão da construção cognitiva dos problemas "favela" e "violência urbana" a partir das UPPs — que configurou uma "gramática de pacificação" para justificar a relação entre o projeto, os modos de executá-lo mediante o recurso à força militarizada e a promessa de circular em uma "cidade garantia" (Breviglieri, 2012) — permite compreender, a partir de uma sociologia das operações críticas e morais (Boltanski e Thévenot, 1991), os efeitos das UPPs em situações[2] durante as quais jovens moradores

---

1 Doutora em sociologia pelo Iuperj-UCAM e professora associada da Universidade Federal Fluminense. Seus temas de pesquisa são: processos de publicização, mobilizações coletivas e linguagem da "violência urbana" no estado do Rio de Janeiro.

2 As situações serão apresentadas mais adiante.

do bairro da Cidade de Deus[3], na Zona Oeste da cidade do Rio de Janeiro, explicam a pesquisadores as articulações entre esta gramática, as UPPs e suas consequências no que tange às orientações de suas ações cotidianas. Logo, em vez de tomar como *taken for granted* o "antes" e o "depois" das UPPs, proponho compreender a reorientação do "problema favela" a partir da arena de publicização que qualifica estes dois tempos e elabora uma nova gramática ("a pacificação"). Desta forma, seguindo a problematização coletiva que analiso na primeira parte deste artigo, proponho compreender os sentidos deste "novo" momento crítico do ponto de vista destes atores na segunda parte. Trata-se de compreender como a gramática de pacificação é absorvida e produtora de novos sentidos nas situações durante as quais atores avaliam os tipos de mudanças geradas pelas UPPs após a execução do projeto (e do ponto de vista de possíveis atores concernidos "diretamente" por esta intervenção). A gramática de pacificação incorpora um evento apresentado, publicamente, como "histórico" na construção do "problema favela". Neste sentido, as UPPs representam, retomando os termos de Simmel (2011), "uma fixação num ponto determinado do tempo" (p. 15), objeto de minha reflexão.

Partindo da proposta de que a compreensão só pode "se referir à determinação relativa no tempo, não à inscrição no tempo em geral" (Ibid, p. 15-16), proponho analisar, em primeiro lugar, a gramática que estruturou a compreensão da necessidade do surgimento deste ponto temporal, ressignificando, neste movimento, o "problema favela" por meio da inserção de novos componentes na teia de significados da linguagem da "violência urbana" (dialogando com a proposta de Teixeira, 2013).

A UPP e o "problema favela"

Desde 2008 as Unidades de Polícia Pacificadoras (UPPs) são novas personagens que contribuem para a reorientação da tematização do "problema favela" no palco da cidade do Rio de Janeiro, porém consolidando o seu estado anterior — este sendo historicamente, me arriscando a uma redundância, "problemático" (Valladares, 2005). As UPPs provocaram diferentes problematizações coletivas que ressignificam, paulatinamente, a linguagem da "violência urbana" através de um encaixe peculiar com o "problema favela". Neste processo, as UPPs se tornaram, até recentemente, o centro das atenções no debate público. Os discursos oficiais proferidos por diferentes representantes do Estado, matérias e manchetes de jornais, ancoradas muitas vezes em dados produzidos

---

3 As fronteiras espaciais e morais da Cidade de Deus são opacas. Formalmente trata-se Região Administrativa da Cidade do Rio de Janeiro cuja população residente era, no censo de 2010, de 36.515 habitantes. Outras informações, que não partem do recorte administrativo, contabilizam 47.021 habitantes na Cidade de Deus (Instituto Pereira Passos, também baseado no Censo 2010 do IBGE). Os moradores divergem em relação às áreas do recorte administrativo que pertenceriam à Cidade de Deus. Também discordam da definição deste lugar como "favela" que preferem designar como "bairro" (Rocha, 2010). A UPP da Cidade de Deus foi "inaugurada" no ano de 2009 após uma "operação militar" particularmente violenta.

por instituições acadêmicas, e/ou comentários públicos de pesquisadores — conteúdos que alimentavam as conversas ordinárias na cidade —, contribuíram para a formação de uma arena pública *sui generis*. Este estado diferenciado se devia ao fato de que, em vez de criar uma nova pauta na agenda pública, foram absorvidos problematizações antigas em torno "da favela" de modo que a "UPP" não correspondia exatamente a uma "nova demanda coletiva carioca", mas antes a uma antiga reivindicação que "finalmente" teria sido ouvida no espaço público como modo de solucionar o "problema violência urbana".

Esta arena opinava e avaliava as "novidades" e os efeitos desta política de segurança pública. Ela se engajava em estreita continuidade com um movimento moral híbrido, a partir de 2005 aproximadamente, que entremeava a problematização pública da "desordem urbana", com as "pequenas e maiores irregularidades" na cidade, "os camelôs", "a favelização" e, posteriormente, a "violência urbana". O jornal O Globo foi um ator importante da arena que contribuiu para a paulatina articulação entre estas categorias principalmente nos contextos durante os quais publicou diferentes campanhas de denuncias de assuntos que nivelavam estas categorias em um mesmo plano reivindicativo, sendo uma das primeiras a série "Ilegal, e daí?". Como observou Mello (2009), neste movimento, e do ponto de vista dos jornalistas, nivelavam estes assuntos na discussão da legalidade e da ineficiência do poder público:

> No caso da ocupação irregular de espaços públicos, por exemplo, o jornal avança, em sua campanha, da denúncia dos carros estacionados na calçada, passando pela ocupação das mesmas por bares e comércios, para chegar ao problema, mais complexo e mais grave, da camelotagem e da expansão de favelas. Ou seja, ao colocar sob a luz da campanha fenômenos sociais que possuem ordens de grandeza distintas, o jornal nivela todos esses eventos na discussão da legalidade. Mas ao olhar por dentro como surgiu e se desenvolveu a campanha "Ilegal, e daí?", percebe-se que ela reflete muito mais a visão de mundo dos jornalistas envolvidos (e de determinados segmentos sociais que se identificam com tais ideias) — para quem problemas como falta de habitação e trabalho e imobilidade social são equivalentes à quebra do código de posturas municipal —, do que uma intenção obscura de manipular a opinião pública. O resultado prático, porém, é o de esvaziar a discussão de possíveis soluções, nivelando o assunto dentro do parâmetro da legalidade e da denúncia da ineficiência do poder público em lidar com tais fenômenos (p. 84-85).

A esta seção, "Ilegal e daí?", se somaram pelo menos duas outras, intituladas "Choque de ordem" e "Rio em Guerra". Em um movimento que embaralhavam o amplo leque de assuntos e problemas tratados em cada uma destas séries, criavam-se novos repertórios que ressignificavam a gramática (poder-se-ia acrescentar, generativa, nos termos de Chomsky, 1969) da "metáfora da guerra" (Leite, 1997, 2012). "O choque" aparecia como uma modalidade de denuncia do jornal (Mamani e Freire, 2011) de múltiplos assuntos, inicialmente articulados em torno da informalidade e da ilegalidade, que ancorava uma reivindicação, por parte da arena em formação, de um modelo de intervenção de estado eficiente. A eficiência seria viabilizada a partir da militarização da polícia e a policialização da sociedade (Moraes, 2008), legitimando intervenções que mobilizam o recurso à força militar estatal. Desta forma, no que tange à construção moral que emergia no debate público, não parece inadequado situar a UPP a partir de seu esboço, o dispositivo de "choque de ordem", o qual contribuiu para o reforço do amálgama cognitivo entre a informalidade, o narcotráfico e, por extensão, as favelas da cidade. A espetacularização e o nível da letalidade "das operações" da Polícia Militar no Complexo do Alemão, em 2007, foi um exemplo que ilustrou um tipo de reapropriação "do choque" e do "Rio em guerra" como modo de estender a ação estatal (e sua força) à resolução de outro "problema" da cidade considerado historicamente prioritário (Valladares, 2005; Leite, 1997): as suas favelas.

Durante o processo de criação das primeiras UPPs, o debate público centrou no tópico da "grande transformação" da cidade do Rio de Janeiro. Por meio desta intervenção do governo do Estado do Rio de Janeiro, muitas das avaliações que surgiram a partir do ano de criação da primeira UPP, e um pouco antes, se apresentavam, no cenário público, como se a UPP fosse um "novo" dispositivo através do qual se poderia, "finalmente", obter as condições do que Breviglieri (2013) problematizou em termos de "cidade garantia"[4]. No caso em análise, a "garantia da paz" pelo "choque da força" tornava-se um modelo de ação estatal, que se disseminava e permitiria oferecer um futuro "inédito" para a cidade, uma nova esperança: "finalmente" e por meio desta intervenção, ela se tornaria "um bem de todos" do "bem" ("dos cidadãos do bem"). "A UPP" seria o meio pelo qual uma "nova" confiança nas interações ordinárias da cidade entre os diferentes emergiria. Também geraria novas oportunidades para "os cidadãos do bem" moradores de favelas. Porém, esta meta seria apenas atingível mediante um tipo de intervenção repressivo: operações "de choque". A evocação "do choque de ordem" consistia em um modelo performático (Mamani e Freire), "de guerra", de modelo de ação de força estatal ajustada ao contexto moral esperançoso sobre o qual se fundamentavam as demandas por garantia de paz na cidade (ele também, já anunciado pelos movimentos de classes médias erguendo, há duas décadas, bandeiras brancas nas praias e na Lagoa Rodrigo de Freitas, na Zona Sul do Rio de Janeiro). Nas "ocupações" das primeiras favelas selecionadas para iniciar a execução do projeto das UPPs, as imagens televisivas e as fotografias contribuíam para a encenação de um Estado "em movimento" e reativo ("finalmente" do ponto de vista dos moradores de classes médias (Freire, 2014) diante dos conflitos violentos que limitariam a circulação deste segmento. "O choque" (como operação militar de força e como impacto "psicológico") era um fator determinante para viabilizar a confiança citadina ajustada à ecologia carioca.

4 "Uma cidade que queria oferecer a segurança de sua qualidade e de suas propriedades e que pretende compartilhar (ou fazer compartilhar) esta avaliação. Por isso, ela daria a garantia daquilo que se considera "geralmente" como uma circulação tornada fluída, uma qualidade patrimonial, de serviços eficazes, um grau de rentabilidade que satisfaz investimentos etc." (Breviglieri, 2013, p. 214, tradução minha).

"Os cariocas" (em referência àqueles que se se associam em torno do "bem de todos do bem")[5] eram, por sua vez, problematizados como atores que não toleravam mais a "violência urbana". A "insuportabilidade" (Breviglieri, 2009) da experiência de morar (juntos) no Rio de Janeiro, "problema" também publicizado principalmente pelos moradores de camadas médias, em estreita continuidade com o passado (Machado da Silva et. al, 2005) no que tange aos efeitos institucionais da linguagem da "violência urbana" exigiam, com pressa, a resolução deste "problema-impasse". "Urgia" uma intervenção estatal que fosse um marco "histórico": uma ação "do Estado" promovida a partir do encaixe de pelo menos três tipos de repertórios — confiança, segurança e competitividade — no momento em que a cidade estava na mira das atenções internacionais. Este estado de urgência exigia uma resposta que configurou certo tipo de ética prática (Corcuff, 1998 e Véran, 2013)[6]. Esta pode ser situada a partir das reações

---

[5] A categoria "carioca" como um "nós" unívoco é rotineiramente colocada à prova nas situações de problematizações públicas da "violência urbana". As classificações dos moradores da cidade que distinguem "os cidadãos do bem" dos "bandidos", dentre outras, fundamentam as modalidades de acesso ao (ou restrição) espaço público. Em outra proposta (Freire, 2014) analisei um regime de engajamento "à carioca" que se fundamenta na qualificação ou busca de desqualificação da humanidade "dos bandidos", que incide sobre as avaliações coletivas de quem seria "mais digno" de ser considerado pela linguagem dos direitos. Em várias situações, o acionamento da categoria "cidadãos / cariocas do bem" é um dos dispositivos que ancora moralmente a degradação de humanidade de moradores de territórios da pobreza. Neste sentido, a análise dos "nós" da cidade parece-me interessante para a compreensão das modalidades de engajamentos políticos de certos segmentos de moradores da cidade de Rio de Janeiro e parte da construção moral da sociabilidade urbana desta cidade, que se fundamenta diariamente nas controvérsias públicas em torno dos estados de "maior ou menor" humanidade de seus moradores.

[6] A proposta de um regime de ação de compaixão (de interpelação ética em situações de face-a-face) é apresentada por Corcuff (1998) a partir de uma análise, em contexto francês, dos engajamentos de enfermeiras com seus pacientes e de agentes da agência nacional do emprego (ANPE) com desempregados. O autor analisa os modos de engajamentos nas situações em que enfermeiras e agentes se deparam com a "miséria" do outro, destacando uma tensão entre a compaixão e a preservação da integridade pessoal dos profissionais. Desta forma, o autor observa uma "ética prática" que não é atravessada por uma explicação de princípios, mas é corporificada, fracamente reflexiva e verbalizada (Ibid, p. 7). Véran (2013), dialogando com esta abordagem e os autores mobilizados por Corcuff (em particular Lévinas), retomou o problema do "sofrimento em presença" em contexto de frente a frente com risco de vida a partir de uma análise de uma operação dos Médicos Sem Fronteiras no Haiti, após um surto de cólera. Neste caso, o autor insiste em um dos aspectos levantados por Corcuff: As " blindagens", "distâncias", "bloqueios" contra a compaixão para resolver esta tensão entre a "atenção exclusiva à singularidade e as exigências comuns de justiça", e para proteger a integridade pessoal contra os riscos de desagregação" (Ibid, p. 13). Desta forma, o primeiro autor se refere a uma modalidade de compaixão inscrita em uma instituição francesa, que oferece um lugar à verbalização da "miséria do outro" e o segundo, Véran, aborda o problema próximo do que Pollack denominou de situação extrema, que configura modos de engajamentos dos médicos voltados para o não "deixar morrer". No caso que análiso, diferentemente, a reação de segmentos de camadas médias durante o processo de execução do "projeto de pacificação" pouco se remete a uma desta duas modalidades: a inscrição institucional da UPP se distancia tanto de um contexto de compaixão como observado por Corcuff ou de um contexto de situação extrema como analisado por Véran. Contudo, o estado de urgência problematizado por diferentes atores da cidade do Rio de Janeiro também traduzia, de outra forma, uma ética prática, como explico mais adiante.

que foram geradas pelas medidas tomadas pelo governo de Leonel Brizola, que tiveram um forte impacto na redefinição do problema "violência urbana" na cidade do Rio de Janeiro, além de iniciar um movimento crítico de segmentos mais abastados devido à distância entre estas intervenções e as reivindicações destes atores (Machado da Silva, Leite e Fridman., 2005, p. 9-10)[7]. Por contraste, o projeto de pacificação e seus meios de execução, as "operações" militares prévias, foram maciçamente aprovadas diante da avaliação deste segmento em particular e do caráter emergencial de uma "atitude" governamental. Desde o governo Brizola, muitos atores de camadas médias não economizam a publicização de um sentimento de esgotamento, de insegurança e de medo. Em suma, a percepção sobre os conflitos de classes gerou também uma inserção posterior do tópico do sofrimento de atores de classes médias no espaço público, decorrente da avaliação dos riscos gerados pela copresença com "as favelas", que ameaçam, segundo eles, sua integridade física e seus bens patrimoniais (Freire, 2014). Paralelamente, a visibilidade do sofrimento destes atores se acompanhou do silenciamento de outras vozes da cidade no espaço público. O sofrimento de atores de camadas médias, decorrente da avaliação do que significaria uma copresença com favelas neste contexto, foi importante para qualificar a emergência da situação da "cidade em guerra" e delimitar "o combate" nos seus espaços heterotópicos (Leite, 2012). A pacificação não era da cidade, mas antes "da favela". Logo, o projeto de pacificação das favelas do governo do Estado do Rio de Janeiro, ancorado no sofrimento daqueles que não se sentiam, há décadas, concernidos por uma intervenção estatal voltada para o "problema segurança pública", teve uma recepção festiva para este segmento, amplamente apresentada no debate público. A ética prática, neste caso, consistiu na blindagem e na distância moral de grande parte da população carioca em relação ao recurso à força militarizada para o combate do narcotráfico (que também não representava propriamente uma novidade), e suas consequências no que tange às vítimas "dos confrontos". O movimento moral, no debate público, oscilava entre um "fechar os olhos" sobre este recurso ou, na continuidade de reações anteriores às invasões policiais em favelas da cidade, aprovar francamente "os meios de garantir a paz", avaliada como única condição para atingir as metas da pacificação.

[7] "Com isso, o governo Brizola contrapunha-se à hipótese, sempre presente no horizonte de preferências das camadas abastadas do Rio de Janeiro, de remoção das favelas e deslocamento de seus moradores para a periferia. E não respondia às expectativas difusas de incremento da repressão, que se formavam a partir da percepção da expansão da "violência urbana" (...). Tampouco se pode ignorar que essa postura teve significativo impacto na percepção social em torno dos conflitos de classe, redefinindo a compreensão da ordem social e, portanto, os conflitos a respeito da segurança pública" (Machado da Silva *et al*, p. 9).

Um "novo tempo": A UPP como marco temporal

Fundamentando-se nas angústias profundas de parte de moradores da cidade do Rio de Janeiro, nutridas pelos repertórios da "metáfora da guerra" (Leite, 1997) e de seus efeitos sobre a mobilidade e sensação de insegurança destes atores[8], as UPPs passaram então a ser apresentadas como um novo dispositivo que garantiria as condições de surgimento de uma "nova ordem", a pacificação. Esta, por sua vez, permitiria gerar "novas" sociabilidades aliadas aos "novos" mercados e oportunidades econômicas (em particular). Neste processo, ressignificou-se paulatinamente a linguagem da "violência urbana": paz e guerra se confundiam em um movimento moral que reforçou a suspensão crítica sobre a natureza das intervenções militarizadas, o qual tencionavam, no entanto, dois estados (de paz e de guerra) não facilmente encaixáveis — a não ser no movimento crítico ou moral que orienta a sociabilidade carioca há décadas. Fechar os olhos sobre este encaixe (porém, denunciado por muitos dos movimentos de familiares de vítimas de violência policial, mas cujas vozes não tiveram respalde no espaço público) foi certamente uma brecha que possibilitou a multiplicação de UPPs posteriores àquela "inaugurada", com aplausos midiáticos, na favela Santa Marta, em 2008. Mais ainda, os meios para a obtenção da paz foram massivamente encorajados em nome do apelo à urgência "do Estado" oferecer as condições da "cidade garantia" (op. cit.). O apoio maciço dos segmentos de classes médias da cidade teve forte visibilidade no debate público. As vozes ou reivindicações destes atores em torno da "urgência de solucionar

---

8 Em outra pesquisa, Farias (In Machado da Silva, 2008) observou que as restrições de circulação na cidade afetam particularmente jovens moradores de favelas devido às rivalidades de comandos de tráfico de drogas. A circulação é problematizada, pelos jovens que a autora analisou, a partir da tensão e da antecipação da força que leva estes atores a evitar circular em favelas "rivais". Em outro estudo, sobre um condomínio fechado ao lado da Cidade de Deus (Freire, 2013), observei que a questão da restrição da circulação era levantada frequentemente por estes moradores. Porém, neste caso, estava associada à antecipação de assaltos ou de roubos patrimoniais. Estas eram as ameaças que fundamentavam a definição da antecipação dos riscos. Muitos destes moradores justificavam suas opções e estilos de moradias no condomínio fechado a partir desta definição de risco. Neste sentido, deve-se associar o apelo de garantia no contexto em análise de forma bastante diferenciada com relação aquele analisado por Breviglieri (2012). Tanto no sentido de garantia do ponto de vista de seus efeitos institucionais quanto do ponto de vista das suas exigências para os citadinos, no contexto analisado, ele se associa a uma desconfiança generalizada associada à presença da antecipação dos riscos decorrentes de uma ordem violenta (que consiste em saber definir, na rotina, "o bandido" e "o cidadão do bem") e do trabalho cognitivo de sua antecipação nas rotinas da cidade, fragmentado e não universalizado (na medida em que as implicações da circulação não correspondem à mesma definição do risco de um morador de favela em relação a um morador de condomínio, dois casos empíricos não exaustivos mas que apontam para diferenciações importantes em torno dos sentidos conferidos às consequências da circulação no caso carioca). Comparando o caso analisado por Breviglieri com aquele do presente trabalho, por contraste, vale observar que os enquadramentos morais da "cidade garantia" correspondem aos modos de identificar "os seus problemas", que fundamentam as identificações e os modos de dar e definir as garantias numa variação contextual.

a violência do Rio" foram ouvidas e reconhecidas como "justa causa". Apresentavam a reconfiguração dos modos de viver juntos na cidade a partir de 2008, em estreita continuidade com eventos que anunciavam a chegada das novas personagens "pacificadoras" (como as "operações" do Complexo do Alemão em 2007, que levaram o secretário de Segurança Pública, para justificá-las, em pronunciar a frase: "não se faz omeletes sem quebrar os ovos").

O "choque", anunciado no combate aos camelôs da cidade, se ressignificou no combate a outro "inimigo", o narcotráfico. Neste processo, reforçou-se a legitimação do recurso à força policial para o "bem de todos" no debate público (Werneck, 2012) — que me reaproprio, na minha proposta, como "bem de todos do bem", devido à dissociação entre "cidadão do bem" e "bandidos", mas que, em todos os casos não se confunde, com o "bem comum" (Boltanski e Thévenot, 1991). Nestes termos, a configuração da sociabilidade e do viver juntos na cidade do Rio de Janeiro se fundamenta, em uma dimensão não desprezível, na gestão do "risco-favela" e no árduo trabalho moral que consiste em colocar em copresença os efeitos morais "das garantias desejadas" com os meios de criar esta "nova ordem" — o recurso à força militarizada —, porém com drásticas consequências decorrentes deste modo de composição.

Seguindo o quadro moral muito resumidamente esboçado, sustento que este fundamentou moralmente a definição da "novidade" histórica como primeira inquietação sociológica (se concordar que, em um movimento de dupla hermenêutica, a avaliação sociológica da novidade possa ter sido absorvida pelo debate público). As primeiras UPPs representavam um "novo" momento da cidade, acompanhados de manifestações festivas, que ecoava com as imagens de comemoração de fim de guerra.

"Os acadêmicos" tiveram forte impacto neste debate. Foram, desde o início da execução do projeto de pacificação, atores importantes da arena pública, responsáveis pela mensuração da "novidade". Neste sentido, muitos dos trabalhos do momento do início da execução do projeto de pacificação propuseram análises sobre os efeitos positivos ou negativos gerados pelas UPPs ao passo que Machado da Silva (2010) sugeriu certa cautela ao analisar este projeto de forma binária bom x ruim.

Desta forma, na arena que se mobilizava ao longo e após as UPPs, observava-se uma ancoragem científica que permitia "comprovar" a novidade. As UPPs representavam um marco que separava o passado do presente, mesmo quando estas contestavam as UPPs. Evidentemente, em um efeito de dupla hermenêutica, estas análises integravam e aumentava a arena. Raros foram os casos de análises que apontavam para a continuidade desta política com outras e, mais especificamente da UPP Social, com outras intervenções em favelas. No embalo coletivo, a voz dos moradores de favelas era mais uma vez a grande esquecida antes da história, do espaço público. O público que se mobilizava em torno das UPPs, dando nova forma e maior tamanho à arena mobilizada em torno da "violência urbana" (mas com algumas mesmas personagens), não poderia considerar as críticas e receios destes atores que já emergiam neste momento sem que o projeto fosse questionável. Diante das implicações das desqualificações de seus estados de humanos, e apesar das múltiplas reações de movimentos sociais de favelas, os moradores de favelas pouco tiveram espaço para participar do processo de redefinição do problema público que resultou no projeto de pacificação.

Por este motivo, a análise dos sentidos de justiça de alguns destes atores diante da construção moral e da execução do projeto, que configura "antigos" e "novos" tempos, permite apreender as UPPs a partir da continuidade dos obstáculos do acesso dos moradores de favelas ao espaço público. Esta constatação me conduziu a analisar os relatos dos atores entrevistados em situação de grupo focal para apreender as tensões geradas pela execução do projeto de pacificação. No entanto, diferentemente de análises anteriores (Machado da Silva, 2008), nas quais o silenciamento de moradores era associado à repercussão da força destes atores como fim, no caso em análise, o recurso à força militarizada tornou-se um meio para atingir a paz. O fato de "fechar os olhos" sobre esta dimensão, por parte de muitos outros segmentos da cidade, certamente realçou a ética prática acima descrita.

Do ponto de vista dos jovens moradores entrevistados, a UPP não representa precisamente um "novo modelo de Segurança Pública e de policiamento que promove a aproximação entre a população e a polícia, aliado ao fortalecimento de políticas sociais nas comunidades" (como era descrito no site oficial upprj.com quando este foi consultado em 2013), mas um evento que marca temporalmente dois contextos morais diferenciados, porém contínuos, a partir dos quais é possível, do ponto de vista de moradores concernidos diretamente por esta política, descrever duas temporalidades e "falar sobre" a articulação entre duas ordens sociais (a ordem pública e a sociabilidade violenta)[9]. Neste caso, a UPP convida-nos a refletir sobre os modos segundos os quais este marco temporal incide no trabalho de definição de dois contextos (o antes e o depois) de moradores de favelas concernidas pelo projeto de pacificação a partir dos modos de problematizar os atuais arranjos da sociabilidade urbana. Por mais que a gramática de pacificação anunciaria uma "nova" ordem, como analisado na primeira parte deste artigo, os relatos dos moradores apontam para continuidade e quebras no que tange à sociabilidade urbana.

---

[9] Cf. Machado da Silva, 2008.

A UPP do ponto de vista de jovens moradores da Cidade de Deus[10]

Vocalizar o "antes" a partir do marco temporal "de 2009"

Em uma pesquisa anterior (Machado da Silva, 2008), pesquisadores do Coletivo de Estudos sobre Violência e Sociabilidade (CEVIS) analisaram diversas dimensões das restrições de tomadas de voz de moradores de favelas da cidade do Rio de Janeiro decorrente da continuidade entre a ordem pública e a sociabilidade violenta. Podia se observar uma franca dificuldade de vocalizar os efeitos da sociabilidade violenta nas rotinas de moradores de favelas, que incidia na visibilidade das reivindicações de ações coletivas e sobre a circulação na cidade dos moradores, em particular, dos mais jovens (Farias In Machado da Silva, 2008). Farias problematizou estas restrições a partir da "asfixia da palavra" dos relatos de jovens moradores no que tange à sua circulação no Rio de Janeiro. Vale destacar que as pesquisas de campo que resultaram no livro "Vida sob cerco" (Machado da Silva, 2008) foram realizadas nos anos de 2005 e 2006.

Nos dois grupos focais analisados nestas sessões, realizados em 2011, pode-se observar algumas alterações no que tange às formas de vocalizar as experiências de testemunhar os efeitos da sociabilidade violenta nas rotinas dos moradores. A vocalização apenas parece ser possível com o seu afastamento (após a UPP) — o que não significa o fim das atividades do tráficos de drogas, mas a diminuição dos confrontos violentos. Apesar dos atores não serem conhecidos previamente de um dos mediadores

---

[10] Esta análise se fundamenta em dois tipos de materiais empíricos: dois grupos focais organizados no ano de 2011 (um com quatro jovens moradores do bairro da Cidade de Deus, de 15 a 19 anos, e outro, com 14 jovens de 20-29 anos) no âmbito e duas pesquisas realizadas pelo CEVIS e coordenadas por Luiz Antonio Machado da Silva e Márcia Leite. Destaco que, nesta época, não pude participar diretamente dos grupos focais. No entanto, analisei as transcrições destes grupos no âmbito da pesquisa "Virtudes e limites das UPPs", coordenada por Luiz Antonio Machado da Silva. Meu interesse em analisar estes grupos focais se devia ao fato de que, na época, eu tinha terminado de realizar uma pesquisa de campo em um condomínio fechado situado a uma centena de metros da Cidade de Deus (Freire, 2014). Nesta pesquisa anterior, analisei, em uma perspectiva etnográfica, os sentidos que os condôminos atribuíam à "cidadania" precisamente em situação de residir ao lado da Cidade de Deus. A pesquisa de campo neste condomínio correspondeu ao momento das "ocupações da Cidade de Deus", sob aplausos dos moradores que estudei no período (e que contribuiu para a análise proposta na primeira parte deste artigo). Logo, a ocasião de analisar o ponto de vista dos vizinhos, moradores da Cidade de Deus, que não eram ausentes no meu campo anterior (pelo fato de que os vigias do condomínio, interlocutores na minha pesquisa anterior, eram moradores da Cidade de Deus), me pareceu ser uma oportunidade de compreender alguns outros arranjos de tensões e conflitos entre estes dois tipos de atores, que não poderia analisar desde o condomínio. Diante da agenda de pesquisa do CEVIS, também propus na mesma época o projeto "segregação urbana, juventude e 'violência urbana': os recursos disponíveis no regime de desumanização" para o qual obtive uma bolsa de iniciação científica da Fundação de Amparo à Pesquisa do Estado do Rio de Janeiro Carlos Chagas FAPERJ.

dos dois grupos focais[11], os jovens se referiram espontaneamente a cenas de venda de drogas, de trocas de tiros, de pessoas armadas e de mortes "antes da UPP". Outros ainda, para falar deste período, descrevem cenas de encontros com cadáveres inteiros ou despedaçados. Este conjunto de experiências aparecia como sendo constitutivo das rotinas destes moradores, "antes". Paralelamente, os relatos apontam para a continuidade do comércio de drogas, porém com outra forma, agora mais escondido. Os relatos também sugerem a ampliação dos "buchas" (jovens que transportam as drogas para o ponto de comércio):

> — (...) Aquela coisa! Ah! Não vou fazer perto porque estão ali na rua, criança... Meu irmão, eu lembro até hoje. Meu irmão pegava as plantinhas no meio da rua para fingir que estava enrolando. As crianças se espelhavam muito. Hoje os meninos de 13 anos, tá aí... ó... vendendo droga. Os maiores (...) vão tudo para o morro aí e botam tudo para os buchas, os menores. (...) ih essa hora: pou pou pou pou. Ih, você passa assim para ir num posto de saúde, você tinha que passar no meio. E a questão é que queimavam as pessoas no meio da rua? Parecia que estavam fazendo uma fogueira com um tronco.
>
> — Às vezes botavam até a pessoa dentro de pneu (GF1)[12].
>
> — No finalzinho, quando estavam brabos mesmo, eles nem queriam saber se tinha que botar no galão, no pneu, para esconder. Eles jogavam assim... prendiam, isolavam a pessoa, jogavam e queimavam viva (GF1).
>
> — Quando eu vinha sempre para escola, lembro, de manhã, sempre tinha pessoa morta ali no rio, na beira do rio, pelado. Ai muito esquisito, tudo branco, pálido... eu fiquei cheio de medo, nunca mais eu passo ali (GF1).
>
> — Teve uma vez que um bandido deu um tiro na cabeça de um cara e ela voou no chão. E aí que o cara foi lá, pegou com a mão assim oh: o miolo, da cabeça. Minha mãe sabe disso. Pegou o miolo da cabeça, correu e jogou dentro do bueiro. Aí, pegou o corpo do cara jogou em cima do sofá e tocaram fogo, aí mesmo na 13. Já andaram por aqui? (GF1).

---

11 No caso da pesquisa que resultou no livro "Vida sob cerco", nomeamos "coletivo" de confiança a técnica de grupo focal pelo fato de que os moradores de favelas que participaram destas conversas coletivas foram selecionadas a partir das redes dos pesquisadores para poder estabelecer uma relação de confiança prévia à situação dos encontros. No caso dos dois grupos focais aqui analisados, os moradores foram escolhidos aleatoriamente (Cf. Almendra, 2011) sem conhecimento prévio com alguns dos pesquisadores. Neste sentido, a narração das experiências de violência que aparecem nestas situações é expressiva de uma possibilidade de "falar" sobre elas sem que haja necessariamente uma relação de confiança instalada com os interlocutores.

12 Utilizarei GF1 para me referir aos relatos do primeiro grupo focal (jovens de 15 a 19 anos) e GF2 para o grupo focal dos jovens de 20 a 29 anos.

Para os mais jovens, a evocação deste passado é tímida, mas também surge paulatinamente ao longo da situação, incorporando outro elemento, o da diminuição das invasões das casas por policiais[13]

> — Oh você pode tranquilo você pegar dois, três mil reais num banco e entrar dentro da sua casa e colocar. Ficar trancado. Porque tem a polícia vigiando. Hoje em dia você pode deixar sua janela de casa aberta. Dois anos atrás... nem a janela e nem a porta. Tinha que ser tudo trancado (GF1).

Por sua vez quando os jovens de maior idade avaliam juntos o "antes", observa-se uma simetrização entre o "policial" e "o bandido" que decorre das invasões policiais e de suas consequências na rotina dos moradores:

> — Tinha muito tiroteio, agora melhorou.
>
> — 2009 trouxe para a gente a possibilidade de sair à noite, chegar tarde e não tomar uma bala na cabeça.
>
> — No entanto, acostumados. Quando a gente nasceu isso já existia.
>
> O problema é que a polícia não avisava quando ia entrar. Você só sabia quando ela já estava. Eu, com oito anos, achava que policial e bandido eram todos iguais (GF2).

"2009" e a inscrição de uma "nova" temporalidade

Destaco uma das sequências de um relato anteriormente citado: "2009 trouxe para a gente a possibilidade de sair à noite, chegar tarde e não tomar uma bala na cabeça". O recurso "2009" (ou "dois anos atrás") é acionado, neste sentido, para evocar as experiências passadas antes de explicar aos mediadores do grupo focal "as mudanças geradas pelas UPPs". Desta forma, é inserido por um destes jovens o "ponto temporal" que permitiu descrever a natureza da mudança de sociabilidade destes jovens, mas voltando-se exclusivamente no peso das experiências de ameaça física rotineira, de restrição de circulação e das fronteiras mais flexíveis entre a casa e a rua (as janelas das casas podem estar de agora em diante abertas para a rua). Neste sentido, observa-se que a avaliação das mudanças não se refere à sociabilidade juvenil, por exemplo, mas às repercussões da diminuição da violência policial nas rotinas dos moradores que se entremeiam como novas expectativas de circulação. Vale insistir no fato de que a avaliação das mudanças também se refere à avaliação do encapsulamento do tráfico de drogas.

---

[13] Vale destacar que esta avaliação caracterizou este grupo de jovens moradores da Cidade de Deus e não pode ser generalizada. Em outros grupos focais, com moradores das favelas do Pavão e do Cantagalo, ao contrário, os jovens manifestaram sua insatisfação em relação à suspeição policial.

Paralelamente, o horizonte de mudança de sociabilidade se relaciona com a mudança de temporalidade. Este pode ser entendido como uma reapropriação da "esperança", de modo singular, de um dos repertórios da gramática da pacificação apresentada na primeira parte deste artigo, mas, desta vez, do ponto de vista dos moradores. No grupo dos 20 a 29 anos, o moderador inicia o diálogo apenas convidando os entrevistados a falar, de forma geral, da "vida na Cidade de Deus", sem induzir nenhuma temporalidade neste momento:

> MODERADOR: Bom, acho que a primeira coisa que eu queria perguntar para vocês é como é viver na Cidade de Deus?
>
> — Maravilhoso. Aqui não era bom não, agora melhorou. Pra falar da Cidade de Deus é preciso discutir esse dilema. Tem milícia no ap. da PM? Até que ponto o ap. da PM é Cidade de Deus?
>
> — Parecem lugares diferentes" (GF2).

Para responder e falar "da vida na Cidade de Deus", nesta breve sequência (que antecede àquela citada acima, se referindo ao ano de 2009), os jovens mobilizam espontaneamente uma separação temporal, "pré" e "pós" "UPP", o passado ("não era bom") e o presente ("agora melhorou"). No entanto, se considerarmos o conjunto da situação deste grupo focal, não há nenhuma menção à "ocupação" militarizada iniciada no final de 2008, isto é, ao meio de implantação da UPP pelo recurso à força policial. O silêncio diante de estranhos sobre este momento pode indicar uma "zona de sombra" (Pollack, 1989), que se relaciona com algumas limitações no que tange à seleção do dizível — considerando a repetição do recurso à força militarizada ao longo da construção do "problema-favela". Porém, ecoando com a gramática de pacificação, que contribuiu para a legitimação da força nos períodos de execução do projeto de pacificação, a dificuldade de selecionar publicamente este assunto se apresenta como um recurso ajustado à possibilidade de criticá-lo em contexto de aprovação generalizada ou de "fechar os olhos" sobre o uso da força militarizada. Em suma, considerando as considerações iniciais, a gramática de pacificação pode ser lida como meio de reforçar a não problematização de certos assuntos e, neste sentido, evitar a vocalização referente aos conflitos constitutivos da sociabilidade urbana da cidade.

Depois de 2009: "respeito" e "decência" como novos conteúdos da sociabilidade urbana

No GF1, para descrever as melhorias pós-2009, a avaliação da diminuição da repressão policial aparece timidamente, como se pairassem incertezas (introduzidas por "eu acho que" "não ouço mais falar sobre isso") no que tange à continuidade da "ordem pacificada", em uma da sequência desta situação:

> MODERADOR: E hoje aqui isso reflete mais em cima de quem? Quando você está falando de dar coronhada, o cara é jovem ele recebe coronhada?
>
> — É mais em rapazes, em velho não acho que seja muito frequente. Acho que é mais em jovens.
>
> — Vamos colocar assim: numa madrugada, não tem ninguém na rua...Está sem blusa, é feio, é preto ou então está com roupa... vamos lá, vamos bater nele.
>
> — Hoje em dia eles querem tudo pela aparência.
>
> MODERADOR: Hoje continua assim, ou era assim?
>
> — Eu acho que era. Não ouço mais falar disso. Hoje em dia muito não. Antigamente era mais. Mas hoje em dia muito não porque tem gente vigiando.
>
> — *O pessoal já perdeu o medo já de denunciar. A maioria.*
>
> — É... antigamente eu não falava com polícia nem morta.
>
> MODERADOR: E hoje?
>
> — Hoje em dia se passar na rua eu falo.
>
> MODERADOR: Vocês acham que mudou a convivência, é isso?
>
> — Mudou, claro. Antigamente os alunos queriam nem fazer curso quando falava que o professor era polícia. Num tinha aluno, a sala era vazia. Hoje em dia não, hoje em dia as salas são as mais lotadas (GF1, *grifos meus*).

Nesta sequência, a diminuição da repressão policial é tematizada a partir do medo do encontro com um policial e a mudança "pós-2009", a partir de uma nova modalidade de vigilância (não sendo associada necessariamente a uma atitude policial) que coibiria as ações policiais repressivas Esta coibição seria, por sua vez, um dos motivos que diminuiria o sentimento de medo, predominante na ordem anterior. Diminuído o medo, a denúncia se apresenta como uma possível (e nova) modalidade de sociabilidade que resulta dos efeitos da "cidade garantia" voltados para os moradores do bairro da Cidade de Deus. Neste sentido, a denúncia se apresenta como uma expectativa de tratamento dos conflitos de forma ajustada à "ordem pacificada" e contribui para a simetrização de tratamento dos moradores de favelas pela linguagem dos direitos. A referência à denúncia nesta sequência se associa à possibilidade de administrar uma copresença morador/policial menos ameaçadora e, assim, participar de projetos sociais com estes atores, que eram inapreensíveis anteriormente, não havendo possibilidade de acionar o dispositivo da denúncia.

Outro momento que corrobora para a construção moral de um "novo tempo" se refere à diminuição da "visibilidade" dos confrontos armados, do comércio de drogas e da presença de armas. Como no caso da tematização da diminuição da repressão policial, as avaliações são repletas de cautelas. Mesmo que as armas e os confrontos tenham reduzidos, os jovens insistem no fato que a venda de drogas se mantém, mas sublinham a diminuição dos confrontos violentos decorrentes da venda de drogas e a menor visibilidade do comércio e das armas:

> — Ah eu acho que quem vende, quem usa, *respeita* muito a população porque eu, particularmente, nunca vi nada disso. Gente andando armado... assim acabou a violência que tinha, mas tem gente que tem arma".
>
> MODERADOR: Você acha que melhorou?
>
> — Melhorou muito.
>
> — A violência do tráfico continua
>
> MODERADOR: Mas que tráfico que continua?
>
> — As drogas, vendas de drogas. Não parou ainda, totalmente não parou. Eu acho que pelo caso de ter os policiais aí dentro, tudo bem que está escondido, mas acho que tinha que ter, sabe...
>
> MODERADOR: Mas como escondido?
>
> — Antigamente eu falava assim oh: ah tem? Tem oh. Na frente da Daniela, da Cris... Agora... tem até código. Vai apertar a mão... mais escondido.
>
> MODERADOR: E a polícia sabe?
>
> — A polícia sabe.
>
> — Não dá para acreditar que parou. Mas o pessoal não vê. O pessoal num vai dar mole com policial. O policial é covarde, muitos, não são todos, graças a deus. Mas se eles veem eles, podem fazer alguma besteira com os rapazes que fazem... (GF1).

Nestes relatos, que indicam que a violência policial não desapareceu e poderia novamente emergir a qualquer momento (ainda que de forma diferenciada), o "respeito" é o sentimento acionado que configura *a posteriori* outro tipo de crítica em relação ao tráfico de drogas que também era remoto, anteriormente. O respeito aponta para outro tipo de contexto de sociabilidade, acionado em referência ao narcotráfico.

> MODERADOR: O quê que é baile decente?
>
> — Decente que é só para dançar. Antigamente os seguranças eram os bandidos. Agora tem mulher na frente para revistar as meninas. Porque agora o baile não é aberto, é fechado, é na quadra de samba. Mudou o local.
>
> — Onde eu moro, quando eu ia para o baile, aí os caras chegavam e agarravam as mulheres ia lá e beijavam. Aqui eu não vi nada disso, eles respeitam as mulheres, não vejo eles passando mão, ninguém. Respeitam muito (GF1).

Assim, o "respeito", a "falta de respeito", a "falta de vergonha" e a "indecência", são categorias acionadas em doze ocasiões. A "pouca vergonha" e "a indecência" são acionadas para descrever o "pré-UPP" e a instituição escolar (sem delimitação temporal).

— Mudou que antigamente você ia com seu filho para rua, seu filho via: arma, cheirando, fumando, era tudo na frente, não queria saber não. Não tinha vergonha, não tinha *respeito* (...).

— A escola daqui é muito fraca, os professores, sabe, é muito diferente. A gente está aqui no trabalho a gente vê os alunos pulando o muro da escola, uma turma inteira pulando o muro e indo para casa. Por que isso? As crianças não *têm respeito* pelo professor, num tem, sabe, ah eu gosto do professor eu vou ficar aqui na sala porque o professor vai passar uma confiança para mim, vai me ajudar.

— É... porque tem muita pessoa que fala assim: *ah você tem que ter respeito ao professor, mas eu acho que tem que vir também o respeito do professor primeiro para você ter o respeito do aluno*, entendeu?" (GF1)

As representações sobre o "favelado" se associam à representação desta personagem como um ator "que desrespeita" os outros, o que é simultaneamente vinculado com a figura do "vândalo". Porém, esta imagem se altera paulatinamente a partir das implicações da redução dos confrontos violentos e da disseminação da gramática de pacificação que requalifica os moradores de favelas:

MODERADOR: Esse caso que ela contou, num sei se vocês têm outros também, seria bom falar se vocês tiverem... desse passeio que vocês fizeram para o Correio... Por que vocês acham que acontecem coisas assim? Por que as pessoas têm preconceito?

— Eu acho que eles falam assim... ih é favelado.

— Mora na favela é favelado.

MODERADOR: E o que significa ser favelado?

— Favelado é sem educação, não respeita ninguém.

— Vândalo.

MODERADOR: Vocês acham que a mídia hoje passa a imagem boa?

— Com certeza. Até porque se eles mostrassem alguma coisa ruim, como violência e tráfico, eles tão mentindo porque não tem mais (GF1).

Considerações finais

O sentimento "de ser respeitado" inscreve o morador em uma nova temporalidade através de um tímido reconhecimento deste ator no bairro e na cidade. Parte desta "novidade" corrobora para a sua circulação na cidade e reciprocamente para a diminuição do peso do regime de humanidade degradada (Freire, 2014) que enquadrava anteriormente muitas de suas ações cotidianas. A construção de uma nova imagem do "favelado", que circula na "nova ordem", é uma das condições para o nivelamento das sociabilidades dos diferentes territórios da cidade: ser "sujeito de respeito" pode ser lido como uma avaliação de simetrização paulatina entre os diferentes atores da cidade que parte, principalmente, da requalificação das "substâncias morais" (Cardoso de Oliveira, 2005) dos moradores de favelas da cidade. Se a gramática de pacificação se elaborou nos princípios morais que nortearam o "problema favela", sua ressignificação, pelos moradores entrevistados, aponta para o fato de que ela se tornou um dispositivo que pode, por vezes, reorientar algumas de suas ações cotidianas e das "interações mistas" (Goffman, 1975).

No entanto, os relatos apontam para o caráter situado desta possibilidade de ressignificações. A referência ao "desrespeito" da instituição escolar é um dos exemplos que realça a continuidade "do problema favela" e coloca à prova a possibilidade destes atores relacionarem o projeto de pacificação com uma nova sociabilidade. No entanto, no que tange à reconfiguração das formas críticas geradas pela gramática de pacificação (pelos moradores), observa-se que ela também pode ser acionada para denunciar os desajustes morais da instituição escolar e de seus atores, que preservam a assimetria que era uma característica do passado. Neste sentido, a tematização do "respeito" parece, nestes relatos, ancorar certas críticas, que eram dificilmente publicizáveis em outros contextos. Paralelamente, os confrontos que ocorreram no último ano no bairro da Cidade de Deus e suas consequências para os moradores também indicam a continuidade da vulnerabilidade destes sujeitos políticos nas situações de tomadas de voz no espaço público.

REFERÊNCIAS BIBLIOGRÁFICAS

ALMENDRA, Dinaldo. *Cidade de Deus e os jovens*. In: MACHADO DA SILVA, Luiz Antonio (org.). *Juventudes em Comunidades de UPPs*: perfil, expectativas e projetos para suas comunidades. Relatório final de pesquisa (FLACSO). Rio de Janeiro: mimeo, 2011.

BOLTANSKI, Luc e THÉVENOT, Laurent. *De la justification. Les économies de grandeur*. Paris: Gallimard, 1991.

BREVIGLIERI, Marc. *Une brèche critique dans la "Ville garantie"?* Espaces intercalaires et architectures d'usage. In: COGATO LANZA, Elena.; PATTARONI, Lucas; PIRAUD, M.; TIRONE, Barbara. *Le quartier des Grottes* : de la différence urbaine. Genebra :MétisPresses, 2013.

CARDOSO DE OLIVEIRA, Luís Roberto. *Concepções de igualdade e cidadania*. Contemporânea — Revista de Sociologia da UFSCar. n. 1, p. 35-48, 2011.

______. *Droit légal et insulte morale Dilemmes de la citoyenneté au Brésil, au Québec et aux États-Unis*. Quebec: Les Presses de l'Université Laval, 2005.

CORCUFF, Philippe. *Justification, stratégie et compassion*: apport de la sociologie des régimes d'action. Correspondances (Bulletin d'information scientifique de l'Institut de Recherche sur le Maghreb Contemporain), Tunis, n°51, 1998.

FIGUEIREDO (DE OLIVEIRA TEIXEIRA DE MELLO), Edir. *Luz, Câmera, Ação*: Cidade de Deus, entre histórias e memórias. Tese de Doutorado. Rio de Janeiro: Programa de Pós-graduação em Ciências Sociais da Universidade do Estado do Rio de Janeiro / PPCIS-UERJ, 2010.

FREIRE, Jussara. *As linguagens da violência urbana e da cidadania na cidade do Rio de Janeiro*: tensões e disputas em torno das justas atribuições do Estado. In: Dilemas: Revista de Estudos de Conflito e Controle Social, v. 7, p. 73-94, 2014.

GOFFMAN, Erving. *Stigmate*. Paris: Ed. de Minuit, 1975.

GUSFIELD, Joseph. *The culture of public problems*: drinking-driving and the symbolic Order. Chicago, University of Chicago Press, 1981.

LEITE, Márcia Pereira. *Da metáfora da guerra à mobilização pela paz*: temas e imagens do Reage Rio. Cadernos de Antropologia e Imagem, 4, 1997.

______. *Da "metáfora da guerra" ao projeto de "pacificação"*: favelas e políticas de segurança pública no Rio de Janeiro. In: Revista Brasileira de Segurança Pública. São Paulo, v. 6, n. 2, 374-389 Ago/Set 2012.

MACHADO DA SILVA, Luiz Antônio (org). *Vida sob cerco*: violência e rotina nas favelas do Rio de Janeiro. Rio de Janeiro: Nova Fronteira, 2008.

MACHADO DA SILVA, Luiz Antônio; LEITE, Márcia Pereira; FRIDMAN, Luis Carlos. *Matar, morrer, civilizar*: o problema da segurança pública. In: IBASE; ACTIONAID; FORD FOUNDATION (orgs.). Mapas: monitoramento ativo da participação da sociedade. Rio de Janeiro: Ibase, 2005.

MAMANI, Hernán Armando; Freire, Jussara. "Problemas públicos e periferias no estado do Rio de Janeiro", *paper* apresentado no ST sobre as periferias do 36° Encontro Anual da ANPOCS, 2012, Águas de Lindoia,/SP, 2012.

MELLO, Paulo Thiago de. *Por trás da notícia* — um olhar etnográfico sobre os ritos de interação numa redação de jornal. Tese de doutorado, PPGA/UFF, mimeo, 2009.

MORAES, Pedro Rodolfo Bodê de. *Juventude, medo e violência*. Ciclo de Conferências Direito e Psicanálise novos e invisíveis laços sociais, 2008. Disponível em <www.ipardes.gov.br>.

PINHEIRO TEIXEIRA, Cesar. *A teia do bandido* — um estudo sociológico sobre bandidos, policiais, evangélicos e agentes sociais. Tese de doutorado, IFCS/UFRJ, mimeo, 2013.

ROCHA, Lia de Mattos. *Notas sobre experiências de "Pacificação" em favelas do Rio de Janeiro* — Brasil. Trabalho apresentado na Conferencia Internacional "Violencia en bairros en América Latina: sus determinantes y políticas de intervención", Santiago do Chile, 2011.

SIMMEL, Georg. *Ensaios sobre teoria da história*. Rio de Janeiro: Contraponto, 2011.

VALLADARES, Licia do Prado. *A invenção da favela* — Do mito de origem a favela.com.Rio de Janeiro: Ed. Fundação Getúlio Vargas, 2005.

VÉRAN, Jean-François. *O sofrimento em presença*: antropologia e ação humanitária. Trabalho apresentado no 37° encontro Anual da ANPOCS, Águas de Lindoya, 2013.

As políticas de moradia do PAC/PMCMV e os condomínios como dispositivos de controle e "pacificação"

WELLINGTON DA SILVA CONCEIÇÃO[1]

Quando falamos da militarização presente nas favelas cariocas como prática de controle e disciplinarização, podemos dizer que essa não se encerra nas ações de policiamento. Cavalcanti (2013), por exemplo, utilizou a categoria "PACificação" para apontar um projeto de gestão e controle da população pobre, na cidade do Rio de Janeiro, que era bem mais amplo do que aquele que se realizava nas favelas onde estavam presentes as UPPs. Desse projeto participavam também as intervenções urbanísticas que impactavam na paisagem e no cotidiano das favelas. Segundo a autora, "os efeitos dessa combinação de urbanização e militarização — e do novo patamar alcançado por ambos os tipos de intervenção — abre uma série de disputas, oportunidades e desafios para o exercício dos poderes locais" (p. 197)[2].

O Programa de Aceleração do Crescimento (PAC) e o Programa Minha Casa Minha Vida (PMCMV)[3], como parte dessas transformações arquitetônicas e sociais em voga

---

1 Sociólogo e Doutor em Ciências Sociais pelo Programa de Pós-Graduação em Ciências Sociais da Universidade do Estado do Rio de Janeiro. Professor Adjunto da Universidade Federal do Tocantins (UFT), coordena o Laboratório de Estudos e Pesquisas sobre Territórios Populares e suas Representações (LaTPOR — UFT).

2 Segundo a autora, intervenções urbanísticas de impacto nas favelas não constituem uma novidade. O específico dessa intervenção seria que "sua justaposição com o programa das UPPs no Rio de Janeiro aponta para uma experiência em escala sem precedentes" (2013, p. 197). Vale lembrar que o Programa Favela Bairro encontrava na presença ostensiva de criminosos armados nas favelas um dos principais empecilhos para realizar suas intervenções. Já no caso do PAC, os três principais conjuntos de favelas contemplados — Alemão, Manguinhos e Rocinha — foram "pacificados" pela polícia ou pelas forças armadas durante a realização das obras, o que permitiu (inicialmente) não só um ambiente livre de criminosos armados (que gerava insegurança para os operários e técnicos envolvidos) mas também uma maior capacidade de pressão sobre os grupos resistentes.

3 Sobre os dois programas citados, apesar de serem programas federais, são aplicados pelos entes federados (estados e municípios). No caso do PMCMV, os entes federados respondem pela seleção dos beneficiados, pela aplicação dos recursos disponíveis e também pelos métodos e formas de aplicar o trabalho social. Para melhor compreensão desses programas, sua funções e ações, ver Trindade (2012) e Amore (2015).

na cidade, se inserem como importantes elementos no projeto de controle em questão. Trindade (2012), em uma audiência pública que abria as licitações para obras do PAC em Manguinhos, ficou atenta ao termo "pacificação", presente no edital, que não se referia diretamente à atuação da polícia. Pacificação, especificava tal edital, era "'ter um ambiente de paz, civilizado'. Ficando claro que o projeto de pacificação em vigor na cidade do Rio de Janeiro deveria ter um caráter 'civilizador'" (p. 90). A "pacificação" em voga nas UPPs dialogaria com outras estratégias de pacificação presentes nas propostas arquitetônicas e sociais do PAC e do PMCMV, se configurando como formas de disciplinar e civilizar favelados.

Em uma pesquisa que empreendi de 2013 a 2016 fiquei atento ao uso do formato condomínio em políticas de moradia no Rio de Janeiro, especialmente para reassentar favelados removidos de suas casas. Eles se inserem dentro desse projeto maior de controle, que envolve práticas de disciplinarização no espaço urbano que se coadunam com aquelas de pacificação e militarização presente nas favelas. Ao receber favelados nesses condomínios (que podem ou não estar próximos de suas localidades de origem), o Estado apresenta um tipo de normatividade urbana que desconsidera as experiências de ordenação dos espaços e das práticas presentes nas favelas e que impõe um modelo de apropriação da cidade conforme os valores das elites. A partir de experiências etnográficas, pude acompanhar o que considero o principal elemento normatizador (e suas consequências) presente na adoção dos condomínios: os "encontros de integração", dos quais falarei mais a frente.

Os condomínios populares do PAC/PMCMV: de economia de gastos das construtoras a dispositivos de disciplinarização

No Rio de Janeiro, programas como o PAC (município e estado) e o Morar Carioca (prefeitura) utilizaram de condomínios como uma das possibilidades[4] para reassentar os moradores que eram removidos das favelas por conta de morarem em áreas apontadas como "de risco" (abaladas por uma forte chuva, por exemplo) ou porque suas casas se encontravam em um espaço que daria lugar a um novo equipamento público. Esses condomínios, na sua maioria, eram levantados pelas construtoras com recursos do PMCMV e vendidos para esses entes federados, que os ofereciam como medida compensatória para os moradores que não poderiam continuar em suas casas.

4 No caso do PAC, os moradores a serem removidos também podem optar pela venda do imóvel ou pela compra assistida de uma casa em qualquer cidade do estado do Rio de Janeiro. Devidos aos valores baixos oferecidos nessas modalidades, uma grande parte dos removidos optam por serem realocados em uma das unidades habitacionais.

A opção por condomínios não se trata de uma estratégia do poder público, mas sim das construtoras, para redução dos seus custos (e que não necessariamente são repassados ao consumidor final). Analistas do PMCMV (Cardoso, Mello e Jaenisch, 2015) apontam que as construtoras e demais agentes do ramo da construção civil têm um papel importante nesse programa público, estando presentes nas suas tomadas de decisões desde os primeiros passos. Cabe a esses agentes, por exemplo, a liberdade de escolher o local, o formato e o material de construção a ser utilizado nesses empreendimentos, não importando se esses serão direcionados à venda comercial ou como forma de reassentamento. A opção, por parte dessas empreiteiras, em reduzir os custos e maximizar os lucros causaram uma série de problemas ao consumidor final. São muitas as denúncias em torno de uma "periferização" (Rufino, 2015) dessas construções (na busca das empresas pelos terrenos mais baratos) e da pouca qualidade do material utilizado, que resulta em rachaduras e problemas estruturais inconcebíveis para construções tão recentes.

Outra forma de economia de custos é a opção pela construção de condomínios de prédios. Os prédios diminuem os gastos da construtora, pois concentram em um mesmo espaço um número maior de unidades habitacionais. E, por conta dos equipamentos coletivos e uma série de normas próprias do campo da construção civil, a opção por condomínios pode baratear o processo em até 50% — caso as mesmas unidades habitacionais fossem dispostas em prédios isolados de um conjunto habitacional. Esse modelo traz uma série de consequências, especialmente para o público da faixa 1[5], que no Rio de Janeiro — em boa parte dos casos — receberam o apartamento como medida compensatória. A mais destacada, até mesmo pela imprensa, é o impacto dos custos de manutenção do apartamento e suas taxas, especialmente a taxa condominial (inexistente nos orçamentos domésticos até então), que muitas vezes leva os moradores a optarem pela inadimplência, que gera outros problemas na administração do condomínio.

Vale dizer que os condomínios passaram a se destacar e multiplicar no Rio de Janeiro e no Brasil a partir da década de 1960, e desde então sempre foram identificados como um tipo de habitação dos estratos superiores (Moura, 2012; Ferreira dos Santos, 1981; Caldeira, 2003), se tornando um elemento de *status* na configuração urbana carioca. O uso coletivo de um espaço privado, a homogeneidade das habitações, os

---

[5] O PMCMV pode ser acessado por três faixas de renda, estipuladas inicialmente pela quantidade de salários mínimos que compõe a renda familiar: faixa 1 (1-3), faixa 2 (3-6) e faixa 3 (6-10). Atualmente, a legislação do programa tem trabalhado com valores fixos (reajustados periodicamente) em vez de quantidades de salários mínimos. Para os potenciais moradores das faixas 2 e 3, estes podem adquirir os empreendimentos do PMCMV via mercado, por meio da compra direta ou do financiamento por bancos, recebendo um aporte financeiro (subsídio) por parte do governo federal. Para a faixa 1, os empreendimentos são ofertados a uma demanda cativa que foi determinada a partir dos cadastros da prefeitura (onde os candidatos podem ter até 96% da compra da unidade habitacional subsidiada) ou — uma possibilidade muito utilizada no Rio de Janeiro — são oferecidos, na maioria das vezes sem custo de compra, como estratégia de reassentamento e medida compensatória para moradores de favela que perderam suas casas.

equipamentos comuns e a organização composta por normas e regimentos sempre marcaram a presença dessas edificações em nossa cidade. A identificação — a nível factual e simbólico — dessa forma de habitar com as camadas média e alta fez com que a mesma correspondesse, na sua organização física e social, aos valores desses grupos[6]. Quando surgem esses condomínios destinados à população que veio do mais baixo estrato da hierarquia habitacional carioca (chamo-os em minha pesquisa de "condomínios populares") estabelecem-se uma série de conflitos, especialmente quando confrontamos as representações em torno dessa forma de habitação e o *ethos* do seu grupo de habitantes. O principal deles se dá em torno do uso que o Estado faz dessa forma de habitação: um dispositivo de controle e civilização da população pobre.

Não é novidade na história do Rio de Janeiro, especialmente nesse pouco mais de um século de existência das favelas, o uso de políticas de habitação como dispositivos disciplinares. Como aponta Valladares (1991), os pobres urbanos presentes nas favelas e cortiços no início do século passado eram percebidos como "classes perigosas". Era preciso criar maneiras de controlá-los e, ao mesmo tempo, colocá-los a favor do plano desenvolvimentista de nação como mão de obra barata. Os projetos voltados para a habitação pareciam ser privilegiados para dar conta de tal problema: eles tanto podiam afastar os pobres das regiões mais valorizadas como — quando acompanhado de estratégias "educativas" — poderiam ser úteis para transformar os pobres perigosos em "corpos dóceis" (Foucault, 2008).

Assim aconteceu na década de 1940 com os parques proletários, que tinham como objetivo fazer junto aos favelados uma "readaptação fiscalizada" (Carvalho, 2003), pautada principalmente na questão da higiene, para posteriormente incluí-los em casa populares. Como parte dessa readaptação tínhamos o controle rigoroso das informações dos internos, um regimento que indicava até como e onde cuspir e práticas educativas como um programa radiofônico que dava instruções diárias aos moradores. Pudemos observar o mesmo na Cruzada São Sebastião, que na década de 1950 ergueu um conjunto de edifícios no Leblon para receber os moradores da favela da Praia do Pinto (Simões, 2010). Por meio de um trabalho de pastoral católica, eram desenvolvidas estratégias de controle da conduta moral e "mandamentos" locais a serem seguidos por aqueles que queriam continuar morando no apartamento, que estabeleciam, por exemplo, as atitudes cabíveis ao homem e a mulher na família e no bairro. Essas práticas estariam presentes também na década de 1960 e 1970 nos conjuntos habitacionais da COHAB-GB/CHISAM[7] (Brum, 2012; Valladares, 1980) que, segundo seus planejadores, seriam capazes de educar pela "boa forma urbana" e pela formação para o trabalho,

---

6 Em outro trabalho (Conceição, 2018), estabeleci um comparativo entre regimentos condominiais e manuais de etiqueta, mostrando como um mesmo conjunto de valores, próprio das classes abastadas, encontrava-se presente em ambos.

7 Companhia de Habitação do Estado da Guanabara e Coordenação de Habitação de Interesse Social da Área Metropolitana do Grande Rio.

já que inseriam essas habitações em regiões industriais e contavam com o serviço de instituições[8] que formavam os moradores nos valores do "mundo do trabalho", mas também em uma série de questões ligadas à normatividade urbana.

No caso do Rio de Janeiro defendo, principalmente a partir da minha experiência de campo, que o formato condomínio foi apropriado pelo estado e município do Rio de Janeiro não só como uma forma de reassentar favelados. O estigma (Goffman, 1982) que recai sobre os favelados na cidade do Rio de Janeiro aliado às representações sobre o condomínio como forma de moradia fizeram com que o agente executor dessas políticas de moradia — o Estado — convertesse esses "condomínios populares" no Rio de Janeiro em novos dispositivos disciplinares da pobreza. O exemplo mais claro dessa apropriação está nos encontros de integração e seus objetivos, que explicarei logo a seguir.

O Trabalho técnico social e o "curso do pode ou não pode"

Tive a oportunidade de fazer pesquisa de campo junto a dois "condomínios populares" do PMCMV que foram adquiridos pelo PAC favelas no Rio de Janeiro para reassentar, no primeiro deles, moradores de uma favela fortemente atingida pelas chuvas de 2010 e, no segundo caso, moradores que tiveram suas antigas casas desapropriadas para a construção de equipamentos públicos na favela em que moravam. Em ambos os campos, foram realizados (antes do início da minha pesquisa) uma série de trabalhos pela coordenação local do PAC agrupados na categoria "trabalho técnico social", que visavam diminuir os impactos das obras e reassentamentos e oferecer conhecimentos que pudessem "auxiliar" as populações mais pobres. O principal documento por parte do governo federal que orienta as ações do trabalho técnico social é o Caderno de Orientação Técnico Social — O COTS (Caixa Econômica Federal, 2013)[9]. Essas orientações deveriam ser desdobradas pelos entes federados, que as aplicariam levando em conta suas realidades e necessidades locais.

Entre as suas várias proposições, o COTS orienta os entes realizadores a

> viabilizar o exercício da participação cidadã mediante trabalho informativo e educativo, que favoreça a organização da população, a gestão comunitária, a educação sanitária, ambiental e patrimonial, visando a melhoria da qualidade de vida das famílias beneficiadas e sua permanência nos imóveis, bem como contribuir para a sustentabilidade dos empreendimentos (Ibid., p. 20).

---

8 Uma delas foi a Ação Comunitária do Brasil (ACB). Sobre tal instituição, ver Brum (2012).

9 Tanto o PAC quanto o PMCMV, quando voltados para fins de habitação social, devem recorrer as orientações desse documento.

Esse trabalho "informativo e educativo" deve ter um caráter particular quando famílias forem reassentadas para prédios. É preciso nesses casos, ainda segundo orientação do COTS, "disseminar noções de educação patrimonial, educação ambiental, relações de vizinhança, gerar compromisso com a conservação e manutenção dos imóveis" (Ibid., p. 21). Os responsáveis pelos condomínios (o ente federado pelo PAC ou a construtora pelo PMCMV) para realocados de favelas deverão "assessorar a implantação da gestão condominial; incentivar a participação dos beneficiários na gestão do empreendimento; preparar os beneficiários para administrar o condomínio" (Ibid).

Entendo os encontros de integração como a parte do trabalho técnico social que procura — no caso do Rio de Janeiro[10] — dar conta das questões ligadas mais especificamente à educação patrimonial (com foco na preparação para a moradia em condomínios), mesmo que acabe abrangendo outros temas recomendados pelo COTS como a organização comunitária, a educação ambiental e o planejamento e gestão do orçamento familiar. Pude observar a preferência pela educação patrimonial — algo forte nas experiências cariocas de aplicação do COTS — entre os conteúdos dos encontros de integração a partir da leitura de alguns roteiros didáticos para esses encontros e no trabalho de campo em uma dessas formações.

Antes de enfocar o esforço disciplinar e civilizatório desses encontros, vale apresentar melhor do que se tratam e como funcionam. Geralmente eles acontecem em duas fases, que discutem as mesmas questões, ainda que de formas distintas. Na primeira fase — antes do favelado se mudar para o apartamento — a participação é compulsória: é preciso ter pelo menos 75% de presença nas atividades para ter acesso às chaves do apartamento no prazo estabelecido. São (geralmente) cinco encontros onde se chama a atenção para o cuidado com o espaço comum, a conservação dos imóveis, as taxas a serem pagas, entre outros. Faz-se ainda uma introdução ao regimento interno e, por fim, a eleição do síndico (ou síndicos, nos casos em que se organizam por blocos e não por condomínio) e seu conselho.

A segunda fase, com mais cinco encontros, se foca mais na organização do condomínio, por isso recebe também o nome de "oficinas de gestão condominial". A participação não é compulsória, até mesmo por que se realiza após os moradores se instalarem no local (impossibilitando utilizar o mesmo elemento de coerção da fase anterior), o que diminui bastante o número de participantes. Nela se retomam algumas

---

[10] As experiências de aplicabilidade das orientações do COTS se dão de diferentes formas pelo Brasil, até mesmo porque, no caso dos condomínios, esses nem sempre são construídos para reassentar moradores de favelas. Em uma pesquisa na internet percebi que outros estados aplicam atividades educativas mais voltadas para a geração de renda e/ou educação ambiental, enquanto no Rio de Janeiro a educação patrimonial, mais particularmente a organização condominial, assumiu um lugar prioritário. Essas atividades, no geral, são todas destinadas a moradores de localidades pobres, mas que nem sempre são favelas e que inclusive não são tão estigmatizadas.

questões já vistas na primeira fase, como por exemplo, o regimento interno, que é lido, discutido e votado para receber (ou não) mudanças. Discute-se ainda os planejamentos futuros e a gestão orçamentária (incluindo a definição do valor da taxa condominial)[11]. Paralelamente a essa segunda fase, o síndico e o conselho gestor são instruídos em princípios de administração de condomínios.

A única literatura da qual tenho conhecimento (antes da minha pesquisa) sobre os encontros de integração é uma etnografia realizada por Freire e Souza (2010), presente em um relatório da Fundação Oswaldo Cruz (Fiocruz) sobre os impactos do PAC em Manguinhos. Essas pesquisadoras apresentam uma definição desses encontros a partir da fala de um gestor do trabalho técnico social do PAC. Segundo tal gestor, o objetivo dessa formação é

> oferecer oportunidades de crescimento e transformação individual e coletiva para as famílias realocadas, visando melhorar a organização, conservação e limpeza nos ambientes e alcance de níveis satisfatórios de saúde e sustentabilidade, assim como reconhecimento da moradia como uma possibilidade de inserção na vida formal em sociedade (2010, p. 42).

A crença da favela como uma realidade distinta da cidade, onde os seus moradores não estão inseridos na "vida formal", se sobressai nessa breve fala. As propostas desses encontros solicitariam mudanças reais de comportamento que não podem ser só no exterior: elas precisam atingir o *ethos* dessas pessoas. A partir da observação dos encontros de integração em Manguinhos, Freire e Souza concluíram que essa atividade "reforçava a ideia de que a mudança da favela para o apartamento implicava não apenas uma adaptação a um novo tipo de moradia, mas a um novo estilo de vida" (Ibid., p. 50). Nessas atividades, a favela é a referência negativa, o modelo a ser rejeitado. Tal concepção fica clara no argumento de uma das facilitadoras dos encontros em Manguinhos, registrado por Freire e Souza: "eles teriam que 'aprender a viver no coletivo' e se organizar para mostrar algo diferente da ideia corrente de que 'para pobre, tudo pode'. Caso contrário, o conjunto habitacional tornar-se-ia nada menos do que 'um favelão'" (Ibid., p. 48).

Ao dizer que os futuros condôminos devem descontruir a representação de pobre como aquele que pode tudo, se apresenta um projeto de controle: o que os pobres podem (ou não) fazer. Certamente, as atividades formativas servem pra indicar esse caminho. Isso ficou claro para mim quando, estando em campo, uma senhora, ao tentar falar dos encontros de integração e não lembrar o nome, chamou-os de "curso do que pode e o que não se pode fazer no condomínio".

---

11 No primeiro semestre de 2014 participei (com finalidade etnográfica) da segunda fase dos encontros de integração para os moradores de um "condomínio popular" recém-inaugurado em uma favela da Zona Sul do Rio de Janeiro.

Pretendo agora apresentar, a partir de duas análises (a de um material didático e a de uma experiência de campo), como nas instruções dos encontros de integração se apresentam normas tão disciplinadoras quanto aquelas presentes nos parques proletários e na Cruzada São Sebastião. Ao analisar parte do material didático disponível, chamou-me a atenção o segundo dos cincos encontros, identificado pelo título "Esse espaço é nosso". Em uma das suas atividades[12], o roteiro propõe aos facilitadores que promovam um debate baseado no vídeo motivacional "quem mexeu no meu queijo?"[13]. O vídeo apresenta a história de dois duendes e dois ratos que se alimentam do queijo amontoado em um quarto de um labirinto. Com o queijo acabando, os ratos resolvem explorar os outros quartos do labirinto até que encontram outra reserva do alimento. Os duendes resistiam a abandonar o quarto, até que no final do vídeo, depois de passarem muita fome, um deles desiste da teimosia e, como os ratos, vai à procura do alimento nos outros cantos do labirinto e o encontra.

O vídeo (assim como o livro que o inspirou) é constantemente utilizado no mundo corporativo para estimular seus membros a abraçarem as mudanças e novidades do mercado e a serem sensíveis aos seus sinais. Porém, como diz a primeira fala do vídeo "esta é uma história sobre a mudança, na qual o 'queijo' é aquilo que você quiser, seja no trabalho ou na vida. E o labirinto é onde você irá procurá-lo". Nos encontros de integração, as histórias e os personagens do filme também são utilizados para indicar a urgência de se abraçar a mudança, não só comportamental, mas também moral. Assim se apresenta a orientação da atividade ao facilitador: "O objetivo da tarefa é mostrar o quanto somos resistentes à mudança. É preciso abrir a mente para o novo, para novas descobertas, relacionando-as sempre com a mudança para o novo condomínio".

A partir das falas de moradores que participaram das atividades e dos facilitadores que as aplicaram (presentes nas entrevistas que me concederam) confirmei que a favela sempre foi o tema central desses encontros, como já ressaltaram Freire e Souza (2010). Na verdade, a favela aparece, como já dissemos, como uma realidade a ser superada, e é dessa forma que a mudança é pensada. O condomínio é o "queijo" que só pode ser conquistado em plenitude se o sujeito adere a tal mudança. Vale ressaltar que essa mudança, diferente do proposto no filme, deve obedecer a um *script* pré-definido e não partir do sujeito que deve construir sua mudança a partir da leitura do seu entorno. Exemplifica bem essa postura a fala de uma moradora de um dos condomínios onde fiz campo sobre as lembranças que tinha dessa atividade:

---

12 O modelo de encontros de integração que apresento foi elaborado por uma empresa consultora e aprovado pelo entre federado que executava o projeto. O modelo em questão não será identificado nas referências para não expor os grupos responsáveis por sua elaboração e aplicação.

13 O vídeo se baseia no livro motivacional que tem o mesmo título, escrito por Spencer Johnson, que já vendeu milhões de exemplares em todo o mundo. Disponível para visualização gratuita em plataformas de vídeo na internet.

> ah, eles disseram (refere-se aos facilitadores dos encontros) que aqui não podia ser como a favela. Que era preciso ser diferente. Se a gente gostava de arrumar barraco com o vizinho, não podia arrumar mais. Se a gente ficava escutando música bem alto, também não podia. Se a gente fazia puxada ou coisa do tipo, também não.

A provocação pós-filme parecia suscitar as seguintes questões: mas o que fariam diante disso? Seriam acomodados como um dos personagens do filme ou seriam abertos à novidade como os outros personagens, que tiveram o final feliz na história? Fica claro que a ênfase na mudança, mais do que apresentar as especificidades de um condomínio, é pensada como um "convite" a uma adequação da moral e dos comportamentos a um conjunto de regras que classifica a vida na favela como uma forma errônea de estar na cidade. A adaptação a uma determinada normatividade urbana se apresenta como imperativo.

Outra análise que gostaria de apresentar refere-se à experiência de campo em alguns encontros de integração, mais exatamente aqueles que correspondem à "segunda fase", quando os ex-favelados já estão em seus apartamentos. O condomínio popular em que sediava os encontros situa-se dentro de uma favela da Zona Sul do Rio de Janeiro, que recebeu intervenções urbanísticas pelo PAC e que usou o PMCMV como alternativa para o reassentamento dos moradores. Entre os cinco encontros planejados para essa etapa de formação, dois deles foram dedicados à leitura e construção do regimento interno do condomínio. No melhor espírito que recomenda o COTS, a construção do regimento interno deveria ser um momento que incitasse a participação cidadã, já que sua construção deveria ser coletiva. A prática era diferente. Um regimento já pronto era lido pela facilitadora, identificado por ela como um modelo "padrão" para qualquer tipo de condomínio. Algumas poucas mudanças nesse modelo já haviam sido feitas na reunião com o conselho gestor do condomínio — uma ampliava o horário do silêncio e a outra especificava o item "bicicletas" em um artigo que já proibia a permanência de objetos pessoais no espaço público. Ao longo da leitura, quando a facilitadora era interrompida com manifestações de insatisfação diante de algum artigo ou parágrafo, na maioria das vezes respondia, "mas isso não sei se dá pra mexer. Em todo condomínio funciona dessa forma". A frase frustrava parte dos presentes, que desistiam de seguir com suas reclamações.

Dois pontos na leitura desse regimento renderam maior polêmica: a colocação de varais nas janelas e a circulação de animais no condomínio. A presença desses pontos no regimento deixava explícito como as normas condominiais eram criadas a partir de uma etiqueta que não correspondia ao cotidiano das classes populares, em especial o da favela. Sobre os varais, os moradores reivindicavam o seu uso nas janelas, até mesmo por que a pequena parte do apartamento reservada como área de serviço não dava conta da demanda familiar. Levando em consideração as observações do IBGE de que nas favelas temos uma média de quatro moradores por residência, era pouco possível acreditar que uma área de serviço — de dimensões bem pequenas e com pouca ventilação — pudessem caber um tanque, uma máquina de lavar e ainda dar conta das demandas de roupas a serem lavadas e secadas por essas famílias.

Para resolver essa questão, a facilitadora invocou o artigo 17 do regimento, de que deveria haver uma padronização na instalação de janelas, grades e toldos. Apesar de não falar de varais, o mesmo princípio foi aplicado. Decidiu-se então, a partir da insistência da facilitadora (que lutava em favor da preservação do padrão) que os varais só poderiam ser instalados na janela da cozinha (que não dava para a rua e que assim "não iriam expor as roupas de vocês e nem agredir as pessoas que passam na rua"), que deveriam ser brancos e — de preferência — os moradores deveriam se organizar para comprar do mesmo modelo. Incentivava a homogeneização deixando claro que, caso cada um fizesse do seu jeito, o lugar viraria uma favela.

Sobre os animais domésticos, o artigo quinto proibia a circulação dos mesmos pelo condomínio sem coleira[14]. Essa regra contrastava com a livre circulação dos animais de estimação que costumava observar nesse condomínio. Ao saber que a norma referia-se a qualquer tipo de animal doméstico — e não só aos cachorros — uma moradora reagiu: "não vou botar coleira no meu gato. Ele é limpo, educado, mas colocar coleira é demais. Isso é coisa de madame". A resposta dessa vez não veio da facilitadora, mas de outra moradora presente: "agora você é madame"[15]. O recado apontava a necessidade de se assumir a ética proposta por aquele regimento, distante de sua realidade assim como aquelas mulheres estão das que chamam de madames.

Conclusão

As práticas disciplinares dos Parques Proletários, da Cruzada São Sebastião e dos conjuntos habitacionais da COHAB-GB/CHISAM possuem uma diferença fundamental em relação àquelas apresentadas nos encontros de integração: enquanto nos primeiros

[14] A leitura de um manual de etiqueta ajuda a entender a representação dos animais e sua circulação nas classes mais abastadas, que tem grande afinidade com as regras presentes neste regimento condominial. No livro de Glória Kalil (2007), no capítulo VII — "Tendências (de comportamento)" —, há um tópico chamado "Donos de cachorro: uma raça a parte". Nele, procura ensinar a forma civilizada de lidar com seus animas de estimação, especialmente nos ambientes públicos. Assim como o regulamento apresentado no tópico anterior, Kallil aponta o quanto seria deselegante a livre circulação de cachorros no espaço público: como grande parte dos paulistanos, moro em um prédio onde animais são admitidos. Concordo completamente com a permissão, desde que alguns cuidados sejam tomados por parte dos donos. O primeiro deles é lembrar que gente tem primazia sobre cães, de modo que, se algum vizinho não gostar de dividir seu elevador com o seu cão, por favor, deixem que ele suba primeiro e esperem que o elevador volte vazio para ter sua vez (p. 200-201).

[15] Trabalho melhor esse episódio em Conceição, 2014.

dois casos existiu uma seleção moral das famílias (Freire e Souza, 2010) — seja pela adesão dos valores do trabalho ou da religião — no caso dos reassentados para os condomínios do PMCMV isso não aconteceu. O critério era ser habitante de uma área a ser desapropriada pelo PAC e ter optado pelo reassentamento como forma de medida compensatória. Sendo assim, dentro da lógica disciplinadora destinada às populações pobres, esses encontros se fazem ainda mais necessários que as práticas anteriores, que se preocupavam em disciplinar pessoas que já estavam submetidas a outros dispositivos disciplinares.

Mas, assim como os outros modelos de habitação popular, o PAC e o PMCMV (enquanto políticas de reassentamento) se afirmam como dispositivos disciplinares, civilizatórios e "pacificadores" para favelados. Esses modelos de política habitacional (e as instituições que os construíram e coordenaram) não reconheceram/reconhecem nas favelas uma forma legítima de habitar a cidade. Esse espaço era sempre percebido como propício ao crime, à falta de higiene, à imoralidade, às atitudes incivilizadas, às práticas pagãs. Os removidos sempre foram entendidos como "beneficiados", mas nunca lhes foi dado o protagonismo para decidir e até definir os rumos tanto da mudança de localidade quanto da mudança de vida. No caso do PMCMV, por mais que o COTS defendesse esse protagonismo, ele não passou de uma cláusula dispensável. Sempre esteve nas mãos de outros agentes — o médico, o arquiteto, o assistente social, o religioso, o facilitador dos encontros de integração — decidir por suas novas moradias e escolher um novo modelo de conduta.

Todos esses projetos gestaram a ideia de um novo homem "pacificado": o civilizado, o cristão, o urbano. No PAC e no PMCMV, as orientações para a construção dessa "nova vida" estão explícitas nas orientações dos cursos de integração. Esse novo homem surgiria com a transformação de regras em "hábitos internalizados" (Elias, 2011, p. 103). Para esse favelado hipoteticamente disciplinado projetam-se papéis específicos no projeto político: trabalhador de baixo escalão, eleitor de políticos populistas, entre outros. E por mais que se administre a sua adesão e submissão a valores dos grupos dominantes e do Estado, ainda seriam tratados de forma subalterna nesse projeto, nunca sendo reconhecidos enquanto "cidadãos de primeira categoria"[16] (Freire, 2015).

Quero destacar ainda que, ao dizer que existe um projeto disciplinar em curso por parte do Estado, isso não significa que os moradores o aceitem e obedeçam. Como ressaltou Foucault, se "há uma relação de poder, há uma possibilidade de resistência" (2012, p. 360). Os estudos sobre os Parques Proletários, a Cruzada São Sebastião e os

---

[16] Freire utiliza tal categoria para expressar uma concepção presente entre as classes mais abastadas, que acionam seu estatuto de contribuinte (e também de adimplente ou inadimplente) para "estabelecer uma gradação cognitiva de cidadanias na cidade do Rio de Janeiro" (2015, p. 345). Os "cidadãos de primeira categoria" se sentem no direito de reivindicar e exigir direitos mais do que os outros cidadãos. No geral, exigem principalmente segurança, e essa se traduz de forma especial em uma relação de evitação com os territórios da pobreza e seus moradores.

conjuntos habitacionais da COHAB-GB/CHISAM nos mostram que os moradores reconstruíram seus cotidianos, desenvolvendo estratégias de organização social e espacial parecidas com as que desenvolviam nas favelas, construindo assim legítimas práticas de resistência ao modelo imposto pelo Estado. Nos condomínios populares onde realizei minha pesquisa de campo também observei práticas de resistência, algumas delas construídas em cima da própria identidade do condomínio, que identifiquei (Conceição, 2018) enquanto inseridas dentro de um projeto de "limpeza moral" (Leite e Machado da Silva, 2008) do estigma da favela. Sem me alongar, só gostaria de apontar que as minhas experiências etnográficas me fizeram crer, como apontou Valladares (1980) sobre os conjuntos habitacionais, que "os moradores tinham consciência da jogada política de que eram objeto, participando ativamente do seu jogo e tirando o melhor partido" (p. 27)

REFERÊNCIAS BIBLIOGRÁFICAS

AMORE, Caio Santo. *Minha Casa Minha Vida para iniciantes*. In: AMORE, Caio Santo; SHIMBO, Lúcia Zanin.; RUFINO, Maria Beatriz Cruz. *Minha casa... e a cidade?* Avaliação do programa Minha Casa Minha Vida em seis estados brasileiros. Rio de Janeiro: Letra Capital, 2015.

BRUM, Mario. *Cidade Alta*: História, memórias e estigma de favela num conjunto habitacional do Rio de Janeiro: Ponteio, 2012.

CAIXA ECONÔMICA FEDERAL. *Caderno de Orientação Técnico Social*. Brasília: Caixa Econômica Federal, 2013.

CALDEIRA, Teresa Pires do Rio. *Cidade de muros:* crime, segregação e cidadania em São Paulo. São Paulo: Edusp, 2003.

CARDOSO, Adauto Lúcio; MELLO, Irene de Queiroz; JAENISCH, Samuel Thomas. A implementação do Programa Minha Casa Minha Vida na região metropolitana do Rio de Janeiro: agentes processos e contradições. In: AMORE, Caio Santo; SHIMBO, Lúcia Zanin.; RUFINO, Maria Beatriz Cruz. *Minha casa... e a cidade?* Avaliação do programa Minha Casa Minha Vida em seis estados brasileiros. Rio de Janeiro: Letra Capital, 2015.

CARVALHO, Monique Batista. *Questão habitacional e controle social*: A experiência dos parques proletários e a ideologia "higienista-civilizatória" do Estado Novo. Trabalho de Conclusão de Curso (Bacharelado em Ciências Sociais), Pontifícia Universidade Católica, Rio de Janeiro. 2003.

CAVALCANTI, Mariana. *À espera, em ruínas*: Urbanismo, estética e política no Rio de Janeiro da 'PACificação'. In: Dilemas, vol. 6, n. 2, 2013, pp. 191-228.

CONCEIÇÃO, Wellington da Silva. "*Agora você é madame!*": Os "encontros de integração" do PAC/PMCMV no Rio de Janeiro como instrumentos de disciplinarização urbana e moral da população pobre. In: Anais do XI Congreso Argentino de Antropología Social. Rosário: CAAS, 2014.

_____. *"Sossega, moleque, agora você mora em condomínio"*: Segregação, gestão e resistências nas novas políticas de moradia no Rio de Janeiro. Curitiba: Appris, 2018.

FERREIRA DOS SANTOS, Carlos Nelson. *Condomínios exclusivos*: o que diria a respeito um arqueólogo? In: Revista de Administração Municipal, n. 160, 1981, pp. 6-28.

FOUCAULT, Michel. *Microfísica do poder*. São Paulo: Graal, 2012.

_____. *Vigiar e punir*: História da violência nas prisões. Petrópolis: Vozes, 2008.

FREIRE, Leticia de Luna; SOUZA, Mônica Dias de. *Trocando o pneu com o carro andando*: uma etnografia do processo de intervenção do Programa de Aceleração do Crescimento (PAC) no Complexo de Manguinhos (Relatório final da pesquisa de campo do projeto "Manguinhos: Diagnóstico histórico-urbano sanitário. Subsídios para políticas públicas sustentáveis em saúde"). Rio de Janeiro: Casa de Oswaldo Cruz/FIOCRUZ, 2010.

FREIRE, Jussara. *Sociabilidade de grades e cadeados e ordem de tranquilidade*: da cidadania dos adimplentes à "violência urbana" em condomínios fechados da Zona Oeste do Rio de Janeiro. In: BIRMAN, Patrícia; LEITE, Márcia.; MACHADO, Carly; CARNEIRO, Sandra Sá. (Orgs.). *Dispositivos urbanos e trama dos viventes*: Ordens e resistências. Rio de Janeiro: editora FGV, 2015. Pp. 343-376.

GOFFMAN, Erving. *Estigma*: notas sobre a manipulação da identidade deteriorada. Rio de Janeiro: Zahar Editores, 1982.

KALIL, Gloria. *Alô, chics*: etiqueta contemporânea. Rio de Janeiro: Ediouro, 2007.

LEITE, Márcia Pereira; MACHADO DA SILVA, Luiz Antonio. *Violência, crime e polícia*: o que os favelados dizem quando falam desses temas? In: MACHADO DA SILVA, Luiz Antonio (org.). *Vida sob cerco*: Violência e rotina nas favelas do Rio de Janeiro. Rio de Janeiro: Nova Fronteira, 2008.

MOURA, Cristina Patriota. *Condomínios no Brasil Central*: Expansão urbana e antropologia. Brasília: Editora UNB, 2012.

RUFINO, Maria Beatriz Cruz. *Um olhar sobre a produção do PMCMV a partir de eixos analíticos*. In: AMORE, Caio Santo; SHIMBO, Lúcia Zanin.; RUFINO, Maria Beatriz Cruz. *Minha casa... e a cidade?* Avaliação do programa Minha Casa Minha Vida em seis estados brasileiros. Rio de Janeiro: Letra Capital, 2015.

SIMÕES, Soraya Silveira. *Histoire et etnographie d'une cité à Rio*: la Cruzada São Sebastião do Leblon. Paris: Karthala, 2010.

TRINDADE, Claúdia Peçanha. *"Não se faz omelete sem quebrar os ovos"*: política pública e participação social no PAC Manguinhos. Rio de Janeiro. 2012. Tese (Doutorado em História), Universidade Federal Fluminense, Niterói, 2012.

VALLADARES, Licia do Prado. *Cem anos pensando a pobreza (urbana) no Brasil*. BOSCHI, Renato R. (org.). *Corporativismo e desigualdade*: a construção do espaço público no Brasil. Rio de Janeiro: Rio Fundo/Iuperj, 1991.

_____. *Passa-se uma casa:* análise do programa de remoção de favelas do Rio de Janeiro. Rio de Janeiro: Zahar, 1980.

Militarização e Religião: alianças e controvérsias entre projetos morais de governo de territórios urbanos "pacificados"

CARLY MACHADO[1] • VINÍCIUS ESPERANÇA[2] • VINÍCIUS RODRIGUES GONÇALVES[3]

Ao tratarmos da temática da militarização, em geral desenhamos quadros que apontam para práticas rígidas e intensas de dominação e controle exercidas através do uso da força. Descrevemos normalmente cenários de "potência", de um poder realizado em uma de suas formas mais duras: através de homens uniformizados, armados, exercendo o controle de maneira direta e ostensiva sobre territórios e populações.

A presença do Exército Brasileiro em áreas urbanas no âmbito do processo de pacificação é mais uma dessas fortes imagens de intervenção e controle. À já histórica relação entre o Exército e as favelas no Rio[4] foi adicionado um novo elemento no escopo da

---

1 Professora de Antropologia da Universidade Federal Rural do Rio de Janeiro — UFRRJ, e atua no Programa de Pós-Graduação em Ciências Sociais da UFRRJ. Coordena, com Patricia Birman, o grupo de pesquisa Distúrbio/UERJ — Dispositivos, tramas urbanas, ordens e resistências. É pesquisadora do Observatório Fluminense / UFRRJ.

2 Antropólogo, doutorando em Sociologia pelo IESP/UERJ, professor pesquisador da graduação e da pós-graduação da Universidade Estácio de Sá.

3 Doutorando no Programa de Pós-Graduação em Ciências Sociais da Universidade do Estado do Rio de Janeiro (PPCIS/UERJ), além de pesquisador associado ao Disturbios/UERJ — Dispositivos, tramas urbanas, ordens e resistências) e ao CIDADES — Núcleo de Pesquisa Urbana/Uerj.

4 O histórico recente do envolvimento do Exército com questões relativas à Segurança Pública na capital fluminense se inicia em 1992, quando o Exército participou ativamente da segurança das autoridades que participaram da Conferência Mundial sobre o Meio Ambiente (Cúpula da Terra do Rio de Janeiro, ou simplesmente Rio-92). Em 2006, pela primeira vez as operações do Exército seriam efetuadas tendo como alvo direto favelas cariocas como Rocinha e Maré, após ocorrer o sumiço de armamentos do Estabelecimento Central do Exército (ECT), em São Cristóvão. Em 2008 ocorreria talvez o episódio mais dramático desta relação: durante a segurança que o Exército provinha aos funcionários do projeto de reformas urbanísticas "Cimento Social", de autoria do Senador Marcelo Crivella, três jovens do morro da Providência (sede das intervenções) que teriam desacatado militares do Exército, foram entregues por estes nas mãos de traficantes de morros rivais, onde viriam a ser executados. O episódio trouxe grande desgaste à imagem do Exército, e foi sucedido pela saída dos militares da favela. Ademais, desde as eleições de 2002 os militares do Exército têm atuado seguidamente em favelas cariocas na segurança dos processos eleitorais. Ver <http://oglobo.globo.com/rio/relembre-algumas-acoes-das-forcas-armadas-no-rio-de-janeiro-4583428> e <http://acervo.oglobo.globo.com/fotogalerias/tropas-nas-ruas-desde-rio-92-11980553>. Acesso em 04 jul 2016.

política de pacificação. Se antes o Exército "invadia" a favela, viabilizando a entrada das forças policiais, mas saía posteriormente, no "Projeto de Pacificação"[5] instaurado pela Secretaria de Segurança Pública do governo do Estado do Rio de Janeiro, com início em 2008, em alguns casos de ocupação o Exército permaneceu no local.

As Forças de Pacificação do Exército ficaram no Complexo do Alemão por 19 meses com um contingente aproximado de 1.800 soldados em cada um dos sete rodízios de tropas, que ocorreram aproximadamente entre dois e três meses. Na Maré foram 15 meses, e 2.400 soldados em cada uma das sete etapas[6]. A principal operação que serviu de referência para a atuação do Exército no âmbito da Política de Pacificação no Rio de Janeiro foi a Missão das Nações Unidas para a Estabilização do Haiti (MINUSTAH). Em atuação desde 2004, a Missão de Paz da ONU no Haiti conta com soldados de diferentes países, inclusive o Brasil.

O Exército encontrou diversas dificuldades, inclusive aquelas assumidas institucionalmente, em sua atuação nas favelas do Rio:

> "A maior dificuldade que temos aqui é de atuar contra brasileiros. É diferente das outras operações militares típicas, onde temos um inimigo físico definido, de uniforme. No confronto urbano, nós não podemos ver o inimigo do outro lado. O traficante, o ladrão e os suspeitos estão no meio do povo", explica o coronel Vladimir Schubert Ferreira (Stochero, 2012).

Diante dessas e outras dificuldades, a permanência do Exército nestes territórios se dá a partir de um conjunto de projetos não tão homogêneo quanto se possa imaginar a priori, de modo a viabilizar sua permanência nestas favelas, e orientar suas ações. Tais ações estratégicas são planejadas pela "inteligência" do Exército, e executada por seus agentes no "campo". O conjunto das ações do Exército na ocupação do Complexo do Alemão foi denominado pela própria instituição de "Operação Arcanjo". A ação na Maré levou o nome de "Operação São Francisco". Ambas as nomenclaturas de cunho religioso e salvacionista.

Dentre os projetos conduzidos no âmbito da Operação Arcanjo no Alemão houve efetivamente um conjunto de ações do Exército voltado à articulação com lideranças

---

5 A política denominada de "pacificação" no Rio de Janeiro é uma intervenção proposta pela Secretaria de Segurança Pública do Estado cujo objetivo oficial é a "retomada de territórios" pelo Estado brasileiro sob o domínio de facções criminosas. Sua estratégia se dá em diferentes fases. Seu primeiro momento é denominado de "ocupação", e neste as forças militares entram maciça e ostensivamente nos territórios, em geral em um dia emblemático, e operam um ato simbólico inaugural de "retomada do território" pelo Estado. Para informações oficiais sobre o projeto de pacificação, ver <http://www.upprj.com/index.php/faq>. Acesso em 22 mar 2016. Para uma análise de diferentes aspectos desta intervenção, ver Machado da Silva (2014, 2015).

6 Na Maré ocorreu também a participação de 600 fuzileiros navais da Marinha em cada rodízio, em todo o período da ocupação.

religiosas locais. Diante das dificuldades em identificar o "inimigo", a inteligência do Exército optou por definir como crivo moral entre "pessoas de bem" e "bandidos" a pertença religiosa. A ação local comunitária e política, e a condição de "trabalhador", tal como discutido por Zaluar (1985), não eram suficientes para o estabelecimento de ações de parceria pelo Exército com atores locais. O possível envolvimento de todos e qualquer um em algum nível com o tráfico de drogas tornava a tarefa de identificação moral do "cidadão de bem" muito mais complexa aos olhos do Exército.

A partir de trabalhos etnográficos realizados no Complexo do Alemão durante o período de ocupação do Exército naquela localidade, pretendemos neste artigo analisar o projeto de articulação executado pelo Exército com lideranças religiosas locais, de modo a discutir de forma mais ampla as dimensões políticas, culturais e simbólicas que operam no âmbito das práticas de militarização, compondo seu poder e sua eficácia. Nosso argumento é de que práticas de militarização demandam mais do que armas e força bruta para a execução de seus projetos de controle de populações e territórios. Estas também se produzem por violências e controles que se dão sem armas de fogo, mas através do uso de outros artifícios simbólicos, culturais e políticos de legitimação moral e disciplinarização de corpos e subjetividades. No caso específico da realidade empírica aqui analisada, a religião é um elemento importante na execução deste projeto.

Se, no entanto, esta aliança reatualizada entre "a cruz e a espada" produz primeiras impressões de que forças poderosas do Estado e da Religião (ambos com letras maiúsculas) ali se somam, e que o resultado deste somatório seria um arroubo de potência, na prática do caso aqui analisado esta experiência demonstrou-se ineficiente e frágil. Ao invés de blocos sólidos, conjugando-se em um projeto totalitário de dominação de corpos e almas, na vivência das tentativas de execução das ações planejadas, tanto o exército quanto a religião (em letras minúsculas) apresentaram-se como aparatos complexos e complicados formados por heterogeneidades, diferenças, conflitos, subjetividades e tensões morais e políticas.

Pretendemos, portanto, também discutir as provisoriedades e inconsistências das práticas do Estado, mesmo em projetos marcados por fortes e sólidas dimensões de militarização e controle de populações e territórios. Pretendemos contar a história de um esforço que não deu certo, apostando numa etnografia do "fracasso" de um projeto, não apenas como modo de ver o que neste processo não foi produzido, mas principalmente as produções inesperadas neste âmbito que de certo modo nos ensina que sempre algo pode escapar. Sempre há brechas no controle e na dominação. Sempre há fissuras mesmo nos arranjos aparentemente mais sólidos que, já sabemos, também se desmancham no ar.

Malpas e Wickham, em um trabalho dos anos 1990, propõem uma sociologia que pense o fracasso. Numa crítica às origens da sociologia cujo projeto disciplinar tende a conduzi-la a análises (e percepções) das instituições sociais predominantemente como produtoras de ações de "sucesso", os autores sugerem que, a partir da ideia de governamentalidade proposta por Foucault, abrem-se caminhos interessantes para uma sociologia que pensa o "fracasso", não como um aspecto raro e uma aberração do cotidiano, mas como uma dimensão inevitável, geral e produtiva da vida social. Definindo "fracasso" como consequência da inevitável incompletude dos projetos de governança, Malpas e Wickham dedicam-se a introduzir aspectos de incompletude próprios a diversas instituições, dentre elas a própria instituição militar.

Após apresentar os aspectos "fortes" da governança militar (técnicas que envolvem disciplina pessoal, armas, diplomacia, mapeamentos, dentre outras), os autores apontam para as sempre abertas brechas para suas "falhas":

> *Every attempt falls short of its target: personnel do not behave as 'textbook' military units, equipments does not quite match expectations, the enemy is unpredictable, governments are not suportive, etc. Of course this list is potentially endless. The governance of military objects, like all governance, is a network of intersecting attempts at control. Every attempt must fail, if not by its own crieria as narrowly defined, then certainly by the criteria at least one other attempt, usually many* (1995, p. 41)

Os dados empíricos aqui analisados nos conduziram a refletir sobre a ideia de "fracasso" em sua dimensão produtiva. Quando um projeto totalizante de governança "falha", dele emergem conflitos produtivos, profícuos, que garantem a longevidade da heterogeneidade dinâmica da vida social em suas várias dimensões, mesmo sob a forte pressão por homogeneizações que visa a produção e o controle de populações (Foucault, 2008).

"O Complexo para Jesus": do hipervisível da ocupação ao invisível da Operação Arcanjo

A ocupação do Complexo do Alemão se deu através de uma grande operação militar, "de guerra", transmitida ao vivo por diversas emissoras de rádio, televisão e sites jornalísticos. A cobertura da Rede Globo de Televisão foi a que teve maior repercussão nacional e internacional, rendendo ao telejornal da noite da emissora, o Jornal Nacional, o prêmio Emmy pela cobertura da ocupação.

Tudo começou no dia 21 de novembro de 2010 quando alguns carros foram incendiados na Linha Vermelha[7] e na Zona Sul da cidade. Isto se repetiu até o dia 24 deste mesmo mês. No dia 23, a polícia fez operações em 20 favelas, onde prendeu oito e

[7] Importante via que liga o centro do Rio de Janeiro à Baixada Fluminense e ao Aeroporto Internacional Antônio Carlos Jobim.

matou duas pessoas. No dia seguinte a reação às ações policiais pareceu intensificar os ataques e registraram-se oficialmente mais doze veículos queimados. Desta vez a polícia prendeu 31 e matou 15 pessoas. Todas as 17 mortes teriam sido em confronto com estes "suspeitos". O dia 25 de novembro marcou o início da operação na Vila Cruzeiro, mas foi durante estes quatro dias que se construiu o cenário que desencadeou toda a espetacular operação no Complexo do Alemão.

Na tarde do dia 25 de novembro, o então governador Sérgio Cabral enviou ofício ao Ministério da Defesa solicitando a cessão temporária de 600 militares das Forças Armadas e diversos equipamentos bélicos. A autorização aconteceu no mesmo dia, através do presidente Luiz Inácio Lula da Silva e do ministro da Defesa Nelson Jobim. Nos dias 26 e 27, aconteceu o deslocamento de tropas e equipamentos e a preparação para a operação de invasão/ocupação do Complexo do Alemão. Polícia Civil (CORE), Polícia Militar (BOPE), Polícia Federal (Comando de Operações Táticas), Exército Brasileiro (Brigada Paraquedista) e Marinha do Brasil formam as chamadas forças de segurança que realizariam a operação. Nestes dois dias, os lentos deslocamentos de policiais e militares para a região, a espetacular exibição de poderio bélico, acompanhada com tom ufanista pela imprensa, formaram um ritual de exibição de poder e glória pelo estado brasileiro. Esta exibição não teve como plateia os traficantes que supostamente estariam se preparando para a guerra, mas a população que assistia ao espetáculo das ruas e, principalmente, pela televisão, em todo território nacional, e até fora dele.

Houve uma cumplicidade peculiar entre os agentes do estado e os profissionais da mídia de massa que cobriam os eventos da invasão/ocupação do Complexo do Alemão quanto à construção das representações e categorias daquilo que foi a operação, de tal forma que o discurso oficial dos primeiros veio a se configurar como verdadeiro, atestado e corroborado pelos segundos. Nesse sentido, o "teatro de operações" dos profissionais da imprensa não somente se afina mas se torna o principal instrumento de espetacularização do "teatro do estado" em sua demonstração performática de exibição de poder e força, bélica e simbólica.

O uso constante das expressões medo, violência, pânico, terror e guerra pelas agências midiáticas se coaduna com os discursos dos agentes do estado. Duarte[8], coronel da PM à época, em suas memórias, afirmou que "Ou agimos agora ou vira guerra civil!" (2012, p.19). O cenário parecia estar sendo bem construído. O inimigo comum estava lá: o Comando Vermelho: "Por anos o potencial de crime do CV fez o povo crer que o Rio era um lugar sem solução, uma cidade fadada a conviver com o poder paralelo se exibindo como instrumento de pressão" (Ibid, p. 37).

A espetacularização da ocupação do Complexo do Alemão confirmou e potencializou no imaginário carioca e brasileiro uma representação daqueles territórios como

8 Mario Sergio Duarte, coronel da Polícia Militar do Estado do Rio de Janeiro, foi comandante do Batalhão de Operações Especiais (BOPE) e foi um dos comandantes da operação militar de ocupação do Complexo do Alemão. Após sair sua exoneração, em setembro de 2011, escreveu suas "memórias" do evento.

ambientes do crime, da violência: o foco de todo mal. A demonização das áreas ocupadas evidencia-se no próprio nome dado à intervenção militar organizada por sua "salvação": a Operação Arcanjo.

Após a operação de invasão/ocupação, o território foi ocupado militarmente pelo Exército Brasileiro, que batizou sua brigada de "Força de Pacificação", cuja formação era composta por duas Forças Tarefa (FTs): uma para o Complexo do Alemão e outra para o Complexo da Penha. O acordo inicial de ocupação seria do início de dezembro de 2010 até o final de 2011, mas por pedido do governador Sérgio Cabral, acatado pelo governo federal, o exército permaneceu no território até o dia 30 de junho de 2012, quando "transmitiu" o comando para a Polícia Militar.

Este longo período de ocupação do território obrigou o Exército Brasileiro a construir e desenvolver estratégias que envolviam tanto aspectos puramente policiais e de repressão ao tráfico de drogas quanto estratégias de aproximação das redes associativas locais, ora para que isto contribuísse para o sucesso da "pacificação", ora para realizar ações sociais de caráter humanitário e/ou assistencial, já experimentadas em missões de paz, especialmente a do Haiti.

A principal estratégia do Exército neste sentido é a realização de estratégias denominadas por esta instituição como ACISO — sigla para Ações Cívico-Sociais. Tais ações consistem em eventos realizados no interior dos territórios ocupados, onde a extensa estrutura logístico-humana militar é colocada em prol de diferentes atividades, como oferta de serviços médicos, odontológicos, veterinários, jurídicos, educacionais, recreativos, e também religiosos. Tais eventos são extremamente comuns no Haiti, e foram replicados no Alemão e na Maré.

O Comando Militar do Leste (CML), responsável pela Operação Arcanjo, entendeu que atores religiosos locais poderiam ocupar papel importante na mediação das tensas relações entre soldados e moradores. Para tal, acionou a Subchefia de Assistência Religiosa do CML (SAR/CML), órgão que organiza as atividades da Capelania na Força de Pacificação. Esta Subchefia, bem como os seus capelães, integram o Serviço de Assistência Religiosa do Exército (SAREx), sediado em Brasília[9]. Na época da Operação Arcanjo, o SAR/CML contava com cinco capelães padres (católicos), e três pastores (protestantes), que junto aos capelães da Polícia Militar do Estado do Rio de Janeiro

---

[9] Embora possamos traçar uma linha ininterrupta de capelães no Exército Brasileiro desde a 2ª Guerra Mundial, o Serviço de Assistência Religiosa do Exército (SAREx) foi normatizado com esta nomenclatura com a Portaria Ministerial nº 995, de 09 de outubro de 1972. Conta atualmente com a previsão de 67 capelães, distribuídos entre os segmentos católico e protestante. Esta distribuição entre os dois ramos majoritários do cristianismo no país, depende dos censos religiosos organizados anualmente entre os militares. Os capelães são responsáveis por celebrações religiosas (estritamente religiosas como a Páscoa, ou de motivação cívico-militar como o Dia do Exército), instrução religiosa (temas como: dependência química, DSTs, vocação, virtudes militares, entre outros), visitas aos enfermos, funerais, matrimônios, aconselhamento (evangélicos) e confissão (católicos), dentre outras possibilidades de atividades ligadas à religiosidade e à moralidade.

(também somente padres e pastores), realizavam a assistência religiosa da tropa na Penha e no Alemão[10]. Portanto, em meados de agosto de 2011, atendendo à convocação do CML, o trabalho desta rede de capelães evangélicos e católicos passou a abarcar também o relacionamento com lideranças religiosas locais — mais notadamente, católicas e evangélicas.

Três "produtos" foram desenhados pela Capelania do CML para a Operação Arcanjo: 1) eventos locais de caráter religioso-cívico, em datas como o Dia das Crianças, o Natal, a Páscoa, entre outros, a fim de arregimentar parceiros e divulgar a parceria; 2) um curso de formação para lideranças religiosas locais, visando fortalecer a participação destas no processo de "pacificação", e que contemplava um leque diversificado de temas: mediação de conflitos e outros conteúdos de uma assim chamada "Cultura de Paz", dependência química, violência doméstica, doutrina social cristã, e até mesmo temas relacionados ao empreendedorismo e terceiro setor (noções de gestão, elaboração de projetos sociais, captação de recursos etc.); 3) a formação de câmaras locais de lideranças religiosas envolvidas com a "pacificação", a fim de deliberar sobre questões dos territórios, bem como levar suas demandas às instâncias públicas. Para tal, lideranças locais religiosas dos dois segmentos foram convidadas para reuniões na base principal da Arcanjo, próxima ao Complexo do Alemão[11]. A escolha de religiosos se deve à explícita desconfiança dos militares com pessoas ligadas às associações de moradores ou ONGs locais. Eles seriam, segundo os militares, "coniventes com o tráfico" e "contaminados". Destaca-se que a conexão entre o exército e os religiosos no processo de "pacificação" local começou cedo. Uma das primeiras bases operacionais do Exército, antes de se estabelecer em Inhaúma e na Penha, foi numa igreja Batista local.

As reuniões da Operação Arcanjo começaram em agosto de 2011, separadas entre católicos e evangélicos, mas, logo, passaram a ser em conjunto. Nelas, capelães do Exército, pastores, padres e outras lideranças religiosas cristãs discutiam temas locais, apresentavam demandas dos moradores e suas próprias demandas, mas o principal objetivo era a realização de grandes eventos religiosos. Houve, também, a tentativa da realização do supracitado curso de preparação para a liderança local, com o intuito de

---

10 Os capelães da PMERJ foram incluídos, porque desde o começo da Operação Arcanjo havia um contingente de policiais sediado no Alemão. Ademais, este contingente seria progressivamente ampliado, na medida em que o Exército transferisse à PM a condução da ocupação. Desta forma, para a assistência religiosa da tropa do Exército foi criada uma escala de serviço, constando de capelães padres e pastores do EB, e também da PMERJ.

11 A continuidade de ações em torno da ideia de "paz" no Rio de Janeiro, articulando projetos religiosos e seculares é analisada por Birman (2012), e a articulação entre religião, mídia e política especificamente no dispositivo de pacificação carioca é discutida por Machado (2013), em sua análise de um show gospel realizado no próprio Complexo do Alemão em 2010, logo após a sua ocupação pelo Exército Brasileiro.

preparar "líderes da paz"[12]. O curso, entretanto, não aconteceu, o que provocou grande insatisfação por parte de muitos líderes, que já o haviam anunciado em suas igrejas.

Com uma frequência média de vinte pessoas, equilibradamente distribuída entre católicos e evangélicos[13], as reuniões eram conduzidas pelo padre Jeferson[14], então chefe do serviço religioso do Comando do Leste. Consistia basicamente em uma reunião devocional, com orações, cânticos religiosos, mensagem e momento de abertura para demandas e discussões, onde todos podiam se pronunciar livremente. O padre sempre enfatizava a importância dos presentes para o sucesso da missão e que a obra em andamento, especialmente a ocupação militar, era "obra de Deus". Alguns presentes contaram que "a ocupação era resposta das orações de suas igrejas" e, no geral, mostravam-se bastante satisfeitos com a forma da ocupação, apesar de todos reconhecerem que havia ainda muito a ser realizado. Estas reuniões pautavam diferentes estratégias da Operação Arcanjo, dentre elas a organização dos eventos religiosos em espaços públicos dos territórios ocupados e voltados às populações locais.

Os grandes eventos religiosos da Operação Arcanjo consistiam em mobilização de ação social conduzida pelo exército, algumas vezes em parceria com outras instituições, e cultos dirigidos pelos religiosos locais, que se faziam presentes nas reuniões. O primeiro — e maior — destes eventos chamou-se "Plantando sementes de paz", e ocorreu no Dia das Crianças de 2011, simultaneamente realizado em espaços públicos privilegiados do Alemão (Campo do Seu Zé) e da Penha (Campo do Ordem). Por ter sido o ápice da tentativa de parceria entre o Exército e as lideranças religiosas da Penha e do Alemão, e ao mesmo tempo abrigar as sementes das dissensões futuras, cremos que merece uma menção mais pormenorizada.

O evento foi organizado em meio ao período mais crítico da ocupação. Muitos militares já comentavam informalmente que consideravam muito extenso o tempo de permanência nos territórios. A atividade de gestão da vida dos moradores, a função de mediação de conflitos, as demandas não-militares que continuamente se apresentavam (e que se acumulavam às exigências usuais de segurança), entre outros fatores, levavam a um desgaste cada vez maior com a população. Ademais, no início do segundo semestre de 2011 foi anunciada a prorrogação da Operação Arcanjo. Segundo fontes tanto militares como locais, o tráfico de drogas já estava resignado com a presença do Exército até dezembro de 2011. A renovação do convênio fez com que o tráfico, que até

[12] Foi anunciado durante as reuniões que a duração seria de seis meses, de janeiro a junho de 2012, época programada para a retirada das Forças de Pacificação e implantação da Unidade de Polícia Pacificadora (UPP). Os formados integrariam os "comitês de pacificação", que funcionariam um no Alemão e outro na Penha, e os "núcleos de paz" de cada uma das principais favelas dos Complexos do Alemão e da Penha.

[13] A liderança feminina costumava ser representada por uma missionária protestante, somente.

[14] Decidimos preservar o nome verdadeiro do padre.

então havia assumido uma posição de não-enfrentamento às tropas, e de não-ostentação de armas pesadas e venda de drogas, passasse a uma inédita ofensiva contra o Exército no histórico das operações militares em favelas cariocas[15].

Com este cenário de pano de fundo, foi feito um grande esforço para que tudo no evento saísse de acordo com o previsto. Além das medidas padrões de segurança, a instituição disponibilizou o seu diversificado quadro profissional para o Dia das Crianças. No dia do evento, médicos fizeram atendimentos, dentistas e advogados ofereceram serviços básicos, os músicos das bandas marciais tocavam a todo instante, o "rancho" (refeitório) ofereceu lanches durante o dia inteiro, e, "por último mas não em último", os capelães proferiram mensagens e conduziram orações pelos territórios e suas populações. Diversos artistas e recreadores — a maioria quase absoluta com pertença evangélica, incluindo aí a apresentação de "palhaços evangelistas" que também participavam da Arcanjo como sargentos do Exército –se apresentaram nas duas favelas. Houve exibições de viaturas militares, demonstrações com cachorros adestrados, montarias nos cavalos, e a diversão principal foi um improvisado passeio nas "Marruás" — justamente o veículo adaptado que conduzia as tropas nas operações na favela (passeio este autorizado na hora do evento pelo Comandante da Força de Pacificação, atendendo ao pedido das crianças, e com mediação exercida pelo capelão-chefe do SAR/CML).

Instituições da iniciativa privada com histórico de inserção nos bairros limítrofes às favelas (como a Coca-Cola) foram contatadas e participaram fazendo doações. O EB calculou em mais de duas mil as crianças presentes[16], somando-se os dois eventos (houve uma ligeira diferença de duzentas crianças a mais no Alemão). Como as crianças estavam acompanhadas por responsáveis, pode-se afirmar que ambos os eventos contaram com um público significativo, e tanto as lideranças religiosas como o Exército comemoraram os resultados do evento — por mais que este sucesso não deixasse de ser plausível, se considerado o fato de termos um evento direcionado ao público infantil, com distribuição de brinquedos, brindes e lanches. Não obstante, a comemoração ocorreu em graus diferentes. No caso do Exército, o evento rendeu espaços consideráveis na mídia

[15] Embora algumas reações já tenham sido notadas quando do episódio do sumiço de fuzis em 2006, nunca o tráfico havia atacado os militares como em setembro de 2011. Na época, a Força de Pacificação e o Comando Militar do Leste atribuíram os ataques a grupos que se encontravam fora das áreas ocupadas, e que estariam tentando retornar aos territórios. Além de justificar temporalmente a escolha daquele momento para os ataques por parte dos traficantes, uma vez que havia sido recém-anunciada a permanência do Exército nas localidades por mais oito meses. Ver: <http://g1.globo.com/rio-de-janeiro/noticia/2011/09/ataque-ao-alemao-foi-articulado-por-traficantes-de-fora-diz-exercito.html>. Acesso em 04 jul 2016.

[16] Como forma de controle do evento, o Exército utilizou pulseiras autoadesivas nas crianças, possibilitando uma boa estimativa do número de crianças que estiveram no evento.

— especialmente a mídia impressa[17]. Os militares comemoravam um feito raro: crianças e moradores, até então extremamente arredios a qualquer contato ou proximidade com os soldados — evitando mesmo o simples contato visual com os militares no cotidiano — "baixaram a guarda" e se permitiram inclusive tirar fotos junto à tropa no dia do evento (especialmente no Alemão). As novas gerações (e mais especificamente as crianças, quando pensamos naquele momento) sempre se constituem em um objeto de disputa para uma instituição que possui projetos para a nação. Não à toa, o evento foi batizado como "Plantando sementes da Paz": o título do evento fazia referência à forma como, segundo as lideranças religiosas, os traficantes alcunhavam crianças e pré-adolescentes: "sementinhas do mal". A guerra simbólica por pequenos "corações e mentes" estava declarada.

Em especial os capelães saíram fortalecidos daquele momento. O SAREx é um pequeno serviço dentro do EB, pouquíssimo numeroso, e sem grande proeminência. Embora todos os capelães sejam oficiais, eles não alcançam o generalato, e nem frequentam os cursos que permitem funções de comando — o que por si só já reserva um lugar subalterno ao SAREx dentro da instituição onde se diz que "o Comandante nunca erra, e sim é mal assessorado". A participação dos líderes locais no dia do evento (aproximadamente sete evangélicos e quatro católicos), ainda que em proporção ínfima e o sucesso do Dia das Crianças como um todo, garantiu rara visibilidade ao SAR/CML, e em especial ao seu capelão-chefe.

Religião e conflitos nas práticas de governança dos territórios pacificados

Após o evento do Dia das Crianças, religiosos das duas localidades, naquele momento, sem dúvida colheram benesses para sua própria legitimidade enquanto lideranças religiosas locais. A entrega de Bíblias e Novos Testamentos, somada às já referidas atividades recreativas evangelísticas, estavam mais do que relacionada ao projeto missionário para as favelas e os seus moradores. Muitos ansiavam há bastante tempo por eventos daquele porte que lhe dessem o protagonismo sobre as populações faveladas, e revelavam insatisfação com as lideranças religiosas que conseguiram este protagonismo em momentos anteriores. Além de se sentirem por vezes excluídos ou subalternizados por estas lideranças no passado, havia uma série de críticas aos antigos

[17] Disponível em: <http://odia.ig.com.br/portal/rio/alegria-garantida-pela-paz-1.64296>. Acesso em: 04 jul 2016.

personagens — que incluíam a contrariedade com a possível proximidade com o tráfico, o fato de religiosos (especialmente evangélicos) serem "de fora" da Penha e do Alemão, e o mais dramático: o relato de repressão à presença umbandista no interior das favelas. Neste ponto, como em outros, as "afinidades eletivas" com o Exército eram inegáveis: a "guerra" era uma realidade inevitável. Mas havia de ser vencida dentro de determinados códigos, que mantivessem ao mínimo o nível de "pureza" desta "arte". Buscavam, portanto, atores "ilibados", e demonstravam desconforto com muitos atores que também desconcertavam o Exército (embora possuíssem recursos de "contornamento" evidentemente bem mais expressivos). Por último, vale lembrar que muitas trajetórias biográficas destas lideranças se confundiam com a vida castrense — incluindo um padre que havia sido soldado da Brigada de Infantaria Paraquedista do Exército.

Na reunião de avaliação do evento um aspecto foi ressaltado: o excessivo protagonismo dos militares (inclusive dos capelães) durante todos os momentos. Ainda que os pastores e padres tenham conduzido e animado a maior parte do tempo, aos olhos das lideranças — e mesmo de muitos militares — o evento havia sido "verde-oliva" demais. Para os próximos momentos, portanto, ficou acordado que era necessário invisibilizar cada vez mais os aspectos militares da parceria.

No final do evento, já na base da Força de Pacificação, o capelão padre mais "antigo" (de maior hierarquia) reuniu seus subordinados para agradecer, mas não somente: revelou que "Deus já havia plantando um outro sonho em seu coração": o da realização de um evento direcionado aos jovens das duas localidades, no Dia da Bandeira (19 de novembro). Teria pouco mais de um mês para a organização, e descumpria-se assim o planejamento inicial, que contemplava uma próxima mobilização apenas no Natal.

A parceria Exército-Igrejas começava a conhecer sua derrocada, no mesmo dia em que alcançava seu ponto máximo. Com pouco tempo para a organização e captação de recursos, e em meio a uma mudança no comando da FPac (sobre a qual trataremos em breve), o evento no Dia da Bandeira foi um fracasso total de público. Pior: os recursos prometidos pelo Exército não chegaram, o que rendeu um constrangido apelo do capelão-chefe aos líderes religiosos — e aos próprios capelães — a arcar com os custos do mesmo. Isto demanda uma análise mais pormenorizada sobre como se davam as negociações entre militares e lideranças locais, que não vamos priorizar neste momento.

O planejamento dos eventos era feito em conjunto, mas quase sempre conduzido com mão forte pelo capelão de maior patente presente. À exceção do Dia das Crianças, os eventos nunca saíam conforme planejado, sempre por falha de execução de alguma etapa cuja responsabilidade era do Exército, e as reuniões pós-eventos eram tensas e cheias de reclamações, que logo se transformaram em explícitas cobranças, por parte dos religiosos. Uma das reclamações que merece ser destacada era quanto à desproporcionalidade da segurança durante os eventos. Os eventos/cultos aconteciam debaixo de fortíssimo efetivo de soldados armados. No último evento realizado no período da presença do Exército no território havia pelo menos cinco vezes mais soldados que religiosos presentes, além de blindados e tanques. Segundo os religiosos, isto acabava por assustar as pessoas e afastá-las. "Um evento tinha tantos soldados armados que não conseguimos fazer o evento. Aparato de guerra... tinha cara de evento militar", conta João Lucas[18], um dos pastores mais presentes nas reuniões.

No início de 2012 o general comandante da Força de Pacificação assumiu a direção do projeto no lugar do padre Jeferson, chefe do serviço religioso do Comando do Leste. O padre Jeferson não foi mais visto nas reuniões. Entrou de férias[19] e quem logo assumiu a liderança, e também a função militar do padre, foi um pastor batista, coronel Chaves, que conduziu o projeto até a retirada definitiva das tropas.

Duas semanas após este evento acontece a troca de comando, trimestral, quando toda a tropa e seus comandantes são trocados. O novo comando não pareceu herdar a simpatia pelas reuniões com as redes religiosas e todos os projetos assistenciais voltaram quase à estaca zero. Esta não havia sido a primeira vez que isto havia acontecido. A cada três meses todo o conhecimento acumulado parecia se esvair e as conversas começavam como se nunca houvessem acontecido antes. Cada comando parecia aprender novamente como executar uma missão assistencial/"humanitária". A própria importância dada a este aspecto da missão, bem como à participação da Capelania no processo de "pacificação", variava de acordo com o perfil profissional, e mesmo características da personalidade do comandante da FPac (sempre um general de Brigada, como na MINUSTAH). Generais com trajetória mais "combatente" — possuidores de cursos avançados de técnicas de combate (como o curso de "Forças Especiais"), e com histórico de carreira vinculados à organizações militares também "operacionais" (Brigada de Infantaria Paraquedista, por exemplo) — normalmente valorizavam menos as relações com o mundo civil, e a importância da mediação do SAR/CML (ainda que na vida particular fossem extremamente religiosos).

Ao contrário, o período de maior riqueza nas relações com as entidades religiosas (e comunitárias no geral), se deu quando a FPac foi comandada por um general atualmente responsável pelo Centro de Comunicação Social do Exército (CCOMSEx), órgão que realiza a interface da Força Terrestre com o mundo "civil". O elemento estruturante "hierarquia", portanto, foi simultaneamente "facilitador" e "dificultador" das possibilidades de atuação da Capelania durante todo o tempo que a Operação Arcanjo ocorreu. E de forma surpreendente para as lideranças locais (mas não para os elementos nativos,

---

18 Nome fictício.

19 Por outros motivos, de ordem pessoal e administrativa, o padre acaba se afastando também de suas funções de chefe do Serviço Religioso.

diga-se de passagem), tudo poderia mudar a cada três meses. E efetivamente mudava, gerando muita frustração[20].

Trabalhamos com a hipótese de fracasso do projeto, não como juízo de valor, mas porque ele foi minguando e esvaziando até o tão aguardado último evento religioso, com parca adesão e certo constrangimento por parte de seus organizadores. Os motivos para este progressivo fracasso são diversos e cada um contribuiu de alguma forma: a difícil possibilidade prática de um ecumenismo, principalmente se promovida por agentes do Estado; a questionada liderança do padre Jeferson; a "protestantização" do projeto, que levou ao progressivo afastamento das lideranças católicas, leigas ou sacerdotais.

Por outro lado, tal como discutido por Malpas e Wickham (1995), interessa-nos pensar como "fracassos", como estes aqui apresentados, configuram "agregados" (assemblage, nos termos de Latour, 1994) de pessoas, organizações, coisas e ações que produzem efeitos que nunca se realizam tal como previsto no projeto original. Na análise de Malpas e Wickham , tais "agregados" são estruturas complexas que estão sempre implicadas em agregados maiores e cujos componentes podem operar juntos apenas de forma provisória e frouxamente integradas, e não completamente consistente (1995, p. 41).

Provisoriedade e frouxidão são aspectos cruciais para a compreensão do modo específico de integração entre o exército e as lideranças religiosas do Complexo do Alemão no contexto das ações aqui descritas. O "fracasso" do projeto militar de produção de uma moralidade específica como marca das relações entre o Estado Brasileiro e os moradores de favelas através do agenciamento de lideranças religiosas apresenta, em sua face oposta, a vitalidade do tecido social e suas resistências reafirmadas através da produção contínua dos conflitos religiosos que diluíram qualquer possibilidade de imposição vertical e hierárquica (tal como no modelo militar) de um, e apenas um, regime moral dominante, pautado pelo enredo definido pelo Exército e seus agentes.

---

20 A importância da "hierarquia" dentro das instituições militares, a despeito de se constituir em um dado quase autoevidente, está sinalizada desde as primeiras (e já clássicas) etnografias sobre militares no país. "O Espírito Militar", pesquisa de campo que Celso Castro realizou entre os cadetes da Academia Militar das Agulhas Negras (AMAN) ainda na década de 1980, correu o risco de nunca ter acontecido, não fosse o pai do autor — coronel da reserva do Exército à época — ter indicado todos os caminhos dentro da hierarquia militar, a fim da pesquisa ser autorizada. Uma vez na AMAN, Castro teria ainda uma decisiva entrevista com o comandante da instituição, que garantiu de vez a concretização da observação participante. Já "Meia Volta Volver", de Piero Camargo Leirner, experimentou a carreira oposta: inicialmente uma pesquisa sobre a forma como o Exército equaciona suas faces pública e privada (que previa visitas a unidades militares na Amazônia), a pesquisa nunca saiu do estágio inicial de estabelecimento de relações no campo, que no caso de Leirner, se deu na Escola de Comando e Estado Maior do Exército (ECEME), no Rio de Janeiro.

"A pacificação é um projeto de Deus"

O evento derradeiro executado por este consórcio de lideranças militares e religiosas no Complexo do Alemão e da Penha ocorre no Campo do Ordem[21], com ação social, principalmente voltada para as crianças e encerra-se com o culto ecumênico em ação de graças pela participação do Exército Brasileiro no processo de pacificação do território e sua eminente saída.

À entrada do Campo, um blindado e dez soldados fortemente armados ao lado de uma faixa que dizia: "Exército Brasileiro e Comunidade da Penha, juntos, nós construímos um futuro melhor". Outras dezenas de soldados circulavam pelo evento. Na maior parte do tempo, parecia haver mais militares armados que moradores.

O coronel Chaves fez a abertura do culto destacando a participação das igrejas cristãs e enfatizando que a segurança é um privilégio dado por Deus. Um pastor fez a oração de abertura destacando que "Deus está sarando esta terra que há muito tempo está manchada". Apresentou-se o coral da Igreja de Santo Antônio. Apenas um padre estava presente e este era um capelão do Exército. Os padres locais não compareceram. Em sua fala, o padre disse que "nosso legado é a paz". A segunda e última mensagem foi do pastor Moisés, da Assembleia de Deus Vitória em Cristo, e capelão da Polícia Militar. A ideia da passagem do bastão do Exército para a polícia fica evidente. Em sua mensagem, em que cita a bem-aventurança dos pacificadores, conclui que "a pacificação é, sobretudo, um projeto de Deus" e que o "Exército Brasileiro veio abençoar o Rio de Janeiro". Cerca de vinte e cinco pessoas assistiam, em pé, ao culto, a maior parte delas fiéis dos poucos pastores presentes e envolvidos em alguma participação musical. Assim termina, melancolicamente, o projeto conjunto do exército com religiosos locais para o Complexo do Alemão.

Militarização e religião

As ações aqui descritas relativas ao projeto de lideranças militares junto a lideranças religiosas na operação de ocupação do Complexo do Alemão pelo Exército nos anos de 2010 e 2011 nos parecem bastante significativas para um estudo acerca de um campo pouco explorado nas pesquisas em ciências sociais: a relação entre a forças militares e religiosas no Brasil.

Se nosso imaginário histórico acerca das grandes guerras ao redor do mundo nos oferece variadas imagens da relação entre forças militares, estados nacionais e religião,

---

[21] Vasto campo de futebol, não cimentado, localizado na região e aos pés de uma Igreja Católica.

estudos contemporâneos sobre práticas militares na antropologia e na sociologia, particularmente em contextos urbanos, têm enfatizado pouco as relações institucionais e práticas entre religião e organizações militares.

O campo analisado neste artigo é resultado de duas experiências etnográficas de pesquisa junto a militares: o trabalho de Gonçalves (2014) sobre o Serviço de Assistência Religiosa do Exército (SAREx) e o de Esperança (2014) sobre a ocupação militar no Complexo do Alemão nos anos de 2010/2011, com ênfase nas práticas do Exército, e seu projeto junto às lideranças religiosas locais. As duas pesquisas se cruzam na medida em que o projeto junto às lideranças religiosas investigado por Esperança era planejado e executado pelo SAREx, analisado por Gonçalves naquele mesmo período.

A partir de diferentes perspectivas, os dois trabalhos nos colocam diante de importantes questões para pensarmos acerca das instituições e práticas militares brasileiras, mas também das relações entre religião e estado no Brasil. Ao já clássico debate acerca da "laicidade do estado" enfrentado por Giumbelli (2002), dentre outros, podem ser acrescidos aspectos bastante ricos à análise deste relevante tema. A pesquisa de Gonçalves (2014) acerca da capelania do Exército evidencia, por exemplo, a relação estrutural do catolicismo com as forças militares brasileiras em seu cotidiano, e a produção recíproca realizada por estas duas poderosas forças institucionais (estado e religião) de categorias fundamentais à configuração (e disputas de representação) de ideias políticas centrais no Brasil, tais como nação, pátria, cidadania, ordem, desobediência civil, dentre outras, inclusive e principalmente a concepção de "paz". Estas categorias, informa-nos Gonçalves, aparentemente gerais e abstratas, efetivam-se de forma concreta, eficaz e biopolítica sobre "mentes, corpos e corações", usando os termos do autor, pautando uma certa "psicologia" militar a partir da qual formulam-se ações estratégicas e modelos de civilidade e cidadania.

A pesquisa de Esperança (2014), apoiada em uma etnografia das práticas do estado, oferece elementos para pensarmos as formações do religioso e do secular em processo (Asad, 1993), no tempo histórico, em situações particulares, e contextos nacionais específicos. O "dispositivo da pacificação" (Machado, 2013) acionado pela política de segurança pública do governo do Estado do Rio de Janeiro, tal como efetivado no Complexo do Alemão, nos demonstra Esperança, sustenta-se em bases não apenas firmadas no uso de armas e forças, mas pauta-se em regimes de moralidades, formação e diluição de alianças, nas quais a religião opera como um elemento indispensável de mediação política. A pesquisa de longa duração realizada por Esperança, capaz de acompanhar o período de ocupação do território pelo Exército e sua transição para a Polícia Militar com o estabelecimento das UPPs na localidade, foi ainda importante para desfazer uma possível conclusão precipitada de que a atuação junto às lideranças religiosas era a forma definitiva de prática do estado no Complexo do Alemão. O estado em suas práticas e suas diferentes instituições elabora formas específicas de atuação e, particularmente no Alemão, conforme nos demonstra Esperança, a entrada da PM foi acompanhada pelo recolhimento e aparente desfecho das ações conjuntas entre atores militares e religiosos.

Outra importante consideração acerca das relações entre militarização e religião que podemos derivar destes estudos, e particularmente dos casos aqui analisados, é que as situações conflitivas próprias a estes dois campos não se anulam em suas realidades comuns. Aos conflitos próprios às hierarquias militares e suas consequências, às sucessivas trocas de comando em operações estratégicas, e aos efeitos dos modelos rígidos de obediência e desobediência tão característicos das instituições militarizadas, mesclam-se de modo particular as disputas e tensões institucionais dos diferentes campos religiosos ali representados.

Assim demonstra-nos Gonçalves, que católicos, protestantes e espíritas, ao seu modo, vivem suas querelas próprias no cotidiano militar (sua micropolítica), assim como projetam suas disputas no campo macropolítico das representações das grandes categorias nacionais a partir da qual atuam as forças militares, dentre elas concepções próprias de "cidade", "nação" e "pátria", oriundas de cada campo religioso particular representado nas capelanias do Exército. No campo das operações articuladas entre líderes militares e lideranças religiosas no Alemão, pesquisadas por Esperança, percebemos também que a ilusão de homogeneidade que a ideia de "religião" poderia forjar não foi capaz de anular os conflitos religiosos e políticos locais, as disputas por prestígio, representação e legitimidade. A anulação de conflitos não se forjou nem entre lideranças religiosas de diferentes grupos e instituições, nem mesmo entre "religiosos" e "militares", quando o "verde-oliva" do Exército passou a ocupar um espaço excessivo nos eventos nos quais a "religião" e seus atores esperavam ter mais destaque.

Sendo assim, pretendemos evidenciar aqui que religião e estado são categorias que se fazem e desfazem nos processos, nas situações, nas relações. E o mesmo pode-se dizer sobre suas articulações: não há como prever as conjunturas em que "forças" militares e religiosas vão se somar e se potencializar como regimes de dominação e, de maneira oposta, quando sua conjugação virá a acentuar suas fragilidades, suas dimensões conflituosas, esgarçadas e produtora de antagonismos.

Considerações finais

Nosso objetivo neste artigo, através do material empírico aqui apresentado, foi desenvolver uma análise da política de pacificação em curso no Estado do Rio de Janeiro não exclusivamente através das ações protagonizadas pelos agentes estatais e militares, mas privilegiando situações e mediadores que operam no âmbito das "ações pacificadoras", produzindo elementos cruciais a sua efetivação, mas que normalmente escapam às análises mais diretas deste processo.

Pensar a produção da pacificação para além da segurança pública não significa, no entanto, negligenciar as questões próprias relativas às ações estatais, ao processo de militarização e às violências de Estado que lhe dizem respeito[22]. Tentamos somar a esta análise reflexões sobre os processos de legitimação que compõem tais práticas de governo e controle de populações, assim como analisar as passagens e articulações entre instituições, discursos e agentes dos mais variados campos de ação, representação, práticas e poder como religião e cultura. Pretendemos aqui argumentar que, se há um modelo de pacificação a ser pensado a partir da experiência carioca, este modelo não é exclusivamente um modelo militar e policial. O desafio da pacificação dá forma também a um modelo simbólico e cultural, que mobiliza significados e práticas de legitimação que sustentam este aparato, tanto quanto as armas e as violências que nele se exibem. No caso específico da pacificação do Complexo do Alemão, a religião foi um elemento central e estratégico deste aparato.

As experiências aqui analisadas do fracasso dessa "religião de combate", no entanto, reforçam aspectos relevantes da análise de Malpas e Wickham (1995) segundo os quais a possibilidade da ação social reside na ação recíproca dos elementos que configuram os agregados frouxos que se articulam nos "fracassos", pois estes elementos sempre trazem um certo grau de resistência e interferência que atrapalham os "sucessos", configurando assim a principal característica da ação social. A vida social, continuam estes autores, é uma questão de operação de agregados imperfeitamente integrados de elementos que dinamizam poderes e resistências.

Tendo em vista que, enquanto projeto de sucesso, a articulação entre o Exército e os atores religiosos no Complexo do Alemão era de tal modo totalizante, é notável o prenúncio do fracasso da colagem destas metáforas religiosas cristãs à segurança pública, por mais que elas possuam força como geradoras de utopia. É possível, portanto, pensarmos numa espécie de inevitabilidade deste fracasso, pois a realização desta "verdadeira paz" resultante da sólida parceria entre Estado e Igreja, a despeito dos elementos pontuais observáveis em cada fase deste histórico, é impossível a partir da própria metáfora: ela é necessariamente ahistórica. Aliás, as próprias instituições em questão não podem existir, caso esta paz definitiva e ahistorica venha a se concretizar.

[22] Vários estudos vêm sendo desenvolvidos no Rio de Janeiro sobre a política de pacificação. Destaco o Dossiê Unidades de Polícia Pacificadora — CEVIS, organizado em dois volumes por Machado da Silva e Leite (Parte 1 — 2014 e Parte 2 — 2015) na Revista Dilemas. Este dossiê apresenta um sólido acompanhamento das práticas dos agentes policiais das UPPs ao longo dos oito anos do projeto de pacificação no Rio de Janeiro, nas mais variadas perspectivas: das práticas policiais, das representações na mídia de massa, da sociabilidade nas favelas, dentre outras.

Esta "verdadeira paz", quando convertida em um projeto de sucesso totalitário, perde imediatamente seu potencial utópico de realização plena. Nas dinâmicas da vida social, e a partir da agência dos sujeitos responsáveis e irresponsáveis por sua efetivação, esta "paz" utópica revela sua verdadeira face: é uma paz conflitiva, desigual, arbitrária, sem consenso, frágil, que nenhuma arma, nem tanque de guerra, nem orações, nem joelhos no chão são capazes de garantir.

REFERÊNCIAS BIBLIOGRÁFICAS

ASAD, Talal. *Genealogies of Religion*: Discipline and Reasons of Power. In: *Christianity and Islam*. Baltimore and London: The Johns Hopkins University Press, 1993.

BIRMAN, Patricia, *Cruzadas pela Paz*: Práticas Religiosas e Projetos Seculares Relacionados à Questão da Violência no Rio de Janeiro. Religião e Sociedade, v. 32, nº. 1: 209-226, 2012.

CASTRO, Celso. *O Espírito Limitar*: um antropólogo na caserna. Rio de Janeiro: Jorge Zahar, 2.ed., 2004.

CASTRO, Celso; LEIRNER, Piero Camargo (orgs.). *Antropologia dos Militares:* reflexões sobre pesquisas de campo. Rio de Janeiro: FGV, 2009.

DUARTE, Mario Sérgio. *Liberdade para o Alemão:* o resgate de Canudos. Rio de Janeiro, Ciência Moderna, 2012.

FELTRAN, Gabriel. *Governo que produz crime, crime que produz governo*: o dispositivo de gestão do homicídio em São Paulo (1992-2011). Revista Brasileira de Segurança Pública, v. 6, n. 2, 2012.

FOUCAULT, M. *Segurança, território, população*: curso dado no College de France 1977-1978. São Paulo: Martins Fontes, 2008.

GIUMBELLI, Emerson. *O fim da religião*: dilemas da liberdade religiosa no Brasil e na França. São Paulo: Attar Editorial, 2002.

GONÇALVES, Vinicius Rodrigues. *A Cruz e a Espada*: disputas e negociações pela pacificação de indivíduos, nações e cidades. Dissertação de Mestrado. Programa de Pós Graduação em Ciências Sociais. PPGCS. UFRRJ.

LATOUR, Bruno. *Jamais fomos modernos*: ensaio de antropologia simétrica. Rio de Janeiro, RJ: Editora 34, 1994.

LEIRNER, Piero de Camargo. *Meia volta volver*: um estudo antropológico sobre a hierarquia militar. Rio de Janeiro: Fundação Getúlio Vargas, 1997.

LIMA, Carlos Alberto de. *Força de Pacificação:* os 583 dias da pacificação dos Complexos da Penha e do Alemão. Rio de Janeiro: Agência 2A Comunicação, 2012.

ESPERANÇA, Vinícius Esperança (2014). "*O Foco de Todo Mal*": Estado, Mídia e Religião no Complexo do Alemão. Dissertação de Mestrado. Programa de Pós Graduação em Ciências Sociais. PPGCS. UFRRJ.

MACHADO, Carly. "*É muita mistura*": projetos religiosos, políticos, sociais, midiáticos, de saúde e segurança pública nas periferias do Rio de Janeiro. Religião & Sociedade, *33*(2), 13-36, 2013.

MACHADO DA SILVA, Luiz Antonio; LEITE, Márcia Pereira (orgs.). *Dossiê Unidades de Polícia Pacificadora* — CEVIS. Parte 1. Revista Dilemas. Vol. 7 — n. 4 — Out-Nov-Dez, 2014.

_____. *Dossiê Unidades de Polícia Pacificadora* -CEVIS. Parte 2. Revista Dilemas. Vol. 8 — n. 1 — Jan-Fev-Mar, 2015.

MALPAS, Jeff; WICKHAM, Gary. *Governance and failure*: on the limits of sociology. ANZJS Volume 31. No 3, November 1995.

OLIVEIRA, João Pacheco. *Pacificação e tutela militar na gestão de populações e territórios*. Mana vol. 20 nº 1, pp. 125-161, 2014.

STOCHERO, Tahine. *Para Exército, ocupar Alemão é mais difícil que guerra e missão no Haiti*. São Paulo: G1, 15 ago 2012. Disponível em http://g1.globo.com/brasil/noticia/2012/08/para-exercito-ocupar-alemao-e-mais-dificil-que-guerra-e-missao-no-haiti.html

ZALUAR, Alba. *A máquina e a revolta*: as organizações populares e o significado da pobreza, São Paulo, Brasiliense. 1985.

A pacificação vista da Baixada Fluminense: violência, mercado político e militarização

EDSON MIAGUSKO[1]

Introdução

Num cenário de crise econômica e social do estado do Rio de Janeiro, cabe perguntar se importa retomar a discussão da política de pacificação que presidiu a política de segurança pública do governo do estado de 2008 a 2014, teve seu declínio nos anos recentes e se encerrou, mesmo que ainda persistam UPPs nas favelas do Rio de Janeiro, com a intervenção federal que vigora na segurança pública do estado até dezembro de 2018[2].

Nos dias que se passam, a segurança pública do estado está sob o comando do general Walter Souza Braga Netto, do Comando Militar do Leste e responsável pela intervenção federal, enquanto outro general, Richard Nunes, é o secretário de segurança pública estadual. A intervenção federal no Rio de Janeiro, por se tratar de um ente federativo, estabeleceu também a proibição do Congresso Nacional de fazer qualquer tipo de alteração na Constituição Federal até o fim da vigência do decreto de intervenção.

A intervenção militar se iniciou logo após os acontecimentos do Carnaval de 2018. No entanto, à medida que a intervenção foi se desenrolando é possível dizer que uma das causas que motivaram fortemente a intervenção na política de segurança do estado

---

1 Sociólogo e professor de Ciências Sociais da UFRRJ. É coordenador do Observatório Fluminense e pesquisador do Disturbios/UERJ — Dispositivos, tramas urbanas, ordens e resistências).

2 As Unidades de Polícia Pacificadora (UPPs) foram uma das principais vitrines da política de segurança do Rio de Janeiro nos últimos anos. Iniciadas em 2008 como experiência piloto na favela Santa Marta e em 2009, em Cidade de Deus — as UPPs logo se ampliaram para outras 36 favelas da cidade. Inicialmente circunscritas ao denominado ""cinturão olímpico"", na Zona Sul e na Grande Tijuca, as UPPs se desdobraram para outros territórios, sobretudo a partir da entrada das Forças Armadas no Complexo do Alemão. O impacto e a ampla divulgação midiática da operação levou o governo estadual a estender o projeto para outras regiões, a exemplo da favela da Mangueirinha, em Duque de Caxias, única UPP fora da capital.

não foram apenas as imagens que circularam com o ataque a turistas ou moradores por assaltantes. O que parece ter motivado foi o aumento do roubo de carga no estado, os custos do transporte e a logística da chegada de produtos na região metropolitana e, sobretudo, na capital.

Alguns jornalistas apontam que, apesar do caráter político midiático assumido na decisão do governo federal em relação à intervenção, a solução militar já era algo que vinha sendo aventada muito antes dos acontecimentos do Carnaval de 2018 e se aproveitou do impacto das imagens para desencadear o processo.

Portanto, os efeitos circulatórios da violência parecem ter sido tão ou mais decisivos para a solução da intervenção militar sob a segurança pública do estado, ainda mais que todos os índices que corroboravam a tese da necessidade de intervenção demonstravam que taxas de homicídio, roubo e violência eram maiores em outros estados e cidades do país, notadamente, capitais do nordeste brasileiro que no Rio de Janeiro.

Assim, nos parece que a compreensão desse processo de militarização a partir dos territórios que não eram foco principal ou inicial desse processo nos permite perceber as circunstâncias, os dispositivos, as condições e a construção do discurso que legitimaram e continuam legitimando essas políticas, mesmo que reiterem e repitam ações questionadas quanto ao seu efetivo sucesso e eficácia.

Apesar da política de pacificação não estar associada apenas à militarização do território e prever a ocupação militar como condição prévia para a entrada de outros serviços públicos e da "legalização" de determinados serviços, o que predominou foi a ampliação de efetivos policiais nas favelas.

Nesse sentido, mesmo que os discursos ressaltassem a necessidade de ampliar as políticas sociais em conjunto com o processo de pacificação, o que se viu foi o predomínio da militarização, no lugar de outras dimensões destacadas pelo programa no início, tal como a UPP Social.

As Unidades de Polícia Pacificadora tiveram significativo impacto na política de segurança do Rio de Janeiro e seus efeitos ultrapassaram as favelas cariocas. Uma das regiões que passaram a reclamar sua instalação foi a Baixada Fluminense[3], acompanhando um movimento de outras cidades que passaram a demandar atenção do governo

---

[3] A região denominada como Baixada Fluminense é bastante ampla, compreende 13 municípios e seria equivocado tomá-la de modo homogêneo. Diversos municípios a compõem e diferentes dinâmicas territoriais e sociais a atravessam aproximando-a e distanciando-a das dinâmicas da capital. Num certo sentido, não há uma única Baixada, mas várias. Se a advertência inicial nos ajuda a situar a heterogeneidade e polissemia desse território, é possível afirmar que a nomeação "Baixada" remete a um determinado lugar e identidade de seus moradores em relação à capital, o Rio de Janeiro. Mesmo que não haja uma única Baixada, a forma como seus moradores são identificados e se identificam aciona a categoria como explicativa de lugar e a relaciona com determinados aspectos que associam território e identidade. Sobre a Baixada, suas representações e nomeações há uma vasta bibliografia que trata do tema. VerAlves, 2003; Enne, 2004; Barreto, 2006; Monteiro, 2007; Rocha, 2014).

estadual como forma de minimizar o aumento da criminalidade, que seria resultante de um deslocamento de criminosos do Rio de Janeiro para outras regiões do estado.

Nossa hipótese é que podemos ter uma compreensão mais ampla da política de pacificação na sua ausência, nos territórios que esperam ou demandam sua implantação, mas que não chegam ou não irão chegar, dado a impossibilidade material e objetiva de expandir o processo de militarização de modo contínuo para outros territórios[4].

Procuramos, no entanto, compreender a pacificação não como ausência, mas como presença do estado em suas margens (Das & Poole, 2004) num sentido relacional que de algum modo colocam em questão os limites da pacificação ou de uma militarização contínua do território como forma de responder ao agravamento do problema da segurança pública. Não vemos a pacificação a partir de onde se efetiva e está presente, as favelas cariocas, suas imagens e representações, mas a partir de outros regimes territoriais que mesmo não contando com a presença das UPPs sentem seus efeitos.

Deste modo, em regiões no entorno da cidade do Rio de Janeiro, como na Baixada Fluminense e Niterói e até mesmo em municípios mais distantes, como Campos dos Goytacazes, se tornou comum o diagnóstico do efeito perverso da migração de criminosos como consequência da instalação de UPPs nas favelas cariocas.

Interessa-nos perceber os efeitos circulatórios da pacificação para os lugares em que não foi ou não será instalada, mas é reivindicada. E como a própria reivindicação amplia e consolida seus efeitos, destacadamente uma maior militarização do território e da saída repressiva como solução para diferentes problemas relacionados à denominada segurança pública.

Para isso tomamos o processo de disputa política em torno da instalação das UPPs na Baixada Fluminense. Para tanto dividimos o texto em três partes: na primeira situamos a análise nos marcos da política de segurança que criou as UPPs, enfatizando uma determinada correlação entre militarização do território e um novo tipo de urbanismo militar que tem ganhado contornos em outras cidades do mundo; na segunda parte, o movimento que defendeu a instalação de UPPs na Baixada Fluminense a partir de um

---

4 Barreira (2013) aponta que a expansão das UPPs não está limitada fundamentalmente pelas restrições orçamentárias, mas que o próprio projeto de cidade subordina a expansão das UPPs ao núcleo fundamental do cinturão de segurança que não pode ser expandido para as regiões periféricas e carentes de serviços. Apesar do sentido mais geral das UPPs estar determinado por essas dinâmicas mais estruturais, a chegada mesmo que como exceção de UPPs em outros municípios e bairros cariocas externos ao cinturão de segurança demonstram que sua expansão, ao ser demandada por outros agentes, acaba pressionando o governo estadual a alterar os planos iniciais. Aliás, é preciso se perguntar se esse planejamento está guiado por algum plano definido de antemão com essa consistência e sem conflitos entre os diferentes sujeitos em disputa e suas possíveis alianças ou se parte dela e seus limites se fazem no processo. Se desde o início estavam claros os limites da política de pacificação para determinados territórios, até por conta da impossibilidade de levá-la em termos de recursos para outras regiões externas ao cinturão de segurança, a reorganização do crime em determinados territórios fez com que se ampliassem as pressões por segurança pública, agora associada quase exclusivamente ao aumento do efetivo policial e militar.

diagnóstico que associava o aumento da criminalidade violenta com a migração de bandidos do Rio de Janeiro em razão da perda de território depois da instalação das UPPs em determinadas favelas; na terceira parte apresentamos algumas trajetórias que apontam para uma reorganização no mercado de droga na Baixada ao mesmo tempo que construímos algumas interrogações sobre esse processo de militarização que acabou hegemonizando as UPPs e seus efeitos circulatórios.

Militarização e pacificação

A maior parte das pesquisas sobre UPP tem concentrado as análises nas favelas cariocas, mas é possível afirmar que a militarização do território é um processo mais amplo e seus efeitos circulam por toda a cidade e para além dos lugares da política de pacificação.

Nesse sentido, o processo de pacificação no Rio de Janeiro parece não ser específico e acompanha uma tendência de ampliação do escopo da militarização das cidades, vistas nos últimos tempos como essencialmente problemáticas e que demandariam algum tipo de controle militar permanente.

É o que aponta Stephen Graham (2012) ao chamar a atenção para um tipo de urbanismo militarizado cuja finalidade é enfrentar populações e indivíduos insurgentes, rebeldes ou indesejáveis. Para Graham, enquanto o planeta alcança níveis de urbanização rápida e acelerada, um conjunto de "efeitos bumerangue" ligam a doutrina de segurança das cidades do Norte global com aquelas do sul, permeando variadas táticas estatais de controle cotidiano da vida urbana.

Aqui, o autor parte de um *insight* de Foucault em uma de suas aulas de 1976. Nos dizia Foucault (1999) que as experiências de reordenamento do espaço urbano nos laboratórios das cidades coloniais produziam um "efeito bumerangue" no planejamento das cidades da metrópole, fazendo com que diferentes dispositivos, táticas de controle social e espacial fossem transpostas da colônia para a metrópole. Enquanto os impérios lutavam contra rebeliões e insurgências nas cidades e áreas rurais das colônias, no *front* interno se aproveitava desse "laboratório" para aplicar táticas semelhantes nas suas cidades contra conflitos, rebeliões e revoluções das populações internas. Nesse caso, os dispositivos de controle e disciplinamento não apenas serviriam para manter os limites estritos das cidades coloniais, mas serviam também para ordenar as próprias cidades do império.

Mas o que esse efeito bumerangue, que nos lembra Foucault, tem a ver com a situação atual das cidades?

Pode se dizer que abastecido e perpetuado pelas extremas desigualdades que se multiplicaram nos últimos anos pela globalização neoliberal, há um novo urbanismo militar surgido nos últimos tempos como uma constelação de ideias, técnicas e normas de segurança e doutrina militar que passam a ser implementadas em cidades e contextos sociais e culturais distintos. São estilos de vida que se fundem com o mundo da cultura popular e em objetos de entretenimento eletrônico militarizado e em novas tecnologias de origem militar. De outro lado, estas constelações se relacionam com a proliferação de insurgências não estatais, que se aproveitam desses novos dispositivos das cidades e suas circulações como meio de iniciar a sua violência.

Esse quadro recoloca a discussão da militarização em outro patamar. Como nos aponta Frederic Gros (2009), há uma alteração nos regimes de violência no mundo global, que faz desaparecer o que foi pensado em seu nome por séculos pela tradição ocidental[5].

Tudo muda quando a guerra passa a ser feita a partir do comando de mísseis teleguiados por uma tela de computador, ou onde um homem se faz explodir em meio a uma multidão de indivíduos desarmados. Mas, sobretudo, a guerra se altera com a borragem das distinções em que não há exércitos se confrontando em batalhas decisivas, não há vitórias ou derrotas, começo ou fim, separação entre o criminoso e o inimigo, interior e exterior. Para Gros, entramos numa "idade dos estados de violência" que não pode mais ser reduzida ao modelo clássico da guerra, com exércitos convencionais e batalhas decisivas, mas segundo novas linhas de força que se desenham em modulações de guerra e paz no mundo contemporâneo com o reino da imagem, a aparição das vítimas, o fluxo mundializado de riquezas e de populações e a multiplicação de violências unilaterais. Essas modulações apontam que o fim da guerra não significa hoje a instituição de uma era de paz, mas o advento de um tempo indefinido de insegurança. Não há guerra, nem paz, mas um estado de violência constante.

Deste modo a guerra é utilizada de modo recorrente como metáfora dominante para descrever a condição prolongada e ilimitada das sociedades urbanas[6].

Desse ponto de vista, não há uma distinção entre pacificação e militarização, mas um *continuum* que torna a militarização condição permanente para a pacificação dos territórios. Mas, no nosso caso, a especificidade da pacificação é produzir uma doutrina da pacificação contra uma "insurgência sem insurgentes". É o que aponta Teixeira (2011) que, ao traçar as primeiras linhas gerais das UPPs, correlaciona uma possível "doutrina da pacificação" com a "doutrina da contrainsurgência". Vale a pena utilizar os telegramas citados pelo autor, vazados no WikiLeaks, contendo a correspondência

---

5 A guerra definiu-se amplamente, na tradição ocidental, como uma reação de violência permeada por uma tensão ética (os valores marciais), uma afirmação política (manter a soberania do estado-nação) e um quadro jurídico (o modelo das guerras justas). Nesse sentido, a guerra era pensada como um conflito armado, público e justo (Gros, 2009).

6 A "metáfora da guerra" já é utilizada há algum tempo como representação que produz efeitos nas representações da violência urbana no Rio de Janeiro e nas políticas estatais. Sobre isso ver Leite (2014 e 2015).

de um funcionário do consulado relatando conversas com um comandante do BOPE e analisando os desafios das UPPs e comparando-as com outras cidades problemáticas em que os Estados Unidos interviram em situações de insurgência:

> O Programa de Pacificação de Favelas compartilha algumas das características da doutrina e da estratégia de contrainsurgência dos EUA no Afeganistão e no Iraque. O sucesso do programa dependerá, em última instância, não apenas de uma efetiva e duradoura coordenação entre a polícia e os governos estadual/municipal, mas também da percepção dos moradores das favelas quanto à legitimidade do Estado. [...] Outro fator significativo para que o projeto seja bem sucedido é o quão receptivo serão os moradores das favelas para assumirem as suas responsabilidades cívicas, tais como pagar por serviços e taxas legítimas. O lugar-tenente do BOPE, Francisco de Paula, o qual também é residente da favela do Jardim Batan [favela controlada por "milícias" antes da UPP], contou-nos que muitos da sua comunidade resistiam à ideia de terem que passar a pagar taxas mais elevadas por serviços como eletricidade e água, outrora providos por fontes piratas. Carvalho também disse que os seus oficiais encontraram uma confusão generalizada entre os moradores que, até agora, vinham pagando por eletricidade e TV a cabo providas por fontes clandestinas. "É muito difícil para eles ter que pagar, de uma hora para outra, por serviços que antes eles recebiam por menos ou até mesmo de graça", disse ele. Carvalho também se lamentou pela mentalidade dominante entre os moradores de favelas que viveram por décadas sob o controle de grupos de narcotraficantes. "Esta geração está perdida", disse ele. "Precisamos nos concentrar nas crianças através da promoção de programas de esporte e educação"[7].

Apesar de inicialmente a "metáfora da guerra" estar ao lado da proximidade, é um acontecimento que parece selar o discurso da entrada do Estado num lugar que sua presença era inexistente ao afirmar a interpretação prévia de sua ausência.

Lopes (2014) ao analisar os dias de ocupação do Complexo do Alemão pelo Exército nos mostra como esse acontecimento modifica os termos pelos quais era tratado o processo de pacificação. É a partir dali que se cria o consenso em torno da entrada das forças armadas como condição prévia para a instalação das UPPs nos territórios que não contavam com sua presença.

A importância do acontecimento vai além, porque este consenso se estabelece entre diferentes forças, incluindo o próprio Exército, que naquele momento era reticente das consequências desta participação, e também a mídia e o governo federal para fazer um cinturão de segurança que ultrapassasse o circuito de favelas da Zona Sul e levasse a política de pacificação para outros territórios. Essa é a mudança de qualidade política das UPPs em dois sentidos:

---

7 Citado a partir de Tomazine (2011) e disponível em <http://wikileaks.ch/cable/2009/09/09RIODEJANEIRO329.html>

a. militarização como dispositivo securitário: com o Alemão, as UPPs entram numa nova fase e se militarizam mais, porque passam a depender do efetivo das forças armadas para sua manutenção.

b. a ausência do Estado no território: a ocupação do Alemão dá o caráter simbólico das UPPs, ou seja, é a representação de que o problema é a ausência do monopólio legal e legítimo da violência por parte do Estado e não a construção de um certo tipo de Estado.

Esta representação da ausência do Estado vai estabelecendo os contornos da pacificação. É o que parece ser possível flagrar na constatação na Baixada Fluminense sobre o processo de migração do crime por conta da política de pacificação que tem ocorrido nas favelas cariocas e na articulação de movimentos — que vão da Igreja, prefeituras, associações de moradores, ONGs e jornais — que têm demandado a implementação de Unidades de Polícia Pacificadora na região. Não sem propósito que a primeira UPP instalada fora da cidade do Rio de Janeiro se situa em Duque de Caxias, na favela da Mangueirinha, próxima dos acessos do Arco Metropolitano.

A implantação das UPPs passa a ser expandida e estendida para outros territórios às margens, figurados como lugares violentos e precários, mas nem sempre com situações semelhantes à violência das facções criminosas e ao narcotráfico.

Portanto, discutir as Unidades de Polícia Pacificadora no Rio de Janeiro não a partir de sua presença, mas de sua ausência parece ser fundamental para compreender os efeitos de construção do dispositivo e de como são estabelecidos diagnósticos prévios para a solução dos problemas, mesmo que não correspondam a uma efetiva solução.

UPP na baixada

Há um acontecimento, cujos impactos parecem iluminar a ausência das UPPs em outros territórios fora do radar das intervenções do governo. Nos referimos à chacina que aconteceu num bairro da Baixada Fluminense, em 2012.

Numa manhã de setembro de 2012 um acontecimento recolocaria a Baixada no mapa da violência urbana do país. Num canteiro de obras da Rodovia Presidente Dutra, na altura de Nova Iguaçu, um operário encontrou seis corpos de jovens mortos com marcas de torturas e mãos amarradas. Os adolescentes estavam desaparecidos desde o final de semana anterior e a notícia já circulava na mídia televisiva e impressa. A descoberta dos corpos revelava as suspeitas de que algo grave acontecera. Os adolescentes estudavam em escolas de Nilópolis, município vizinho, eram considerados de classe média, bons estudantes, o que causou grande comoção na cidade.

Os primeiros sinais de violência apontavam características semelhantes a outros crimes com certa espetacularização da violência. Corpos arrumados um ao lado do outro, amarrados como se a execução contivesse a "assinatura" dos criminosos para que seus autores pudessem ser rapidamente identificados.

Com a repercussão nacional, o governo enviou 250 policiais, entre PMs e homens do BOPE e conseguiu o apoio de carros blindados de fuzileiros navais para a ocupação do bairro. O governo, contudo, agiu com cautela em relação à solução desencadeada pela comoção e em nenhum momento anunciou a possibilidade de instalação de uma UPP na denominada "comunidade da Baixada".

A ocupação militar imediata do bairro não teria nada de surpreendente, ao menos depois que cenas de ocupação do Complexo do Alemão por forças do Exército brasileiro e blindados correram mundo afora e replicaram em todas as demais instalações de UPPs seguintes.

As manchetes dos jornais também estampavam a ocupação como a "pacificação" de mais uma comunidade violenta e a necessidade da ocupação policial permanente diante do suposto controle do território por traficantes de facções criminosas. A mídia destacava que havia ocorrido uma chacina numa "favela da Baixada Fluminense".

Não tardou a se repetir o mesmo figurino de ações anteriores em outras favelas do Rio. Amplo efetivo policial, prisão rápida de traficantes da comunidade, taxados como os principais suspeitos do crime, e exibição de imagens do efetivo do BOPE entrando em mais uma favela. Contudo, o desenlace da história não repetiu o trajeto das imagens de ocupação de favelas com uma bandeira brasileira estendida como símbolo da retomada do território pelo Estado. Primeiro, porque os traficantes não eram provenientes da localidade e aos olhos dos moradores eram estrangeiros que migravam das favelas do Rio. Segundo, porque a motivação do crime, expressa pelos moradores e também pelo próprio governo, era a política de implantação das UPPs na capital provocada pela migração de criminosos para a Baixada.

O governador Sérgio Cabral declarou que a fuga de "marginais das comunidades pacificadas" no Rio de Janeiro que migravam e buscavam manter a estrutura de poder garantida pelo território podia ser interpretada como causa da "chacina": "eles conseguem escapar, se reorganizar e tentam manter a estrutura do poder paralelo. Isso tem sido bem claro para a gente. A gente não tem ilusão" (Folha de S.Paulo, 12/09/2012).

O secretário de segurança pública, José Mariano Beltrame, repetiria o mesmo discurso da ausência e descaso do Estado naquela comunidade já utilizado em outras ocasiões: "esta região foi relegada por décadas. Onde o Estado não estava o crime se fez presente. Mas hoje quero dizer para esta comunidade que a PM não vai mais sair daqui" (O Globo, 28/09/2012). No entanto, Beltrame negou a tese da migração de criminosos das favelas com UPP para outras regiões: "a migração acontece no sentido das lideranças do tráfico. Não há migração em massa" (O Globo, 28/09/2012).

Algumas vozes insatisfeitas de organizações da Baixada também se expressaram. A Igreja Católica emitiu nota definindo a "chacina" como "uma tragédia anunciada". E moradores reclamaram da escalada de insegurança na região e no bairro. Do ponto de vista dos moradores, tanto a cobertura da mídia como a visão externa reforçavam preconceitos e estereótipos e causariam enorme insatisfação. Atos foram convocados pela Igreja Católica e um movimento foi criado e encampado por lideranças comunitárias, ONGs e moradores. O movimento pretendia demonstrar que o bairro não era uma favela e a violência era uma consequência perversa da pacificação nas favelas cariocas e não endógena ao bairro. O bairro, antes tranquilo, sem a presença do tipo de violência existente nas favelas cariocas, estaria agora tomado por traficantes sem território.

Era como se à queixa recorrente da ausência de investimento público na Baixada se acrescentasse agora as consequências perversas do processo de pacificação carioca. O acontecimento da chacina revelava, portanto, uma situação diferente das anteriores por alguma razões:

1. A ocupação militar não acontecia numa favela carioca, mas num bairro da Baixada Fluminense. A despeito de não ocorrer numa favela do Rio e de nem ser exatamente numa favela, a ocupação foi nomeada como de uma favela da Baixada.
2. Para os moradores a motivação do assassinato dos jovens por traficantes foi consequência indireta do processo da migração de bandidos do Rio depois da implantação das UPPs.
3. Apesar das declarações duras, o governo foi bastante comedido em defender a instalação de uma UPP no local. Apesar de reiterar o discurso da ausência do Estado como monopólio da violência, buscava-se não definir de antemão a instalação de uma UPP como solução para aquela violência desmedida.

O desvendamento das razões da chacina nos leva a nos depararmos com uma dinâmica importante, mas pouco conhecida, que são as mediações da mercadoria política no funcionamento do mercado de droga como consequência das políticas de pacificação.

Foi a suspensão unilateral do pagamento do arrego pelo traficante local que desencadeou a chacina. É a desmedida desse ato que revela por contraste o papel decisivo da mercadoria política no funcionamento desses mercados e, portanto, de uma forma de produção de governamentalidades nas margens do Estado. Sobre isso retomaremos mais a frente o argumento na exposição do campo de pesquisa.

No caso da Baixada Fluminense, a ampliação da política de pacificação passou a articular não apenas moradores preocupados com o aumento da violência, mas prefeitos, secretários, vereadores, associações religiosas, movimentos sociais, empresários e a imprensa local. Esse movimento teve como consequência a instalação de Circunscrições Integradas de Segurança Pública (CISPs) num primeiro momento e a instalação da primeira UPP em Duque de Caxias, na Favela da Mangueirinha.

A UPP da Mangueirinha foi inaugurada em sete de fevereiro de 2014, no morro da Mangueirinha, próximo de Olavo Bilac, em Duque de Caxias. Foi a 37ª UPP e a primeira fora do Rio de Janeiro. Os dias que antecederam a inauguração da UPP repetiram o roteiro de outros momentos: amplo anúncio da inauguração antes da entrada da polícia e do Exército e ocupação militar com um efetivo das Forças Armadas, do BOPE e da Polícia Militar. No mesmo dia, a prefeitura entrou com outros serviços na favela da Mangueirinha como forma de demonstrar que o Estado estaria retomando o controle do território também no âmbito social e não apenas através da ocupação militar.

O secretário Beltrame concederia uma entrevista que destacaria dois pontos no sentido da garantia e aperfeiçoamento das UPPs. A primeira era indicar que o governo estadual poderia solicitar o retorno da ocupação do Exército em determinadas localidades onde persistiam conflitos e/ou retorno dos traficantes, como no Complexo do Alemão em que uma recruta havia sido morta em confronto com traficantes; o segundo, associar o desordenamento urbano das favelas como um obstáculo para o policiamento de proximidade e aliado do tráfico. Para Beltrame, a prática da remoção deveria deixar de ser tabu, pois os pequenos corredores e espaços na favela eram estímulo e aliado do tráfico de drogas.

Microcosmo do tráfico de drogas: mercados ilegais, mercados políticos

Analisar o microcosmo do mercado das drogas num bairro popular da Baixada não deve apenas reproduzir as características existentes no funcionamento desse mercado na cidade do Rio de Janeiro. De algum modo, analisá-lo pressupõe considerar as diferentes conjunturas desse mercado. No caso analisado, notadamente a política de pacificação no Rio de Janeiro, que tem seus efeitos nesses lugares.

O mercado informal de drogas ganhou importância por que lhe foi imputado a responsabilidade central pelo aumento da violência urbana no Rio de Janeiro. Não estão claros os efeitos que a implantação das UPPs causou sobre esse mercado, mas sua ampliação está longe de tê-lo feito recuar.

A relação entre mercadorias ilegais e mercadorias políticas é mais importante para entender o problema da violência no Rio de Janeiro que a relação estereotipada entre drogas e criminalidade (Misse, 2011). E as trocas nesse mercado informal combinam dimensões econômicas e políticas, no sentido de maior controle ou flexibilidade do estado na repressão da distribuição e na própria ação dos agentes encarregados em reprimir a circulação dessa mercadoria.

O conceito de mercadoria política nos ajuda a compreender o funcionamento desse mercado nessa situação dada. Mas, aqui cabem as seguintes questões: quais os impactos nesse mercado com a instalação das UPPs? Quais os impactos para regiões em que as UPPs não foram ou não serão implantadas?

Apesar de não estar escrito na forma de códigos ou leis, os agentes que participam desse mercado conhecem as regras informais que regulam seu funcionamento. O não cumprimento ou sua incompreensão podem levar a decisões completamente equivocadas que, nesse caso, são decisões de vida ou morte.

Diferentes regimes territoriais também influenciam a dinâmica desses mercados, mesmo que possamos perseguir determinados padrões de funcionamento. Nesse caso, em lugar de estabelecer um funcionamento comum em todas as "áreas pobres", é preciso se perguntar como essa dinâmica funciona em cada regime territorial particular. Nesse caso, nos parece que a própria mercadoria política não objetiva as mesmas relações na Baixada e no Rio de Janeiro.

O mercado informal de droga das áreas pobres no Rio de Janeiro tem características essencialmente varejistas e sua mercadoria principal é a cocaína que tem o melhor custo/benefício em relação a outras mercadorias ilegais desde os anos 1980. Vendidas em pequenas unidades chamadas de papelote ou papel são pequenos embrulhos ou pacotes tipo "bala", em quantidade e preços variáveis. A mistura da cocaína com outros produtos é comum nos papéis mais baratos[8].

O preço depende da qualidade do produto, ou seja, sua pureza e as condições de oferta. A informação que haverá repressão policial na área pode tanto precipitar que o estoque seja liquidado como levar a um aumento de preços pela escassez forçada. O aumento de preço pode resultar de uma perda do estoque por conta da repressão e apreensão da mercadoria ou pelo aumento de custos da mercadoria política, nesse caso a extorsão por parte de agentes policiais ou em outras escalas.

O movimento é variável conforme o lugar e a época do ano. Essa variação é explicável pelos preços, a qualidade do produto, a repressão policial e o custo das mercadorias políticas de proteção. Não há uma organização centralizada que distribua a mercadoria e controle o poder em todas as áreas. Essa distribuição é descentralizada, variável e nem sempre depende de contatos e intermediários mais ou menos organizados. Nos últimos tempos esse mercado pode ter se reorganizado e caminhado no sentido de maior concentração tanto pela política de pacificação como pelo domínio das milícias em determinadas áreas.

Há uma espécie de acumulação primitiva de capital pela alta rotatividade do negócio. Cada dono fica pouco tempo na área e deve se transferir o mais rápido possível para

---

[8] Essa descrição do mercado informal de droga no Rio de Janeiro parte das anotações do texto de Misse (2011). Aqui apresento uma breve descrição do funcionamento deste mercado no Rio de Janeiro, sem atentar para as especificidades de outros regimes territoriais que serão tratados no item sobre o "traficante maluco" e o "traficante empreendedor".

atividades consideradas legais (frotas de motéis, comércio) ou atividades ilegais, mas reprimidas em menor grau e cujos custos da mercadoria política sejam menores, como o transporte clandestino.

A saída do movimento é possível, desde que não haja dívidas. Mas, é claro que isso varia conforme a conjuntura do negócio e da região. Conversões religiosas também é uma opção autêntica de mudança de vida. (Teixeira, 2009; Cunha, 2009; Birman e Machado, 2012). Há uma provisoriedade de inserção dos donos que devem destinar rapidamente seus investimentos para o mercado legal ou mesmo que ilegal, com os menores custos da mercadoria política. No caso dos vendedores diretos presentes nas áreas pobres tudo que se arrecada é gasto. Parte considerável dos ganhos é utilizada para a compra de mercadorias políticas. A libertação de traficantes presos é um negócio relativamente lucrativo para agentes policiais que participam desse mercado. Sem a compra dessas mercadorias políticas o risco do negócio desaparecer é grande, seja por uma escalada de repressão e apreensão do produto pelos agentes estatais que descapitalizam o negócio, seja pela maior vulnerabilidade e exposição diante de potenciais concorrentes.

Para analisar esse microcosmo do tráfico resolvemos escolher duas situações que mostram essas possíveis nuances entre dois traficantes e sua relação com a mercadoria política.

O traficante "maluco"

Como em qualquer negócio más decisões podem custar caro. Uma avaliação equivocada da situação do mercado, de potenciais concorrentes, das obrigações formais e também informais com o estado pode levar um negócio promissor ao fracasso rápido e ao surgimento de concorrentes onde antes imperava uma posição de domínio.

Apesar da história da acumulação da violência desse bairro da Baixada guardar aproximações com a cidade do Rio de Janeiro, suas fases são distintas. Nos anos 1980, predominavam os assaltos a caminhão de gás, furtos e venda de maconha e a ação de matadores coincidindo com a hegemonia dos grupos de extermínio bem vistos pela comunidade, mas que acabavam fazendo uma "limpeza social" e agravando ainda mais o problema. A mercadoria principal era a maconha.

Depois nos anos 1990, a entrada da cocaína e o aumento exponencial de lucros transformou o tráfico de drogas numa economia ilícita maior nos municípios da Baixada. Esse mercado leva ao ocaso dos grupos de extermínio e à morte de vários matadores. Com a construção de um negócio baseado na economia da droga e suas ramificações, como a economia dos armamentos pesados e que se valorizavam de modo impressionante como mercadoria política, não valia mais a pena matar a "galinha dos ovos de ouro".

Os criminosos passavam então de possíveis inimigos a parceiros do negócio onde o ilícito se constituía em ganhos potenciais que precisavam ser administrados para que não houvesse problemas.

O histórico de disputas territoriais vai se dar a partir do custo da mercadoria política. Esta realidade era mutável a partir das relações estabelecidas pelo governante da vez com o aparato repressivo do estado. Os anos 1990 coincidem com o crescimento do tráfico de drogas e a entrada de armamento pesado no bairro. Começa a aparecer um tipo de armamento desconhecido: metralhadoras, pistolas e até balas traçantes que produziam faíscas no ar. Isso causa uma primeira mudança, a partir do aumento da circulação de dinheiro no bairro. A sabedoria popular de um observador arguto desta cena coloca a afirmação cortante: "onde a riqueza cresce, a pobreza explode".

As fases desse histórico se aproximam e se distanciam da imagem de territórios controlados, como no caso das favelas cariocas, e o impacto da mudança da mercadoria ilícita. A cocaína mudou a escala dos ganhos e fez circular um recurso antes não visto na região.

Esta história é bem conhecida e não é o caso de repeti-la. Mas, o interessante é perceber as conexões e diferenças entre uma história que já conhecemos e seu impacto ou a forma como isso se desenrola num bairro popular da Baixada. Se a chegada do tráfico se dá de modo semelhante com o aparecimento de uma nova economia do ilícito e que cresce na medida em que o custo do negócio propicia lucros cada vez maiores, a presença do estado na região, a forma como o aparato repressivo se relaciona com ele e como os moradores se situam diferencia o modo como a questão se articula.

Podemos constatar essas mudanças a partir de uma pequena história de dificuldades de relacionamento com os traficantes por parte de um morador, que teve instalado a sua revelia uma boca no quintal da sua casa e que funcionava das 20h30 até às 5h. "Era gente nova, gente velha, mulher com barriga, adolescente, gente chegando de carro, a pé, de bicicleta, num fluxo intenso de compradores que tornava a rua bastante movimentada e a casa um vai e vem de desconhecidos" (Entrevista com morador do bairro em janeiro de 2015). Era como se aquele ponto fosse o mais movimentado do bairro. Durante meses foi um entra e sai onde o terreno era o ponto de passagem do intenso comércio local.

Os negócios cresciam até que em dado momento a "galinha dos ovos de ouro foi morta" por um cálculo inábil que desencadeou uma reação dos agentes estatais e que alterou a escala do problema. O traficante principal resolveu deixar de destinar parte dos ganhos para o pagamento da mercadoria política, o que alterou substancialmente o campo de forças do negócio. Com esta decisão, a repressão e apreensão do produto aumentou e fez com que a necessidade de ocupação territorial para proteção dos pontos tivesse que ser cada vez mais ampliada por parte do traficante. A situação foi se tornando insustentável, o que o levou a uma tentativa de diminuir os conflitos buscando fazer um movimento para dentro do bairro.

Quanto mais endurecia, mais os conflitos aumentavam. "Não temos medo e não daremos o dinheiro". Apesar de ser "cria" do bairro, a pouca habilidade e destreza foram mortais e destruíram o negócio. O traficante era um "louco" e "não sabia administrar situações conflituosas". Ao querer resolver tudo do seu jeito foi acirrando os ânimos e tornando ostensiva a presença do aparato estatal repressivo e causando maiores problemas para os moradores.

O acirramento dos problemas vai fazer com que pela primeira vez uma das entidades sociais do bairro tivesse problemas com os traficantes. Num dia, homens se plantaram na frente no lugar para exigir a chave. Alvoroço entre os diretores, um deles é chamado às pressas, mesmo não sendo mais diretor. E se oferece para conversar com o gerente do tráfico. Sobe na garupa do motoqueiro e vai até a rua principal onde há o movimento. Fica impressionado com a cena: cerca de 50 homens distribuídos em duas fileiras na rua guardando o ponto e a espera de alguém. Logo chega o gerente na garupa de uma moto e armado com duas metralhadoras e três pistolas, para e diz que gostaria de "desenrolar um problema com ele". O gerente já sabia do que se tratava, mas disse que naquele momento não podia atendê-lo e propunha a conversa para mais tarde, às 21h. E que enviaria alguém de moto para pegá-lo.

À noite foi informado das razões dos traficantes em quererem tomar a entidade: para eles com o enfrentamento maior com a polícia o que se dava era que as forças policiais faziam incursões durante o dia, em horário de escola, nos momentos que os traficantes não estavam. E, em situações de conflito ocorriam mortes de moradores comuns. O receio do gerente era que essas mortes estavam todas sendo debitadas na conta dos traficantes. Ele dizia que não tinha medo da polícia e que não tinha problema de enfrentá-los durante a noite, algo que fazia parte do "trabalho". Mas que o efetivo policial nunca entrava no período noturno, quando ninguém estava na rua e a guerra seria menos desigual.

O gerente queria, deste modo, dar algum tipo de assistência à comunidade e colaborar com a entidade. Por isso acabara tentando tomá-la. Mas a conversa o fez pensar em outras formas de viabilizar essa "ajuda".

A pergunta do gerente foi o que dava para fazer pela comunidade? E sugeriu distribuir duas mil cestas básicas, realizar uma festa junina, promover um baile funk. De modo habilidoso esse morador conseguiu recusar a ajuda, sem entrar em conflito com o traficante. Sua alegação era que qualquer ajuda precisaria ser demonstrada contabilmente em notas fiscais para não ter problemas na prestação de contas. E esse recurso não poderia ser contabilizado.

Esta situação ocorreu um ano antes da tragédia e no período seguinte a situação só se agravou. A violência e o controle territorial foram se ampliando até a situação ficar insustentável. Segundo relatos, no dia em que os meninos subiam a cachoeira para se divertir no parque, os traficantes estavam acantonados lá. Subitamente o celular de um dos meninos toca com a música que foi identificada como de uma facção rival. A história dos acontecimentos seguintes da tragédia já é conhecida.

O traficante "empreendedor"

Os trânsitos no mercado ilícito podem ser mais insuspeitos do que se imagina. E a regulação desse mercado passa pelos valores adquiridos pela mercadoria política. O traficante "louco" que resolve decretar a suspensão do pagamento do arrego e vai motivar uma escalada de violência com um fim trágico parece se contrapor ao traficante com maior desenvoltura no negócio e que percebe a necessidade de mudar de ramo na hora certa. Com o perigo à espreita é melhor "pegar uma indenização" e com o capital acumulado comprar três vans e entrar no negócio do transporte clandestino. Afinal de contas, no caso da Baixada este é um ramo promissor e em expansão, dado os graves problemas estruturais de mobilidade urbana que historicamente afetam a região.

O funcionamento desse mercado de certo modo empreendedor, pois aberto como "oportunidade" para todos aqueles que escolhem se arriscar nessa modalidade de capitalismo aventureiro, não exime o empreendedor de conhecer as regras desse ramo que passam pela formação familiar ou pelo *éthos* que organiza sua própria conduta.

Aqui vale mais o *éthos* empreendedor que o *éthos* guerreiro. Saber identificar oportunidades e tomar decisões na hora certa parece um conhecimento tácito que não se aprende nos bancos escolares, mas que passa por um processo de socialização anterior, uma competência tácita e não devidamente aprendida.

José é um jovem de 28 anos, empreendedor local, casado, dois filhos e com uma família muito devota que ajudou a criar uma das primeiras igrejas do seu bairro. O problema é que José ascendeu rapidamente e se tornou o gerente do tráfico de drogas local, o que sempre lhe trouxe alguns dramas de consciência. Querendo sair dessa vida e sem saber de que modo, resolveu pegar por conta própria o dinheiro de uma "indenização", ou seja, o capital de giro da boca, comprar três vans e entrar no negócio de transporte clandestino na Baixada. Está jurado de morte, mas até agora seu outro negócio vai bem.

Sua família criou uma das pequenas denominações religiosas que funcionam nas ruas principais e transversais do bairro. Ao conhecer sua avó e sua família a conversa se desenrola com várias referências a passagens bíblicas, mostrando que não são fiéis que circulam de religião em religião num pragmatismo que estrutura esse mercado da fé. No caso da família de José as referências bíblicas demonstram um conhecimento mais arraigado da doutrina.

Antes da tragédia, apesar dos conflitos morais advindos do negócio e da vida religiosa da família, a convivência da religião e do negócio de José ocorria na mesma rua. O negócio funcionava bem, pois a educação lhe forneceu uma visão para o empreendedorismo.

Mas quando a tragédia ocorreu e a escala do negócio se alterou com um toque de recolher de todo o ilícito, ao menos momentaneamente até a poeira baixar, José decidiu mudar de ramo após dimensionar todos os riscos daquele negócio.

Essa alteração teve um impacto significativo na vida de José que foi obrigado a sair do bairro para evitar problemas com outros adversários do negócio que não concordaram com os valores que foram definidos de modo unilateral.

O que se vê nessa trajetória é o trânsito de um mercado ilegal cuja repressão aumentou desmesuradamente, pelo menos de modo momentâneo, para outro em que os custos da mercadoria política e os riscos são menores.

Algumas considerações

Procuramos discutir o processo de pacificação a partir de sua ausência e como isso, a partir de uma perspectiva analítica da produção das margens, nos possibilita pensar em dinâmicas e agenciamentos produzidos em outros regimes territoriais que não aqueles que originariamente foram objeto dessa política, ou seja, as favelas cariocas.

No caso tratado, uma localidade na Baixada Fluminense, a ausência do estado como justificativa da pacificação a partir da ocupação militar das comunidades pobres para levar segurança não é assim percebida pelos moradores. De um lado, devemos afastar a noção da Baixada como uma periferia com carências, mas em que a universalização dos serviços públicos foram de algum modo resolvidos, como em outros casos em que a chegada desses serviços se expandiu e levou a um deslocamento de determinadas problemáticas da periferia para lugares ainda mais distantes, como no caso da periferia paulistana, em que o conceito parece ser mais adequado. Ainda há uma ausência significativa de atendimento de água, esgoto, luz e asfalto, o que faz com que a Baixada conviva com ilhas de riqueza e bolsões de pobreza. Isso estruturou na percepção de seus moradores a necessidade de resolver esses problemas de modo a prescindir de uma presença mais efetiva do estado, mesmo que em suas demandas esta seja a reivindicação mais recorrente. Esse mesmo estado, no entanto, está lá presente no modo como estruturou uma espécie de "mercado político" na região e passa a ser pressionável através desses eventos espetaculares que ocorrem de tempos em tempos, sobretudo em determinadas dimensões da criminalidade.

As práticas do estado na Baixada levaram à percepção de sua ausência, o que de fato se manifesta na ausência de infraestrutura urbana e serviços públicos precários se comparados à cidade do Rio de Janeiro. As margens produziram como resposta dos moradores da Baixada práticas coletivas comuns, na maioria das vezes não organizadas nas formas políticas mais reconhecidas, mas que buscavam enfrentar a solução dos problemas de modo imediato, recorrendo apenas ao universo comunitário presente.

A percepção de um processo de "migração do crime", "o deslocamento de bandidos do Rio para a Baixada como consequência perversa das UPPs", restabelecem os sentidos e as fronteiras, lugares e limites da política de segurança. De algum modo, seu pressuposto principal é a ideia de uma ausência do estado nos territórios precários, sobretudo no aspecto da segurança, onde o crime dominou territorialmente comunidades carentes e daí a necessidade de retomar estes territórios como forma de viabilizar qualquer tipo de política pública.

Contudo, a ocupação de uma bairro pobre na Baixada e a recusa à implantação de uma UPP vista como a presença permanente da polícia, demonstra que a ampliação da militarização do território tem seus limites tanto materiais quanto políticos e simbólicos. Ao ter que responder à exigência da presença de policiamento a partir da instalação das UPPs nesses territórios precários, o governo se vê sem possibilidade de responder do mesmo modo que faz nas favelas cariocas.

A circulação dos moradores, a mobilidade do crime, seus discursos e rumores, as interfaces com um mercado político constituído de modo distinto e que regula diferentes agenciamentos estatais e privados nos permite não apenas observar as dinâmicas específicas de outros territórios, como esse bairro da Baixada Fluminense, mas nos fornece uma compreensão mais ampliada da própria produção da política de pacificação e seus impactos em outras localidades de moradia de populações pobres e vulneráveis.

REFERÊNCIAS BIBLIOGRÁFICAS

ALVES, J. C. S. *Dos barões ao extermínio*: uma história da violência na Baixada Fluminense. Duque de Caxias: APPH, 2003.

ARANTES, P. *O novo tempo do mundo*. São Paulo: Boitempo, 2014.

BARRETO, A. S. *Cartografia política*: as fases e faces da política na Baixada Fluminense. Tese de Doutorado, Programa de Pós-Graduação em Antropologia Social, Rio de Janeiro: UFRJ, 2006.

BIRMAN, P., & MACHADO, C. *A violência dos justos*: evangélicos, mídia e periferias da metrópole. Revista Brasileira de Ciências Sociais, vol. 27, n.º 80, 2012.

BURGOS, M. B.; PEREIRA, L. F. A.; CAVALCANTI, M.; BRUM, M.; AMOROSO, M. *O efeito UPP na percepção dos moradores das favelas*. Desigualdade e Diversidade: Revista de Ciências Sociais PUC/RJ, 11, 49–97, 2011.

CANO, I.; BORGES, D.; RIBEIRO, E. *Os donos do morro*: Uma avaliação exploratória do impacto das Unidades de Polícia Pacificadora (UPP's) no Rio de Janeiro. Rio de Janeiro: LAV/Banco de Desenvolvimento da América Latina/Heinrich Böll Stiftung, 2012.

CUNHA, C. V. *Evangélicos em ação nas favelas cariocas*: um estudo sócio-antropológico sobre redes de proteção, tráfico de drogas e religião no Complexo de Acari. Tese de Doutorado, Programa de Pós-Graduação em Ciências Sociais, Rio de Janeiro: UERJ, 2009.

DAS, V.; POOLE, D. *Anthropology in the Margins of the State*. Santa Fé: Oxford: School of American Research Press/ James Currey, 2004.

ENNE, A. L. *Imprensa e Baixada Fluminense*: múltiplas representações. Ciberlegenda (UFF), n.º 14, 2004.

FLEURY, S. *Militarização do social como estratégia de integração* — o caso da UPP do Santa Marta. Sociologias, 14(30), 194–222, 2012.

FOUCAULT, M. *Em defesa da sociedade*: curso no Collège de France. São Paulo: Martins Fontes, 1999.

GRAHAM, S. *Cities under siege*: the new military urbanism. London: Verso Books, 2011.

GRAHAM, S. *El nuevo urbanismo militar*. Antropología. Boletín Oficial del INAH, n.º 94, p. 6–18, 2012.

GRAHAM, S. *La guerra y la ciudad*. New Left Review (español), n. 44, p. 113–124, 2007.

GROS, F. *Estados de violência*: ensaio sobre o fim da guerra. Aparecida: Ideias e Letras, 2009.

LEITE, M. P. *Entre a 'guerra' e a 'paz'*: Unidades de Polícia Pacificadora e gestão dos territórios de favela no Rio de Janeiro. *Dilemas: Revista de Estudos de Conflito e Controle Social*, 7(4), 2014.

________. *Gestão das "margens" no Rio de Janeiro*: sobre dispositivos e agenciamentos em curso em algumas favelas cariocas, *39.º Encontro Anual da ANPOCS*. Caxambu: ANPOCS, 2015.

LOPES, V. E. *O foco de todo o mal*: Estado, mídia e religião no Complexo do Alemão. Dissertação de Mestrado, Programa de Pós-Graduação em Ciências Sociais, Rio de Janeiro: UFRRJ, 171 pp, 2014.

MENEZES, P. *Os rumores da "pacificação"*: a chegada da UPP e as mudanças nos problemas públicos no Santa Marta e na Cidade de Deus. Dilemas: Revista de Estudos de Conflito e Controle Social, v. 7, n. 4, p. 665–684, 2014.

MIAGUSKO, E. *Esperando a UPP*: Circulação, violência e mercado político na Baixada Fluminense. Revista Brasileira de Ciências Sociais, v. 31, n. 91, 2016.

MISSE, M. *Crime e violência no Brasil contemporâneo*. Estudos de sociologia do crime e da violência urbana. 2.ª edição. Rio de Janeiro: Lummen Juris Editora, 2011.

MISSE, M. *Os rearranjos de poder no Rio de Janeiro*. Le Monde Diplomatique Brasil, n. 48, 2011.

MONTEIRO, L. A. *Retratos em movimento*: vida política, dinamismo popular e cidadania na Baixada Fluminense. Tese de Doutorado, Programa de Pós-Graduação em História Social. Rio de Janeiro: UFRJ, 2007.

BRITO, F.; OLIVEIRA, P. R. (orgs.). *Até o último homem*. São Paulo: Boitempo, 2013.

ROCHA, A. S. *As representações ideais de um território*- dinâmica econômica e política, agentes e a produção de novos sentidos na apropriação territorial da Baixada Fluminense pós 1990. Tese de Doutorado, Programa de Pós-Graduação em Geografia. Rio de Janeiro: UFRJ, 2014

RODRIGUES, T.; DE CASTRO, F. R.; MENDONÇA, T. *A exceção como prática*: as políticas de pacificação no Rio de Janeiro (2008-2015). Brasiliana-Journal for Brazilian Studies, v. 4, n. 2, p. 73–111, 2016.

SILVA, L. A. M. *Sociabilidade violenta*: por uma interpretação da criminalidade violenta no Brasil contemporâneo. Sociedade & Estado, n.º 19, n.º 1 (jan./jul. 2004): 53-84, 2004.

SOUZA, M. L. *Militarização da questão urbana*. Lutas Sociais, n. 29, p. 117–129, 2012.

TEIXEIRA, C. *A construção social do 'ex-bandido'*: um estudo sobre sujeição criminal e pentecostalismo. Dissertação de Mestrado, Programa de Pós-graduação em Sociologia e Antropologia, Rio de Janeiro: UFRJ, 2009.

TEIXEIRA, E. *A doutrina da pacificação*. Disponível em<http://passapalavra. info, 2011>.

Empreendedorismo cultural nas margens da cidade

LIVIA DE TOMMASI[1]

Introdução

No decorrer de minhas visitas na Cidade de Deus, território da Zona Oeste da cidade do Rio de Janeiro onde realizei pesquisa de caráter etnográfico entre 2010 e 2015, logo após a instalação da Unidade de Polícia Pacificadora (UPP) em 2009, me deparei com uma configuração social bastante distinta daquela usualmente descrita na literatura acadêmica sobre "favelas"[2] e nas manchetes dos jornais: no lugar de um território da pobreza, da falta e da violência, da exclusão e marginalização, encontrei um lugar atravessado por atividades econômicas e políticas pujantes. Observamos (Tommasi e Velazco, 2013) que a nova estratégia de policiamento chamada de "policia pacificadora" que, naqueles anos, redefinia os termos dos conflitos armados, políticos e econômicos na cidade (Barbosa, 2012) era acompanhada pela produção de um novo regime discursivo sobre as "favelas" que celebrava as capacidades criativas e empreendedoras das populações locais, a riqueza de suas soluções para "sobreviver na adversidade" (na literatura especialista se fala de "resiliência"); programas e projetos, dos setores público, privado e privado não lucrativo (geralmente em combinação), eram introduzidos para estimular e suportar a atitude empreendedora entre a população local. Na retórica

---

[1] É socióloga e professora associada do Bacharelado em Políticas Públicas e do Programa de Pós-Graduação em Ciências Humanas e Sociais da Universidade Federal do ABC.

[2] Cidade de Deus não é, a rigor, uma favela, mas um conjunto de conjuntos habitacionais. Só algumas regiões são consideradas, pelo IBGE, "aglomerados subnormais", ou seja, têm as características que definem, para finalidades estatísticas, um território como uma "favela". Mas, no imaginário da cidade e para os moradores, o lugar é uma "favela".

oficial, as "favelas" passaram a ser celebradas como "territórios das oportunidades"[3]. Os jovens, em particular, eram alvo privilegiado de iniciativas que visavam estimular e, supostamente, fornecer os instrumentos para que atuassem como gestores, produtores, empreendedores de cultura: não somente através dos usuais cursinhos de formação, mas também de "editais" e "prêmios" para incentivar e financiar suas atividades empreendedoras no âmbito cultural.

Ampliando a lente, encontrei a efervescência de iniciativas promovidas por jovens produtores culturais periféricos atuantes em diferentes territórios da cidade: desde iniciativas mais antigas, como os cineclubes da Baixada Fluminense (onde foi criado, inclusive, o primeiro galpão colaborativo de artistas e produtores da região, o Gomeia) e os bailes funk, até as mais recentes Rodas de Cultura (Silva, 2018), os inúmeros saraus que ocupavam ruas e bares da cidade, as Batalhas do Passinho que conquistaram palcos internacionais, as várias manifestações ligadas à cultura negra. De forma geral, iniciativas artísticas e culturais oriundas das margens da cidade conquistaram, em anos recentes, no Brasil, uma visibilidade significativa[4], nos âmbitos das artes plásticas (grafite), da música (rap, funk), da poesia (saraus, *slams*, rodas ou batalhas de rima), da dança (do *break* ao Passinho), do audiovisual. Suportadas, em menor ou maior medida, dependendo do governo local, por alguns programas governamentais e do setor empresarial. Só para citar dois, no Rio de Janeiro, o "Eixo Rio" da prefeitura da cidade[5] e os festivais promovidos pelo projeto "Fazedores Lifeaholic" da empresa Rider[6].

Dando continuidade às indagações que venho realizando (Tommasi, 2013) sobre "ativismo cultural" e empreendedorismo nas margens da cidade, na primeira parte do texto avanço algumas hipóteses procurando compreender as condições de possibilidade que fizeram da cultura um setor econômico central no contexto da globalização. Em seguida, situo a difusão do empreendedorismo no contexto das novas configurações do trabalho. Na última parte, traço algumas características do trabalho no campo da cultura e esboço algumas pistas para futuras pesquisas.

---

3 "Favela é oportunidade" é o titulo de um programa e de uma série de publicações organizados pela prestigiosa entidade Fórum Nacional/Instituto Nacional de Altos Estudos (www.forumancional.org.br), organização presidida pelo ex-ministro João Paulo Velloso.

4 Existe, a respeito, uma vasta produção acadêmica. Para o contexto paulista cf., dentro outros, D'Andrea (2013), Aderaldo (2017), Peçanha (2009); no Rio de Janeiro, há uma rica produção gestada no âmbito do Programa de Pós-graduação em Cultura e Territorialidades da UFF. Cf. também as publicações da editora carioca Aeroplano.

5 "O EixoRio surge em um momento especial de transformação do Rio de Janeiro, quando o carioca volta a sentir orgulho de sua cidade. Com inteligência, inovação e criatividade, imbuído do espírito descontraído e vanguardista peculiar de quem nasce na Cidade Maravilhosa ou a escolhe para viver, o EixoRio identifica oportunidades e vocações naturais de cada região, dando voz a seus moradores. Estabelecer novos eixos, gerar novas oportunidades, jogar luz sobre áreas antes obscuras e sobre artistas até então anônimos, quebrar barreiras culturais e estimular o intercâmbio de ideias são algumas das propostas do Instituto". Disponível em <http://www.rio.rj.gov.br/web/eixorio>.

6 Mais informações em <http://www.projetofazedoresrider.com.br/>.

A performance da cultura e a economia criativa

> Foi o mundo da cultura que primeiro aceitou o desafio de mudar. De criar um outro Brasil. Sem pobreza e sem a arrogância dos ricos, sem miséria definitivamente. É pela brecha da cultura que poderemos dar o salto do reencontro do país com sua cara. Um Brasil totalmente simples, mas radicalmente humano. O que importa é alimentar gente, educar gente, empregar gente. E descobrir e reinventar gente são a grande obra da cultura (Mamberti *apud* Brant, 2003, p.15).

Recurso para o desenvolvimento, setor prioritário para os investimentos, ingrediente central nos projetos de "requalificação urbana" ou de valorização e "reapropriação" das identidades "locais" e/ou de "minorias", solução para os problemas sociais: o campo da cultura assume, em anos recentes, novos e estratégicos papeis. No Brasil, as palavras acima do então secretário da Identidade e Diversidade Cultural do Ministério da Cultura (MinC), Sergio Mamberti, exemplificam bem o entusiasmo com o qual a gestão de Gilberto Gil à frente do MinC reivindicou para si o papel transformador que se esperava fosse a marca do primeiro governo do Partido dos Trabalhadores no âmbito federal. Através da "brecha da cultura", o combate à pobreza, a gestão participativa e o respeito e valorização da "diversidade" permitiriam gestar um "outro Brasil". "A opção por um conceito abrangente de cultura, dito 'antropológico'", comenta Albino Rubim, influente produtor do discurso que sustentou as ações do MinC, seria a marca de uma gestão que se propunha a fazer com que a política cultural deixasse de estar circunscrita à cultura erudita para abranger "outras modalidades de culturas: populares; afro-brasileiras; indígenas; de gênero; de orientação sexual; das periferias; da mídia audiovisual; das redes informáticas etc" (Rubim, 2007, p. 12).

"A cultura esta em toda parte", observa o antropólogo Ulf Hannerz (1996, p.43), argumentando sobre o embaraço da antropologia com o sucesso e a popularidade adquirida pelo conceito, diretamente proporcional à sua crescente indefinição. No campo da produção cultural, o conceito antropológico de cultura se confunde com o sentido interno ao campo, ou seja, como um setor de atividade, de produtos e coisas, de bens. Para Marilyn Strathern, as formas culturais ocidentais substantivam práticas e relações sociais. Assim, "a atividade 'cultural' é a diversificação, bem como a proliferação de coisas." (2006, p.489).

Em minhas indagações, abordo a cultura fazendo referência à ferramenta analítica proposta por Foucault com o termo "dispositivo" (1979): um conjunto variado de práticas, instituições, agentes, discursos, saberes. Dispositivos produzem, ativam, implicam, conduzem. Nas palavras de Agambem, são máquinas que produzem subjetivações e, por isso, "máquinas de governo": "conjunto de práxis, de saberes, de medidas, de instituições cujo objetivo é de administrar, governar, controlar e orientar os comportamentos, os gestos e os pensamentos dos homens" (2005, p. 12). O que chamei de "dispositivo de arte e cultura" adquiriu, na conjuntura histórica do "*millenial development*" (Roy, 2010) uma centralidade significativa, ainda mais evidente no contexto brasileiro. Para George Yúdice, no mundo globalizado o papel da cultura expandiu-se como nunca antes para as esferas econômicas e políticas. Os organismos multilaterais (Banco Mundial e Banco Interamericano de Desenvolvimento) e a União Europeia "começam a compreender a cultura como esfera crucial de investimentos, a cultura e as artes são cada vez mais tratadas como qualquer outro recurso" (2006, p. 30). Nessa nova fase do capitalismo as novas tecnologias, o trabalho imaterial, os bens culturais, adquirem centralidade para o crescimento econômico, como propulsores de desenvolvimento. É a fase do "capitalismo cultural" (Rifkin, *apud* Yúdice, 2006, p. 25). Da esfera econômica à esfera política, essa "conveniência da cultura" transforma a cultura em recurso para outros fins, a produção cultural em produção econômica politicamente relevante.

> O uso da alta cultura (por exemplo, museus) para os objetivos do desenvolvimento urbano; a promoção de culturas nativas em patrimônios nacionais a serem consumidos no turismo; lugares históricos que são transformados em parques temáticos do tipo Disney; a criação de indústrias de cultura transnacional como complemento para a integração supranacional; a redefinição da propriedade intelectual como forma de cultura com a finalidade de incitar o acumulo de capital na informática, nas comunicações, nos produtos farmacêuticos, no entretenimento (Ibid, p. 47).

Segundo o autor, no âmbito do processo de globalização a "diferença" tornou-se um valor, acionando supostamente a "valorização da identidade" de "minorias" culturais. A reivindicação de especificidades e diferenças culturais é "conveniente" na medida em que multiplica mercadorias e confere direitos às comunidades. "Qualquer produto pode ser saturado de identidade", observa o sociólogo Paul Gilroy (2007, p. 124) crítico a respeito dos acionamentos identitários que essencializam práticas e sujeitos. É o que Comaroff e Comaroff chamam de "etnicização" de práticas, serviços, produtos (2009). No Brasil, definições identitárias são acionadas para ordenar as "diversidades" às quais está direcionado o cardápio de projetos da Secretaria da Identidade e Diversidade Cultural do MinC. Os critérios de classificação são curiosamente muito variados: etários (jovens), étnicos ou de cor (indígenas, negros), de orientação sexual (gays, trans), de localização (rurais, periféricos) e outros mais aleatórios (pessoas com deficiência, doentes mentais).

Grupos "minoritários" são supostamente provedores de experiências fundamentais na construção de "ambientes criativos". A categoria economia criativa[7] se popularizou no começo do novo século como o setor da economia onde a criatividade dos indivíduos é a matéria prima geradora de valor. Surgida no contexto australiano em meados dos anos 1990 e retomada com força no Reino Unido, é considerada como uma "nova" economia, centrada na autorrealização das pessoas (não na alienação), no uso de um "capital humano" abundante e difuso — a criatividade — (e não na propriedade dos meios de produção); uma nova economia que fomenta "novos" formatos organizacionais (supostamente colaborativos), "novos" modos de fazer que utilizam e, ao mesmo tempo, elevam o potencial das "novas" tecnologias. O capitalismo, dessa forma, abandonaria sua vocação predatória (sobre o planeta e os viventes) para se tornar ecologicamente sustentável, valorizar o ser humano e a qualidade de vida. Um modo de produção que, observam Comaroff e Comaroff, "apresenta a si mesmo como um evangelho de salvação" (*apud* Scoz 2014, p. 2). É justamente no contexto da crise econômica que eclode com força no começo do novo século, que o conceito de economia criativa conquista novos territórios, graças ao trabalho de difusão e incentivo promovido pela UNCTAD (*United Nations Conference on Trade and Development*) (UNCTAD, 2008 e 2010). O que chama atenção quando se percorre a literatura especializada sobre o tema é a forma como são repetidas, quantificadas, enumeradas as "virtudes salvadoras" da economia criativa enquanto motor do desenvolvimento. Seja no Brasil, na Itália, na Inglaterra, os textos oficiais relatam o sucesso do setor em termos de número de trabalhadores, porcentagem de contribuição ao PIB (Produto Interno Bruto) nacional, potencial de crescimento. Números que contrastam o quadro geral de recessão nos setores tradicionais das economias nacionais. Como observa Louise Scoz:

> Nos relatórios da UNCTAD, os números parecem pensados de modo a potencializar efeitos de otimismo especialmente sobre audiências empresariais e leigas. A noção demasiadamente elástica do que constitui uma indústria criativa permite a extrapolação de estatísticas que reúnem em um mesmo cálculo o desempenho de multinacionais de propaganda, o setor de pesquisa e desenvolvimento de laboratórios farmacêuticos com produções artísticas de baixo investimento (Scoz, 2014, p. 7).

---

[7] Existe, no Brasil, uma vasta bibliografia sobre o tema da economia criativa; mas na quase totalidade é uma literatura especialista, produzida pelos "expertos" do setor. Uma boa síntese do ponto de vista econômico é aquela realizada pelo Instituto Itaú Cultural (grande incentivador do setor, junto com o SEBRAE (Serviço Brasileiro de Apoio ao Micro e Pequeno Empreendedor)) com a publicação "Economia Criativa como estratégia de desenvolvimento: uma visão dos países em desenvolvimento" (Reis, 2008). Ainda são incipientes, no Brasil, os estudos críticos, entre os quais destaco os trabalhos da antropóloga Louise Scoz (2014 e 2015).

No Brasil, os relatórios produzidos por entidades como o SEBRAE (2012) e a Firjan (2008) são praticamente uma reprodução dos relatórios produzidos pela UNCTAD: mesmo entusiasmo otimista, mesmos dados altamente promissores, mesma elasticidade do conceito.

A literatura também exalta as potencialidades "nacionais" do setor, considerando que as particularidades nacionais são fatores que tornam a economia criativa uma vocação nacional. Foi justamente a necessidade de colocar limites ao fluxo de capitais, mantendo os investimentos no interior das fronteiras nacionais, que motivou a valorização do setor. Os argumentos variam para cada país: se para o caso italiano a ênfase é dada sobre a existência de um enorme patrimônio histórico, arquitetônico e culinário, na Inglaterra as indústrias criativas estão voltadas para os pujantes setores das novas tecnologias, das artes contemporâneas, da moda e do design herdeiros da cultura *underground*. Comum denominador é a ênfase sobre as capacidades criativas nacionais. A criatividade é considerada um valor que supera o valor gerado pelos meios de produção; um valor, inclusive, distribuído entre todas as camadas sociais. No Brasil, a capacidade da população de "se virar" (ou melhor, como dizem os Racionais Mc's, de "sobreviver às adversidades") é citada como um enorme potencial para o desenvolvimento da economia criativa. Assim, setores populacionais tradicionalmente marginalizados (negros, pobres e favelados) são idealmente transformados em agentes econômicos privilegiados para o desenvolvimento dessa "nova" economia[8].

Outra característica é seu enraizamento no local, no "território", conceito chave para o novo paradigma do desenvolvimento. Território como espaço físico, social e simbólico, com suas "potencialidades" e seus "ativos". Já os preceitos do "desenvolvimento local", muito difusos no Brasil no final do século XX, tinham enfatizado a necessidade de valorizar as vocações locais como motores de um desenvolvimento sustentável, potencializador das capacidades locais. No Brasil, os produtos decorrentes da criatividade local cujo potencial econômico pode ser explorado são tanto as inúmeras manifestações artísticas, em particular no âmbito musical, como os símbolos (inclusive penteados e indumentos) da chamada "cultura afro" (purificada de seus elementos religiosos) e da "arte de se virar". No Rio de Janeiro, o funk, o Passinho, o acarajé, as festas populares e, porque não, as "favelas". Tudo devidamente higienizado. As UPPs são

[8] Exemplar, nesse sentido, a pesquisa "Sociabilidades subterrâneas: identidade, cultura e resistência em comunidades marginalizadas" realizada pela *London School of Economics* (LSE), em parceria com a UNESCO, a Fundação Itaú Cultural, as ONGs CUFA e Afroreggae que, segundo seus coordenadores, "proporcionou uma clareza inovadora quanto ao entendimento do que é preciso para ajudar as pessoas a se erguerem e superarem a pobreza e a exclusão social". Disponível em <http://www.unesco.org/new/pt/brasilia/social-and-human-sciences/social-transformation/underground-sociabilities/>. O papel das agências inglesas, como o British Council, no fomento à economia criativa mundo afora merece ser mais bem investigado, inclusive como uma nova forma de colonização.

instaladas inicialmente nas "favelas" de onde se possa gozar da maravilhosa vista sobre a Baía de Guanabara, participar de um baile funk e comprar algum souvenir, camiseta ou xícara, onde é reproduzida a imagem estilizada e colorida da "favela". Bailes funk onde não se toca o chamado funk "proibidão"[9], as danças são mais comportadas e há um rígido controle sobre quem entra e o que circula. Por sua vez, em Pernambuco o frevo vira patrimônio mundial da humanidade e os tambores do Maracatu são tocados por todos e em todas as ocasiões, mas um Maracatu "embranquecido", que tem hora para acabar e não perturba a "ordem pública", enquanto em algumas cidades do interior as prefeituras proíbem o Maracatu de Baque Solto, que percorre livremente as ruas da cidade e só termina no dia seguinte. Cada território tem que mostrar, valorizar, vender seus talentos, vocações e "culturas" locais.

O programa Favela Criativa visava justamente dar suporte (através de editais pontuais) e visibilidade às riquezas culturais existentes nas "favelas". Gestado através de uma inédita parceria entre as Secretarias de Cultura e de Segurança do governo do Estado, o projeto foi anunciado no final de 2012 em resposta às queixas contra a criminalização dos bailes Funk no âmbito das UPPs. O programa previa três ações: Edital do Funk, voltado a valorizar e exportar o funk como parte da "marca Brasil" (vale notar que do comitê de seleção dos projetos fazia parte um major da policia, além de acadêmicos e produtores culturais); Cursos de formação para agentes de cultura e Mapeamento das ações culturais nas "comunidades". Por sua vez, o programa Rio Criativo procurava suportar as produções oriundas de outras camadas da sociedade. Grande ênfase foi dada às iniciativas de mapeamento de grupos e manifestações culturais juvenis nas "favelas", para poder quantificar os possíveis aportes (valor) de cada território; mapeamentos que, para serem realizados, precisavam recorrer ao trabalho de agentes locais, ou seja, moradores que conhecem e circulam na "favela". Os dois programas, Favela Criativa e Rio Criativo, foram sucessivamente fundidos para dar vida ao programa Territórios da cultura[10].

A centralidade da economia criativa e a existência de uma importante "classe criativa" são os indicadores para que uma cidade passe a fazer parte do *cluster* de "cidades criativas" proposto pela UNESCO (Organização das Nações Unidas para a Educação, a Ciência e a Cultura). Como aponta um estudo produzido pela prefeitura da cidade:

> O desafio é superar um planejamento baseado em engenharia urbana, direcionando o foco para a promoção da cidade criativa, que na essência significa uma cidade para as pessoas. (...) as cidades que aparentemente estão vencendo a competição são aquelas valorizadoras da diversidade e que são mais tolerantes e boêmias (Junior, Junior e Figueiredo, 2011, p. 14).

---

9 Músicas com letras relacionadas ao tráfico de drogas e ao erotismo.

10 Disponível em <http://www.cultura.rj.gov.br/tcfc2016/>.

Manuel Delgado, antropólogo que se debruça sobre as transformações ocorridas na cidade de Barcelona, pioneira em empreender grandes projetos de "requalificação urbana", chama atenção para a representação da cultura como valor incontestável acionado no contexto desses projetos, "una instancia en cierto modo sobrehumana a cuyos efectos asignarle virtudes poco menos que salvíficas" (Delgado, 2008, p. 6). São essas "virtudes salvadoras" que foram acionadas no Rio de Janeiro dos megaeventos e das UPPs.

Para a urbanista Otilia Arantes, os novos paradigmas de gestão do espaço urbano propostos pelo "Planejamento estratégico" estão centrados na proposta de "requalificação" dos espaços através do que ela denomina de "iscas culturais":

> Quando, nos dias de hoje, fala-se de cidade, fala-se cada vez menos em racionalidade, funcionalidade, zoneamento, plano diretor etc. e cada vez mais em requalificação (...) a ênfase deixa de estar predominantemente na ordem técnica do Plano para cair no vasto domínio *passe-partout* do assim chamado "cultural" e sua vasta gama de produtos derivados (Arantes, 2000, p. 13).

Este "culturalismo de mercado" opera por meio da realização de "macroiniciativas urbanísticas" a cargo de famosos estúdios de arquitetura. No Rio de Janeiro foram realizadas as obras do Porto Maravilha que abrigam o MAR (Museu de Arte do Rio), o Museu do Amanhã e a que poderíamos chamar de "isca cultural-identitária", ou seja, a criação do "Circuito de Celebração da Herança Africana", do qual fazem parte a revitalização dos Cais do Valongo e da Imperatriz e a Pedra do Sal (considerado o "berço do samba"[11]).

Mas as intervenções urbanísticas, como mostrou o trabalho de Adriana Batalha para o caso da Praça do Pacificador em Duque de Caxias (onde foi instalado, em 2004, um Centro Cultural com projeto arquitetônico do prestigioso Oscar Niemeyer) não acontecem em lugares vazios (2014). Ao contrário, são lugares densos de significados, práticas, vivências, narrativas, alguns dos quais são varridos com a chegada dos novos equipamentos; outros disputam o território, no limite entre o ilegalismo e a tolerância controlada, dando margem ao exercício de uma autoridade discricionária por parte das forças da "ordem".

Em 2014, no âmbito da organização das comemorações para os 450 anos da cidade do Rio de Janeiro, foi lançado pela Secretaria Municipal de Cultura um edital cujos propósitos exemplificam bem as funções assumidas pela cultura. O edital pretendia "promover a valorização e o conhecimento acerca da memória dos símbolos da cultura popular carioca, além de celebrar a história do Rio, de seus personagens (...), de seu

[11] Cf. <http://portomaravilha.com.br/africadetalhe/cod/4>.

patrimônio material e imaterial." (Secretaria Municipal de Cultura, 2014, p. 1). Foram financiadas 85 "ações locais" promovidas por pessoas físicas ou Empreendedores Individuais.

> Entende-se por "ação local" a realização continuada de práticas, atividades e projetos nos campos da cultura, da arte, da comunicação e do conhecimento que promovam transformações socioculturais positivas nas comunidades e nos territórios em que são desenvolvidos (...). As ações locais deverão estimular o exercício da cidadania e fomentar a diversidade da cultura carioca, nas suas expressões populares, urbanas e tradicionais. As ações locais deverão contemplar prioritariamente pessoas em situação de pobreza; vítimas de violência; em situação de rua; em situação de restrição e privação de liberdade/população carcerária; com deficiência; em sofrimento físico e/ou psíquico; mulheres, gays, lésbicas, bissexuais, travestis, transgêneros e transexuais; crianças, jovens, idosos; povos e comunidades tradicionais; negros, ciganos e indígenas. (Ibid, p. 1-2).

Os propósitos da proposta eram evidentes: as ações deviam promover "transformações positivas", ou seja, "estimulo à 'cidadania' e à 'diversidade' cultural". Diversidade que inclui expressões "populares", "urbanas" e "tradicionais" a serem valorizadas, colocando na lista das populações prioritárias tanto aquelas consideradas "a risco" (pobres, vitimas de violência, em situação de rua, privados de liberdade, deficientes) como "identidades" específicas (mulheres, gays, lésbicas, bissexuais, travestis, transgêneros e transexuais), "minorias" (povos de comunidades tradicionais, negros, ciganos e indígenas) e grupos "geracionais" (crianças, jovens, idosos). Há, nessa normatização de ações culturais "positivas", uma evidente intenção de "pacificação" ou disciplinamento das populações consideradas "a risco", cuja potência só pode ser entendida se analisada em conjunto com a "pacificação" operada via militarização da cidade. Em 2016, no âmbito das iniciativas culturais promovidas no quadro da realização das Olimpíadas, foi lançado um novo edital de ações locais. Mesmo pontuais e extremamente exíguos, os financiamentos disponibilizados por esses tipos de editais alimentaram o ativismo de jovens produtores culturais.

Mesmo efeito é produzido por projetos sociais que colocam as funções "salvadoras" da cultura apontadas por Delgado a serviço da "salvação" dos sujeitos-problema que corporificam, no imaginário social, o medo da violência: os jovens negros moradores das "favelas". Assim, a partir dos anos 1990, projetos empreendidos por organizações não governamentais se propõem a oferecer a esses jovens, como "alternativas ao tráfico", cursos de "capacitação" no âmbito de um indiferenciado campo da "arte e cultura": vídeo, dança, música, grafite, teatro, substituem os tradicionais cursos de "profissionalização", com o intuito de "ocupar o tempo ocioso" e "disputar com o tráfico" os jovens para que eles se tornem "trabalhadores" e não "bandidos". Essa proposta de "cultura como antídoto"[12] que retoma a função civilizadora da cultura, é levada a cabo por algumas organizações que monopolizam um volume significativo de recursos. É interessante delinear rapidamente o perfil dessas instituições cujos supostos modelos de "boas práticas" foram, inclusive, exportados no exterior. Como contraponto à imagem negativa da "favela" de Vigário Geral difundida após a chacina ocorrida em 1993, a ONG Afroreggae deu visibilidade à existência, no território, de atividades culturais protagonizadas por jovens. A ONG lançou um livro chamado "A cultura é a nossa arma", onde os aspectos "salvadores" da cultura são amplamente celebrados. Por sua vez, a ONG Nós do Morro instalou uma escola de formação de atores na "favela" do Vidigal que foi responsável, dentre outros projetos, pela bem sucedida preparação do elenco, composto por jovens moradores de "favelas", para o conclamado filme de Fernando Meirelles "Cidade de Deus". Na Cidade de Deus o rapper MV Bil criou a Central Única das Favelas (CUFA) que investiu na oferta de oficinas de grafite, DJ, audiovisual e basquete. No Complexo da Maré, o Observatório das Favelas é uma referência na formação em comunicação e fotografia, além de abrigar um "ponto de memória" com financiamento do MinC. Essas quatros organizações durante um tempo trabalharam em conjunto no projeto "Favela a 4" (F 4) que visava levar a arte e o esporte no sistema penitenciário.

Após a instalação das UPPs em algumas "favelas" da cidade, a Agência de Redes para a Juventude passou a oferecer aos jovens moradores uma bolsa de R$100 por mês para frequentar um "Ciclo de Estímulos" ao final do qual cada um elaboraria um projeto de intervenção sociocultural em seu território. O ponto de partida da Agência era o "desejo" dos jovens. Central, em seu discurso, a crença nesses jovens como uma população cuja "natureza é potente": a iniciativa viria justamente para fornecer ferramentas, instrumentos, técnicas de gestão — ou, no léxico da Agência, "repertório" — para que os jovens pudessem desenvolver sua "subjetividade". O projeto apostava na "ampliação das redes" como estratégia central para o sucesso dos empreendimentos culturais (Velazco, 2014). Todos elementos, como veremos a seguir, que fazem parte do discurso sobre empreendedorismo.

Um de nossos jovens interlocutores na Cidade de Deus questionou, durante uma conversa, o que se tornou a única alternativa ("o que sobrou") para os jovens moradores de "favela" que querem escapar ao destino desde sempre reservado para eles: se tornar bandidos ou mão de obra barata.

---

[12] O "Antídoto — Seminário Internacional de Ações Culturais em Zonas de Conflito", foi um evento anual organizado pelo Instituto Itaú Cultural em parceria com a ONG Afroreggae, que "aborda a força da arte e da cultura no combate à violência, seja em zonas devastadas pela guerra, seja em conflitos urbanos ou rurais" (REFERÊNCIA). Como argumenta Felícia Madeira, esse papel de "antídoto" até um tempo atrás era cumprido pelos programas de capacitação profissional e encaminhamento para o mercado do trabalho: o trabalho como antídoto, para ocupar o tempo ocioso e assegurar formar "trabalhadores", evitando a difusão de "bandidos" (Madeira e Rodrigues, 1998).

> Como diz um amigo meu, "po cara, os caras querem falar que favelado samba bem, dança bem, canta bem... Meu irmão, foi o que sobrou!". Não tem como, sobrou pra gente e a gente vai mandar mal? Sobrou isso, cultura e arte, que é uma parada meio abstrata... Mas uma coisa mais exata ninguém fala que manda bem: "preto manda bem na matemática", "preto arrebenta na medicina", cara, o que precisa agora é dar a possibilidade para que ele mande bem em outras coisas também[13].

O dispositivo de "arte e cultura" foi acionado também pela Secretaria de Cultura do governo do Estado que, no âmbito do programa "Favela Criativa", lançou o projeto "Formação de Jovens Agentes de Cultura" cujo objetivo era "capacitar 700 jovens para que se tornem empreendedores culturais, tendo melhores condições de concorrer a editais de incentivo à cultura". Explicitamente, a produção cultural é entendida como negócio: "o projeto irá beneficiar jovens com o premio de R$ 12.000 para que coloquem em prática seu negócio cultural"[14].

Cabe lembrar que o recurso à cultura para solucionar problemas sociais não é uma invenção brasileira. George Yúdice comenta sobre o uso utilitarista da arte e cultura nos Estados Unidos: "melhorar a educação, abrandar a rixa racial, ajudar a reverter a deterioração urbana através do turismo cultural, criar empregos, diminuir a criminalidade (...), os artistas estão sendo levados a gerenciar o social" (2006, p. 29). Segundo ele, o envolvimento de artistas em projetos sociais ocorreu em consequência da crise do *walfare*, pela falta de recursos públicos a serem investidos em programas sociais.

Do culto da performance ao empreendedorismo

O livro de Alain Ehrenberg, "O culto da performance: da aventura empreendedora à depressão nervosa" (2010), publicado em França em 1995, é o primeiro de uma trilogia onde o sociólogo francês analisa as transformações ocorridas no mundo do trabalho e suas consequências sobre a subjetividade dos trabalhadores. Para o autor, a partir dos anos 1980 o esporte tornou-se o modelo de performance a ser emulado no mundo empresarial, na esfera da vida pública e privada: o esporte é um estilo de vida, um estado de espírito, o gosto do desafio e da aventura, trabalha conjuntamente a dimensão da "justa" desigualdade, baseada na competição, e da imprevisibilidade do risco, essencial à aventura. O esporte "é um sistema de condutas de si que consiste em implicar o individuo na formação de sua autonomia e de sua responsabilidade" (Ibid, p. 18). O empreendedor é a figura heroica que condensa essas características, numa sociedade que faz da concorrência interindividual uma "justa" competição.

---

[13] Entrevista concedida a Dafne Velazco, em fevereiro de 2013.

[14] Cf. <http://www.favelacriativa.rj.gov.br/inscricoes-para-formacao-de-700-jovens-agentes-de-cultura/>.

> Quando a salvação coletiva, que é a transformação política da sociedade, está em crise, a verborragia de *chellenges*, desafios, performances, de dinamismo e outras atitudes conquistadoras constitui um conjunto de disciplinas de salvação pessoal. (...) o mito prometeico do homem sozinho no barco do seu destino[15] e confrontado com a tarefa de ter de se construir, encontrar para si próprio, e por si mesmo, um lugar e uma identidade sociais torna-se um lugar comum. Numa relação com o futuro caracterizada pela incerteza, que vê recuar, em nome da mudança permanente, a crença no progresso linear que simbolizava o Estado-providência, a ação de empreender é eleita como o instrumento de um heroísmo generalizado. É por isso que o sucesso empreendedor é considerado como a via real do sucesso (Ibid, p. 13).

A narrativa esportiva rompe com a moral disciplinar da submissão a interesses superiores (patronais) em nome de uma "liberação que se impõe a si em nome de si mesmo" (Ibid, p. 23). Além disso, o heroísmo esportivo está ao alcance de todos: "Ao destino de uma elite se substitui uma história possível para todos" (Ibid, p. 30).

Da mesma forma, Boltanski e Chiapello em "O novo espírito do capitalismo" analisam a literatura sobre gestão empresarial e identificam uma inflexão ocorrida nos anos 1990, quando o mercado passa a exigir um novo tipo de trabalhador: engajado, motivado, flexível, adaptável, criativo, envolvido afetivamente com seu trabalho. O controle passa a ser exercido através da existência de relações de confiança e afetividade, que substituem a impessoalidade das relações como base de uma "verdadeira autonomia" (2009, p. 122). A organização do trabalho por carreiras hierárquicas é substituída pela sucessão de "projetos", desmantelando as garantias trabalhistas e responsabilizando os trabalhadores por sua "empregabilidade", decorrente da capacidade de gerir seu "capital pessoal". Para Boltanki e Chiapello o homem típico do que eles consideram como o "terceiro espírito do capitalismo" seria o individuo empreendedor. Observa a este respeito Jacob Lima:

> Mais que uma mudança nas formas de organização da produção, temos mudanças na percepção do trabalho, dos valores a ele vinculados, do seu caráter coletivo e de suas possibilidades enquanto formador de identidades e projetos sociais (...). O trabalho autônomo é valorizado como ideal pelas empresas que passam a dispor da força de trabalho apenas quando necessitam. O trabalhador, empresário e patrão de si mesmo, torna-se responsável por sua reprodução social (2010, p. 159 e 171).

---

15 Muitos filmes, nos últimos anos, retrataram situações de "homens sozinhos no barco de seu destino", desde a saga infantil "Pi", ao último filme de Robert Redford, "Quando tudo está perdido".

Já em 2002 o sociólogo Luis Antonio Machado da Silva chamava a atenção sobre a difusão de uma nova cultura de trabalho, muito distinta daquela do assalariamento, que "fere de morte os valores da solidariedade" (2002, p. 105). Para ele, o par "empregabilidade/empreendedorismo" "aponta para novos modos de exploração capitalista, cuja característica fundamental é a individualização e a subjetivação dos controles que organizam a vida social" (Ibid, p. 101).

André Singer, em seu livro sobre o lulismo (2012) argumenta sobre a ampliação da camada dos pequenos empreendedores, que seriam a maioria do que o economista Marcelo Neri chama de "nova classe média" (2011). Outro economista, Marcio Pochmann, oportunamente discute esse conceito: não se trata de classe média e sim de trabalhadores precários (2012). Pochmann e Singer concordam sobre o fato de que essa nova classe trabalhadora não se integra ao velho modelo do sindicalismo e da luta coletiva; além disso, está imbuída de uma religiosidade bem diferente daquela do antigo proletariado e decorrente da difusão massiva das religiões neopentecostais e da chamada "teologia da prosperidade", centrada no "empoderamento" pessoal via pagamento do dízimo. No âmbito dessa teologia as igrejas organizam cultos para propiciar o empreendedorismo (Mesquita, 2007).

Vale lembrar que empreendedorismo é um termo difundido pelo economista Schumpeter nos anos 1950, para indicar as características de espírito do homem de negócios adequadas à "destruição criadora" que possibilita, segundo ele, a expansão do capitalismo: inovador, criativo, disposto a assumir riscos, capaz de aproveitar as oportunidades. Inovação, criatividade, ousadia, superação, são as qualidades enfatizadas, hoje em dia, como características do empreendedor de sucesso.

Com esse espírito, cursos de formação sobre empreendedorismo[16] foram introduzidos no Brasil durante os anos 1990, em particular dirigidos à juventude. Na atualidade, programas de rádio, de televisão, cursos, palestras, sites na internet nos incitam, nos aconselham, nos fornecem receitas para ter sucesso com o nosso empreendimento, qualquer que seja. O que é notável nos atuais esforços para promover o empreendedorismo em qualquer âmbito da vida social e econômica é justamente a coincidência dos argumentos: quer seja nas áreas das artes, do trabalho social ou dos negócios. Os empreendedores seriam movidos por uma mistura entre senso de oportunidade e necessidade de sobrevivência. O peso distinto de cada um desses fatores depende de onde os indivíduos estão colocados na escala social.

---

16 Na esteira da OCDE (Organização para a Cooperação e Desenvolvimento Econômico), o IBGE (Instituto Brasileiro de Geografia e Estatística) resolveu padronizar a definição de empreendedor: "são pessoas, necessariamente donos de negócios, que buscam gerar valor por meio da criação ou expansão de alguma atividade econômica, identificando e explorando novos produtos, processos e mercados" (2013, p. 9). O empreendedorismo é "o fenômeno associado à atividade empreendedora" (Ibid.).

No livro que o SEBRAE utiliza em seus cursos de formação sobre empreendedorismo (2002) encontramos a informação de que de cada oito brasileiros em idade adulta, um esta abrindo ou pensando em abrir seu negocio. O Brasil, aprendemos, é o país com a maior porcentagem de empreendedores da América Latina (Ibid., p. 13). Mas lemos que de cada 100 empresas abertas, 35 não chegam ao final do primeiro ano, 46 do segundo e 56 do terceiro. Porque, então, órgãos públicos e privados estão apostando no empreendedorismo, apesar de ser um investimento tão incerto? Talvez o objetivo não seja diretamente o retorno financeiro ou a saída da crise do capital, e sim a difusão de uma "subjetividade empreendedora". De acordo com Rose:

> O vocabulário do empreendedorismo une a retórica política e os programas regulatórios às capacidades de "autodireção" das pessoas. (...) Refere-se a uma série de regras para a conduta da existência diária de uma pessoa: energia, iniciativa, ambição, cálculo e responsabilidade pessoal. O *self* empreendedor fará da sua vida um empreendimento, procurando maximizar seu próprio capital humano, projetando seu futuro e buscando se moldar a fim de se tornar aquilo que deseja ser. (...) O empreendedorismo designa uma forma de governo que é intrinsecamente "ética": o bom governo deve ser baseado nas maneiras pelas quais as pessoas governam a si próprios (2011, p. 215).

Os indivíduos contemporâneos são incitados a viver como se fossem projetos, a tornar-se, cada um, um empresário de si mesmo. No âmbito da racionalidade neoliberal, a autonomia do *self* é, ao mesmo tempo, objetivo e instrumento das estratégias de governo. "Governar em meio à democracia liberal significa governar "por meio" da liberdade e das aspirações dos sujeitos, e não governar apesar destes" (Ibid., p. 216).

> Seres humanos devem interpretar seu passado e sonhar seu futuro como resultados de escolhas pessoais já feitas ou a fazer, isto, porém, dentro de uma estreita gama de possibilidades cujas restrições são difíceis de discernir, já que elas formam o horizonte do que é pensável (Ibid., p. 32).

Se o empreendedorismo é hoje difuso como uma ética, um valor, para todos os setores sociais, me interessa compreender como essa difusão rebate sobre as camadas sociais menos favorecidas e, em particular, sobre os jovens moradores de "favelas". Seguindo os argumentos de François Ewald acerca da abordagem da chamada "questão social", segundo ele, a administração das desigualdades, podemos avançar a hipótese de que o empreendedorismo substitui, na atualidade, o incentivo à poupança, que serviu no século XIX como mecanismo de gestão das populações pobres, transformando o direito político em moralidade econômica (1986). Os valores da poupança e do esforço individual agora são complementados pelos valores da inovação, criatividade, incerteza e ativação permanente. Há, na ênfase atual sobre o empreendedorismo, algo que modifica a forma como a pobreza é gerida: os comportamentos dos pobres não devem ser mudados porque considerados antieconômicos, e sim reforçados, enquanto seriam os mais adequados ao espírito empreendedor. O pobre é, por definição, empreendedor, e só resta estimular sua criatividade que lhe permite responder às adversidades da vida através de uma ativação continua e de uma grande capacidade performativa. Trata-se de ordenar as coisas para permitir o livre desabrochar dessas capacidades.

Existem semelhanças entre os discursos do liberalismo econômico e as utopias da esquerda. Ananya Roy aponta as ambiguidades da ideologia do "faça você mesmo" e de como ela foi facilmente captada pelos discursos liberais. Ela mostra, por exemplo, como os programas de microcrédito servem, ao mesmo tempo, como potentes vetores de financeirização da pobreza e como âncora de salvação para o capitalismo em crise (2011). Mostra a proximidade com os ditames do economista Hernando de Soto (2000) (consultor de organismos internacionais, do Banco Mundial, do ex-candidato à presidência do Peru, Vargas Llosa e do ditador Fujimori), cujo otimismo libertário apresenta a "favela" do Terceiro Mundo como uma "economia povoada por empreendedores heroicos" (Soto apud Roy, 2011, p. 227). A economia da "favela" é interpretada como um levante popular contra a burocracia estatal, uma revolução vinda de baixo. Para ele, essas economias são ricas em ativos, ainda que sob a forma defeituosa do capital morto. O "mistério do capital", "é a forma como esses ativos e inativos defeituosos podem ser transformados em capital líquido desencadeando, assim, novas fronteiras de acumulação de capital" (Ibid, p. 228). São essas as receitas que hoje estão sendo seguidas, no Brasil, pelos programas de "formalização" dos empreendimentos via difusão da figura jurídica do Empreendedor Individual. O antigo "trabalhador informal" vira o contemporâneo "empreendedor". "Essa é a sua nova carteira de trabalho" dizia a publicidade de uma maquininha para pagamento com cartão de crédito que o Banco Santander veiculou recentemente na TV.

Trabalho e ativismo de jovens produtores culturais de "favela"

Antonio Negri e Michael Hardt são referências fundamentais para discutir o tema do chamado "trabalho imaterial":

> A cena contemporânea do trabalho e da produção está sendo transformada sob a hegemonia do trabalho imaterial, ou seja, trabalho que produz produtos imateriais, como a informação, o conhecimento, ideias, imagens, relacionamentos e afetos. (...) as qualidades e as características da produção imaterial tendem hoje a transformar as outras formas de trabalho e mesmo a sociedade como um todo. Algumas dessas novas características decididamente não são bem-vindas. (...) as condições contratuais e materiais do trabalho imaterial que tendem a se disseminar por todo o mercado de trabalho vêm tornando mais precária a po-

> sição do trabalho de maneira geral. Existe, por exemplo, a tendência (...) para o obscurecimento da distinção entre horários de trabalho e de não trabalho, estendendo o dia de trabalho indefinidamente até ocupar toda a vida, e uma outra tendência para o funcionamento do trabalho imaterial sem contratos estáveis de longo prazo, assumindo com isto a posição precária de se tornar flexível (realizar várias tarefas) e móvel (estar constantemente mudando de lugar). Certas características do trabalho imaterial, que tendem a transformar outras formas de trabalho, apresentam um enorme potencial para a transformação social positiva. (...) A produção de ideias, conhecimentos e afetos, por exemplo, não cria apenas meios através dos quais a sociedade é formada e sustentada; esse trabalho imaterial também produz diretamente relações sociais. (...) em termos filosóficos, a produção envolvida aqui é a *produção de subjetividade*, a criação e a reprodução de novas subjetividades na sociedade. Quem somos, como encaramos o mundo, como interagimos uns com os outros: tudo isto é criado através dessa produção biopolítica e social. Em segundo lugar, o trabalho imaterial tende a assumir a forma social de *redes* baseada na comunicação, na colaboração e nas relações afetivas. O trabalho imaterial só pode ser realizado em comum e está cada vez mais inventando novas redes independentes de cooperação através das quais produzir. (...) Essas características podem servir como um esboço preliminar da composição social da multidão que hoje anima os movimentos de resistência ao estado global permanente de guerra (2005, p. 100-101).

Os autores, portanto, evidenciam na difusão do trabalho imaterial tanto aspectos negativos (a precarização das relações de trabalho) como positivos. A aproximação que eles realizam entre produção de novas subjetividades e movimentos de resistência é, para utilizar a linguagem deles, "potente". Essa aproximação virou matriz discursiva para a galáxia de agentes, práticas, instituições engajadas em atividades artísticas, culturais e de comunicação compreendidas como formas de "militância", ou seja, para o "ativismo cultural". Valorização do trabalho em redes, afetos, produção de novas subjetividades são mencionadas também, como mostramos acima, nos projetos de estímulo às atividades empreendedoras no âmbito cultural.

Informalidade, sazonalidade, ganho por produto, sempre caracterizaram o trabalho no campo da cultura; mas hoje esse trabalho assume também outras características. As observações realizadas em campo e o material coletado por meio de entrevistas temáticas com jovens produtores culturais de "favela" me permitem delinear algumas delas. Primeiro, a indiferenciação entre experiências, tempos e lugares, geralmente mantidos (e estudados) como distintos: trabalho, ativismo político, lazer, arte, diversão, lugar de moradia e espaço de trabalho são, na experiência desses jovens, completamente misturados[17]. A imbricação entre trabalho e "militância" já era perceptível nas trajetórias

---

17 Assim como ser artista e produtor, questão que não vou explorar nesse trabalho enquanto remete a uma discussão sobre o mercado da arte, as características dos artistas contemporâneos e da produção "independente".

de jovens engajados em "projetos" sociais como educadores, gestores, "articuladores locais". Conhecer o local, circular entre diferentes segmentos (o associativismo, os agentes governamentais, o "tráfico"), conhecer a gíria, o "procedê", os interditos, poder bater em todas as portas e "saber com quem está falando" no complexo mundo das relações sociais nas "favelas" e periferias das cidades tornaram-se recursos importantes que os jovens podem acionar para ser contratados no âmbito de algum "projeto". Podemos chamar esse de "capital favela" O "articulador local" é uma figura de trabalhador à qual recorre, na atualidade, a maioria dos "projetos". Pesquisadores, gestores, coordenadores de "projetos" precisam do apoio desses "nativos" para poder entrar, se movimentar, coletar informações. O "articulador" não tem autonomia com relação a seus superiores e, em termos financeiros, seu trabalho não é muito reconhecido; mas, no âmbito local, pode gozar de bastante prestígio por ser identificado como "representante" local das entidades "de fora".

Outra característica importante: na opinião de meus interlocutores, o trabalho para eles é uma forma de lazer — gostam do que fazem e não trocariam isso por nada. A divisão entre trabalho e tempo livre não parece fazer sentido para eles.

Cabe ressaltar que a existência de produtores culturais na "favela" não é de hoje. Sempre houve essas figuras, em particular os produtores de bailes funk, muitas vezes ligados ao mundo do "crime" que supria a falta de serviços públicos e de lazer. Mas hoje eles gozam de um reconhecimento e de um auto reconhecimento maior, consequências, provavelmente, da valorização social das profissões ligadas à cultura e à criatividade, da qual comentei acima. Especificamente no Rio de Janeiro, houve um investimento, após a instalação das UPPs, na profissionalização de jovens como produtores culturais para suprir a falta dos produtores ligados ao "tráfico". Motivada, inclusive, pela criminalização dos bailes funk onde se tocava o chamado funk "proibidão" e pela vontade de moralizar essa expressão musical através da difusão do chamado "funk do bem" (ou "funk de raiz", denominação que remete à ideia de que o funk foi contaminado pelo "crime" e o mercado, e agora sua "essência" deveria ser "resgatada", enquanto expressão da cultura afro, da "identidade" dos jovens de "favela", da contestação ao sistema opressor).

Quando indago meus interlocutores sobre as qualidades necessárias para se tornar um bom produtor cultural me respondem sem titubear: "tem que ficar antenado", "tem que ser 'proativo'", palavra muito difundida no circuito do trabalho social que, como muitas outras, provém do mundo empresarial, que faz pensar sobre a necessidade de romper com a suposta "passividade", considerada a condição típica dos subalternos. Para meus interlocutores, "estar ligado" significa "correr atrás", não ficar parado, ficar "plugado" na internet 24 horas por dia para poder colher rapidamente as "oportunidades": publicação de editais, chamadas para reuniões, convocações variadas, contatos.

"Ampliar a rede" é outra injunção importante, que implica em circular muito, participar de muitas reuniões e de muitas conversas informais, em qualquer horário e dia da semana. Circular pelos inúmeros eventos que acontecem na cidade. Nesse sentido, meus interlocutores não se enquadram nos conceitos ainda bastante utilizados no âmbito da sociologia urbana: eles não são nem segregados nem marginalizados. Mesmo assim, continuam ocupando, no circuito da produção cultural da cidade, um lugar periférico. Meus interlocutores têm clareza de que nesse circuito o dinheiro é decididamente concentrado nas mãos de (poucas) grandes produtoras. Além disso, os editais aos quais têm acesso geralmente exigem realizar produções restritas aos territórios das "favelas". Como eles dizem "é difícil disputar a cidade". Além disso, nos editais a "arte e cultura" são consideradas meios para finalidades sociais (o desenvolvimento local, a saída de jovens do "tráfico", a valorização da "identidade") e não fins em si mesmas.

A visibilidade acontece quando agentes externos (poder público, mídia, academia) procuram acionar um novo regime discursivo sobre a "favela", argumentando sobre sua "potência" (contraposta à ideia de "carência" com a qual esses territórios foram historicamente estigmatizados), ou para ilustrar a valorização da "diversidade" na cidade, ou ainda para mostrar novas formas de engajamento político dos jovens. A retórica dessas representações não pode fazer esquecer que os jovens negros moradores de "favelas" e periferias das cidades são as principais vitimas de assassinatos. Aliás, o fato de ser artista não garante escapar a esse destino, como provaram o assassinato de DG, bailarino do Programa "Esquenta" da Rede Globo ou, em 2010, de Gambá, conhecido dançarino do Passinho.

Um fator que impede o crescimento desses produtores diz respeito ao seu enquadramento jurídico: muitos editais requerem que o produtor tenha registro como microempresa ou como Empreendedor Individual, o que significa que não pode faturar mais do que 81.000,00 reais por ano. Outra queixa é que "a informação sobre os editais circula pouco". Há, nesse sentido, um mercado da informação (que, talvez, se confunde com o clientelismo político) cujo funcionamento merece ser melhor explorado.

Na fala de meus interlocutores, a formação é bastante valorizada, mas não uma formação geral, como uma faculdade de produção cultural e sim cursos pontuais e específicos (cursos de iluminação, cenografia, edição, câmera). O trabalho se aprende na prática e não na teoria. Mas, por outro lado, a faculdade é um bom lugar para se fazer contatos, para "ampliar a rede".

Uma condição apontada como negativa é que você "trabalha sozinho, não tem uma equipe, um assistente". Raros são os que conseguem criar e manter um coletivo (apesar da difusão desse termo). Ou seja, a tão celebrada "rede" serve para fazer contatos, se manter informado, divulgar o próprio trabalho. Mas, na hora de produzir, o trabalho é solitário.

A remuneração não parece ser um atrativo significativo para esses jovens que ganham, em média, um pouco mais de um salário mínimo. De fato, eles andam muito, trabalham muito, fazem vários bicos ao mesmo tempo, não podem contar com um salário fixo e, por causa disso, dificilmente podem assumir, sozinhos, as contas de uma casa. Mas, então, o que os atrai nesse tipo de atividades? A ideia de "trabalhar com o que gosto", de se inserir no restrito (e elitista) mundo da "arte e cultura", de não se submeter à tirania de um patrão? De se relacionar com pessoas, frequentar lugares, estabelecer redes bem mais amplas do que a favela? Uma frase condensa os atrativos: "para mim esse trabalho é também um pouco diversão. Eu faço meu tempo. A gente é criador". Indistinção entre trabalho e lazer, autonomia, criatividade.

Sem dúvida, as trajetórias desses jovens são distintas daquelas da geração de seus pais, centradas na realização do sonho da casa própria, na preocupação com a poupança e a consolidação da estrutura familiar. Hoje, esses jovens casam tarde, demoram mais para ter filhos, moram com os pais bem depois de ter cumprido 30 anos e depois de ter casado. Esses marcadores (casar, ter filhos, manter seu próprio lar, ingressar no mercado de trabalho) que, antigamente, definiam a entrada na vida adulta, não são os que definem, hoje, suas trajetórias de vida. Inclusive, muitas vezes não ter filhos é uma condição quase que indispensável para continuar nessa profissão. Muitos jovens, quando se tornam pais, precisam desistir e correr atrás de um trabalho que garanta uma remuneração estável; as opções, nesses casos, são bastante restritas para alguém que não tem curso superior nem experiência de trabalho: peão de obra, trabalhador de *Call Center* ou segurança privado, algo muito distante da produção cultural. Foi o que aconteceu com alguns de nossos interlocutores egressos do projeto da Agência de Redes (Velazco, 2014).

Um atrativo importante diz respeito ao sonho da autonomia: trabalhar sem patrão, fazer os próprios horários. Mesmo que isso signifique, como diz um deles, "trabalhar muito em casa, e as pessoas brigam com você por causa disso". Efeito da indistinção entre o ambiente da casa e o lugar do trabalho. Mesmo assim, eles preferem trabalhar como autônomos e não ir trabalhar para uma grande produtora. Preferem sonhar com ter sua própria produtora. Ou seja, o trabalho assalariado não é um valor, uma meta. Pelo menos enquanto "dá para pagar as contas" (e o valor das contas a pagar permita). Porque "na produtora você trabalha nos projetos da produtora, não no seu projeto". Se a vida no âmbito do novo espírito do capitalismo (Boltanski e Chiapello, 2009) virou uma sucessão de "projetos", ter o próprio "projeto" é uma qualidade bastante valorizada.

As fundações privadas viraram especialistas em programas de formação para empreendedores da cultura. Junto com os valores da performance, da ativação permanente, da necessidade de criar sua "rede", de se implicar afetivamente com o trabalho, elas difundem o uso de um léxico empresarial que é incorporado às praticas de trabalho e militância. A palavra "empoderamento", por exemplo, é um termo do mundo empresarial que se difundiu com força entre movimentos feministas, negros, GLBTT. Produzido no âmbito da tecnologia de gestão de negócios enquanto uma tecnologia de engajamento pessoal que visa supostamente engajar os trabalhadores no destino de sua empresa, essa "tecnologia" foi imitada, absorvida pelas ONGs internacionais (como a OXFAM) e pelos organismos multilaterais (Banco Mundial) que, a partir da metade dos anos 1990, colocam em suas agendas desenvolvimentistas o "combate à pobreza". Por meio dessas organizações a agenda de combate à pobreza e sua gramática chega ao Brasil, onde Fundações e ONGs locais são responsáveis pela difusão da ideia de "empoderamento" entre jovens empreendedoras negras ou produtores culturais periféricos. Assim, a ARTEMISIA (fundação que apoia empreendedores e empreendedoras, não somente financeiramente, mas, sobretudo, oferecendo ocasiões de formação) tem como objetivo apoiar "o desenvolvimento de talentos e empreendedores na criação e desenvolvimento de negócios de impacto que ajudam a resolver os problemas sociais da população de baixa renda no Brasil"[18]. Ela atua segundo o modelo da chamada "nova filantropia" que a Ashoka, e depois a AVINA, duas importantes fundações empresariais com atuação significativa no Brasil, desenvolveram. É o modelo dos *Fellows*, ou seja, identificam "talentos", pessoas que têm uma ideia inovadora, criativa, uma "tecnologia" que pode ter um impacto social. Essas pessoas recebem um financiamento pessoal e começam a fazer parte de uma rede de *Fellows*, "lideranças", participam de encontros de formação, têm *coaches*. É uma estratégia de financiamento via promoção de modelos de sucesso e fortalecimento de alguns projetos pessoais. São os que se apresentam em debates como o TEDx, onde o formato sugere a apresentação de si como um talento, um "resiliente", um modelo de sucesso, um *leader*: entre 10 e 15 minutos cada um narra sua experiência de inovação e sucesso. Uma retórica do sucesso (via inovação, criatividade, resiliência, empoderamento) que afirma uma visão de mundo. Ou, como dizem Dardot e Lavalle, uma racionalidade. Mas, para as interlocutoras de uma antropóloga que fez pesquisa sobre a Feira Preta (Silva, 2017), ou seja, sobre jovens empreendedoras negras, "empoderamento" significa desconstruir paradigmas de belezas, combater o "sentimento de desajuste". A moda, para elas, vira uma ferramenta de comunicação. Assim, a pesquisadora coloca o acento sobre uma "mobilidade vivenciada por meio de uma estética que lhe oferece distintividade e explicita sua postura política engajada" (Ibid, p. 181). Portanto, "empoderamento" é uma tecnologia de negócios, mas é também (e é importante sublinhar esse "também", ou seja, não se trata de uma substituição) uma ferramenta para combater um "sentimento de desajuste", lutar contra o racismo, produzir a si mesmo; uma ferramenta de emancipação. São esses trânsitos, essas apropriações, produções e deslocamentos de significados que me interessa indagar, para pensar as possibilidades de um novo ativismo político.

Curiosamente, encontrei muita sintonia entre minhas observações sobre o trabalho de jovens produtores culturais de "favela" e os resultados de uma pesquisa conduzida na Itália

---

[18] Cf. <http://artemisia.org.br/>.

com trabalhadores da moda, setor de ponta da economia criativa italiana que abrange não somente a criação e produção de objetos materiais, como também a produção imaterial (design, eventos, comunicação). Apesar de denunciar contratos precários, duras jornadas de trabalho (sem pausas, sem fins de semana, sem férias), baixíssimas remunerações, escassas possibilidades de mobilidade e ascensão profissional, forte divisão hierárquica entre trabalhadores e chefes[19], os trabalhadores do setor se declaram extremamente satisfeitos. Percebem seu trabalho como autônomo, flexível, criativo. O trabalho, para eles, é uma "paixão", permite a realização e a expressão de si. Isso leva os autores a fazerem uma distinção entre valor econômico e valor identitário do trabalho: os trabalhadores se sentem parte de uma "cena criativa" e de seu estilo de vida. Se sentem parte de uma comunidade, caracterizada por festas, intensa socialização e consumo, e pela possibilidade de encapar num "momento celebridade" (encontrar algum famoso, conseguir o cartão de visita de algum agente importante). Para os autores, a ideologia da criatividade é um produto específico desse trabalho: "A ideologia da criatividade reveste uma importante função na construção da subjetividade do trabalhador criativo e permeia suas motivações, a imagem que ele tem de si, as noções sobre o valor de seu próprio trabalho" (Arvidsson, Naro, Melossi, 2010, p. 3). Uma função importante do trabalho criativo é, para eles, a própria produção e manutenção dessa ideologia. Além disso:

> Para os trabalhadores da moda, como por todos os trabalhadores 'criativos' (...) a produção de valor e de subjetividade tendem a coincidir. (...) isso aconteceu por meio da interceptação de estilos de vida contraculturais através dos quais se expressavam formas autônomas de efervescência social e com sua transformação numa ideologia despolitizada da criatividade (Ibid, p. 22).

Acredito que a validade heurística da distinção entre valor econômico e valor identitário do trabalho seja uma pista interessante a seguir. Assim como compreender o funcionamento da "ideologia da criatividade" e sua aproximação com o que os autores chamam de "estilos de vida contraculturais"; algo que mais acima identifiquei como aproximação entre o sonho autonomista do "faça você mesmo" e o liberalismo. Para Isabel Lorey, as práticas de vida alternativa dos anos 1970, o desejo de não se submeter à disciplina do trabalho salariado, a escolha por formas precárias de trabalho e vida pareciam realizar a possibilidade de manter uma maior autonomia e liberdade. Mas são precisamente essas formas de trabalho e de vida alternativa que se converteram, hoje, nas mais úteis em termos econômicos, pois favorecem a flexibilidade que exige o mercado de trabalho (2008, p. 72).

---

19 Alguns dados: 67% dos entrevistados não têm condição econômica de sustentar uma família, 80% não conta com nenhum tipo de aposentadoria, 26% contraiu uma dívida para se manter, 66% depende da ajuda econômica da família de origem (Arvidsson, Naro e Melossi, 2010, p. 11).

Parece-me que as atuais transformações no mundo do trabalho devem ser compreendidas sem cair na tentação de ficarmos presos a representações binárias. É preciso escapar tanto dos entusiasmos simplistas sobre a presumida "potência transformadora" e o "empoderamento" via empreendimentos autônomos, como do cinismo resignado que só vê "cooptação", captura e derrota pelo "neoliberalismo", o "capital" e o "mercado". Superar as leituras binárias que cristalizam e essencializam e, ao invés, apontar para as imbricações, as ambiguidades, os embaralhamentos, as zonas cinzas, é uma das premissas de minha proposta de pesquisa. É preciso levar a sério a difusão do empreendedorismo (e de seu par, a precariedade) e não ficarmos presos no saudosismo do assalariamento, pensando numa utópica sociedade do pleno emprego e de suas garantias; o modelo de produção fordista sempre implicou, também, num alto grau de exploração. As reformas trabalhistas que radicalizam (e barbarizam) na retirada das garantias e dos direitos dos trabalhadores são uma realidade. O desafio para nós, pesquisadores engajados, é não baixar a crítica e, ao mesmo tempo, observar e suportar novas formas de organização que contemplem os empreendedores, os trabalhadores autônomos e precários. Repensar e reinventar os velhos modelos de organização coletiva e de sindicalização é o que acontece, hoje, em algumas experiências europeias inspiradas nas práticas de mutualismo (Cannavò, 2018; Bologna, 2015). Explorar as ambiguidades do empreendedorismo e da precariedade como modos de subjetivação, as ambivalências entre submissão e "empoderamento" é a proposta de Isabel Lorey (2016). Se, como argumenta Judith Butlher, a precariedade é, hoje, uma forma de vida, "una nueva forma de regulación que caracteriza nuestra época histórica. (...) se ha convertido en un regimen, em un modo hegemónico de ser gobernados y de gobernarnos a nosotros mismos" (2016, p. 13), precariedade como ativismo significa cultivar outras formas de subjetivação e de possibilidades de ação. "Se trata de saber en qué lugares de esos mecanismos de gobierno cabe encontrar fisuras y capacidades de resistencia." (Lorey, 2016, p. 18).

REFERÊNCIAS BIBLIOGRÁFICAS

ADERALDO, G. *Reinventando a "cidade"*: disputas simbólicas em torno da produção e exibição audiovisual de "coletivos culturais" em São Paulo. São Paulo: Annablume, 2017.

AGAMBEM, G. *O que é um dispositivo*. Outra Travessia. Ilha de Santa Catarina, 2005.

ARANTES, O. *Uma estratégia fatal*: a cultura nas novas gestões urbanas. In: Arantes O.; Vainer, C.; Maricato, E. *A cidade do pensamento único*: desmanchando consensos. Petrópolis: Vozes, 2000.

ARVIDSSON, A.; NARO, S.; MELOSSI, Gi. *Lavoro che passione!* Le condizioni di lavoro nella moda italiana, 2010. Disponível em <www.ricercaurbanamiliano.com>.

BARBOSA, A. R. *Considerações introdutórias sobre territorialidade e mercado na conformação das Unidades de Polícia Pacificadora no Rio de Janeiro*. Revista Brasileira de Segurança Pública, v. 6, 2012, p. 256-265.

BATALHA, A. *Entre Praça do Pacificador e Centro Cultural Oscar Niemeyer*: usos e desusos de um espaço urbano. Dissertação de Mestrado. UFF/PPGA, 2014.

BOLOGNA, S. *La new workforce*: il movimento dei freelancer. Bologna: Asterios, 2015.

BOLTANSKI, L.; CHIAPELLO, E. *O novo espirito do capitalismo*. São Paulo: Martins Fontes, 2009.

BRANT, L. *Políticas Culturais*. Barueri: Manole, 2003.

BUTLER, J. Prefácio In: LOREY, I. *Estado de Inserguridad*: gobernar la precariedad. Madrid: Traficantes de Sueños, 2016.

CANNAVÒ, S. *Mutualismo*: Ritorno al futuro per la sinistra. Roma: Alegre, 2018.

COMAROFF, J. & COMAROFF, J. (2009). *Ethnicity,Inc*. Chicago: University of Chicago Press.

D'ANDREA, T. *O sujeito periferico*. Tese de doutorado em Ciências Sociais, USP, 2013.

DELGADO, M. *La artistización de las políticas urbanas*. El lugar de la cultura en las dinámicas de reapropiación capitalista de la ciudad. Revista electrónica de Geografía y Ciencias Sociales. Universidad de Barcelona, 2008.

DE SOTO, H. *The mystery of capital*: why capitalism triumphs in the West and fails everywhere else. Basic Books, New York, 2000.

EHRENBERG, A. *O culto da performance*: da aventura empreendedora à depressão nervosa. Aparecida: Ideias e Letras, 2010.

EWALD, F. *L'Etat Providence*. Paris: B. Gasset, 1986.

FIRJAN. *A cadeia da Indústria Criativa no Brasil*. Rio de Janeiro: Firjan, 2008.

FOUCAULT, M. *Microfisica do Poder*. Rio de Janeiro: Ed. Graal, 1979.

GILROY, P. *Entre Campos*: Nações, Culturas e Fascínio da Raça. São Paulo: Annablume, 2007.

HANNERZ, U. *La diversitá culturale*. Bologna: Il Mulino, 2001.

HARDT, M.; NEGRI, A. *Multidão*: guerra e democracia na era do império. Rio de Janeiro: Record, 2005.

IBGE. *Estatística de Empreendedorismo*: 2011. Estudos e Pesquisa, n. 22, 2013.

JUNIOR, H.; JUNIOR, J.; FIGUEIREDO, J. *A importância da Economia Criativa no desenvolvimento econômico do Rio de Janeiro*. Prefeitura da Cidade: Coleção Estudos Cariocas, 2011.

LIMA, J. *Participação, empreendedorismo e autogestão*: uma nova cultura do trabalho? *Sociologias*, vol.12 n°.25, 2010.

LOREY, I. *Gubernamentalidad y precarización de sí*. Sobre la normalización de los productores y las productoras culturales. In: AUTOR. *Producción cultural y prácticas instituyentes*. Líneas de ruptura en la crítica institucional. Madrid: Traficantes de Sueños, 2008.

______. *Estado de Inseguridad*: gobernar la precariedad. Madrid: Traficantes de Sueños, 2016.

MACHADO DA SILVA, L. *Da Informalidade à Empregabilidade (reorganização a dominação no mundo do trabalho)*. Cadernos CRH. Salvador, n. 37, 2002.

MADEIRA, F.; RODRIGUES, E. M. *Recado dos jovens*: mais qualificação. In: AUTOR. *Jovens acontecendo na trilha das políticas públicas*. Brasilia: CNPD, p. 427-496, 1998.

MESQUITA, W. *Correndo atrás da prosperidade*: Trabalho e empreendedorismo entre fiéis neopentecostais. Ciencias sociales y religion/ciências sociais e religião, Porto alegre, ano 9, n. 9, p. 195-215, 2007.

NERI, M. *A Nova Classe Média*. São Paulo: Saraiva, 2011.

PEÇANHA, E. *Vozes marginais na literatura,* Rio de Janeiro: Aeroplano, 2009.

POCHMANN, M. *Nova classe média?* O trabalho na base da pirâmide social brasileira. São Paulo: Boitempo, 2012.

REIS, A. *Economia Criativa como estratégia de desenvolvimento*: uma visão dos países em desenvolvimento. São Paulo: Itaú Cultural, 2008.

ROSE, N. *Inventando nossos selfs*: Psicologia, poder e subjetividade. Petropolis: Vozes, 2011.

ROY, A. *Poverty capital*: microfinance and the making of development. Routledge: New York, 2010.

_____. Slumdog Cities: rethinking subaltern urbanism. *International Journal of Urban and Regional Research*. Volume 35.2, 223-38, 2011.

RUBIM, A. *Políticas culturais do governo Lula / Gil*: desafios e enfrentamentos. Trabalho apresentado no III Enecult, UFBA, 2007. Disponível em <http://www.cult.ufba.br/enecult2007/AlbinoRubim.pdf>.

SCOZ, L. *Quando pessoas fazem dinheiro com ideias*: breves reflexões sobre economia criativa, indústrias de conteúdo e cadeia de produção de valor imaterial. Mimeo, 2014.

_____. *O imperativo do Sonho*: criatividade, valor e circulação de afetos em uma startup brasileira. Trabalho apresentado no 39° Encontro Anual da Anpocs, Caxambu, 2015.

SEBRAE. *Aprender a Empreender*. Brasilia: SEBRAE/Fundação Roberto Marinho, 2015.

_____. *Economia criativa do Rio de Janeiro e as MPE*. Boletim quadrimestral (novembro). Rio de Janeiro: 2012.

SECRETARIA MUNICIPAL DE CULTURA DE RIO DE JANEIRO. *Prêmio de Ações Locais* — Edição Rio450. Edital de seleção n. 4.

SILVA, G. *Empreendimentos sociais, negócios culturais*: uma etnografia das relações entre economia e política a partir da Feira Preta em São Paulo. Tese de doutorado. Programa de Pós-graduação em Antropologia da USP, 2017.

SINGER, A. *Os sentidos do lulismo*: reforma gradual e pacto conservador. São Paulo: Cia. das Letras, 2012.

STRATHERN, M. *O gênero da dádiva*: problemas com as mulheres e problemas com a sociedade na Melanésia. Campinas, SP: Editora da Unicamp, 2006.

TOMMASI, L. *Culturas de periferia*: entre o mercado, os dispositivos de gestão e o agir político. Política & Sociedade, v. 12, 2012.

TOMMASI, L. e VELAZCO, D. *A produção de um novo regime discursivo sobre as favelas cariocas e as muitas faces do empreendedorismo de base comunitária*. Revista do IEB, n. 56, 2013.

VELAZCO, D. *O discurso da "cidade integrada" no Rio de Janeiro e suas implicações no cotidiano de jovens moradores da Cidade de Deus*. Monografia de conclusão do Curso de graduação em Ciências Sociais. Niteroi: UFF, 2014.

YUDICE, G. *A conveniência da cultura*: uso da cultura na era global. Belo Horizonte: Ed. UFMG, 2006.

Militarização das escolas públicas: tensões e negociações em torno deste modelo de gestão escolar

SANDRA DE SÁ CARNEIRO[1] • MARIA JOSEFINA G. SANT'ANNA[2]

Apresentação

O debate sobre violência está nos espaços públicos, nos meios de comunicação de massa e em nossas preocupações cotidianas. Isso reflete nas nossas concepções acerca deste fenômeno, que ganha espaço significativo nos debates em nível tanto nacional como internacional.

Naturalmente que existe um conjunto de questões que afetam os processos educativos, dentro deles o tema da violência (Charlot, 2002, Debardiex e Blaya, 2002). O assunto é complexo e não é exclusivo da sociedade brasileira. O certo é que a análise das causas e das relações que geram condutas violentas no interior da escola impõe desafios aos pesquisadores, pois demanda tanto o reconhecimento das especificidades das situações, como a compreensão de processos mais abrangentes. Ao lado disso, as possíveis soluções ou medidas preventivas apresentadas por diferentes programas e projetos demandam análises mais refinadas e investimentos sociais. No entanto, normalmente estas medidas são criticadas em virtude do tempo que levam para serem efetivamente processadas e serem vistas como trazendo benefícios mais imediatos.

Uma proposta polêmica que tem sido apresentada como uma medida para combater a violência no ambiente escolar e aumentar os índices de desempenho, surgiu através

1 Professora Adjunta de Antropologia do PPCIS/ICS/UERJ, Doutora em Antropologia Social pelo PPGSA/UFRJ. Integra no PPCIS as linhas de pesquisa Religiões, Sociabilidade e Formas de Expressão Cultural e Cidade, Poder e Resistências, e o CIDADES — Núcleo de Pesquisa Urbana/Uerj.

2 Professora associada da Universidade do Estado do Rio de Janeiro e integra no Programa de Pós-Graduação em Ciências Sociais a linha de pesquisa Cidade, Poder e Resistência. É pesquisadora associada ao CIDADES — Núcleo de Pesquisa Urbana/Uerj.

de uma parceria entre as Secretarias de Educação e de Segurança, e resulta na gestão das escolas públicas pela Polícia Militar, adotada em diversos estados brasileiros[3]. De fato, como veremos ao longo deste artigo, esta proposta tem sido apresentada como uma política pública destinada a diminuir a violência no universo escolar, elevar os índices de rendimento dos alunos e, sobretudo, "disciplinar" os alunos provenientes das camadas populares, clientela majoritária dessas escolas. Nosso objetivo é problematizar a adoção desta proposta de militarização das escolas públicas marcada por diversos dispositivos de controle que podem ser entendidos no contexto de uma sociedade disciplinar, nos moldes indicados por Foucault (1987).

Instigadas com o assunto e pelo convite de escrever um artigo para esta coletânea cujo tema central é a militarização, começamos a levantar as seguintes questões: que proposta era essa? Quais os seus objetivos? Por que este modelo estava em expansão? O que os pais, os professores e os estudiosos da educação pensavam sobre isto? Quais os critérios para selecionar estas escolas?

A base empírica deste artigo é constituída especialmente pelas matérias que encontramos disponibilizadas pela internet, buscadas através do Google, no período de junho de 2014 a setembro de 2017. Portanto, as ideias que aqui serão apresentadas exprimem uma primeira aproximação ao tema, tendo como base a cobertura midiática[4]. Buscamos assim acompanhar o debate em torno do assunto por meio de fontes diversificadas, onde são apresentadas as experiências em curso, em diferentes estados, bem como as opiniões de especialistas do campo educacional, professores e diretores das escolas militarizadas e de pais e alunos. O rico material coletado compreende notícias públicas (matérias de jornais nacionais e regionais, sites, vídeos, Facebook), moções de repúdio de diferentes entidades e instituições e, também, um livro que aborda a questão, organizado por alunos de graduação da Universidade Federal de Goiás[5]. O investimento na análise do material jornalístico produzido sobre a militarização nas escolas deve-se ao

---

[3] Em agosto de 2015, uma matéria publicada pela Folha de S. Paulo falava sobre o crescimento do número de escolas públicas geridas pela Polícia Militar em todo o Brasil. A justificativa apresentada para a implementação desta política era o combate à violência no universo escolar e a melhoria do rendimento dos alunos. Segundo a reportagem, o país possuía naquela época 93 instituições de ensino da PM, distribuídos em 18 estados brasileiros. Sendo que, naquele ano, o estado de Goiás havia ampliado de 18 para 26 o número de escolas com gestão militar. Minas Gerais tinha criado mais duas, chegando a 22. A Bahia possuía 13 e deveria abrir mais quatro até o final do ano. Disponível em <http://www1.folha.uol.com.br/educacao/2015/08/1666631-cresce-no-brasil-o-numero--de-escolas-basicas-publicas-geridas-pela-pm.shtml>.

[4] O acompanhamento do noticiário da imprensa sobre o tema nos permitiu realizar algumas inferências, ressalvadas as peculiaridades que são próprias da cobertura realizada por esses veículos, como por exemplo, seus interesses em acompanhar ou não determinados eventos, bem como a própria definição do que é ou não notícia.

[5] Livro organizado por alunos de Ciências Sociais da UFG e pesquisadores do PROLUTA (núcleo de pesquisa da Faculdade de Ciências Sociais da Universidade Federal de Goiás).

nosso entendimento de que os meios de comunicação de massa podem ser apontados, na atualidade, como uma das principais instâncias sociais responsáveis pela produção de sentido.

Militarização significa, nos exemplos aqui citados, a transferência da gestão escolar para a Polícia Militar e é resultado de uma parceria entre as Secretarias de Educação e de Segurança. Nesta modalidade de gestão da escola pública os policiais militares assumem a administração da escola e a parte pedagógica (professores e método de ensino) continua seguindo a orientação da Secretaria de Educação. No entanto, o diretor de cada unidade é um oficial da PM, assim como a equipe encarregada de manter a "ordem", a disciplina. Todos são militares.

Entendemos que esta proposta tem relação com a situação analisada por Graham (2016, p.24), ou seja, a do processo de militarização das cidades, que seria a extensão de projetos de vigilância, rastreamento e controle por meio de dispositivos tecnológicos e reestruturação espacial sobre áreas cada vez maiores do ambiente urbano. Para o autor existe um conjunto muito amplo de tendências que caracterizam o que ele denomina de novo urbanismo militar, com a transição entre o uso militar e civil de tecnologia avançada entre a vigilância e o controle da vida cotidiana das cidades ocidentais.

Como veremos mais adiante, a modalidade de gestão proposta para as escolas militarizadas segue a lógica da securitização do cotidiano da vida dos alunos e acaba por imprimir no meio escolar um regime autoritário, hierárquico e disciplinador muito distante do ideal democrático que foi a principal bandeira dos educadores na elaboração da Constituição de 1988.

A nossa hipótese é que este projeto está diretamente relacionado às políticas públicas de segurança que vêm sendo implantadas em todo o país e, em particular, no Rio de Janeiro. E existe um princípio norteador a estas políticas — a de que à ordem, ou à paz, devem se subordinar todos os outros interesses (direitos, valores, desejos, liberdade, autonomia, solidariedade, justiça, etc.). Nesta medida, o desafio que se apresenta para nós é deslindar nesse modelo os nexos que articulam gestão dos espaços, forma de controle e escola. Sendo que esta passa a ser, assim, um lugar estratégico para se entender os nexos entre dispositivos de poder (via disciplina) e gestão das populações.

Nosso argumento central é de que práticas de militarização demandam mais do que armas e força bruta para a execução de seus projetos de controle de populações e territórios. Estas também se produzem por violências e controles que se dão através do uso de outros artifícios simbólicos, culturais e políticos de legitimação moral e disciplinarização de corpos e subjetividades. No caso específico da realidade empírica aqui analisada, o universo escolar é um elemento importante na execução deste projeto.

Com o intuito de discutir as questões antes enunciadas dividimos este artigo em quatro partes. Na primeira discutimos o significado da proposta em foco e os princípios que a embasam. Na segunda discutimos como estas experiências vêm sendo adotadas em diferentes estados brasileiros, e as tensões e negociações que envolvem suas concretizações. Na terceira apresentamos as opiniões/visões de diferentes atores sociais sobre esta forma de gestão, analisando seus diferentes posicionamentos. Por fim, fazemos as considerações finais.

O que é militarização das escolas

No universo escolar os colégios militares não são uma novidade, mas as chamadas escolas militarizadas o são. A crescente transferência da gestão de escolas públicas para a Polícia Militar em diferentes estados brasileiros traz à tona uma questão crucial: o que isto significa? Quais as principais modificações que este modelo impõe às escolas? Quais as principais repercussões desse processo?

Desde 1999[6] o governo do estado de Goiás vem insistindo em apresentar a gestão militar (que definimos aqui como militarização) das escolas públicas como uma possível solução para enfrentar a questão da violência escolar e a melhoria do desempenho escolar. E, mais recentemente, a resposta do governo goiano para estas questões tem sido dividida em basicamente duas propostas: de um lado, o repasse da gestão escolar para as chamadas Organizações Sociais (OSs), e, por outro, o repasse de escolas públicas para a Polícia Militar.

Através de matéria de jornal do Sindicato dos Trabalhadores em Educação de Goiás (Sintego) de 1 de julho de 2015 vimos que o projeto de lei do governo estadual de Goiás, que transformava escolas públicas estaduais em colégios militarizados, foi aprovado no dia 30 de junho do mesmo ano. Dos 39 deputados presentes à sessão extraordinária, apenas nove votaram contra. O projeto inicial previa apenas oito escolas, mas foram feitas emendas aditivas e, ao todo foram incluídas dez escolas. Assim, sob o pretexto de diminuir a violência e melhorar o desempenho dos alunos, ao menos até o final de 2015, 30 escolas públicas do estado de Goiás foram repassadas à polícia Militar[7]. Administradas pela PM do estado, essas escolas são fruto de um termo de cooperação técnico-pedagógico entre as Secretarias Estaduais de Segurança Pública e de Educação, envolvendo também as subsecretarias regionais de ensino. As escolas atendem alunos do Ensino Fundamental II e Ensino Médio em todos os períodos.

---

6 Segundo a Revista Época, em 2018 o estado de Goiás já conta com 46 escolas sob administração da Polícia Militar. Cf. <https://epoca.globo.com/numero-de-escolas-publicas-militarizadas-no-pais-cresce-sob-pretexto-de-enquadrar-os-alunos-22904768>.

7 Estas escolas estão localizadas, em geral, em cidades com altos índices de violência, como por exemplo Valparaíso, que ocupa o segundo lugar entre os municípios de Goiás, com 80,9 mortes a cada 100 mil habitantes

Em uma escola pública que segue este modelo, o posto de diretor não é ocupado por um pedagogo, ele é ocupado por um policial com formação técnica equivalente a uma graduação voltada à educação. De acordo com um diretor de uma dessas escolas, localizada em Anápolis, "a filosofia de trabalho é reacender nos nossos alunos os valores" que, segundo ele, "foram esquecidos pela sociedade brasileira, como o amor ao civismo, à verdade e ao próximo"[8]. Estes são indicativos dos princípios orientadores que vigoram neste meio escolar, pois o que ganha centralidade aí é o chamado "espírito militar", tema abordado por Castro (1990) em seu estudo sobre a Academia Militar das Agulhas Negras (Aman), localizado na cidade de Resende, no estado do Rio de Janeiro.

Em 21 de julho de 2015, cerca de 100 moradores da Vila Itatiaia, em Goiânia, se reuniram próximo de um colégio estadual para debater a proposta apresentada e defendida pelo governador. O encontro foi uma iniciativa de um professor da escola que também é docente da Universidade Federal de Goiás, cujo campus fica próximo do local. Mas quais as justificativas apresentadas pelo governo estadual para implantar este projeto?

Ao analisarmos um conjunto de matérias sobre o assunto, que se seguiram desde que a medida foi aprovada, percebemos que, em primeiro lugar, são destacados os índices apresentados em relação à qualidade de ensino. Os colégios militares apresentariam bons resultados devido a seu rigoroso padrão de qualidade. Os resultados do Exame Nacional do Ensino Médio (Enem) e do Índice de Desenvolvimento da Educação Básica (Ideb) são acionados como prova do fato e a intenção declarada pelo governo seria a de "ampliar esse padrão de qualidade" para um número maior de escolas.

Em segundo lugar, a gestão militarizada das escolas públicas é defendida como exemplo de "sucesso", particularmente, por introduzir "valores" considerados fundamentais no ambiente escolar como disciplina, respeito, ordem e, fim da violência e, consequentemente, o melhor desempenho dos alunos. Esta tríplice relação entre disciplina, diminuição da violência e aumento da qualidade de ensino é frequentemente acionada pelos defensores do projeto em questão. No entanto, não são mencionados que existem outros modelos como os Colégios de Aplicação e os Colégios Pedro II que seguem outro modelo de gestão com maior participação dos pais e professores, com a atuação dos grêmios estudantis, que também têm tido altos níveis de aprovação no Enem.

Em terceiro lugar, a justificativa que parece ter mais peso na defesa da lógica do modelo de escola militarizada tem como pano de fundo a violência nos territórios onde as escolas estão inseridas. Segundo os dados do Mapa da Violência 2013, entre 1998 e 2010 o índice de homicídios de Goiás cresceu 119,4% (29,4 homicídios a cada cem

[8] Fonte: Disponível em: http://portal.aprendiz.uol.com.br/arquivo/2014/02/26/educacao-sitiada-por-dentro-dos-colegios-da-pm-em-goias/ Acessado em 20/05/2017.

mil habitantes), ao mesmo tempo em que a taxa do Brasil ficou estagnada em 26,2.[9] Desta forma este modelo de escola é apresentado como uma solução ou promessa do estado para controlar os crescentes episódios de indisciplina, dos chamados desvios de conduta, além de ocorrências mais graves dentro ou no entorno das escolas.

Entendemos que a implantação desta modalidade de gestão afeta profundamente o cotidiano das escolas, acabando por afetar as atividades pedagógicas. Isto porque nas escolas militarizadas o que ganha centralidade é o *éthos* e a formação de um "espirito" militar (Castro, 1990).

O que vem sendo descrito nas matérias de jornais, tanto no caso de Goiás, mas também em Manaus e no Piauí, é que as escolas são remodeladas à imagem e semelhança de um quartel militar, com todas as regras e as imposições que tal regime implica. Nestes locais impera um rígido código disciplinar, sujeito a punições para aqueles que o infringirem, o que acaba levando à expulsão dos que não se adequam à rotina. Além disso, muitos daqueles alunos considerados como "problemáticos"são transferidos para outras escolas públicas ou entram para as estatísticas dos que abandonam os estudos. O que acaba influenciando os indicadores de avaliação.

Como lembra Pinheiro (1997), a segurança é um fenômeno complexo que envolve grupos sociais distintos, visando o controle negociado das várias violências, as quais diferentes grupos são submetidos, inclusive aquelas praticadas pelo próprio Estado. Segundo o autor, muitos equívocos têm marcado as políticas de segurança pública baseadas no paradigma da militarização. Assim sendo, quando relacionados, esses dois fatores mostram um novo cenário, no qual emerge a proposta de escolas públicas com gestão militar.

Pode-se perceber que a proposta de militarização nas escolas também está relacionada às políticas de segurança na medida em que é em nome de uma maior segurança do universo escolar, dos professores, funcionários e dos próprios alunos, que ela ganha fôlego. No entanto é preciso estar atento para perceber que esta proposta não é técnica, como muitos querem fazer parecer. Ela é política e tem grandes implicações para o modelo de sociedade que se quer construir. Por isso é importante perceber os diferentes nexos que articulam processos de gestão de escolas, governo das populações e instituição de dispositivos disciplinares de combate à violência.

Como diversos estudos têm apontado, existe uma tendência à adoção de estratégias crescentemente militarizadas de gestão de espaços e territórios urbanos considerados de risco. Entendemos que essas estratégias estão estreitamente relacionadas a uma expansiva policialização de condutas e ao desenvolvimento de dispositivos disciplinares de exceção.

---

9 Cf. <http://portal.aprendiz.uol.com.br/arquivo/2014/02/26/educacao-sitiada-por-dentro-dos-colegios-da-pm-em-goias/>.

Disciplina: o discurso legitimador do processo de militarização das escolas

As diferentes experiências de militarização nas escolas públicas, em curso em vários estados brasileiros, indicam que este modelo se encontra em expansão[10] e que tem suscitado inúmeras controvérsias. Na maior parte dos casos, como já mencionamos, o termo é entendido como a transferência da gestão escolar para a polícia militar. Com isso, as escolas públicas, passam a ser administradas por um elemento externo ao ambiente escolar. Em geral, esta medida é justificada como uma forma de conter tanto a crescente violência no espaço escolar e no seu entorno, quanto a consequente sensação de insegurança com a qual convivem alunos, professores e demais profissionais das escolas. Este discurso é reforçado pelos benefícios que são apontados como consequência da adoção desta estratégia — a melhoria do rendimento dos alunos aliada à ideia de "pacificação" do universo escolar.

A partir de Bourdieu (2006) pode-se depreender que a violência está conectada a formas de dominação, havendo duas maneiras de manutenção do domínio: a violência aberta, que pode ser exemplificada pelos castigos, punições, etc. e a violência simbólica que quase sempre é invisível.

No caso da militarização das escolas públicas, a violência simbólica se expressa por meio de uma política pública que trata um problema educacional, profundamente relacionado a uma má distribuição de renda e desigualdades sociais, associado a uma lógica mais afinada com as políticas de segurança pública.

Atualmente a grande maioria das escolas públicas abriga uma população em situação econômica precária, que habita em geral as periferias e as favelas das cidades. Sendo que, normalmente, estas escolas passam a ser descritas como *locus* da violência, como lugar de ilegalidades. Isto leva, em geral, à rotulação desses espaços como sendo o do problema da segurança pública e da violência.

O estabelecimento desta relação imediata entre o problema das escolas públicas e a violência escolar expressa com nitidez a frequente ligação mais genérica e reducionista que se costuma fazer entre o problema da segurança pública e os chamados territórios da pobreza (Silva, Leite e Fridman, 2005).

Vista por este ângulo, parece não haver mais espaço, assim, para a formulação de políticas de segurança articuladas a um debate mais amplo que as insira no quadro

---

10 A revista Época publicou uma matéria, em 02/08/2018, sobre o número de escolas públicas militarizadas no país sob o pretexto de enquadrar os alunos. Sendo destacado que a região Sudeste é a única onde não foi implantado este modelo e que o total de escolas geridas pela PM cresceu 212% em cinco anos. Disponível em <https://epoca.globo.com/numero-de-escolas-publicas-militarizadas-no-pais-cresce-sob-pretexto-de-enquadrar-os-alunos-22904768>.

das relações entre cidadania e desenvolvimento. Levando a que, em geral, as políticas destinadas a estes segmentos sociais seriam sempre a da repressão, do controle e da segurança pública. Isto vai ao encontro da posição dos diferentes estados brasileiros em militarizar políticas que deveriam ser educacionais e sociais. É neste sentido que a perspectiva de Bourdieu se apresenta como uma pista analítica frutífera para o entendimento do simbolismo dessa proposta.

Aliado a isto, a medida em questão reproduz a lógica da ordem social de segregação das populações menos favorecidas, na medida em que se faz uma leitura de que as classes "perigosas" precisam ser contidas, vigiadas e punidas, daí a necessidade de controlar as escolas frequentadas por estas populações.

No entanto, existe um fator que não pode ser ignorado, e que é recorrente em quase todas as reportagens — muitos pais ouvidos, e até mesmo alunos, demonstram satisfação com o modelo. Normalmente os pais veem nesta proposta uma possível solução capaz de levar segurança às escolas e, sobretudo, disciplinar jovens que teriam fugido ao controle de seus familiares e professores.

A principal razão mencionada para o apoio ou opinião favorável a este novo modelo de gestão escolar é que ele trouxe disciplina às escolas onde, em muitos casos, relatos de violência e desrespeito entre alunos e professores eram constantes. De fato, se a escolha for resumida entre o caos anterior e uma disciplina rígida, mesmo que autoritária e castradora, é compreensível que muitas famílias prefiram a segunda opção. Visto por outro ângulo, o que temos aí é um indicativo da falência da noção de escola como centro cultural público emancipatório e de formação cidadã. A disciplina deve fazer parte ou mesmo integrar o processo educativo, mas não pode ser a utopia civilizatória.

O dia a dia de uma escola militarizada, narrado em diversas matérias, pode ser assim resumido: na entrada os alunos se perfilam em formação militar, enquanto são passados em revista. Todos são obrigados a cantar o hino nacional na chegada, a caminhar marchando e a bater continência diante do diretor. É obrigatório o uso do uniforme completo (uma espécie de farda). É proibido mascar chicletes. As meninas não podem usar maquiagens ou esmaltes chamativos. Nas conversas não são permitidas gírias. São proibidos ainda determinados trajes que indicam certos estilos juvenis (bermudas largas, bonés, etc.) e acessórios muito chamativos. Os alunos têm que bater continência para policiais armados na entrada das aulas. O corte de cabelo dos meninos segue o estilo militar e o das meninas não pode estar solto. São abolidos os usos de brincos, piercing, laços de fita, tiaras. Namoros também são proibidos. O cumprimento "Sim, senhor", "Não senhor(a)", predomina. O tradicional bom dia é substituído por uma continência. Na entrada o perfilhamento em formação militar é seguido por uma revista de um coordenador de disciplina para evitar que alguma regra seja desrespeitada. O uniforme deve estar completo, sendo que a blusa não pode ficar para fora da calça ou saia. Não é permitido o uso de celulares, nem de atrasos. Em geral, existe uma cobrança de mensalidade, que é apresentada como taxa facultativa, mas que acaba sendo obrigatória. O uso de farda obrigatório e atrasos às aulas, assim como qualquer desrespeito às regras, geram desconto na chamada avaliação disciplinar. Existem ainda muitas outras regras que devem ser cumpridas. O regimento interno das escolas é respaldado na hierarquia e disciplina, valores considerados fundamentais. Os grêmios estudantis são proibidos. E, de acordo com o manual do aluno, cada sala nomeia um chefe, que tem domínio sobre os demais colegas e zela pela disciplina do coletivo. Há também um subchefe para cuidar da limpeza e um estudante chefe geral para cada turno, responsável por auxiliar a coordenação disciplinar e realizar a chamada dos demais. Assim, valores como disciplina, ordem, obediência e hierarquia são privilegiados. Existem diversos tipos de punição que vão do isolamento, passam pela repreensão e suspensão, até chegarem à expulsão. Todas as ações classificadas como "infrações" são anotadas no boletim escolar.

Através das fotos e dos vídeos postados sobre estas experiências (particularmente nos estados de Goiás, Manaus e Piauí) vemos turmas uniformizadas que na entrada do colégio se dividem em pelotões para verificação das presenças e cumprimento do uniforme correto. Os alunos batem continência e mostram respeito e disciplina. Como se pode depreender destas descrições, o modelo de gestão que a polícia militar preconiza está centrado na valorização da hierarquia e da disciplina e que tem no cumprimento do regulamento escolar o foco central da gestão. Portanto, é um modelo que privilegia a hierarquia e a disciplina em detrimento ao capital intelectual e da participação mais ativa dos alunos. Ou seja, esta proposta vai na contramão dos verdadeiros desafios educacionais que se precisa enfrentar para a construção de uma escola pública democrática e de qualidade para todos.

A Secretaria de Segurança Pública do Estado de Goiás alega que o projeto não responde apenas à contenção de violência, e sim ao fato de que os colégios militares apresentam bons resultados nos sistemas de avaliação, como o Enem e o Ideb. Dentro desta perspectiva, a estrutura pedagógica mais rígida, baseada em disciplina individual e coletiva, proposta pelas unidades militarizadas, favorece os bons resultados nas avaliações padronizadas. No entanto, entendemos que esse processo de valorização excessiva da disciplina acaba produzindo uma pedagogia penal direcionada às classes média e pobre.

Além disso, esta valorização da disciplina, da hierarquia em detrimento ao respeito mútuo e múltiplos métodos de convivência vai em sentido contrário ao que preconiza a Lei de Diretrizes e Bases (LDB), ou seja, a gestão democrática como um dos princípios do ensino público no país. No caso das escolas militarizadas, o combate à violência, a prevenção às drogas, etiqueta social, construção do coletivo, se dá pelo medo, pelo controle e pela repressão. Mas tanto a Constituição como a LDB ratificam a gestão democrática como um dos princípios da educação brasileira.

Na gestão militar também passa a ser atribuição dos militares ministrar disciplinas como: noções básicas de cidadania, orientações de trânsito e constituição federal. Além destas matérias existe um momento chamado de seção disciplinar, destinado aos alunos que não seguem as normas do colégio. Em geral, o aluno é avaliado de duas formas: uma sobre o conteúdo das matérias e outra disciplinar. Todos começam com uma nota padrão e vão perdendo pontos ao passo que não seguem as regras impostas. Quando um aluno chega a uma determinada pontuação ele pode sofrer sanções e quando fica abaixo de determinada pontuação ele é encaminhado ao Conselho Escolar, que pode decidir pela expulsão do aluno. A avaliação de conduta é, portanto, um elemento fundamental no cotidiano essas escolas.

A análise que Foucault (1987, 2003) faz sobre o poder e da estreita relação que este possui com o saber nos serve de inspiração para pensarmos as questões descritas acima. Podemos dizer que uma das grandes contribuições deste autor foi discutir a ideia de poder não mais produzido apenas nos aparelhos de Estado, mas sim observar como no cotidiano este fenômeno emerge tão visivelmente e com tanta frequência e força na vida dos indivíduos. Sua preocupação era não só o porquê se exerce o poder, mas, sobretudo, com que direito este exercício se estabelece e para que isto serve. Por isso, consideramos Foucault como uma boa referência teórica para entendermos as relações presentes no cotidiano das escolas militarizadas, particularmente a concepção de poder disciplinar, sendo seus principais aspectos a punição, o adestramento e a docilização dos corpos.

Ainda segundo o autor, a instituição escolar estaria entre aquelas voltadas para funcionar como máquina de ensinar, vigiar, hierarquizar e recompensar. O controle disciplinar envolve uma correlação entre controle dos corpos e controle do tempo para se evitar o ócio considerado improdutivo, pois "um corpo disciplinado é a base de um gesto eficiente" (1987, p. 130). Isto envolve todo um conjunto de técnicas de disciplinamento que marcam o corpo tentando tirar dele sua maior funcionalidade e rendimento.

Foucault (1987e 2003) destaca ainda que o regime de poder disciplinar produz saberes que estrategicamente vão servir de mecanismos para moldar o comportamento dos indivíduos. É justamente isto o que vemos nas escolas militarizadas, quando são impostos aos alunos e aos professores normas e valores da instituição militar, comprometendo o processo formativo plural e se apropriando do espaço escolar em favor de uma lógica de gestão militarizada. A transferência da responsabilidade à Polícia Militar também estaria aliada a um controle da violência através da repressão, não abordando as causas reais desta situação.

Vera Telles, em entrevista[11], identifica neste modelo de militarização das escolas uma faceta do fenômeno que ela chama de "urbanismo militarizado"[12], por meio do qual se transfere a lógica da guerra para o controle do espaço público. Segundo ela,

---

11 Cf. <http://portal.aprendiz.uol.com.br/arquivo/2014/02/26/educacao-sitiada-escolas-a-servico-da-militarizacao-das-cidades/>.

12 Este termo também é acionado por outros autores como Graham (2016).

nesse processo diversos dispositivos de exceção são inseridos na ordem jurídico institucional e aparecem como normalidade, mas são "gambiarras de exceção", que suspendem direitos e acionam o poder discricionário do estado ou agora da Polícia Militar.

De fato este modelo parece estar em consonância com os projetos de militarização encontrados nas cidades. Sendo que este processo parece ter encontrado nas escolas uma oportunidade não apenas de se expressar, mas também de gerar novos reprodutores dessa lógica.

No fundo, o que tem sustentado a proposta de militarização das escolas públicas é que estas, dependendo de sua localização, passam a ser entendidas como locais a serem ocupados. Se as favelas permanecem estigmatizadas como território da violência em potencial, demandando dentro desta perspectiva, controle permanente, as escolas também são vistas sob esta ótica, particularmente as que têm por clientela segmentos das camadas populares. Por isso mesmo, a ideia de diminuição da violência escolar confere justificativa e legitima a proposta de militarização das escolas, que impõe sobretudo disciplina.

O que vemos é um deslocamento de uma concepção de disciplina, relacionada a um modelo repressor, ser progressivamente transposto para um modelo de gestão escolar. Este modelo parece se aproximar ao modelo político que Wacquant (2003, 2008) chama de Estado Penal. Tal política assumida como de enfrentamento à violência, se baseia em construções simbólicas acerca do inimigo a ser combatido. Vemos mais uma vez a difusão da defesa do uso de modelos repressores contra jovens como forma de combater a violência, em geral baseando-se na disseminação da ideia-chave de política conhecida como tolerância zero.

Como já tivemos oportunidade de mencionar, Foucault (1987, 2003) nos oferece diferentes pistas interpretativas para analisar a escola como um espaço que produz saber e poder, onde a disciplina é essencial para a formação do saber. No entanto, as práticas pedagógicas de uma sociedade disciplinar impõem que os corpos sejam vigiados constantemente e que comportamentos sejam diariamente estabelecidos. Mas o poder disciplinar também produz saber. A sua eficácia está no fato desse não conter apenas aspectos negativos, como aqueles que reprimem e penalizam, mas também positivos.

Podemos dizer que na escola "ser disciplinado" compensa, pois nessa instituição fica claro o jogo de recompensas e honras. Esse jogo de premiações ao bom aluno disciplinado tem dois efeitos, que são: distribuir os estudantes conforme suas habilidades e seu comportamento e exercer sobre os alunos o mesmo modelo, para que todos sejam "dóceis" e "úteis". Na escola militarizada o poder disciplinar não coage em sentido direto, mas atinge seus objetivos através da imposição de uma conformidade que deve ser atingida. Em suma, ele normaliza, molda os indivíduos na direção de uma norma particular. A disciplina determina o que é normal e, depois, desenvolve medidas e práticas para avaliar se os indivíduos são "normais" e para moldá-los segundo uma regra.

Dentro desse contexto, a militarização funciona como um dispositivo de controle, esvaziando a dimensão educacional da escola.

Isto acaba por afastar essa modalidade de escola de seus objetivos tais como preconizados na Constituição, de ser o espaço de aprendizagem, de formação de cidadania, de construção de valores e atitudes, mas para isso não é necessário que ela seja militarizada.

O que dizem os professores, diretores, pais e alunos

Mas se existem "justificativas" e apresentação de "sucessos" das experiências de militarização das escolas públicas, notamos também que existem várias vozes que se levantam para criticar este modelo[13], pois de maneira geral este caminha em direção contrária aos princípios constitucionais de uma escola pública, gratuita, democrática, com igualdade de condições de acesso e permanência, pautada no pluralismo de ideias e concepções pedagógicas.

Nessa medida, procuramos apresentar aqui uma primeira sistematização dos argumentos apresentados por diferentes atores sociais, disponibilizados nos sites, em matérias de jornais etc. em que se situam como críticas tanto negativas como positivas com relação à gestão militar das escolas.

No final de 2015 várias escolas em Goiás[14] foram ocupadas pelos estudantes que protestavam contra os descaminhos da educação pública e o repasse das escolas públicas para a Polícia Militar e OSs. No processo de desocupação das escolas do Centro da cidade de Goiânia[15], como no Liceu, o colégio mais tradicional, foi noticiado que a própria Secretaria de Educação passou por telefone os contatos e os endereços dos alunos para a Secretaria de Segurança Pública, para que a ordem de reintegração de posse chegasse endereçada diretamente aos secundaristas daquela escola, com a indicação de que o não cumprimento daquela ordem incidia em multas altíssimas, como 50 mil reais ao dia. Desta forma, a intimação chegava direto na casa dos alunos, como forma de intimidação. Outra estratégia utilizada para coagir os alunos que ocupavam as escolas, usado pela

---

13 Vale lembrar aqui as moções de repúdio assinadas por diferentes entidades como por exemplo: <http://ubes.org.br/ubesnovo/wp-content/uploads/2015/11/MO%C3%87AO-CONTRA-A-MILITARIZA%C3%87%C3%83O-DAS-ESCOLAS.pdf>; <http://contratempo.info/principal/mocao-de-repudio-contra-a-militarizacao-do-colegio-estadual-jose-pavan-de-jacarezinho/>; <https://conexaoto.com.br/2017/10/24/confederacao-emite-mocao-de-repudio-a-politica-de-militarizacao-implementada-pela-prefeitura-de-palmas-nas-escolas>.

14 No total 27 escolas foram ocupadas de novembro de 2015 a janeiro de 2016 em Goiás, em protesto aos descaminhos da educação brasileira e contrários ao repasse das escolas públicas à Polícia militar e às OSs.

15 Cf. <http://outraspalavras.net/outrasmidias/destaque-outras-midias/que-educacao-querem-os-conservadores/>.

Secretaria de Educação, era passar os dados dos alunos envolvidos na ocupação para o Conselho Tutelar. O conselho ligava para os pais e dizia que se os alunos não saíssem, eles correriam o risco de apanhar da polícia, sofrer retaliações e serem processados pelo Estado. O que normalmente levava a uma interferência dos pais junto a seus filhos.

Para a Professora Virginia Maria Pereira de Melo (coordenadora do Fórum Estadual de Educação de Goiás) os resultados obtidos nas escolas militarizadas, e que têm seduzido parte da sociedade, advém de

> uma situação privilegiada, são decorrentes não da gestão militar, mas das condições diferenciadas efetivamente oferecidas. Caso essas mesmas condições estivessem presentes nas demais escolas públicas, elas e seus profissionais seriam com certeza capazes de assumir o trabalho com a competência necessária. Ademais, esse caminho tem se afastado do "ideal republicano" definido após longos debates no Plano Nacional de Educação, que garante educação pública de qualidade a todos os cidadãos, sem nenhum tipo de distinção. A escola é espaço de aprendizagem, de formação de cidadania, de construção de valores e atitudes, e para que ela possa se efetivar como tal, não é necessário que seja militarizada. Basta que sejam destinados a ela os mesmos recursos encaminhados às escolas militares, tanto financeiros quanto de pessoal.[16]

Nesse sentido, seria de fato a militarização nas escolas uma solução para a qualidade da educação brasileira? A que tipo de educação estamos nos referindo? É preciso cautela quando se faz uma associação imediata entre os maiores índices de violência e o baixo nível de escolaridade dos alunos. Seria mais prudente refletir sobre as causas destes resultados. Um dos questionamentos básicos apontaria nesta direção: estaria a escola pública atendendo aos anseios destes jovens, que são vistos no melhor dos casos, como "indisciplinados"?

Em uma escola em Goiás o diretor (major) diz: "A punição é parte importante na aplicação das regras e da disciplina. Sem ela, não há como exigir comportamento que se deseja aos alunos".[17]

Em 4 de maio de 2016, através do site da Unicamp, vimos o depoimento de Miriam Fábia (UFG) durante o Fórum Permanente de Educação e Desafios do Magistério realizado no Centro de Convenções da mesma universidade. Durante o evento, Miriam abordou de forma crítica a política educacional de seu estado e suas implicações nas lutas por uma educação pública de qualidade. Segundo ela o estado não dialoga com a população e impõe medidas "sem discussões". Lembra ainda que as regiões Norte e

---

[16] Cf. depoimento à Associação Nacional de Pós-Graduação e Pesquisa em Educação (ANPED), disponível em <http://www.anped.org.br/news/militarizacao-de-escolas-publicas-solucaoanped>.

[17] Disponível em <https://oglobo.globo.com/sociedade/educacao/policia-impoe-disciplina-militar-em-escolas-publicas-de-goias-12112410>

Sudeste de Goiás são essencialmente agrícolas e hoje quase inexistem escolas no campo. Para prosseguirem seus estudos, os alunos passam grande parte do seu tempo dentro do transporte escolar para estudar nas escolas urbanas. Mesmo nestas, os prédios estão precários, não passam por reformas, não há modernização dos recursos tecnológicos. Segundo ela, a primeira escola militarizada em Goiás ocorreu em 1999. Na sua opinião, "o governo deu a escola para a Polícia Militar". E afirma que todo esse processo foi um choque para os professores. No entanto, destaca que "muitos pais gostam, pois entendem que os seus filhos estão seguros", mas alerta que "é preciso ficar atento ao que está acontecendo". Pois, apesar do discurso do governo de Goiás ser o da valorização da educação, já há quatro gestões o ensino no estado é o do "não lugar". Ela destaca que este não tem recebido nem atenção nem recursos por parte das autoridades competentes. Prossegue ainda afirmando que o que existe é uma política sistemática de desvalorização da escola e do público e alerta para o sucateamento da rede de ensino estadual. Comenta que os laboratórios das escolas que foram militarizadas estão fechados, com a justificativa de que não são mais necessários, inclusive no ensino de Ciências.

No Piauí, diversas entidades e movimentos sociais lançaram um manifesto contra a militarização das escolas estaduais em que afirmavam que "nas sociedades democráticas a educação deve ser libertadora". Ressaltavam ainda que a militarização da educação civil não pode ser a resposta de um governo democrático aos problemas da educação (indisciplina, evasão, violência no ambiente escolar, dentre outros) que são reais, mas para os quais existem outras e melhores soluções. Uma alternativa é investir em políticas públicas que combinem educação de qualidade com democracia e cidadania.

Sustentava-se ainda no manifesto que em vez da ideologia militar e do autoritarismo nas escolas, era fundamental que a Secretaria Estadual de Educação cumprisse com as Leis dos Planos Nacional e Estadual de Educação. E ainda reivindicavam eleições democráticas, gestão participativa, formação permanente para gestores escolares, melhoria das condições de infraestrutura das escolas, políticas que possam garantir melhores condições de trabalho, valorização e garantia de professores em sala de aula em todas as escolas. A sociedade hoje clama por escolas de qualidade, mais democráticas e de tempo integral.

Alguns pais e mães entrevistados nas matérias analisadas destacam que as escolas que adotam este modelo ficam "mais seguras", "protegidas da marginalidade e das drogas" e, também, são "mais estruturadas". Além disso, ressaltam que além da melhoria do ensino e do melhor desempenho dos alunos, são valores importantes a disciplina, a obediência e o respeito. Também alguns professores, preocupados com a violência escolar e com o baixo desempenho dos alunos, sem apoio familiar, veem neste novo modelo de gestão escolar um meio de poderem trabalhar com mais tranquilidade, sem se preocupar com questões disciplinares.

Em fevereiro de 2016, tivemos conhecimento, através dos jornais, da elaboração de um manifesto contra a militarização e a privatização das escolas públicas por meio de Organizações Sociais (OS) pelo Conselho Nacional de Entidades da Confederação Nacional de Trabalhadores da Educação, assinada em 26 de fevereiro de 2016. O portal da Associação Nacional de Pós-graduação e Pesquisa em Educação (Anped) postou em 3 de agosto de 2015, uma matéria intitulada "Militarização de escolas públicas – solução?", que apresentava diversas críticas a este modelo de gestão.

Vozes de pais e mães contrários ao projeto também merecem destaque. Em algumas matérias analisadas vemos que muitos se manifestaram indignados com o processo e argumentavam: "Meu filho não vai bater continência não, para ninguém não" ou "Tráfico tem em toda esquina, não é militar no colégio que vai resolver isso não".

O que podemos observar é que mais uma vez tais políticas se direcionam a determinadas classes e grupos sociais, muitas vezes definidos como classes perigosas. Temos aí um caso exemplar de policialização ou militarização de políticas sociais que intensificam a segregação e o processo de estigmatização das populações menos favorecidas. Neste caso, ganham centralidade as agências que têm por função a repressão, a punição, como se estas fossem políticas sociais, ou entendendo-as como um primeiro passo na implementação daquelas políticas (Bodê de Moraes e Kulaitis, 2013).

Além disso, ao discurso da eficiência técnica do universo militar que justifica e legitima a intensificação das estratégias militarizadas de controle social, aciona-se o discurso de que uma vez apresentada a estratégia de "controle", de repressão, a violência diminui. No entanto, conforme alguns estudos já destacaram, as políticas sociais policializadas traduzem-se em segregação (Bodê de Moraes, 2008).

Temos então um processo que faz um nexo entre duas dimensões importantes e que estão relacionadas: a pacificação do espaço social (a escola), tornaria possível a internalização do autocontrole pelos indivíduos. No caso analisado aqui, ao que tudo indica, a violência nas escolas foi mais uma vez tratada apenas como problema da área de segurança pública, da estratégia policial militar e cada vez menos apresentou desafios de natureza educativa.

Segundo Bodê de Moraes (2008) a história da militarização da polícia no Brasil é antiga e atendia a uma demanda específica: o controle das classes perigosas. Estamos assim nos referindo à imagem de jovens classificados como produtores de violência, o que justificaria a intensificação da repressão a este grupo, destacadamente pelo Estado por intermédio da polícia.

A seleção das escolas que passariam pelo processo de militarização seguiu alguns critérios, ainda que os mesmos não tenham sido tornados explícitos pela Secretaria de Educação. O entorno do Distrito Federal convive com problemas crônicos de violência e, desde 2011, a Força Nacional de Segurança Pública reforça o policiamento na região. Em Valparaíso, o Colégio Fernando Pessoa apareceu no noticiário policial depois que um ex-aluno foi assassinado a tiros no local. Em outra ocasião, uma professora sofreu um sequestro relâmpago ao sair do prédio.

Segundo a vice-diretora daquele colégio, que foi mantida no cargo mesmo após o processo de militarização, o cenário hoje "é outro" desde a chegada da PM: "a questão disciplinar mudou gritantemente. Tínhamos problemas de tráfico de drogas e prostituição. Professores tinham medo dos alunos"[18].

Em outro colégio, no Novo Gama, casos semelhantes são retratados. Segundo uma aluna: "Era tudo bagunçado. Tinha gente usando drogas nos banheiros. Agora até o bairro está mais seguro. O melhor é sair e ver uma viatura na rua"[19].

Nestas unidades escolares foi constituído um mutirão chamado de "operação limpeza" e, com isso, as paredes foram pintadas e as pichações apagadas. Os próprios alunos se tornaram responsáveis por sessões de vistoria nos banheiros e pela checagem da sala. Se tudo não estiver arrumado, ninguém sai. Até a lista de ausentes às aulas é compilada pelos estudantes, no caso um deles, o chefe da turma. Se um professor não comparece, nenhuma turma sai mais cedo.

Nestas escolas, o código de conduta vigente segue os moldes do que vigora nos colégios da Polícia Militar de Goiás (CPMG): até os cortes de cabelo devem obedecer a certos padrões. Contato físico "que denote envolvimento de cunho amoroso" é proibido. Segundo uma aluna de uma escola de Valparaíso, "no início eu me revoltei, odiei. Hoje adoro, não troco por nada"[20].

Mas, cabe lembrar, que tal apoio ou aceitação pode significar temor à repressão. O código de conduta ao qual os alunos dessas escolas são submetidos, classifica como transgressão disciplinar grave "denegrir o nome do CPMG ou de qualquer de seus membros". Quem conversa com os alunos dessas escolas percebe o receio que eles têm de fazer críticas. Segundo uma das matérias analisadas, estudantes que davam entrevista ao Globo foram interpelados por um policial da equipe disciplinar no momento em que uma delas reclamava da exigência de ficar em pé durante solenidades.

Na mesma matéria um professor de políticas educacionais da Universidade Federal de Goiás (UFG) comenta: "Não há dúvida de que a escola, para funcionar bem, deve ter normas claras e ser exigente, mas isso nada tem a ver com militarização". Segundo ele, "experiências exitosas no mundo fizeram o caminho inverso, aproximando a escola da comunidade e horizontalizando relações hierárquicas".[21]

---

[18] Disponível em < https://oglobo.globo.com/sociedade/educacao/policia-impoe-disciplina-militar-em--escolas-publicas-de-goias-1211241 0>

[19] Disponível em < https://oglobo.globo.com/sociedade/educacao/policia-impoe-disciplina-militar-em--escolas-publicas-de-goias-12112410>

[20] Disponível em <https://oglobo.globo.com/sociedade/educacao/policia-impoe-disciplina-militar-em--escolas-publicas-de-goias-12112410>

[21] Disponível em < https://oglobo.globo.com/sociedade/educacao/policia-impoe-disciplina-militar-em--escolas-publicas-de-goias-12112410

Já outro pesquisador de segurança pública da Universidade Federal de Minas Gerais chama a transferência de escolas para a polícia de "maquiagem ideológica", "tentativa de doutrinação dos alunos" e "aberração". Para ele, "Não tem nada a ver com segurança"[22].

O diretor de um colégio de Valparaiso, Goiás, mencionado anteriormente, um capitão, formado em Pedagogia, defende o modelo adotado. Ele foi professor da rede estadual antes de se tornar policial e diz que um dos objetivos é melhorar a nota da escola no Ideb. Para ele "O caminho é simples: a disciplina consciente. A gente faz [o aluno] pegar o gosto [pelo estudo]. No sábado tem grupo de estudo na biblioteca. Em breve, vamos começar um cursinho para o Enem. Gírias como "ô, véio" não podem [ser empregadas]. Aqui a gente só usa a norma culta".

Diferentemente do que ocorre na rede pública, os colégios do estado de Goiás que vivenciam o processo de militarização cobram uma contribuição "voluntária" mensal dos alunos. O dinheiro é administrado pela Associação de Pais da unidade e, segundo a PM, destinado a melhorias na infraestrutura, em equipamentos e na contratação de professores de reforço.

No início de 2015 o Ministério Público em Valparaíso acionou a Justiça, devido à informação de que o pagamento da taxa escolar, uma espécie de mensalidade, seria compulsório, assim como a exigência de uso de uniforme. No entanto, uma liminar da Justiça garantiu o caráter espontâneo da taxa. Comentando sobre este episódio o comandante de ensino da PM de Goiás sustenta que a contribuição é voluntária e o que houve foi um mal-entendido. Além disso, ele enfatiza que: "Quando o pai percebe que a contribuição está transformando a escola, a adesão é muito maior. Chega a 100% em algumas unidades"[23].

Ratificando esta informação, o pai de um aluno do Colégio Fernando Pessoa, Cleuber Bispo da Silva, diz que faz questão de pagar. "Meu menino mudou de comportamento, passou até a arrumar mais o quarto", comenta o pedreiro, cujo filho, de 11 anos, está no 6º ano do ensino fundamental.

Já o coordenador geral da rede Campanha Nacional pelo Direito à Educação, Daniel Cara, avalia como "um desastre" o processo que está em vigor na rede estadual de Goiás:

> Trabalhei em escolas públicas nas regiões mais violentas de São Paulo e acompanhava as rondas que a polícia fazia. Elas já eram temerárias... Imagine uma administração da PM! A polícia não faz bem nem seu trabalho de segurança pública, que dirá educação. Essa medida reforça o sentimento de desigualdade entre as escolas. É um instrumento antirrepublicano. Precisamos combater a desigualdade, não institucionalizá-la.

---

[22] Disponível em <https://oab-rj.jusbrasil.com.br/noticias/115241930/pm-assume-colegios-de-goias-em--medida-criticada-por-especialistas?ref=serp>

[23] Disponível em. < https://oab-rj.jusbrasil.com.br/noticias/115241930/pm-assume-colegios-de-goias-em--medida-criticada-por-especialistas?ref=serp>

Apesar da função que exerceu, outra pessoa que também é crítica à experiência de militarização das escolas é o ex-comandante do Batalhão de Operações Especiais (Bope) do Rio de Janeiro, o antropólogo Paulo Storani.

> É a certificação do fracasso de um processo pedagógico no Brasil. É aquele pensamento: "ah, não temos como resolver o problema? Então chama a polícia". Estão dando o gerenciamento da escola a um órgão que não tem essa função. A população tinha uma expectativa, é o desespero de querer qualquer coisa para melhorar uma situação. Pode melhorar em curto prazo, porque cria disciplina, mas não resolve nada a longo prazo.[24]

Considerações finais

> Reduzindo-se a questão da violência escolar à presença de policiais na escola, estamos fadados a não apresentarmos soluções para o âmago da questão, correndo o risco de não contribuirmos numa solução razoável para as diversas consequências que as diferentes modalidades de violência apresentam hoje ao ambiente da escola pública (Pinho e Carvalho, 2008).

Nosso intuito neste artigo foi problematizar a proposta de militarização das escolas públicas analisando seus objetivos e suas repercussões, bem como perceber os nexos que vêm sendo estabelecidos entre este novo modelo de gestão escolar e as propostas de segurança pública e de governabilidade. Além disso consideramos urgente estimular outras reflexões sobre seus impactos no universo escolar, questionar as justificativas apresentadas pelos governos estaduais e a legitimidade constitucional da ação, em dimensões que não pudemos aprofundar neste trabalho.

Pensar os princípios militares dentro das escolas públicas estaduais é uma questão complexa, pois a formação militar é específica e se destina a outros fins que não a socialização e o aprendizado e está fundamentada na hierarquia, dando pouca margem ao conflito e às tensões, pois dentro daquele contexto qualquer transgressão deve ser punida. No entanto, a vida democrática é feita de conflitos, somos diferentes com direitos iguais.

Além disso, cabe pontuar que estamos tratando de políticas sociais que são pensadas de modo reducionista e instrumental, como formas de salvar moralmente ou (re)civilizar as classes populares. Entendemos que a gestão militar das escolas se apresenta como uma nova fase da repressão policial no Brasil.

Devemos lembrar que o ideário da escola pública é o de uma instituição que acolhe a todos, promove a igualdade entre desiguais e serve de fundamento para a democracia. É a escola que acolhe a diversidade de gênero, cor, credo religioso, nível cultural ou perfil

[24] Disponível em <http://oglobo.globo.com/sociedade/educacao/policia-impoe-disciplina-militar-em-escolas-publicas-de-goias-12112410#ixzz4FwCjK61u>.

socioeconômico. Entendemos que é essa escola que precisa ser fortalecida, na medida em que ela contribui para a promoção da igualdade. Os melhores sistemas educacionais são públicos e com gestão pública. Não são terceirizados, não são militarizados e não são conduzidos por empresários.

Insistimos na ideia de que políticas públicas, para serem também políticas sociais, necessitam de legitimidade, participação, sentido de pertença, o que pede reconhecimento a demandas por respeito e dignidade às culturas juvenis, bem como a compreensão de como tais culturas são construídas na teia de vulnerabilidades, resistências, exercício de poder, por violências e, reiteramos, busca por reconhecimento.

Um aspecto que merece maior reflexão é a qual população se destina este tipo de política pública. A qual público ele está direcionado? Militarização para quem? Qual é o perfil dos jovens que frequentam a rede pública de ensino? São eles as principais vítimas da militarização, que acontece tanto dentro, como fora da escola?

Consideramos que este modelo é assim mais uma forma de "criminalizar" a juventude pobre, pois, contraditoriamente, a educação que deveria ser um caminho para a mudança desse paradigma, acaba por endossá-lo e ratificá-lo. A orientação das escolas deveria ser contrária a essa lógica punitiva e violenta, oferecendo aos alunos uma formação mais plural que os levasse a refletir sobre o contexto social em que vivem, ajudando-os a tomarem decisões, favorecendo e estimulando o diálogo e procurando formas mais respeitosas de interação social. Mas o que ocorre na prática é um ambiente de reprodução de autoritarismo das desigualdades.

O que acaba acontecendo é que a população alvo dentro do muro das escolas é sempre a mesma que é alvo da PM do lado de fora. Esse modelo de gestão evoca a ideia de uma população que precisa ser "disciplinada" em seu espaço — a escola destinada aos pobres. Sendo que esta lógica dialoga com a tendência de militarização do conflito urbano nas metrópoles, se construindo então como mais uma tecnologia de controle social.

Como tem sido apontado por diferentes estudos, é preciso valorizar o trabalho dos professores, oferecendo a eles não só condições dignas de trabalho, mas também um salário compatível com a importância de sua função. Além disso, é necessário capacitar e oferecer condições a professores e diretores para fazerem uso de instrumentos democráticos para combater a indisciplina. Existem exemplos de sucesso no Brasil, é preciso estudá-los melhor, para que depois possam ser socializados e disseminados, antes que os governos estaduais cedam à tentação autoritária e simplista de transformar mais escolas em verdadeiros quartéis, levando a uma naturalização da forma como as políticas sociais destinadas às escolas públicas são conduzidas. Tudo isto nos leva a pensar que há fortes indícios de falência da noção de escola como centro cultural público emancipatório e de formação cidadã.

A ausência de intervenções do poder público na condução de uma política educacional responsável e consequente tem como resultado mais frequente escolas públicas de Ensino Médio com precária infraestrutura, má conservação, sem bibliotecas, com problemas de violência interna e no seu entorno, com professores desmotivados e mal pagos, com alto índice de evasão escolar e de repetência, com alunos igualmente desmotivados e com deficiências de aprendizagem. Enfim, uma escola sucateada por anos de abandono de políticas públicas de educação, e de desprezo pelas políticas educacionais. Precarização e violência marcam o cotidiano escolar, com desempenhos insatisfatórios das escolas públicas quanto à aprendizagem dos alunos. Como resultado, um quadro complexo de problemas, que parecem sem solução.

REFERÊNCIAS BIBLIOGRÁFICAS

CASTRO, Celso. *O espírito militar*: um antropólogo na caserna. Rio de Janeiro: Zahar, 1990.

CHARLOT, Bernard. *A violência na escola*: como os sociólogos franceses abordam essa questão. Sociologias, Porto Alegre, v. 4, n. 8, jul./dez. 2002.

DEBARBIEX, E.; BLAYA, C. (orgs). *Violência nas escolas e políticas públicas*. Brasília: UNESCO, 2002.

BODÊ DE MORAES, Pedro. *Juventude, medo e violência*. In: MERCER, V.; GEDIEL, J.A. (orgs.) *Violência, paixão e discursos*: o avesso dos silêncios. Porto Alegre: CMC Editor, 2008.

BODÊ DE MORAES, P. R.; KULAITIS, L. F. M. *Controle Social Perverso e a policialização das políticas públicas*: o caso da Segurança com Cidadania. Anais do Encontro Internacional Participação, Democracia e Políticas Públicas: aproximando agendas e agentes. Araraquara-SP: UNESP, 2013.

BOURDIEU, P. *O poder Simbólico*. Rio de Janeiro, Bertrand Brasil, 2006.

_________. *Escritos da Educação*. Petrópolis: Vozes, 2005.

FOUCAULT, Michael. Vigiar e Punir. Rio de Janeiro: Vozes, 1987.

_________. *Microfísica do Poder*. Rio de Janeiro: Graal, 2003.

GRAHAM, Stephen. *Cidades Sitiadas*: o novo urbanismo militar. São Paulo: Boitempo, 2016.

CAETANO, Ian; VIEGAS, Victor. (orgs.): uma avaliação crítica das escolas públicas militarizadas. Aparecida de Goiânia: Escultura produções editoriais, 2016

PINHEIRO, P. S. *Violência, Crime e Sistemas Policiais em Países de Novas Democracias*. Tempo Social — Revista de Sociologia da USP, 9 (1), pp. 43-52, 1997.

PINHO, L.G; CARVALHO, André L.H. *InterMeio*: revista do Programa de Pós-Graduação em Educação. Campo Grande-MS, v.19, n.38, p.126-139, jul./dez. 2008.

MACHADO DA SILVA, L.A. *Os avanços, limites e perigos das UPPs*. In: MACHADO DA SILVA, L.A (org.) *Vida sob cerco*: violência e rotina nas favelas do Rio de Janeiro. Rio de Janeiro: Nova Fronteira/FAPERJ, 2008.

SILVA, L.A.M; LEITE, Márcia Pereira; FRIDMAN, Luis Carlos. *Matar, morrer, 'civilizar'*: o 'problema' da segurança pública. Rio de Janeiro: IBASE/Action Aind-Brasil/Fundação Ford, 2005.

WACQUANT, L. *Punir os pobres*. 2. ed. Rio de Janeiro: Revan, 2003.

_________. *As duas faces do gueto*. São Paulo: Boitempo, 2008.

Democracia e militarização no Rio de Janeiro: "pacificação", intervenção e seus efeitos sobre o espaço público

LIA DE MATTOS ROCHA[1]

Em Junho de 2013 moradores e lideranças comunitárias de um grande conjunto de favelas carioca se reuniram em um auditório de um centro cultural local para participar de um encontro com representantes do poder público, com o objetivo de apresentar suas demandas e reivindicações. A localidade à época era alvo de diferentes tipos de intervenção: das obras de urbanização do Programa de Aceleração do Crescimento (PAC) para favelas à ocupação pelas forças militares do Programa de Pacificação (UPP). Por isso mesmo o auditório estava cheio, tanto do lado dos moradores quanto do lado dos representantes dos diferentes órgãos públicos atuando no local. A reunião tinha sido convocada pelo comandante local da UPP, que abriu os trabalhos falando sobre a importância que ele dava à credibilidade que a Polícia Militar tinha adquirido dentro daquele "território", bem como à "participação da comunidade". Informou também sobre a presença de diversos representantes de órgãos públicos, e assim justificou o fato de não montar uma mesa (todos estavam sentados nas cadeiras da plateia, e só ele à frente). Por fim, o comandante explicou que qualquer tópico poderia ser levantando ("qualquer coisa que aconteça na comunidade é de interesse nosso"), pois ele queria ensinar aos moradores "o caminho das pedras" em relação à interlocução com o poder público.

Diversas pautas foram levantadas pelos moradores, e os representantes dos órgãos públicos, visivelmente incomodados com as cobranças, davam justificativas evasivas e pediam os contatos dos reivindicantes para posteriormente dar alguma resposta definitiva. A quantidade de reclamações era tamanha — e iam desde problemas nas obras feitas pela CEDAE até o questionamento de proibições a festas comunitárias — que em determinado momento o comandante da UPP declarou que os representantes

[1] Lia de Mattos Rocha é professora do Departamento de Sociologia e do Programa de Pós-Graduação em Ciências Sociais da Universidade do Estado do Rio de Janeiro, onde integra a linha de pesquisa Cidade, Poder e Resistências. É coordenadora do CIDADES — Núcleo de Pesquisa Urbana/Uerj.

do poder público ali presentes eram "convidados" dele, e que se não fossem tratados com mais respeito poderiam "não voltar na próxima". Contudo, quando um grupo de moradores questionou a forma como os policiais da UPP haviam dispersado uma manifestação contra a violência policial[2] — segundo os moradores os policiais teriam atirado contra a multidão que protestava — o comandante encerrou a discussão com o seguinte argumento: como eles poderiam acusar os policias de terem atirado na direção dos moradores se eles não entendiam de tiro nem de balística?

Este relato de campo descreve uma das diversas situações em que moradores de favelas ocupadas por UPPs e representantes do poder público, especialmente policiais militares, confrontaram-se em espaços de diálogo e interlocução. Foram esses encontros, e as estratégias acionadas por cada um dos atores presentes, que busquei etnografar e compreender em recentes projetos de pesquisa[3]. Nesse artigo trago parte desses resultados e busco analisar as possibilidades de participação no espaço público e produção de crítica dentro de contextos de militarização da vida política como o experimentado atualmente no Rio de Janeiro.

O momento em que esse artigo é escrito (primeiro semestre de 2018) nos exige fazer um necessário balanço de dez anos de governo Sérgio Cabral–Luiz Fernando Pezão (2007-2014 e 2014-2018, respectivamente) e de dez anos de megaeventos na cidade do Rio de Janeiro (2007 com os Jogos Panamericanos até 2016, com os Jogos Olímpicos). O anúncio do fechamento de metade das UPPs, realizado no contexto da intervenção federal na segurança pública do estado (em curso desde fevereiro deste ano e que será tratada à frente), marca uma inflexão na avaliação até recentemente quase unânime sobre o sucesso do programa de "pacificação"[4].

---

2 Dois meses antes um jovem tinha morrido na localidade e a acusação era que a morte ocorreu em função do uso de uma arma não letal conhecida como Taser, que aplica choque elétrico nas vítimas. Segundo o comandante da UPP seria impossível uma arma não letal "causar óbito", e acusou os moradores de terem apresentado versões "divergentes" — o que segundo ele teria feito a versão da responsabilidade da UPP "cair por terra". Afirmou ainda que segundo investigações iniciais o rapaz morreu de overdose, que o caso estava sendo investigado pela Polícia Civil, mas que segundo o inquérito militar não teria havido nenhum indício de violência no caso.

3 "Sociabilidade, violência e vigilância em favelas cariocas", coordenado por Marcia Leite e financiado pela Faperj através de Auxílio de Núcleos Emergentes e o projeto "Políticas Públicas, Cidadania e Territórios Periféricos: a permanente (re)construção do estado nas margens do Rio de Janeiro", coordenado por mim e também financiado pela Faperj, Bolsa Jovem Cientista do Nosso Estado 2015. O trabalho de campo foi realizado entre 2011 e 2016, nas favelas Morro dos Macacos, Manguinhos, Borel, Batan, São Carlos e Cidade de Deus, por mim e pelos pesquisadores Frank Davies, Monique Carvalho, Fernando Sousa, Claudia Trindade e Jonathan William. Agradeço aos pesquisadores envolvidos nesses projetos e aos participantes do "CIDADES — Grupo de Pesquisa Urbana" pelas sugestões e trocas, bem como por compartilharem comigo da crença que conhecimento só se produz coletivamente, e só tem sentido quando é compartilhado.

4 Enquanto escrevemos os artigos deste livro o programa ainda está em execução, mas já bastante desacreditado. Diferente do momento anterior, vemos desde 2016 matérias de jornais que anunciam a "crise das UPPs" e trazem críticas ao programa. Sobre a relação entre UPPs e imprensa, ver Rocha e Palermo, 2015.

Porém o "fracasso" do projeto não pode ser justificativa para abandoná-lo enquanto objeto heurístico; pelo contrário, a análise do seu "fracasso" possibilita compreender seus "efeitos" pela chave positiva: evitando o caminho de discutir como a "pacificação" deveria ter sido, busco compreender como ela foi, que efeitos produziu e o que permanece dessa experiência[5]. Argumento, a partir desses dados, que a "pacificação" deixa como "legado" (me apropriando de analogia feliz que Menezes faz em seu artigo nesta coletânea) a disseminação da militarização como dispositivo de disciplinamento, controle e tutela dos trabalhadores e pobres urbanos, dos moradores de favela e periferias e também, em determinados momentos, de manifestantes ocupando o espaço público: todos classificados, dentro dessa lógica, como "insurgentes urbanos".

Dessa forma, e seguindo as indicações de Stephen Graham (2006, 2011, 2012a, 2012b, 2017), compreendo a militarização como o processo de justificativa moral-ideológica para trazer o "campo de batalha" — que na versão dos países centrais analisados por Graham seria até recentemente apenas localizado em outros países, "lá onde se fazia a guerra" — para dentro das grandes cidades, inclusive nesses países centrais. Neste novo enquadramento da questão da segurança, exércitos inimigos seriam igualados a gangues, milícias, quadrilhas armadas em geral e outros grupos considerados como "insurgentes" — inclusive cidadãos presentes em manifestações de caráter político. Com isso, busca-se justificar o uso de equipamento de guerra em operações de combate ao crime comum e a repressão a manifestações políticas; normalizar a presença constante de soldados do Exército nas ruas da cidade; naturalizar a participação de membros do Exército nos debates sobre o rumo da política que organiza a vida urbana etc. Segundo Graham (2016) "a militarização da sociedade civil é a extensão das ideias militares de rastreamento, identificação e seleção nos espaços e meios de circulação da vida cotidiana"(p. 24). Para o autor, ela se caracteriza por ser uma "visão de mundo" onde a doutrina securitária passa a ser a principal organizadora da vida social.

Quando vemos como o dispositivo chamado de Garantia da Lei e da Ordem[6] foi acionado para balizar a atuação do Exército em situações tão variadas, desde as ocupações do

---

5 Pensar o fracasso como oportunidade para a compreensão dos efeitos de projetos e políticas é a proposta de diversos autores, como Ferguson (1990[2009]), Malpas & Wichan (1995) e Riles (2011).

6 Acionadas apenas com ordem expressa da Presidência da República, as operações GLO devem ocorrer apenas, segundo o site do Ministério da Defesa, "nos casos em que há o esgotamento das forças tradicionais de segurança pública, em graves situações de perturbação da ordem". Ainda segundo o site do Ministério da Defesa: "Reguladas pela Constituição Federal, em seu artigo 142, pela Lei Complementar 97, de 1999, e pelo Decreto 3897, de 2001, as operações de GLO concedem provisoriamente aos militares a faculdade de atuar com poder de polícia até o restabelecimento da normalidade. Nessas ações, as Forças Armadas agem de forma episódica, em área restrita e por tempo limitado, com o objetivo de preservar a ordem pública, a integridade da população e garantir o funcionamento regular das instituições", Cf. Ministério da Defesa, 2018 D, disponível em <https://www.defesa.gov.br/exercicios-e-operacoes/garantia-da-lei-e-da-ordem>.

Exército na Maré e no Alemão até a repressão a manifestações contra o governo Temer e a Lei do Teto de Gastos, aprovada em maio de 2017, percebemos como a definição de insurgentes é alargada suficientemente para incluir também criminosos comuns e manifestantes; ou seja, potencialmente, os insurgentes somos todos nós. Mas são insurgentes, sobretudo — e é essa dimensão que pretendo destacar neste artigo —, os moradores de favelas, que sempre foram tratados pelo poder público como bandidos ou potencialmente bandidos, envolvidos com o crime ou, pelo menos, coniventes — como demonstramos em diversos trabalhos de nossos grupos de pesquisa (Machado da Silva, 2008 (org.); Leite, 2014; Farias, 2008; Rocha, 2013, entre outros). A avaliação do Exército sobre a ocupação da Maré (entre abril de 2014 e junho de 2015), por exemplo, "[foi considera-la] um conflito moderno. Uma guerra irregular, sem fronteiras, com inimigo difuso", segundo o Ministério da Defesa[7].

O impacto da "pacificação" sobre as possibilidades de participação social nos debates sobre como ordenar a vida comum na cidade, a partir de seu enquadramento na lógica da militarização é o objeto deste artigo. Para tanto, ele está organizado em quatro seções: na primeira recupero o debate sobre política e classes populares no Rio de Janeiro, a partir da discussão sobre as favelas cariocas; em seguida, discuto o contexto de militarização mais recente, marcado sobretudo pela experiência da "pacificação"; na terceira sessão, discuto os dilemas e as limitações do espaço público quando organizado pela lógica da militarização; e, por fim, analiso o contexto mais recente, da intervenção federal, frente ao debate sobre a militarização aqui proposto.

Democracia e classes populares no Rio de Janeiro: a favela e a política

O programa das Unidades de Polícia Pacificadora, iniciado em 2009 durante o governo de Sérgio Cabral (2007-2014), do PMDB, representou uma inflexão na política de segurança pública executada no estado do Rio de Janeiro, embora se caracterize pela manutenção da "guerra" como forma estatal de gerenciamento da vida e dos conflitos nas favelas (Leite, 2015). Neste sentido, vale destacar que a militarização das favelas cariocas não é novidade, mas o programa representa uma ampliação da presença e atuação de forças militares (Polícia Militar de diferentes unidades, Exército, Força Nacional) nessas localidades. Essa expansão se dá concomitantemente com outros processos de intervenção estatal como o Morar Carioca[8], o Programa de Aceleração

[7] Disponível em <https://www.defesa.gov.br/noticias/16137-ocupacao-das-forcas-armadas-no-complexo-da-mare-acaba-hoje>.

[8] Programa de Urbanização de favelas da prefeitura do Rio de Janeiro, iniciado em 2010.

do Crescimento para favelas[9], o Territórios da Paz[10], as remoções etc., com os quais as UPPs se articulam de forma bastante profunda, como partes de um mesmo processo de "PACificação" das favelas (Cavalcanti, 2013). E todas essas iniciativas, além de seus objetivos iniciais, têm como resultado modificar as dinâmicas associativas locais e reconfigurar posições de legitimidade, canais de mediação, alianças, conflitos e tensões.

São essas novas dinâmicas o objeto deste artigo, mas para analisá-las é preciso primeiro recuperar o histórico da vida associativa nas favelas e de sua relação com o poder público, para compreender que, se a militarização hoje intervém na capacidade associativa dos favelados, essa sempre foi marcada por controles internos e externos, ainda que com variações em seu poder de negociação. Esse movimento de perdas e ganhos de acordo com os contextos políticos Machado da Silva (2002) definiu como "controle negociado", para explicar como as associações de moradores, especificamente, possuíam algum espaço de movimentação e atuação política mesmo durante os períodos mais autoritários — como nos anos 1940 ou durante a ditadura militar (1964-1985). O autor destaca, portanto, a capacidade de negociação desses atores, ainda que o controle permanecesse, exercido seja através de limitações legais ao seu funcionamento, seja através da contratação de entidades e lideranças para atuar em programas públicos atuantes nas localidades. Por exemplo, Burgos (2003) e Pandolfi e Grynszpan (2003) descrevem como as associações de moradores, desde seu surgimento, atuaram como representantes do governo dentro das favelas, gerenciando serviços públicos e evitando seu crescimento, algumas inclusive defendendo as remoções.

Mais recentemente as políticas executadas em favelas ainda reproduzem a mesma lógica dos programas mencionados anteriormente; as associações de moradores continuam atuando como "parceiras", participando como executoras das políticas, mas não como copartícipes de sua elaboração. Todavia, esses mesmos autores (assim como outras pesquisas) afirmam o enfraquecimento do papel de representação das associações, em função do esvaziamento do espaço público local causado pelos constrangimentos impostos pelos grupos armados ali atuantes: quadrilhas de traficantes e grupos de policiais e/ou milicianos (Silva e Rocha, 2008; Leeds, 2003). O cerco praticado sobre os moradores de favelas se fechou também sobre suas associações, causando a morte ou a expulsão de muitos dirigentes de suas casas e territórios de moradia (Machado da Silva e Leite, 2008; Silva e Rocha, 2008). Desse cerco também não escaparam as Organizações Não-Governamentais (ONGs), que começam a atuar

---

9 Conhecido como PAC Comunidades, é um programa federal realizado em parceria com o governo do estado, para a urbanização de quatro favelas cariocas: Rocinha, Alemão, Manguinhos e Pavão-Pavãozinho, e iniciado em 2008.

10 Programa estadual ligado à Secretaria de Estado de Assistência e Direitos Humanos, criado em 2011 e já encerrado, que visava articular ações sociais nas favelas cariocas.

de forma mais incisiva nas favelas cariocas no momento de declínio das associações de moradores como forças ativas e aglutinadoras dos moradores de favela. Ainda que representando uma novidade no campo político das favelas — e não apenas ali, como apontaram diversos estudos (Landim, 1993; Lavalle, Houtzager e Castello, 2006) — e com importantes diferenças em relação às associações de moradores, especialmente no que diz respeito à legitimação externa às favelas, as ONGs localizadas em favelas (dirigidas ou não por favelados) também enfrentaram dificuldades para escapar do cerco dos grupos armados.

Mas em articulação com a ameaça real de retaliação, os moradores de favelas e seus representantes enfrentam também a desconfiança e a deslegitimação ao apresentarem-se no espaço público. Especialmente na cidade do Rio de Janeiro, mas não apenas, as favelas são enquadradas como *locus* preferencial de atuação das quadrilhas de traficantes de drogas, e seus moradores vistos como cúmplices ou pelo menos coniventes com eles. Portanto, quando se apresentam publicamente — como cidadãos reivindicantes — são tratados com desconfiança e não conseguem, na maioria das vezes, serem ouvidos (e menos ainda atendidos). Assim, somada à real possibilidade de retaliação por parte de grupos armados, a possibilidade de um ator "favelado" falar de forma legítima — ou "elevar a voz" como formula Freire (2008) — no espaço público é reduzida também devido ao prévio enquadramento daquele que fala como bandido, marginal, conivente (mesmo que potencialmente), processo que tem sido nomeado, por mim e pelo grupo do qual faço parte desde 2005, de "silenciamento"[11]. Nesse sentido, discutimos os efeitos para a representação desse segmento da população do silenciamento por parte dos grupos armados que os aterrorizam, do silenciamento como resultado da criminalização, e do silenciamento autoimposto como tentativa de "limpeza moral", buscando se diferenciar dos traficantes de drogas locais (Machado da Silva (org.), 2008 e Rocha, 2013).

---

[11] Em 2005 um grupo de pesquisadores coordenado por Luiz Antonio Machado da Silva (IFCS/IUPERJ) iniciou o projeto de pesquisa "Rompendo o silenciamento da palavra: a voz dos favelados em busca de reconhecimento", financiado pela Faperj. Nesse projeto abordamos a "lei do silêncio" que imperava nas favelas, ou seja, o impedimento dos moradores dessas localidades de falar (e consequentemente denunciar publicamente) a violência cotidiana exercida pelos grupos de traficantes que atuavam nesses lugares. O trabalho de campo realizado pelo grupo de pesquisadores envolvidos — que formaram posteriormente o "Coletivo de estudos sobre violência e sociabilidade — CEVIS" — revelou que não era apenas o medo de retaliações por parte dos traficantes de drogas que impedia a fala dos moradores de favela, mas também a criminalização dos mesmos e de suas organizações coletivas, que impedia que esses, mesmos quando denunciavam as violências sofridas, fossem desacreditados (Machado da Silva (org.), 2008). A partir do campo realizado nessa pesquisa escrevi minha tese de doutoramento, posteriormente publicada em livro, onde afirmei que o silenciamento prescindia da atuação de traficantes na localidade, dado que o enquadramento das favelas como um problema de segurança pública forçava os moradores do Pereirão, onde fiz o campo, a silenciarem-se mesmo sem a ameaça concreta de retaliação (Rocha, 2013).

Com o projeto das UPPs, que trazia a promessa de suspensão do cerco imposto pelos traficantes de drogas aos moradores de favela, apresentava-se a possibilidade, portanto, de suspensão também do silenciamento as suas organizações — hipótese que norteou os projetos de pesquisa que realizei a partir de então. Os efeitos da política de "pacificação" sobre o tecido associativo das favelas, tema dessas pesquisas, discuto na próxima sessão.

Democracia em tempos de "paz"

Como dito anteriormente, a hipótese que orientou as pesquisas que executei supunha que a suspensão do cerco que impedia a palavra dos moradores, representado pela presença dos traficantes de drogas (Machado da Silva, 2008; Rocha, 2013), permitiria a retomada do espaço público e da participação social pelos moradores de favelas. Mas o que se observou, nos momentos iniciais de instalação das primeiras UPPs, foi a substituição de um "dono do morro" pelo outro: os jornais à época relatavam que os comandantes das unidades estariam sendo procurados pelos moradores para intermediar a relação entre o território "pacificado" e os serviços públicos, como abastecimento de luz e água, a Defesa Civil, as empresas de telefonia etc. Assim, ao invés das associações de moradores voltarem a ocupar seu papel de "mediador político", eram os comandantes das UPPs que assumiam esse lugar, o que gerou preocupação entre pesquisadores do campo, vide a afirmação de Machado da Silva:

> Essa ampliação de fato do objetivo das UPPs altera seu sentido e representa enorme risco para seu sucesso. Seria um claro retrocesso na democratização das relações sociais no Rio de Janeiro transformar unidades policiais em atores políticos de base ((2010, p. 37).

Leite, no mesmo sentido, chamou a atenção para

> (...) tentativas do comando de determinadas UPPs de usurpar a representação de suas organizações de base (especialmente, mas não só, as associações de moradores) e assim se converter em mediação política necessária entre moradores de favela e Estado (2012, p. 384).

Assim, desde o começo da implantação das UPPs apresentou-se uma complementariedade entre o trabalho da polícia no combate ao crime localizado nas favelas e o que deveria ser o trabalho do Estado de "levar a cidadania" a esses territórios através de políticas públicas. A máxima que se fez presente, especialmente através do secretário de

Segurança José Mariano Beltrame, foi: "Só polícia não resolve"[12]. A criação do Programa UPP Social, em 2011, buscou auxiliar na solução desse "problema", e tinha na preocupação com a regulação da vida coletiva durante a transição para um outro "regime", com o suposto fim da dominação sobre os moradores pelos grupos de traficantes de drogas locais, sua principal missão. Dessa forma, justificou-se a criação de fóruns locais que se tornassem espaços de diálogo permanente, onde seriam discutidos os novos parâmetros dessa regulação. Propunha-se realizar fóruns e/ou reuniões em cada uma das favelas em que o programa seria instalado, a partir do pressuposto que a convivência forçada com o tráfico de drogas teria criado nas favelas regras de ocupação do espaço coletivo, oferta e regulação de serviços e bens culturais e coletivos, de convivência no âmbito privado etc., e que seria necessário portanto fazer a "transição" para um outro registro de regulação social, no caso o jurídico-legal.

Dessa forma, a construção de canais de diálogo com os moradores ocupava espaço importante nos discursos institucionais, especialmente nas falas de seu formulador principal, Ricardo Henriques. Em entrevista concedida à equipe de pesquisadores do ISER (Siqueira et al., 2012), Henriques defendeu que a "ideia-força" da UPP Social seria o "diálogo com resultado", e que uma das principais ferramentas de atuação seria a "escuta forte", ou seja, ouvir, compreender e aprender com os atores que atuam no "território" (Ibid, p. 148). Havia ainda a pretensão de firmar compromissos com os moradores a respeito de novas "regras", necessárias à transição para uma regulação da vida social baseada na cidadania e na legalidade, princípios apresentados como diretrizes nas formulações sobre o projeto da UPP Social. Fica evidente, portanto, a importância dada no projeto à interlocução entre agentes públicos e os moradores das favelas, pois seriam nesses espaços de diálogo que tais regras seriam acordadas e pactuadas. Porém, logo no início programa, as "reuniões comunitárias" deixaram de ser mensais, e passaram a ser realizadas "de acordo com as dinâmicas de cada favela,

---

12 A percepção de que as favelas não deveriam apenas ser alvo de ações policiais e militares, mas também de políticas sociais não é ideia nova, já defendida por líderes comunitários, agentes públicos, pesquisadores, e até mesmo por atores da Segurança Pública. Tal concepção já tinha inspirado outros programas públicos, como o "Mutirão pela paz" (Soares, 2000; Rocha, 2013), mas dessa vez era o secretário de Segurança quem vocalizava tal compreensão. Segundo Beltrame era necessário destruir o que ele e outros representantes do projeto da UPP chamavam de ideologia ou regime imposto pelos traficantes, e por isso sempre acionou em suas falas metáforas em torno de libertação, soberania e outras imagens que remetem não apenas à ideia de guerra (reformulada, mas mantendo as favelas como território inimigo), mas também de conversão da população e de recuperação, especialmente dos jovens: "O que venho diuturnamente pregando no deserto é que não venham mais falar da polícia, porque a polícia está fazendo seu trabalho. E não cobrem da polícia colocar na cabeça de um jovem que não opte pelo crime. (...) E as questões sociais: quanto gastaram, quantos jovens recuperaram?" (Cf. "A UPP fez sua parte. Para onde foi a verba de assistência social?". O Estado de S. Paulo, 25 mai. 2016. Disponível em <http://bit.ly/2fMriaH>. Para uma análise mais aprofundada do papel de Beltrame na formulação do Programa das UPPs ver Rocha, 2016.

e em geral, articuladas a espaços de discussão já existentes nas favelas" (Rodrigues et al. 2012, p. 58). Assim, a tarefa de criar espaços de interlocução ou de administrar os existentes demonstrava-se pouco factível para os técnicos do programa, já que esses se encontravam à reboque de outras secretarias e órgãos governamentais.

O trabalho de campo realizado em uma favela da Zona Norte do Rio de Janeiro permitiu observar as dificuldades experimentadas pela equipe do Programa UPP Social *in loco*. Quando o campo começou, o Fórum da UPP Social já tinha sido realizado na localidade, e não havia "reuniões comunitárias" previstas; a atuação da UPP Social no local era pontual, e estava à reboque de outros projetos públicos ali executados. Em uma reunião para preparar um mutirão de retirada de lixo, organizada pela equipe da UPP Social, estiveram presentes lideranças locais e representantes da Comlurb e da Secretaria Municipal de Conservação (Seconserva). Nesse evento a participação da UPP Social era apenas na organização e convocação dos representantes das organizações locais; como a representante da Seconserva se atrasou a reunião ficou suspensa até sua chegada, sem nenhum encaminhamento realizado. Quando ela chegou, a discussão se resumiu ao levantamento de demandas pontuais sobre a necessidade de lixeiras, e se travou de forma tão específica que durante boa parte da reunião não entendi do que falavam; já as lideranças de associações de moradores participavam do levantamento com conhecimento de causa, numerando as lixeiras quebradas e descrevendo o estado de cada uma delas[13]. Contudo, para a demanda dos moradores por mais lixeiras e pela colocação de lixeiras em outros locais que não os definidos pela Seconserva e Comlurb, a justificativa para a negativa dada era técnica: para algumas era necessário comprar o dispositivo antifurto, que estava em falta; para outras não havia material disponível na fábrica de lixeiras da Comlurb. As respostas para as demandas eram sempre postergadas — situação também observada em outros contextos de pesquisa que exploro adiante.

Em julho de 2012 Ricardo Henriques deixou a direção do Instituto Pereira Passos (e também da UPP Social), e foi substituído pela economista Eduarda La Rocque, que anteriormente ocupava a Secretaria Municipal de Fazenda. Tal mudança representou uma guinada no foco do programa, que passou a centrar sua atuação nos territórios em torno de iniciativas como o "fomento e consultoria de negócios" e o fortalecimento da "cultura do empreendedorismo"[14]. Nesse sentido, um dos eixos de atuação do Programa

13 É importante destacar a importância do conhecimento técnico por parte dos representantes dos moradores presentes à reunião. Sem conseguir falar o "dialeto" da Seconserva e da Comlurb — dispositivos (antifurto), lixeiras, suportes, containers, baias, bases etc., cada um desses de responsabilidade de um órgão diferente — era impossível participar da discussão, e os presidentes de associação de moradores desempenharam o papel de assistentes da Comlurb.

14 Para muitos dos técnicos que trabalhavam no programa a saída de Henriques e a mudança de objetivos implementada por La Rocque foi o fim das qualidades que eles viam no projeto, o que ocasionou a saída de muitos da equipe.

tornou-se a capacitação de moradores para se tornarem empreendedores, como no caso da parceria estabelecida entre o IPP e a Fundação Getúlio Vargas para oferecer fomento e consultoria de negócios para moradores (agora chamados moradores-empreendedores)[15]. Em agosto de 2014 o programa UPP Social trocou de nome, passando a se chamar Rio Mais Social, e Eduarda La Roque ficou à frente do programa até 2015. Desde então o programa praticamente acabou, existindo ainda na estrutura do Instituto, mas quase sem equipe e/ou atuação nas localidades. Contudo, mesmo antes de seu ocaso, a UPP Social já dava sinais de esgotamento.

Em meados de 2012 já estava claro que o espaço privilegiado de interlocução entre o poder público e os moradores das localidades ocupadas passou a ser as reuniões comunitárias lideradas por comandantes de UPPs — como a retratada no início deste artigo. Sem a existência dos espaços organizados pela equipe da UPP Social, esse passou a ser o único espaço institucional de diálogo entre moradores e poderes públicos nas favelas "pacificadas". Alguns comandantes de UPP organizavam reuniões nas localidades em que comandavam a força militar e convidavam moradores e prestadores de serviços públicos e privados para participar de um diálogo, moderado por eles. Não eram todos os comandantes que organizavam tais reuniões, mas era uma determinação do Comando das UPPs que os comandantes organizassem as reuniões ou pelo menos participassem das reuniões existentes nos locais (Davies, 2014). Tais reuniões dependiam do território e das escolhas do comandante da UPP local, e nelas o comandante buscava realizar a mediação entre as demandas locais e os representantes do poder público.

Em termos da continuidade, a constatação era que os espaços de diálogo entre moradores e representantes do poder público não permitiam a apresentação de demandas e reivindicações; não havia possibilidade de intervenção por parte dos moradores nos planos traçados pelos representantes públicos, e estes eram apenas apresentados e discutidos em seus detalhes operacionais. As demandas que não se encaixavam nesse modelo continuavam sendo descartadas como inadequadas ao momento (como quando os moradores quiseram discutir a remoção de casas e ouviram que aquela reunião era apenas para falar de equipamentos de lazer) ou colocadas em compasso de espera. Em determinada situação um morador que reclamou que sua casa estava sendo ameaçada por uma árvore que iria tombar ouviu — ele e toda a audiência da reunião — de um representante do Corpo de Bombeiros uma longa preleção sobre a diferença entre árvores aneladas e não aneladas, e sobre como cada uma está sob jurisdição de diferentes

[15] Mas não é somente enquanto empreendedores que os moradores das favelas ocupadas por UPPs estão concernidos no processo de desenvolvimento de negócios nessas localidades. Pesquisas realizadas logo após a entrada da UPP nas localidades apontaram a presença maciça de empresas interessadas em oferecer aos moradores os serviços antes só disponíveis aos moradores do asfalto (Cunha e Mello, 2011; Barbosa, 2012; Ost e Fleury, 2013). Contudo, no escopo deste artigo não é possível explorar mais essa dimensão.

órgãos; como o morador não sabia classificar a árvore em questão saiu da reunião sem resposta ao seu pleito.

Dessa forma, o que pudemos observar no trabalho de campo realizado foi a multiplicação de mediadores nos territórios — lideranças, técnicos do poder público, representantes de empresas interessadas nos favelados e policiais militares — mas não o aumento de espaços de participação. Seja nos espaços protagonizados por representantes civis ou militares, seja na relação com o mercado "formal", os moradores de favelas eram tratados como aqueles que têm que aprender a fazer parte da cidadania. Mas que, através do processo da "pacificação", poderiam ser "convertidos" para tornarem-se, enfim, aptos a exercer sua cidadania[16].

Contudo, destacar as similaridades das técnicas de governo empregadas entre as diferentes modalidades de "governo dos pobres" observadas nas favelas cariocas — entre a promessa da cidadania representada pela UPP Social, a promessa do mercado e a realidade da militarização — não significa que são todas iguais. Exploro as diferenças, e seus efeitos para os moradores de favelas na próxima seção.

Da promessa da integração à militarização: qual o balanço da era das UPPs?

Diversas pesquisas já demonstraram que a implementação do Programa das UPPs possui continuidades — especialmente no que diz respeito à relação entre policiais, polícia militar e moradores de favelas — em relação ao modelo de "guerra" que caracterizava mais de vinte anos de atuação estatal na Segurança Pública. Contudo as UPPs buscaram se apresentar como uma síntese de duas lógicas aparentemente opostas: a lógica da "guerra" e a lógica dos "direitos humanos". Embutida nessa síntese está a reformulação da imagem da Polícia Militar do Rio de Janeiro. A figura do ex-secretário de Segurança Pública, José Mariano Beltrame, permite compreender a expressão pública dessa "nova" política de segurança: nas muitas entrevistas que deu, Beltrame era apresentado como um homem honesto, de hábitos austeros, com um perfil técnico e avesso à politicagem. Sempre questionado sobre suas pretensões políticas, afirmava não ter nenhuma e denunciava que em gestões anteriores os interesses políticos se sobrepuseram à competência na condução da política de segurança. A blindagem da opinião pública ao programa das UPPs foi ainda mais significativa quando se tratava da figura de Beltrame; contudo, essa blindagem começou a rachar, especialmente a partir da mal-sucedida experiência da UPP do Alemão — iniciada em 2010.

---

[16] Para uma discussão mais aprofundada a respeito deste argumento ver Rocha, Carvalho e Davies, 2018.

Ainda que o projeto das UPPs tenha sido ponto central na reeleição em primeiro turno de Sérgio Cabral (2010), diversos eventos nos anos seguintes desmontaram a imagem de sucesso do programa. As manifestações de 2013 no Rio de Janeiro questionaram diretamente a Polícia Militar e pediram seu fim. Mortes cada vez mais publicizadas na mídia foram se acumulando: a chacina da Maré (em que dez pessoas morreram no meio dos protestos de junho de 2013), o pedreiro Amarildo (desaparecido na Rocinha em julho de 2013), Claudia Silva Ferreira (cujo corpo arrastado por um camburão chocou a opinião pública em 2014), os cinco jovens assassinados em Costa Barros com 111 tiros (em 2015), entre outros tantos casos. Como dito acima, no momento em que este artigo está sendo escrito as UPPs encontram-se em crise. A saída de Beltrame da Secretaria de Segurança em 2016 feriu gravemente o projeto, que, contudo, não acabou. O novo secretário de Segurança, apresentado como homem de confiança de Beltrame, traz em seu currículo e em suas declarações o compromisso de dar continuidade ao programa. A saída de Beltrame, ainda que recheada de críticas ao governo, não representou um momento de avaliação das UPPs e de sua lógica militarista; pelo contrário, o que se viu foi a reafirmação do programa, de seus princípios, e um clamor geral para sua continuidade.

O fim melancólico das UPPs, sem posicionamento oficial e soterrado pela novidade da intervenção federal, dificultou um balanço público sobre as razões do seu fracasso. Mas os dados etnográficos apresentados acima permitem refletir sobre como a militarização, enquadrada aqui a partir da experiência da "pacificação" da cidade (para além das favelas ocupadas pelas forças militares), constitui um dispositivo[17] que estende sua teia para além dessas localidades. Um dos elementos desse dispositivo é a subordinação das pastas e ações "sociais" da administração estadual e municipal às demandas por segurança e o disciplinamento da cidade e da sociedade. Os investimentos sociais, especialmente em favelas, só têm legitimidade pública quando pretendem resolver o "problema-favela", colocado em termos do risco que esses territórios e seus moradores representam para a paz da cidade e dos "cidadãos de bem". Outro elemento é a compreensão compartilhada que não há alternativa melhor que a atuação nesses locais dos aparelhos estatais de repressão, o que rebaixou a possibilidade de crítica ao programa da "pacificação" e rebaixa, hoje, a crítica à intervenção federal. Tal rebaixamento articula dois argumentos diferentes: i) o discurso criminalizante/moral, que rotula quem era

---

[17] Aqui utilizo o conceito foucaultiano de dispositivo (conforme apresentado em sua obra História da Sexualidade, volume 1, 2017), com todas as suas indefinições. Baseio-me, sobretudo, na definição apresentada pelo autor em uma entrevista, onde ele afirma que o dispositivo é "um conjunto decididamente heterogêneo que engloba discursos, instituições, organizações arquitetônicas, decisões regulamentares, leis, medidas administrativas, enunciados científicos, proposições filosóficas, morais, filantrópicas. Em suma, o dito e o não dito são os elementos do dispositivo. O dispositivo é a rede que se pode tecer entre estes elementos"" (Foucault, 2000, p. 244).

contra a "pacificação" como a favor do retorno do controle territorial pelo tráfico de drogas (acionado especialmente contra fala de moradores de favelas e suas lideranças, a partir da criminalização desses atores já discutida aqui); e ii) o discurso "tecnocrático", que justifica a opção por esse modelo de política de segurança pública como o único possível (e se beneficia da contribuição ativa de pesquisadores da área). Na era da tecnocracia, a política é descrita como politicagem, e a pressão popular é desqualificada como incompetente para compreender a proposta e vista como influenciada por atores políticos que não representam os interesses da maioria. Assim, o discurso técnico — além do moral — também é acionado diversas vezes contra as demandas dos moradores das áreas de favelas, conforme tentei demonstrar ao longo deste artigo.

A intervenção federal na área de segurança pública do estado do Rio de Janeiro, ainda que seja um marco na sinalização do esgotamento do projeto da "pacificação", não modifica sua lógica; pelo contrário, a partir do que pudemos identificar até então, radicaliza a lógica da militarização — como analiso na seção seguinte.

Da pacificação à intervenção: a ascensão da militarização no Rio de Janeiro

Em 16 de fevereiro de 2018 o presidente Michel Temer anunciou, durante pronunciamento nacional, a intervenção federal na área da segurança pública no Rio de Janeiro, através de um decreto que declarava que o objetivo da intervenção é "(...) pôr termo ao grave comprometimento da ordem pública" no estado. O decreto nomeava ainda como interventor o comandante Militar do Leste General Walter Souza Braga Netto, cujo cargo é descrito como de "natureza militar", estando o interventor subordinado diretamente ao presidente da República e não "sujeito às normas estaduais que conflitarem com as medidas necessárias à execução da intervenção". A medida, que ainda precisava de aprovação pelo Congresso Nacional (o que aconteceu três dias depois, em caráter de urgência), passava a valer a partir daquele momento até o dia 31 de dezembro deste ano. A partir desta data, então, o governador do Rio de Janeiro, Luiz Fernando Pezão, deixou de ter controle sobre todos os órgãos estaduais de segurança pública, como as polícias Civil e Militar e a Secretaria de Segurança.

Em seu pronunciamento, Temer declarou que "o crime organizado quase tomou conta do Rio de Janeiro, uma metástase que se espalha pelo país e ameaça a segurança do nosso povo". Afirmando se tratar de uma "medida extrema", justificou que era inaceitável a situação de mortes de "pais e mães de família, trabalhadores, policiais, jovens e crianças, bairros inteiros sitiados, escolas sob a mira de fuzis e avenidas sendo utilizadas como trincheiras". "A desordem, sabemos todos, *é a pior das guerras*" (grifo da autora). Terminou garantindo que, após retirar o país da pior recessão de sua história, iria restaurar a ordem pública. "Muitas vezes o Brasil está a demandar medidas extremas para colocar ordem nas coisas"[18].

Com essa medida o presidente Temer, com níveis baixíssimos de aprovação popular e enfrentando enormes dificuldades para aprovar uma contrarreforma igualmente impopular, instala no centro do debate público — nas manchetes de jornal, no posicionamento dos partidos políticos e movimentos sociais e nas rodas de conversas das pessoas comuns — o tema da segurança pública, esse conhecido Cavalo de Tróia da política fluminense e nacional. Segundo dados do Observatório da Intervenção — iniciativa do Centro de Estudos de Segurança e Cidadania da Universidade Cândido Mendes (CESeC/Ucam) que reúne pesquisadores e ativistas para monitorar as ações militares — em seis meses de intervenção cresceu o número de tiroteios na cidade (de 3.477 nos seis meses pré-intervenção para 4.850 nos seis meses seguintes à intervenção), foram registradas 31 chacinas com 130 mortos, 742 mortos e 620 feridos em tiroteios, 736 pessoas mortas pela polícia e contabilizados 81 mortos durante as ações do Exército[19].

Para além dos dados catastróficos apresentados, cabe destacar o crescimento da presença do Exército na vida civil da cidade, do estado e do país. Além da intervenção federal no Rio de Janeiro, em outros setores do governo federal a presença e influência dos militares são observadas: membros das Forças Armadas encontram-se hoje em cargos na Funai (Fundação Nacional do Índio), Abin, Casa Civil, entre outros. Da mesma forma, no governo Temer os militares têm atuado através do dispositivo "Garantia da Lei e da Ordem" em quatro estados, foram chamados para garantir a segurança e realizar a repressão a manifestações em Brasilia, além de realizarem ações em 34 presídios. Para proporcionar condições legais para a atuação das Forças Armadas nessas ações, o presidente Michel Temer decretou em agosto de 2017 que militares acusados de crimes dolosos praticados contra a vida de civis quando em atividade operacional só poderão ser julgados por tribunais militares, modificando lei de 1996 que garantia que tais acusações seriam julgadas por tribunais de júri da justiça comum. Ainda que a presença de militares em diversos setores do governo seja uma marca do recente governo de Michel Temer — que assumiu a presidência após o golpe que levou à deposição da presidente Dilma Rousseff em 2016 — o crescimento da presença das Forças Armadas na vida das grandes cidades é anterior. No caso do Rio de Janeiro, especificamente, as Forças Armadas ocuparam dois grandes conjuntos de favelas cariocas: o Alemão (quase 70

---

18 Disponível em < https://g1.globo.com/politica/noticia/em-pronunciamento-temer-reitera-que-intervencao-no-rio-foi-construida-em-dialogo-com-pezao.ghtml>

19 Cf. Relatório Seis meses de intervenção federal. Disponível em <http://observatoriodaintervencao.com.br/wp-content/uploads/2018/08/Infografico05_observatorio_final_bx.pdf>.

mil habitantes segundo o Censo de 2010, ocupado entre 2010 e 2012) e a Maré (quase 130 mil habitantes, também segundo o Censo de 2010, e ocupada entre 2014 e 2015). Também participaram da segurança em diversas eleições (desde a eleição municipal de 2008), nos momentos dos grandes eventos (Jogos Mundiais Militares em 2011, Jornada Mundial da Juventude em 2013, Copa do Mundo em 2014 e Jogos Olímpicos em 2016) e na repressão a manifestações contrárias à votação do pacote de austeridade do governo Pezão (PMDB) em 2017 (Fábio, 2017).

Graham (2011) chama atenção para o fato de que o que ele chama de "novo urbanismo militar" não é uma novidade; ao contrário, adiciona novas dimensões contemporâneas às antigas transformações urbanísticas e militares — políticas, culturais e econômicas, que somadas "normalizam" a guerra e os preparativos para ela como elementos centrais da constituição material, político-econômica e cultural das cidades e da vida urbana (2011, p. 37). Se o argumento apresentado aqui tem validade, ainda que o ministro da Segurança Pública Raul Jungman tenha recentemente anunciado que a intervenção federal não se estenderá para além de sua previsão inicial (dezembro de 2018)[20], podemos afirmar que os efeitos do que identificamos como crescente militarização da vida nas cidades brasileiras permanecerão. Pois, se a presença de soldados e aparatos militares nas favelas cariocas não é novidade, o acionamento desta possibilidade com maior frequência e maior aceitação a cada vez que é executado já indica que a retirada das Forças Armadas do cenário da cidade não significa o retorno a patamares anteriores à presença militar: o legado da "pacificação", assim como dos outros dispositivos apresentados aqui como a GLO, é a disseminação da militarização como elemento ordenador da vida social. Ainda que acionada em alguns contextos, e retirada em outros, a militarização da vida deixa seus sedimentos por onde passa, produzindo um acúmulo que em outros tempos foi chamado de "entulho autoritário"[21], e do qual ainda lutávamos para nos livrar.

REFERÊNCIAS BIBLIOGRÁFICAS

BARBOSA, Antonio Rafael. *Considerações introdutórias sobre territorialidade e mercado na conformação das Unidades de Polícia Pacificadora no Rio de Janeiro.* Revista Brasileira de Segurança Pública6.2, : 2012.

BURGOS, M. B. *Dos parques proletários ao Favela-Bairro*: as políticas públicas nas favelas do Rio de Janeiro. In: ZALUAR, A.; ALVITO, M. (orgs.). *Um século de favela*. Rio de Janeiro: Ed. da FGV, 2003.

---

20 "Militares rejeitam renovar intervenção no Rio após dezembro, diz Jungmann". Disponível em <https://www1.folha.uol.com.br/cotidiano/2018/08/militares-rejeitam-renovar-intervencao-no-rio-apos-dezembro-diz-jungmann.shtml>.

21 Luís Felipe Miguel chama atenção para a produção de um "reentulho militar", com a volta dos tribunais militares para o julgamento de homicídios dolosos envolvendo militares em operações de GLO (2017).

CAVALCANTI, Mariana. *À espera, em ruínas*: urbanismo, estética e política no Rio de Janeiro da 'PACificação'. Dilemas: Revista de Estados de Conflito e Controle Social, v. 6, p. 191-228, 2013

CUNHA, Neiva Vieira da; MELLO, Marco Antonio da Silva. *Novos conflitos na cidade*: a UPP e o processo de urbanização na favela. Dilemas: Revista de Estudos de Conflito e Controle Social 4.3, p.371-401, 2011.

DAVIES, F. A. *Rituais de "Pacificação"*: uma análise das reuniões organizadas pelos comandos das UPPs. Revista Brasileira de Segurança Pública. São Paulo, v. 8, n. 1, 24-46, Fev/Mar 2014.

FARIAS, Juliana. *Quando a exceção vira regra*: os favelados como população "matável" e sua luta por sobrevivência. Teoria & sociedade, v. 15, n. 2, p. 138-171, 2008.

FERGUSON, James. *The Anti-Politics Machine*. In: SHARMA, Aradhana; GUPTA, Akhil. *The anthropology of the state*: a reader. John Wiley & Sons, 2009.

FREIRE, Jussara. *Elevar a voz em uma ordem violenta*: a indignação colocada à prova pelo silêncio. In: MACHADO DA SILVA, Luiz Antonio. *Vida sob o cerco*: Violência e rotina nas favelas no Rio de Janeiro. Rio de Janeiro: Faperj, 2008.

FOUCAULT, Michel. *Os intelectuais e o poder* — conversa entre Michel Foucault e Gilles Deleuze. In: FOUCAULT, Michel. *Microfísica do poder*. Rio de Janeiro: Graal, p. 69-78, 2000.

_____. *História da sexualidade I*: a vontade de saber. Rio de Janeiro/São Paulo: Paz & Terra, 2017.

GRAHAM, Stephen. *Cities and the 'War on Terror'*. International journal of urban and regional research, v. 30, n. 2, p. 255-276, 2006.

_____. *Cities under siege*: The new military urbanism. Verso Books, 2011.

_____. *When life itself is war*: on the urbanization of military and security doctrine. International Journal of Urban and Regional Research. 36.1, p.136-1552012a.

_____. *Foucault's Boomerang* — The New Military Urbanism. The End of the Development-Security Nexus? The Rise of Global Disaster Management, , p. 37-47, 2012b.

_____. *Cidades sitiadas*: o novo urbanismo militar. São Paulo: Boitempo Editorial, Coleção Estado de Sítio, 2016.

LANDIM, L. *A invenção das ONGs*: do serviço invisível à profissão sem nome. Rio de Janeiro. Tese de Doutorado — PPGAS Museu Nacional/UFRJ, 1993.

LAVALLE, Adrián Gurza; HOUTZAGER, Peter P.; CASTELLO, Graziela. *Democracia, pluralização da representação e sociedade civil*. Lua nova 67.67, p.49-103, 2006.

LEEDS, E. *Cocaína e poderes paralelos na periferia urbana brasileira*: ameaças à democratização em nível local. In: ZALUAR, Alba; ALVITO, Marcos (orgs.). *Um Século de Favela*. Rio de Janeiro: Fundação Getúlio Vargas, 2003.

LEITE, Márcia Pereira. *Da "metáfora da guerra" ao projeto de "pacificação"*: favelas e políticas de segurança pública no Rio de Janeiro. Revista Brasileira de Segurança Pública, v. 6, 2012.

_____. *Entre a "guerra" e a "paz"*: Unidades de Polícia Pacificadora e gestão dos territórios de favela no Rio de Janeiro. Dilemas: Revista de Estudos de Conflito e Controle Social, v. 7, p. 625-642, 2014.

MACHADO DA SILVA, Luiz Antonio. *A continuidade do "problema da favela"*. In: OLIVEIRA, L. L. *Cidade*: Histórias e Desafios. Rio de Janeiro: FGV, 2002.

_____. (org.). *Vida sob cerco*: violência e rotina nas favelas do Rio de Janeiro. Rio de Janeiro: Nova Fronteira/Faperj, 2008.

_____. *"Mas afinal, qual é a das UPPs?"*. Observatório das Metrópoles. 2013. Disponível em <http:// www. observatoriodasmetropoles. ufrj. br/artigo_machado_UPPs. pdf>.

MIGUEL, Luís Felipe. *A hora do reentulho militar*. Militares ocupam a comunidade da Rocinha após edição de uma "Garantia da Lei e da Ordem". Justificando. Carta Capital. Disponível em <http://justificando.cartacapital.com.br/2017/10/12/hora-do-reentulho-militar/>.

OST, Sabrina; FLEURY, Sonia. *O mercado sobe o morro*. A cidadania desce? Efeitos socioeconômicos da pacificação no Santa Marta. Revista Dados 56.3, 2013.

PANDOLFI, Dulce e GRYNZSPAN, Mario (orgs.). *A favela fala*. Rio de Janeiro: FGV, 2003.

RILES, Annelise. *Too big to fail*. Recasting Anthropological Knowledge: Inspiration and Social Science. Cambridge: Cambridge University Press, 2011.

ROCHA, Lia de Mattos. *Uma favela diferente das outras*. Rotina, silenciamento e ação coletiva na favela do Pereirão, Rio de Janeiro. Rio de Janeiro: Quartet, 2013.

_____. *10 anos de Beltrame*: segurança pública no Rio de Janeiro. Blog Junho, publicado em 14 de Novembro de 2016. Disponível em <http://blogjunho.com.br/10-anos-de-beltrame-seguranca-publica-no-rio-de-janeiro/>.

_____; PALERMO, Luís Claudio. *O morro está na calmaria*: mídia impressa e o repertório da paz no contexto da pacificação. Dilemas: Revista de Estudos de Conflito e Controle Social 8.1, p. 25-40, 2015.

_____; CARVALHO, Monique Batista; DAVIES, Frank Andrew. *Crítica e controle social nas margens da cidade*: etnografia de espaços de participação em favelas "pacificadas" do Rio de Janeiro. R@U: Revista de Antropologia Social dos Alunos do PPGAS-UFSCAR, v. 10, p. 216-237, 2018.

RODRIGUES, A.; CASANOVA, C.; SIQUEIRA, R.; MENDONÇA, T.; GUARIENTO, S. *Pensando as Associações de Moradores no contexto das UPPs*. In: RODRIGUES, A., SIQUEIRA, R.; LISSOVISKY, M (org.). *Unidade de Polícia Pacificadora*: debates e reflexões. Comunicações do ISER: p. 53-79, dez 2012.

SILVA, I; ROCHA, L. M. *Associações de moradores de favelas e seus dirigentes*: o discurso e a ação como reversos do medo. In: JUSTIÇA GLOBAL (org). *Segurança, tráfico e milícias no Rio de Janeiro*. Rio de Janeiro: Fundação Heinrich Boll, (p. 37-47, 2008).

SILVA, Luiz Antonio Machado da; LEITE, Márcia Pereira. Violência, crime e polícia: o que os favelados dizem quando falam desses temas. In: Luiz Antonio Machado da Silva. (Org.). Machado da Silva, Luiz Antonio (org.) *Vida sob cerco: violência e rotina nas favelas do Rio de Janeiro*. Rio de Janeiro: FAPERJ/Nova Fronteira, 2008, v., p. 47-76.

SIQUEIRA, R.; SILVA, H. R.S.; MENDONÇA, T.; STROZEMBERG, P.; SENTO-SÉ, J.T.; LANDIM, L.; GUARIENTO, S. *Entrevistas*. In: RODRIGUES, A.; SIQUEIRA, R.; LISSOVISKY, M (org.). *Unidade de Polícia Pacificadora*: debates e reflexões. Comunicações do ISER: p. 134-157, dez 2012,.

SOARES, L. E. *Meu casaco de general*: quinhentos dias no front da segurança pública do Rio de Janeiro. São Paulo: Companhia das Letras, 2000.

ZALUAR, A. *Crime, medo e política*. In: ZALUAR, A.; ALVITO, M. (org.). *Um Século de Favela*. Rio de Janeiro, Ed. Fundação Getúlio Vargas, 2003.

Militarização e dispositivos governamentais para lidar com os "inimigos" do/no Rio de Janeiro

MÁRCIA PEREIRA LEITE[1] • JULIANA FARIAS[2]

Introdução

Nas Jornadas de Junho de 2013, uma faixa de protesto se estendeu nas avenidas centrais da cidade do Rio de Janeiro, na frente do Palácio Guanabara (sede do governo do estado) e nas favelas e periferias por onde as manifestações associaram os protestos difusos das camadas médias em torno das crescentes dificuldades experimentadas no cotidiano da sociedade brasileira a uma reivindicação específica dos moradores de favelas: o mais elementar dos direitos civis, o direito à vida.

Era uma faixa preta, grande, em que se encontrava escrito em letras brancas: "A Polícia que reprime na avenida é a mesma que mata na favela".

Vivíamos o segundo momento das Jornadas, aquele em que as reivindicações difusas das camadas médias (inicialmente contra o aumento de preço das passagens de ônibus e progressivamente por educação, saúde, salário digno, orientação sexual, liberdade de credo etc.) vinham sendo respondidas pelo governo estadual, com apoio do governo federal, através da intensificação da repressão, justificada pela grande mídia que classificava o movimento como "baderna" e os manifestantes como, inicialmente,

---

[1] Socióloga, professora do ICS/UERJ e pesquisadora do Cidades — Núcleo de Pesquisa Urbana e da linha de pesquisa Cidade, Poder e Resistência do PPCIS/UERJ. Pesquisadora do CNPq e do CEVIS — Coletivo de Estudos sobre Sociabilidade e Violência — IESP/UERJ.

[2] Possui graduação e mestrado em Ciências Sociais pela UERJ e doutorado em Sociologia pelo PPGSA/UFRJ. É pesquisadora associada ao CIDADES — Núcleo de Pesquisa Urbana/Uerj. Atualmente é pesquisadora de pós-doutorado do Núcleo de Estudos de Gênero Pagu/UNICAMP.

FONTE: ARQUIVO REDE DE COMUNIDADE E MOVIMENTOS CONTRA VIOLÊNCIA

"vândalos" e, logo depois, como "black blocs"[3]. Do outro lado, dos manifestantes, "tiro, porrada e bomba" ou "começou [a repressão]" era o que mais se ouvia nas ruas e o que mais circulava nas redes sociais em uma crítica à insensibilidade dos governos e à desproporcionalidade do uso da força para conter os conflitos sociais que ali se anunciavam (Saborio, 2015). As manifestações foram progressivamente se enfraquecendo, possivelmente por essas duas razões. Se, no momento inicial, elas expressaram um "nó na garganta" das camadas médias das grandes cidades brasileiras em relação aos efeitos dos ajustes da política neoliberal já praticada pela presidente Dilma Rousseff (sob pressão do Congresso e tentando manter alguma "governabilidade"), no momento seguinte, estreitado o apoio e radicalizada a repressão, esses segmentos desertaram do

[3] Trata-se de uma tática que envolve um modo de agir (atacar os símbolos do neoliberalismo, como bancos e empresas, para chamar a atenção da população e desviar a da polícia) e de se apresentar em público (com roupas escuras e rostos cobertos), e não de um movimento organizado e com unidade ideológica. E, como ressaltou Eliane Brum, em "Black blocs, os corpos e as coisas": "nem todo aquele que usa uma máscara é de fato um adepto da tática black bloc. Mas esse punhado de mascarados foi convertido num fantasma a assombrar o imaginário das diversas forças que disputam esse momento". Trata-se de uma figuração dos black blocs como "inimigos" da cidade, da sociedade, da democracia que vai alavancar e justificar dispositivos de governamentalidade no campo da militarização para lidar com os conflitos sociais e urbanos. Disponível em <https://brasil.elpais.com/brasil/2016/09/12/opinion/1473693538_681813.amp.html>. Ver também <https://brasil.elpais.com/brasil/2016/09/10/politica/1473461724_961425.html>.

movimento. O que sobrou? Jovens, estudantes, professores, militantes de movimentos sociais, partidos e coletivos diversos, incluindo aqueles formados por moradores de favelas e periferias. Nem todos lutavam pelas mesmas questões.

A faixa da Rede[4] anunciava mais do que a pauta que convocara as Jornadas. Dizia-nos de forma contundente que o governo dos pobres no Rio de Janeiro operava, grosso modo, pelas cristalizadas diferenças entre territórios (favelas e periferias — estas assimiladas às primeiras — e bairros) no campo da gestão de seus moradores como população a controlar e a reprimir através do uso da violência estatal. Ou seja, não estritamente pela segregação dessas "margens do estado" (Das e Poole, 2004)[5], mas pela produção sistemática de mortes de seus moradores. Denunciava o que Leite (2000) formulou como a "metáfora da guerra": um dispositivo[6] discursivo que, desde os anos 1980, mobiliza e justifica políticas de segurança pública que nomeiam os moradores de favela como potenciais inimigos da cidade, tipificados como "classes perigosas" sem direitos a preservar ou vozes a ouvir. A cidade é representada como uma "cidade partida" entre favelas e bairros, criminosos e "pessoas de bem", "favelados" e "cidadãos". A "metáfora da guerra" vincula o crime violento às contradições entre diferentes segmentos sociais, territorializando-as. Os conflitos de classe deslocaram-se da disputa por bens de cidadania (e, portanto, de suas instituições e repertórios específicos) para o campo da segurança pública. Buscando visibilidade para esta crítica e legitimidade para os movimentos de resistência à violência estatal, em um contexto em que "as ruas" pareceriam ter ressurgido para a política e os dispositivos securitários já haviam rompido as fronteiras anteriores, sendo usados para gerir conflitos sociais em outros territórios e situações, a faixa da Rede tentava ampliar sua reivindicação específica convocando a pensar: o que fazer contra os que nos matam, regulam nossos corpos, nos silenciam, conduzem e/ou limitam nossas críticas e reflexões para o que seria "aceitável"?

Nas Jornadas, vimos emergir, para além das fronteiras das favelas e periferias, no Rio de Janeiro, o dispositivo da militarização como modo de gerir os conflitos sociais e sufocar as críticas aos governantes. As tecnologias de poder passaram a operar cada vez mais pelo critério de quem seriam os "ingovernáveis", aqueles que, em diferentes

---

4 Doravante, tratamos a Rede de Comunidades e Movimentos contra a Violência como Rede.

5 As autoras referem-se a territórios, populações e práticas produzidas pela dinâmica do estado e às formas através das quais a lei e a autoridade do estado são experimentadas, vivenciadas, por essas populações. Usamos estado com minúscula (exceto em citações e substantivos próprios), contrariamente à norma ortográfica, para marcar, como as autoras, a desconstrução dessa noção como institucionalidade jurídico-política acima da sociedade e velando por seus interesses. Sobre o ponto, ver Souza Lima e Macedo e Castro (2015).

6 Mobilizamos, aqui, a noção de dispositivo de Foucault como a rede que se estabelece entre "discursos, instituições, organizações arquitetônicas, decisões regulamentares, leis, medidas administrativas, enunciados científicos, proposições filosóficas, morais, filantrópicas" (1979, p. 244).

territórios da cidade e frentes de luta diversas, ameaçariam seu projeto de poder. Se, antes, eram os moradores de favelas e periferias — sobretudo se jovens, homens e negros —, a definição de "inimigo" passou a incorporar aqueles que mesmo sem esta inscrição territorial, social e racial, pelas ideias que professavam e pelo modo como se moviam no mundo social, foram tarjados como "inimigos" da cidade, da sociedade e da civilização (ocidental, democrática, resistente ao comunismo). Desse ponto de vista, como sustentam Birman e Leite (2018), a "guerra" deixou de ser acionada no Rio de Janeiro apenas como metáfora, transmutando-se em modalidade de governo dos "inimigos"[7].

Acreditamos que o fundamento político e ideológico da militarização reside exatamente neste ponto. Classificar quem se opõe ao bloco no poder como "inimigo" de modo a poder aniquilá-lo com alguma legitimidade, certamente articulado pela mídia e pelos governantes, traduz um modo de gerir os conflitos que ignora a tradição democrática de negociação dos interesses e propostas como forma de produzir consensos. Como nos ensina Noiriel, as "práticas e tecnologias de identificação" (como a produção de documentos e categorias de nominação, no caso, a de "inimigo") são produto das "relações de poder colocando em contato os indivíduos que tem os meios de definir a identidade dos outros e aqueles que são objeto de seus empreendimentos" (2007, p. 5) e se articulam estreitamente ao controle social e à estigmatização desses grupos. Essa modalidade de governo vem recorrendo ao poder soberano, ao "fazer morrer", como se este fosse essencial para a sobrevivência da sociedade.

Foucault (2002) analisa os paradoxos do biopoder (o "fazer viver" que caracteriza os estados modernos) ao se entrelaçar com o direito de matar (que define o poder da soberania), através do racismo:

> [O racismo] é, primeiro, o meio de introduzir afinal, nesse domínio da vida de que o poder se incumbiu, um corte: o corte entre o que deve viver e o que deve morrer. (...) uma maneira de defasar no interior da população, uns grupos em relação a outros. (...) De outro lado, o racismo terá sua segunda função (...) uma relação positiva [de tipo guerreiro, compatível com o biopoder]: "se você quer viver é preciso que você faça morrer, é preciso que você possa matar" (p. 304-5).

Como sua discussão neste texto, que corresponde a seu curso no Collège de France em 1975-1976, tem por base a análise de situações extremas (nazismo, stanilismo e genocídio colonizador), Foucault, talvez esperançoso de que estas estivessem definitivamente sepultadas pela história, ao mesmo tempo em que chama a atenção de que a especificidade do racismo moderno é se constituir como uma tecnologia de poder, nos adverte:

---

[7] As autoras, inicialmente analisando "a figuração da violência no Rio [como] (...) parte constitutiva da construção de um dispositivo do governo dos pobres que se produziu (...) pela ideia de 'invasão' e 'cerco' da cidade", demonstram como "a 'guerra' se transformou no eixo que estrutura todos os dispositivos relacionados à violência na cidade" (Birman e Leite, 2018, p. 3 e 12).

> É claro, por tirar a vida não entendo simplesmente o assassínio direto, mas também tudo o que pode ser assassínio indireto: o fato de expor à morte, de multiplicar para alguns o risco de morte ou, pura e simplesmente, a morte política, a expulsão, a rejeição, etc. (Ibid, p. 306).

Mbembe, ao contrário, refletindo sobre a governamentalidade colonial, associa a reflexão de Foucault à de Agambem (2004) para examinar as "trajetórias pelas quais o estado de exceção e a relação de inimizade tornaram-se a base normativa do direito de matar" (2016, p. 128). E conclui: "Em tais instâncias, o poder (e não necessariamente o poder estatal) continuamente se refere e apela à exceção, emergência e a uma noção ficcional de inimigo" (Ibid).

Essa nos parece ser também a concepção de Graham (2016) em sua fundamentação do "novo urbanismo militar" e em sua compreensão de como este "conecta a vida urbana no Ocidente com a existência nas fronteiras coloniais": "através de técnicas militarizadas de rastreamento e triagem [que] precisam colonizar permanentemente a paisagem urbana e os espaços da vida cotidiana" (p. 27). Trata-se da securitização da vida urbana ocidental, em que "modelos explicitamente coloniais de pacificação, militarização e controle, aperfeiçoados nas ruas do Sul do globo [as zonas de guerra coloniais] se espalham pelas cidades dos centros capitalistas do Norte [e também pela América Latina]" (2016, p. 47), revelando uma "sinergia entre operações de segurança nacional e internacional" que "alimenta os prósperos mercados de segurança nacional ao redor do mundo" (Ibid, p. 30).

No caso brasileiro, especificamente na cidade do Rio de Janeiro, o novo urbanismo militar vem se traduzindo na militarização da questão urbana, no recurso constante ao poder de matar (direto e indireto, como nos ensina Foucault), na torção da legalidade e na prática usual de ilegalismos contra os figurados como "inimigos", na criminalização dos movimentos de protestos e no refinamento e expansão das técnicas de vigilância e de controle social e espacial. Trata-se de um ponto de virada: na vida cotidiana e no arcabouço institucional-legal pretensamente democrático que preside a sociedade brasileira. E é sobre esta virada que pretendemos centrar nosso foco neste artigo, buscando entender algo que vem se desenhando como uma nova camada do processo de militarização do cotidiano. Desta vez em articulação com um capitalismo financeirizado, surdo (porque não precisa, no contexto, negociar) aos direitos de cidadania e ao direito à cidade e acionando a lógica do estado racista em vigor desde o Brasil Colônia até os dias de hoje.

A seguir, centramo-nos na descrição e análise de como o estado, democrático em sua configuração constitucional, faz morrer seus habitantes sem despertar horror, compaixão ou crítica de grande parte da sociedade carioca que naturaliza o emprego desses dispositivos, conquistada pelo argumento de quem é o "inimigo" e acreditando que "é preciso que eles morram para que a sociedade sobreviva". Desenvolvemos o argumento discutindo como essas tecnologias de poder espraiaram-se das favelas e periferias cariocas para outros territórios, populações e situações e o que este alargamento da noção de inimigo indica. Mantemos o foco no Rio de Janeiro por este ser nosso campo privilegiado de observação empírica, mas também considerando que, há décadas, a cidade é considerada como "laboratório" de experiências em termos das políticas governamentais que configuram, no mínimo, a imaginação brasileira de como gerir territórios, populações e situações tidos como inajustáveis e/ou ingovernáveis.

Dispositivos securitários e gestão de territórios e populações

Nesta sessão, detemo-nos, com base em um dos casos etnográficos que acompanhamos, no dispositivo do "auto de resistência" — engrenagem fundamental desta forma de governo dos pobres no Rio de Janeiro — examinando os ilegalismos que contém e as práticas governamentais que o induzem, acolhem e o jogam nas sombras via ilegibilidade dos documentos estatais. Destacamos as diversas resistências de familiares em suas ações individuais e coletivas junto a movimentos sociais, a partir da sua própria leitura das práticas governamentais nesse circuito de administração burocrática das mortes (Leite, 2004; Farias, 2008; Araújo, 2008; Vianna e Farias, 2011; Vianna, 2014). Refletimos sobre algumas questões que não habitam o cotidiano e, tampouco, o imaginário das camadas médias brancas deste país. O que significa o tratamento e a remoção de um corpo tipificado como de traficante/criminoso para sua família, vizinhos, amigos? Como as agências e os operadores estatais tratam os que classificam como "ingovernáveis"?

O auto de resistência

Márcia de Oliveira Silva Jacintho é negra, pobre, evangélica, mãe de três filhos e moradora do Morro do Gambá, no Complexo do Lins e Vasconcelos, subúrbio do Rio de Janeiro. Seu perfil não é muito distinto do de tantas outras mães que, como ela, tiveram seus filhos mortos pela violência policial e lutam por justiça e reparação. No caso de Márcia, passaram-se dez anos até que conseguisse provar a inocência de seu filho, Hanry, e obtivesse a condenação dos policiais que o mataram. A morte do rapaz foi registrada como "homicídio proveniente de auto de resistência"[8]. Na versão policial,

[8] A morte de Hanry foi documentada através do Registro de Ocorrência no 712/1901/04, na 25a Delegacia Policial. Cf. Leandro, 2012.

> (...) teria ocorrido uma troca de tiros com meliantes [criminosos] da localidade, os policiais, ao chegarem a uma parte mais alta da comunidade, encontraram a vítima caída, baleada, tendo próximo ao seu corpo um revólver e certa quantidade de substância entorpecente, tendo sido a vítima socorrida e levada para um hospital, aonde já chegou cadáver[9].

O "auto de resistência" é a peça chave de uma modalidade de presença do estado em territórios considerados marginais (Farias, 2014; 2008). Trata-se de um registro de ocorrência policial como resistência armada da vítima à ordem de prisão emitida por policial seguida de morte da primeira (a vítima)[10]. Sua peculiaridade consiste em transformar aquele que mata em testemunha (com fé pública, posto que agente do estado) junto à delegacia de polícia civil que conduz o inquérito policial sobre o fato. Correlatamente, transforma aquele que morre em agressor ("resistência armada à ordem de prisão emitida pelo policial"). O que esta forma de registro da ocorrência policial promove é a inimputabilidade dos policiais pelos homicídios praticados, em face à exclusão da ilicitude estabelecida pelo Código de Processo Penal[11]. Essas mortes são registradas como legítima defesa em exercício do dever legal pelo policial que, através deste documento, narra com presunção de veracidade como teriam se processado os fatos. Como sustenta Leandro, esta modalidade de registro — em que o executor se torna testemunha e, apoiado no artigo 23 do CPP, justifica o ato cometido — introduz uma dificuldade para a sua contestação ao tornar

> incoerente, na investigação criminal, comumente realizada por inquérito policial, qualquer conclusão que aponte pela ilicitude da conduta do agente, porque, em virtude da alegação de "auto de resistência", o mesmo teria agido em legítima defesa e por estrito cumprimento do dever legal. (...) [Assim] a propositura de ação penal pelo Ministério Público fica prejudicada pela excludente de ilicitude constituída pelo "auto de resistência", que afasta o caráter ilícito do ato (2012, p. 44).

Esta é uma das razões do recorrente arquivamento dos inquéritos relativos a esses homicídios pelo Ministério Público[12]. Como aponta a mesma autora, "se o que se registra

---

9 Relatório Final do Inquérito Policial no 054/04, Delegacia de Homicídios, 03/10/2006, p. 1. (Ibid)

10 Regulamentado pela Ordem de Serviço "N", n. 803, de 2/10/1969, da Superintendência da Polícia Judiciária, do estado da Guanabara, o "auto de resistência" foi registrado pela primeira vez no dia 14/11/1969, após ação policial realizada pelo Grupo Especial de Combate à Delinquência em Geral (Verani, 1996). Diferentes aspectos do registro "auto de resistência" são explorados em Misse et al (2013), Farias (2015; 2014) e Leite (2013).

11 Art. 23. Não há crime quando o agente pratica o fato: I — em estado de necessidade; II — em legítima defesa; III — em estrito cumprimento do dever legal ou exercício regular de direito.

12 Outra razão é a criminalização dos moradores de favela no âmbito da "metáfora da guerra".

como "auto de resistência" tem presunção de veracidade de acordo com o inquérito policial, o promotor ao propor ação penal eivada por esse vício estaria despoticamente atuando em prejuízo do acusado" (Leandro, 2012, p. 45)[13]. Operando desta forma, os ilegalismos contidos no "auto de resistência" constituem uma tecnologia de poder e uma estratégia política que instrumentaliza a percepção social sobre a violência e autoriza a adoção de expedientes jurídicos extraordinários, de exceção, contra aqueles que, há muitos anos, foram nominados como os "inimigos da cidade". Possibilita, assim, que a "guerra" seja operada como forma de governo desses territórios e populações.

Mas, no caso examinado, o "auto de resistência" foi confrontado e os ilegalismos que continha foram desvendados. Márcia tinha convicção de que seu filho nada tinha a ver com o crime e a violência. Vendo as semanas avançarem sem que o inquérito policial para apurar os fatos que resultaram em sua morte fosse concluído e os prazos se tornarem exíguos[14], decidiu agir. Foi quando se deparou com um traficante de drogas ilícitas local:

> Quase um mês da morte do Hanry, um rapaz envolvido com o tráfico me viu chorando e disse: "Tia, a senhora que é a mãe do menino que morreu lá no alto [do morro]?". Eu falei: "Sou. Por quê?". "Ah, porque o 'cana [policial]' que me pegou falou que estava com o moleque na mão, botou [o revólver] no peito e apertou". Então levei aquele impacto. Ele [o rapaz] não teve a menor preocupação de contar algo que todo mundo sabe que acontece no morro, que foi pego pela polícia e os bandidos deram dois mil reais e um fuzil em troca da vida dele. Mas o meu filho, como não era bandido, ninguém pagou pelo resgate. O Hanry foi assassinado porque a vida dele não valia nada para aqueles policiais. Quem eles executaram? Um menino pobre, dentro da favela[15].

Márcia tomou então a decisão de interromper o luto e de conseguir provas de que o filho não era traficante de drogas. Iniciava-se assim seu longo percurso na busca por justiça. Com gravador e máquina fotográfica, coletou depoimentos de moradores e procurou indícios no local do assassinato, buscando as provas necessárias

---

[13] Verani (1996) demonstra que, por essas questões, os inquéritos policiais têm sido quase sempre arquivados por demanda da Promotoria e, quando não o são, raramente são aceitos pelos juízes.

[14] O inquérito policial, procedimento investigativo de natureza administrativa e inquisitória, é iniciado nas delegacias policiais e deve ser concluído em no máximo 30 dias, salvo casos especiais regulados por lei ou autorizados por juiz. É então remetido à Central de Inquéritos e acompanhado por um promotor, podendo ser arquivado por falta de provas ou pela inexistência de crime; ser remetido novamente à delegacia de origem para complementar a investigação; ou, caso haja indícios de autoria e prova da materialidade dos fatos, enviado ao poder judiciário competente. Neste caso, trata-se de oferecer denúncia ao Ministério Público; assim o inquérito torna-se processo penal.

[15] Entrevista de Márcia Jacintho para a pesquisa "Um mural para a dor" (CNPq/PRONEX), realizada por Patricia Birman e Márcia Leite, com a participação de Juliana Farias. Todas suas outras falas foram retiradas desta entrevista. Para a análise detalhada do caso, de seus efeitos políticos e legais, e sobre a subjetividade e o cotidiano desta mãe de vítima de violência estatal, ver Leite (2013).

ao inquérito. Fotografou a área registrando marcas de sangue, cápsulas deflagradas, roupas em farrapos. Descobriu que os policiais haviam estado mais cedo na localidade — comentava-se que em busca de arrego dos traficantes — e que retornaram mais tarde aparentemente com o mesmo objetivo. Recolheu depoimentos que contrariavam vários aspectos da versão policial, como a alegação de tiroteio (as testemunhas asseguravam ter ouvido apenas três tiros) e a comprovação de que, quando foi assassinado, Hanry estava só de bermudas sem bolsos e não poderia ter consigo os objetos que os policiais lhe atribuíram (revólver e drogas) no "auto de resistência". Até as chaves de casa carregava na mão[16]. Ao mesmo tempo, recorreu à Comissão de Direitos Humanos da Assembleia Legislativa do Estado do Rio de Janeiro, o que lhe abriu as portas para organizações de Direitos Humanos, para o Ministério Público, para a Defensoria Pública e para vários grupos de mães de vítimas de violência policial. Assim, entrou em uma rede que lhe facultou informações, contatos, apoios (político, jurídico e pessoal) e um novo repertório político que lhe permitiu requalificar sua ação em busca de justiça. A partir desses contatos, começou seu longo trabalho — ou luta, como Márcia o designa — para que o inquérito policial saísse da delegacia e a denúncia por homicídio e fraude processual (simulação de que Hanry seria traficante de drogas) fosse oferecida pelo Ministério Público, o que afinal acabou acontecendo em 2006. O que a movia, diz,era o compromisso com o filho: não podia aceitar que ele tivesse sido identificado como traficante de drogas no registro de ocorrência policial. Seu compromisso íntimo, amoroso, com o filho era "limpar seu nome", provando a fraude dos policiais. Só assim poderia honrar sua memória, uma vez que os rituais fúnebres disponíveis em nossa cultura para tal finalidade foram atravessados pelas circunstâncias de seu enterro: o corpo já em decomposição[17] e a acusação de que seria "bandido"[18]. Com apoio das provas que produziu, conseguiu que o inquérito policial fosse concluído e, com base no laudo pericial[19] e nas

---

16 Márcia, como várias outras mães de vítimas de violência estatal, denuncia esse procedimento (colocar junto ao corpo armas e drogas — o "kit traficante") como encenação policial para qualificar a vítima como "bandido" e forjar provas de que a vítima seria a agressora dos policiais, justificando a narrativa destes no "auto de resistência".

17 "Deixaram meu filho dois dias fora [da geladeira] do IML [Instituto Médico Legal]. Eu tive que pagar formol para ver o meu filho morto pela última vez lá no cemitério".

18 "O meu filho ser executado pela polícia do jeito que foi. Não é justo, não é certo, isso não é lei. (...) Será que esses homens têm filhos? Será que esses homens têm mãe? (...) Eu não sei por que, tanto para a justiça, para a polícia, para que tanta discriminação, acham que todo morador do morro é vagabundo, é bandido, tem que morrer, eu não sei se essa gente tem coração (...)."

19 O laudo pericial demonstrou que Hanry foi baleado com 2 tiros disparados de cima para baixo (contrariamente à versão policial de que o tiroteio se processara com traficantes de drogas escondidos na parte alta do morro) e que um tiro, disparado à queima-roupa, atravessou seu coração e seu pulmão esquerdo e o matou. Cf. AEC RJ/SN/0/07696/02 (Leandro, 2012).

contradições entre a versão policial e a versão das testemunhas, virasse processo[20]. Em 2008, dois policiais foram condenados pelos crimes de homicídio e fraude processual: um a três anos e dois meses, em regime aberto, por fraude processual; outro a nove anos, em regime fechado, por homicídio e fraude processual. Ambos foram expulsos da Polícia Militar, mas o processo não se encerraria aí. Quase dez anos depois da morte de Hanry e após várias idas e vindas do processo, motivadas por recursos jurídicos acionados pelos acusados, um dos policiais foi novamente julgado, declarando ter sido o único a efetuar os disparos. Foi condenado a oito anos de reclusão e a três de detenção[21]:

> Um policial militar, em efetivo serviço, (...) legitimado enquanto agente do estado e formado para a efetivação da proteção da sociedade, subtrai a vida de um jovem vivente em humilde comunidade. Para legitimar, atribui ao jovem à posse de uma arma de fogo e quantitativo de substância entorpecente. (...) Atuam severamente as circunstâncias de ser um policial militar em efetivo serviço, o grau de culpabilidade — notadamente o efetivo conhecimento da ilicitude de sua conduta e o licenciamento do uso de arma de fogo em razão de permissão e instrução do próprio Estado. (...) *Não há qualquer indicativo nos autos de uma intenção homicida preconcebida. Errou. Agiu pessimamente.* (...) *Todas as circunstâncias sinalizam de que não participou da jornada com o propósito deliberado de subtrair a vida de HANRY. Matou. Matou mal e o inferno interior o conduziu pela mitigação da responsabilidade, absolutamente reprovável, mas instintivo ao homem* (Sentença. Processo nº 0138672-73.2006.8.19.0001 (2006.001.144501-4), grifos nossos).

A condenação do policial foi uma decisão rara na Justiça brasileira, tratando-se de "autos de resistência" envolvendo moradores de favela. Mas é importante destacar que a fundamentação argumentativa da sentença consiste no reconhecimento (e na condenação moral) do que seria um "desvio de conduta" do agente, que em nada atingiria (ou dependeria de) os demais agentes envolvidos na operação policial à favela, a corporação policial, ou o próprio estado. Este capítulo propõe outra modalidade de leitura do fato e dos dispositivos legais então acionados. Distanciando-se da visão corrente na sociedade brasileira que ilumina a avaliação de fatos similares e levando a sério os depoimentos de familiares de vítimas de violência estatal e de moradores de diversas favelas e periferias cariocas, compreende o caso relatado (assim como diversos outros acompanhados em nossas pesquisas) não como produto de "desvios de conduta" ou "excessos" praticados por operadores das instituições estatais, ou por "maus policiais",

---

20 Processo no 2006.001.144501-4.

21 A sentença estabeleceu as penas de oito anos de reclusão em penitenciária e três anos de regime diferenciado de privação de liberdade, significando 11 anos de prisão, sem comutação via concurso penal. Pelas leis brasileiras, o policial com três anos e dois meses de prisão — descontado o tempo que já ficou detido — teve direito ao benefício de liberdade vigiada.

mas como resultantes dos dispositivos de gestão das favelas e de suas populações que estão inscritos nas próprias concepções e práticas estatais na sociedade brasileira. Referimo-nos aos dispositivos discursivos, legais e administrativos que configuram as favelas e periferias cariocas como "margens do estado" (Das e Poole, 2004).

Do emaranhado governamental à produção sistemática de mortes nas margens

Pretendemos ter demonstrado através da análise do "auto de resistência" como os ilegalismos operam no interior dos dispositivos de governamentalidade para produzir e legitimar a gestão de determinados territórios e populações através da "guerra". O ponto de vista que assumimos, nessa análise, é bem explicitado por Telles: "os ilegalismos (...) não são imperfeições ou lacunas na aplicação das leis, contêm uma positividade que faz parte do funcionamento do social, eles compõem os jogos de poder e se distribuem conforme se diferenciam [os espaços]" (2010, p. 30). Concordando com Telles, argumentamos que o governo dos pobres pela produção sistemática de mortes não é uma realização estrita da polícia militar em suas incursões violentas às favelas e periferias do Rio de Janeiro, nem tampouco deriva apenas das orientações explícitas e implícitas da cúpula da Secretaria de Segurança Pública do Estado do Rio de Janeiro em relação às mesmas (Leite, 2017). Sua concepção e seu modo de implementação provêm de uma política de estado que implica tanto seus operadores mais imediatos (não só o policial que mata, mas aqueles que apuram esses assassinatos praticados pelo estado, o perito do IML, os operadores jurídicos, em suma, todos os responsáveis pela formulação e implementação das políticas de segurança pública[22]) como seus legitimadores em todos os âmbitos — executivo, legislativo e judiciário —, que participam (e ratificam) desse processo de fazer morrer aqueles que sempre foram enxergados como ingovernáveis.

Nessa configuração, é extremamente difícil aos familiares das vítimas de violência estatal buscar justiça por dentro do emaranhado das instituições estatais. Os operadores do estado via de regra têm como estratégia principal de defesa dos policiais acusados do homicídio e de legitimação dessa forma de governo criminalizar a vítima, seus familiares e os demais moradores de favela (Farias, 2015; Vianna e Farias, 2011; Leite, 2013; 2004). A cada etapa da peregrinação das mães e demais familiares junto às diferentes instâncias governamentais, evidencia-se a circunscrição política de um determinado corpo-alvo dessa política genocida: o corpo atingido pelos disparos de fuzis da Polícia Militar, da Polícia Civil e/ou do Exército; o corpo que é ilegalmente retirado do local do

---

[22] Ver, entre outros, Farias (2015; 2014) e Leite (2013; 2012).

crime e levado — já cadáver — para um hospital público sob o argumento de que aqueles que efetuaram o disparo prestaram socorro à vítima; o corpo que chega ao IML para ser examinado por um perito que também faz parte do quadro de profissionais da Secretaria de Segurança Pública (pois, no Rio de Janeiro, o IML está alocado no Departamento de Polícia Técnica e Científica da Polícia Civil); ou ainda o corpo que vai habitar o inquérito policial como aquele que, ainda vivo, atirou no agente de estado em serviço e, por isso, foi morto; o corpo que vai habitar a papelada a partir da qual o Ministério Público vai decidir se arquiva o caso ou se o deixa ir pra frente em forma de processo judicial.

Esse corpo, na maioria das vezes, é um corpo negro e um corpo reconhecido socialmente como "corpo de homem". Trata-se de um corpo que foi traduzido na linguagem do campo de luta pelos Direitos Humanos como "a principal vítima da violência armada", ou aquele corpo que os dados estatísticos mobilizados desde os anos 1990 apresentam como "o que mais morre e o que mais mata", ou ainda aquele que está no centro da campanha "Jovem Negro Vivo", lançada em novembro de 2014 pela Anistia Internacional[23]. É este, portanto, o corpo que tomba nos casos de homicídios decorrentes de intervenção policial — os "autos de resistência" — nos quais os homens jovens negros são as vítimas fatais. Os exemplos mais gritantes de "auto de resistência" decorrem dos casos nos quais a morte foi provocada por tiro de fuzil na nuca ou casos nos quais os laudos cadavéricos atestam que os disparos foram efetuados a curta distância, atingindo regiões do braço e do antebraço das vítimas que só poderiam ser atingidas caso as mesmas estivessem rendidas — de joelhos no chão, com os braços na cabeça[24].

O desafio burocrático e político que se coloca aos familiares destas vítimas fatais está relacionado à possibilidade que o policial tem de realizar o registro de "auto de resistência" descrevendo os fatos do episódio no qual se deu a morte do morador de favela de forma que o inocente e criminalize a vítima. Compartilhamos do posicionamento de que a burocracia estatal é peça indispensável da engrenagem de gestão dessas mortes, especialmente se considerarmos junto ao "auto de resistência", o laudo do exame de necrópsia. Farias (2014) analisa detidamente, tanto a forma através da qual o médico legista responde os quesitos obrigatórios da ficha que compõe o laudo cadavérico (deixando de registrar informações cruciais para a continuidade das investigações sobre as mortes decorrentes de intervenção policial), quanto a maneira escolhida por determinados órgãos de estado para organizar e divulgar estatísticas oficiais sobre tais

---

23 O material de divulgação assim condensa os dados: "Em 2012, 56.000 pessoas foram assassinadas no Brasil. Destas, 30.000 são jovens entre 15 a 29 anos. Entre os jovens mortos, mais de 93% são homens e 77% são negros". Disponível em <https://anistia.org.br/campanhas/jovemnegrovivo>.

24 Para a análise minuciosa dos laudos periciais em casos de "auto de resistência", examinando os ilegalismos que contêm e as práticas dos operadores do estado que acobertam, jogando-as nas sombras da ilegibilidade dos documentos estatais e, assim, dando-lhes o aval para sua continuidade, ver Farias (2015; 2014).

mortes, concluindo que ambas são reveladoras de construções discursivas equivalentes a "maneiras de não dizer" sobre as quais nos alerta Foucault (1988). Há uma seleção das informações a serem divulgadas e daquelas a serem ocultadas, compondo uma "polícia dos enunciados" e um "controle das enunciações" (Foucault, 1988).

Ainda que sejam predominantemente apresentadas como dado inquestionável, porque formuladas a partir de ciências exatas, as estatísticas sobre mortes também podem estar permeadas de obscuridade. Não porque a estatística seja mal calculada, mas porque tal cálculo já é produzido de forma a valorizar arranjos quantitativos que alocam em um mesmo conjunto informações que deveriam aparecer separadas umas das outras. Foi o que ocorreu, por exemplo, com os homicídios registrados como "mortes violentas com causa indeterminada" por diferentes estados da federação, segundo pesquisa do IPEA realizada com dados do Sistema de Informações sobre Mortalidade (SIM) e publicada em 2013. A taxa de homicídios no Brasil era 18,3% superior aos números presentes nos registros oficiais — percentual que indicava que oito mil e seiscentos homicídios por ano no Brasil foram classificados erroneamente como "mortes violentas com causa indeterminada". Deveriam ter sido registrados e publicizados através de classificações específicas e previamente existentes no repertório de tipificação de crimes, ao invés de aparecerem como "indeterminadas" (Cerqueira, 2013). Tal pesquisa, apresentada como Mapa dos Homicídios Ocultos, desvenda quais informações não são publicizadas, como são apagadas dos registros oficiais. Em pesquisa anterior, realizada a partir de dados sobre homicídios no município do Rio de Janeiro, o IPEA divulgou que os bairros onde ocorre a maior parte desses crimes correspondem às regiões nas quais estão localizadas aproximadamente 60% das favelas da cidade (Rivero e Imanishi, 2009). A mesma pesquisa revelou que o trabalho letal da polícia se concentra nas mesmas áreas: nas favelas ou no entorno delas.

É necessário lembrar que os anos 2000 assistiram a certa estabilização e, em seguida, a uma diminuição da taxa de homicídios destacada em várias pesquisas[25]. Esses dados, entretanto, devem ser analisados levando-se em conta cor e local de moradia. Considere-se, por exemplo, que no Rio de Janeiro, no período de 2002 a 2008, morreram 96,9% mais jovens (de 15 a 24 anos) negros do que brancos (Instituto Sangari, 2011). O exemplo destaca a persistência da criminalização deste segmento da população carioca e de seus territórios de moradia, através das modalidades de identificação que examinamos, sugerindo que estas continuam a operar como dispositivos da política de segurança pública baseada no confronto e no uso da "força desmedida" (Brodeur, 2004) em vigor para a maior parte das favelas cariocas. Corpos e territórios, portanto, estão entrecruzados enquanto alvo das políticas de segurança pública, mas também de

[25] Para os dados atuais, consultar <http://www.ucamcesec.com.br e ttp://www.isp.rj.gov.br>

outras políticas governamentais, que fazem morrer direta (pelo "auto de resistência") e indiretamente (no caso, deslegitimando e silenciando as vozes de suas mães/familiares no espaço público; construindo a desimportância da morte de seus filhos e filhas ao criminalizá-los, operando pela ilegibilidade e pelos ilegalismos para ocultar, derrogar, arquivar suas mortes, praticadas pelo estado como parte de um modo de governo de territórios e populações e, finalmente, legitimando-as com o expediente ilegal/legalizado dos "autos de resistência", quase sempre acatado pelo judiciário).

Para refletir sobre a gestão da população residente em favelas e periferias, é interessante considerar as conexões existentes entre as políticas de segurança pública atuais e as políticas destinadas a essas pessoas e a esses territórios em função da sua identificação (por parte do poder público, especialmente) enquanto "lepra da estética", ameaça à saúde da cidade e lócus da marginalidade e do crime, como demonstram as análises de Valladares (2005) sobre diferentes contextos de construção do "problema da favela". Fazemos referência a outras formas de administrar as favelas e seus moradores, que reeditam antigas pedagogias civilizatórias conectando-as a outras formas de controle, constantemente reatualizadas na cidade. A implementação dos parques proletários na cidade do Rio de Janeiro (Valladares, 2005; Burgos, 1998) ajuda a pensar reedições contemporâneas dessa pedagogia[26].

Militarização do/no Rio de Janeiro como atualização da "arte de governar"

Como explicita Foucault (2008), a "arte de governar" se manifesta em um campo relacional (ou concorrencial) de forças, que se expressa através da instalação de dois grandes conjuntos de tecnologia política: um marcado pela técnica de "ordenar a composição e a compensação interestatal das forças" (via instrumentação diplomática e organização de um exército profissional); e outro formado pelo que se chamava (no século XVII até o fim

[26] Como as analisadas por Rocha (2015) em relação aos projetos sociais; por Birman (2012), Birman e Machado (2012); Machado (2013) e Machado, Esperança e Gonçalves (neste volume) sobre as interfaces desta pedagogia com moralidades religiosas; por De Tommasi e Velazco (2013); Oliveira (2014); Leite (2015); De Tommasi; Rocha; Carvalho (todos neste volume) sobre a política de pacificação de favelas como contra face da militarização da vida nesses territórios, e por Conceição (neste volume) no âmbito do Minha Casa Minha Vida. Ainda que não possamos desenvolver o ponto neste capítulo, gostaríamos de indicar que estes trabalhos evidenciam os procedimentos governamentais desenvolvidos para "conhecer, dominar e utilizar os indivíduos" — marcas da "arte das distribuições" — sobre a qual se refere Foucault (2004), ao refletir sobre a fabricação de corpos submissos, esclarecendo-nos tanto em relação à técnica de distribuição dos indivíduos no espaço, quanto à constituição da polícia enquanto elemento central da "arte de governar".

do século XVIII) de "polícia". Tal "polícia" (que evidentemente não se confunde com a corporação de que falamos até então — a Polícia Militar como uma das forças de segurança no Brasil) corresponderia ao cálculo e à técnica responsáveis pelo estabelecimento de uma relação "entre a ordem interna do Estado e o crescimento das suas forças" — que, ainda que móvel, seria estável e controlável[27]. Esses dois conjuntos de tecnologias de poder, característicos desta "nova arte de governar" são articulados através do controle governamental sobre a produção e a divulgação das estatísticas da "violência urbana": dispositivo fundamental para articular um consenso, mesmo que provisório, sobre "quem deve viver" e "quem tem que morrer" para que possamos sobreviver na cidade.

A estatística, vale lembrar, foi produzida e continua operando, no interior das relações de poder dominantes, enquanto "saber de si do Estado" inerente ao funcionamento de uma engrenagem administrativa capaz de identificar em cada estado suas possibilidades de desenvolvimento. Não podemos desenvolver aqui as muitas modalidades de governo das favelas e de seus moradores praticadas no Rio de Janeiro funcionando a partir dessa lógica, ao longo de diversos contextos políticos e até suas mais recentes faces — o experimento UPP[28] e a decretação da intervenção federal na segurança do estado do Rio de Janeiro, com apoio decisivo da estatística para a legitimação de sua implementação[29]. Enfatizamos apenas que no Rio de Janeiro a "arte de governar" as favelas e seus habitantes passa por esses experimentos e por estratégias para sua legitimação que se apoiam em dados estatísticos e na visibilização de algumas de suas correlações e séries históricas, paralela à invisibilização de outras.

---

27 Destacamos uma outra definição para "polícia", cuja circulação predominou no início do século XVII. Foucault (2008) a resume como o que deveria "assegurar o esplendor do Estado". Não podemos nos estender nesse aspecto. Só registramos que esta definição de "polícia" abre pistas para refletir sobre os processos de reordenamento urbano pré e pós megaeventos no Rio de Janeiro (especialmente para se pensar pontos de contato entre aquela "polícia" do século XVII e as ações da Guarda Municipal do Rio de Janeiro, dos agentes da Secretaria Municipal de Assistência Social e da Secretaria Municipal de Habitação, no contexto que jogaram nas sombras a pobreza urbana e o tratamento governamental a ela conferido. Ver a respeito Fernandes (2016), Loretti (2015) e Rui (neste volume). Pois, perseguindo seu significado com Foucault, chegamos a "esplendor" como sendo, ao mesmo tempo, "a beleza visível da ordem e o brilho de uma força que se manifesta e que se irradia" — o que leva o autor a reapresentar a definição de "polícia" como "a arte do esplendor do Estado como ordem visível e força brilhante" (p. 422).

28 Há muitos e excelentes trabalhos sobre o tema. Por economia do capítulo remetemos o leitor aos artigos reunidos em Machado da Silva e Leite (2015; 2014) e à sua bibliografia, e aos artigos desta coletânea.

29 Decreto Federal nº 9288/2018, disponível em <www2.planalto.gov.br/acompanhe-planalto/noticias/2018/02/decreto_n_9288_16_02_2018.pdf>. As forças armadas assumiram então o comando da segurança pública no estado e, portanto, das polícias civil e militar. Cerqueira (2018) analisa esse jogo de luz e sombra sobre fatos, territórios e populações através do uso e/ou da ocultação de estatísticas pelos operadores do estado e pela grande mídia. Examinando os dados do Instituto de Segurança Pública e do Atlas da Violência de 2016 e 2017, demonstra que a queda da violência no período foi desconsiderada e imagens de arrastões durante o carnaval carioca foram amplamente publicizadas em uma narrativa de exacerbação da violência ("guerra") e da incapacidade do governo do estado lidar com a situação (o que foi reafirmado pelo governador), legitimando a intervenção federal.

Uma das mais importantes dessas estratégias tem sido transformar em números não apenas os vivos, mas também os mortos. Contabilizar, ocupar, cercar tornam-se ações cada vez mais centrais às políticas de estado e verbos cada vez mais assustadores à população. Se, para quem reside no "asfalto", as tecnologias de guerra utilizadas pelas forças de segurança para reprimir manifestações no espaço público significaram uma suspensão de direitos característica de situações de exceção, para quem mora nas favelas, o cerco militarizado há tempos é sinônimo de genocídio, só aprofundado no contexto que vimos discutindo. Com poder de síntese extremamente eficaz, a Rede expressou tal assimetria afirmando em sua faixa que "a polícia que reprime na avenida é a mesma que mata na favela".

A faixa da Rede, nas Jornadas de 2013, fazia referência a quem no Rio de Janeiro era "matável" (Agambem, 2002), distinguindo com propriedade um modo de classificação e gestão dos pobres, negros e moradores de favelas e periferias daqueles que, sendo brancos, moradores de territórios formalizados, integrantes das camadas médias, se sentiam protegidos pelo estado. Apesar de toda a indignação e crítica que pudesse despertar, a faixa falava de outra realidade, muito distante dos moradores dos bairros formais, por maior que fosse a solidariedade que pudesse inspirar em uma parcela deles. Mesmo aqueles que a acolheram, compartilhando a crítica e a indignação dos moradores de favela, estavam acostumados a ajustar as lentes analíticas dos ilegalismos e da exceção para compreender como se passava a vida dos "de baixo". Este tempo nos parece ter passado. Hoje nos parece impossível compreender o que se passa no Rio de Janeiro, como em outras cidades brasileiras, sem uma renúncia aos quadros de pensamentos nos quais nós (as autoras) fomos formadas como cidadãs e sociólogas. Explicando melhor: nada nos fundamentos filosóficos ou teóricos da democracia, nem da prática de resistência a outra ditadura, a militar de 1964, nos subsidiará para compreendermos a militarização da vida que vem se processando em nossa cidade e nosso país, exatamente porque esta rompe com a institucionalidade democrática, mesmo a formal que sempre reservou direitos e garantias para a parte privilegiada da população[30]. Graham (2016) sustenta que vivemos tempos em que a possibilidade de integração social dos cidadãos a um estado de bem-estar (*welfare*) foi substituída, face às exigências do capitalismo financeiro, por uma forma de gestão de territórios e populações que envolve a militarização da vida (*warfare*), apoiada na doutrina do novo urbanismo militar: "manifesta no uso da guerra como metáfora dominante para descrever a condição constante e irrestrita das sociedades urbanas — em guerra contra as drogas, o crime, o terror, contra a própria insegurança urbana" (Graham, 2016, p. 16).

---

[30] Ver, a respeito, Miagusko, Jardim e Côrtes (2018).

Das Jornadas de Junho para cá, no plano nacional, o golpe que destituiu a presidente Dilma Rousseff e liberou caminho para o que denominamos de neocapitalismo selvagem prosperou, envolvendo desde a destruição de direitos sociais e garantias individuais, à privatização acelerada da infraestrutura industrial brasileira, em benefício do capital financeiro internacional, e ao acolhimento e estímulo ao racismo e a todas as formas de intolerância que vivemos no dia a dia desse nosso país. Nessas muitas torções no parafuso (ou seja, na democracia), alguns marcos não podem ser desprezados. Entre eles: (a) a decretação da Lei Antiterrorismo, ainda no governo Dilma[31]; (b) o uso recorrente de operações de garantia da lei e da ordem (Rocha, neste volume) por uma amplificação das situações consideradas críticas em termos da manutenção da ordem[32]; (c) a intervenção federal na segurança pública do estado, em fevereiro de 2018 e a exigência do general Eduardo Villas Boas, comandante do Exército, em reunião com o Conselho da República para definir suas diretrizes, de que os militares tivessem a "garantia para agir sem o risco de surgir uma nova Comissão da Verdade" no futuro[33]; e (d) a condenação dos vinte e três militantes das Jornadas[34], apresentados como black blocs com uma justificativa política e, ao mesmo tempo, moral, que os nomina como "inimigos"

---

31 Lei nº 13.260, de março de 2016, que trata de disposições investigatórias e processuais e reformula, ampliando-o, o conceito de organização terrorista. Disponível em <www.planalto.gov.br/ccivil_03/_ato2015-2018/2016/lei/l13260.htm>. Notar que o PL 9.604/2018, de Jerônimo Goergen (PP/RS), propõe enquadrar nesta lei os movimentos sociais que "abusarem" do direito de articulação, tomando como exemplo de abuso a ocupação de imóveis rurais e urbanos. Esse projeto de lei aguarda o despacho do presidente da Câmara dos Deputados, Rodrigo Maia (DEM/RJ). Disponível em <https://jornalggn.com.br/noticia/projeto-quer-enquadrar-movimentos-sociais-na-lei-antiterrorismo>.

32 As operações de Garantia da Lei e da Ordem (GLO), reguladas pela Constituição Federal, são realizadas exclusivamente por ordem expressa da Presidência da República e ocorrem nos casos em que se considera haver uma grave situação de perturbação da ordem e um esgotamento das forças tradicionais de segurança pública em termos de seu controle. Para "restaurar a ordem" concede aos militares a atribuição de atuar com poder de polícia. No Rio de Janeiro, as Forças Armadas atuaram, com base na GLO, durante a Conferência das Nações Unidas para o Desenvolvimento Sustentável do Rio de Janeiro (Rio + 20), em 2012; na Copa das Confederações da FIFA e na visita do Papa Francisco durante a Jornada Mundial da Juventude, em 2013; na Copa do Mundo de 2014; e nos Jogos Olímpicos Rio 2016.

33 Cf. "General não quer 'nova Comissão da Verdade' em intervenção no RJ, matéria publicada em 20/2/2018. Disponível em <https://exame.abril.com.br/brasil/general-quer-que-exercito-nao-seja-investigado-por-acao-no-rj>.

34 Processo 0229018-26.2013.8.19.0001 do juiz Flavio Itabaiana de Oliveira Nicolau, da 27ª Vara Criminal, contra 23 manifestantes que participaram das manifestações e protestos na cidade do Rio, entre 2013 e 2014. Disponível em <https://www.nexojornal.com.br/expresso/2018/07/19/O-que-há-na-sentença-que-condenou-23-ativistas-de-protestos-de-rua>.

da cidade, da sociedade e da civilização (cristã, ocidental, democrática e resistente ao comunismo) por rebeldia contra sua normatividade[35].

Certamente todos esses agenciamentos governamentais afetam mais direta e efetivamente os pobres, moradores de favelas e de periferias, transformando suas vidas e esses locais em "espaços de indeterminação" (Agambem, 2004). Mesmo considerando que este ainda é o marcador fundamental da forma de governo que vimos analisando, chamamos atenção para o alargamento da noção de "inimigo da cidade", incorporando outros atores, provenientes das camadas médias, e ampliando seu sentido[36]. Mas, para finalizar, refletindo sobre o que antes designamos como a nova camada do processo de militarização, reafirmamos que esta incide sobretudo sobre corpos, territórios e vidas negras, pobres, faveladas e periféricas. Isto porque, apesar dos muitos apelos e movimentos por "paz", o bloco no poder e alguns de seus aliados e operadores fundamentais desejam e promovem a "guerra".

Apontamos ainda dois elementos que podem nos ajudar a iluminar o ponto que estamos destacando. O primeiro advém da pesquisa de Gonçalves (2017) que, examinando o sentido das "pacificações" protagonizadas pelo exército brasileiro nos complexos do Alemão/Penha (2010/2012) e da Maré (2014/2015) e justificadas como pré-condição para a implantação local de UPPs (efetivada no Alemão, mas não na Maré), demonstra que o processo de militarização da cidade está em curso já há vários anos e teve sua experimentação no Haiti (2004/2017). Examinando a atual doutrina do setor de inteligência do exército brasileiro e de seus intelectuais orgânicos, o autor argumenta que o emprego de forças militarizadas na produção da ordem/segurança pública interna (até então função específica das corporações policiais, uma vez que constitucionalmente cabe às forças armadas a garantia da segurança externa) e a produção continuada da "exceção ordinária" nos chamados territórios da pobreza constituem uma expressão do "novo urbanismo militar" de que nos fala Graham (2016). Certamente isto se articula à nominação de seus moradores como "inimigos da cidade" e à transmutação da "guerra" em modo de governo, como já apontamos.

---

35 As penas aplicadas variam entre cinco e sete anos de reclusão em regime fechado, por associação criminosa e corrupção de menores. Leonardo Yarochewsky destaca: "ao fundamentar a exacerbação da pena: na 'personalidade distorcida', na 'conduta social reprovável', afirmando que acusado 'não trilha o caminho da ética e da honestidade', o juiz, além de se referir à 'culpabilidade pela conduta de vida', ressuscita o abominável 'direito penal do autor'". Disponível em <emporiododireito.com.br/leitura/que-sentenca-foi-essa>. Uma sentença na contramão do direito moderno (Foucault, 2004), que recorre, na fundamentação da exacerbação da pena, à figuração dos manifestantes como "inimigos".

36 Para esta discussão, ver Leite e Farias (2018) que, pensando as condenações de Rafael Braga e de Lula, refletem sobre o que mudou na história recente do Brasil, quando a gestão diferencial de ilegalismos desbordou as fronteiras dos espaços populares e atingiu a "cidade" formal e outros segmentos populacionais e os jogos de poder passaram a usar dos ilegalismos não apenas em relação aos claramente "de baixo" como expressão da nova camada do processo de militarização que vimos examinando.

O segundo, constituído paralelamente ao primeiro, é a expansão do mercado da "guerra" no Rio de Janeiro, como analisam Birman e Leite (2018)

> (...) a guerra, de um meio para o controle e o estabelecimento de um monopólio do uso da violência no Rio de Janeiro, de fato, se efetiva como um valor social e econômico nela mesma. O processo de sua alimentação cotidiana, envolvendo a divisão territorial das corporações militares, no Rio, implica um enorme movimento e circuito de trocas comerciais e políticas entre as facções do crime na cidade (aí incluídas as milícias) e os operadores do estado, todos envolvidos diretamente na produção desse espólio. Circuitos ilegais de armas, circuito de drogas, de "aluguel" do "caveirão" terrestre nas guerras entre as facções do crime, de controle de mercados locais que se associam a circuitos de influência política, de expansão política em termos eleitorais, articulam esses agentes e se associam a um mercado (que nos parece em expansão no Rio de Janeiro), tanto legal como ilegal, de controle e vigilância, em que grades e portões, câmeras e drones, armamentos variados, bem como tecnologia digital de vigilância de pessoas e redes são oferecidas como mercadorias a quem puder pagar melhor. O dinheiro que assim circula depende da guerra e não da sua extinção" (p. 12).

As autoras sublinham a realização das chamadas "feiras da guerra", como a RIDEX/Rio Internacional Defense Exhibition e as mostras BID Brasil (apresentadas pelos organizadores como "um dos eventos da indústria de defesa e segurança mais importantes" do país, destacando que a 4ª Mostra, em 2016, contou com noventa e duas empresas do setor)[37]. Entre esses empresários se incluem muitos operadores do estado que, por sua atividade pública, podem ostentar uma expertise em inteligência e em segurança no mercado privado[38].

O sentido da política de segurança pública no Rio de Janeiro parece não mais ser controlar a "violência urbana"[39], mas crescentemente gerir a "guerra" como um negócio[40]. O que, evidentemente, tem sua condição de possibilidade na construção

---

37 Cfr. Birman e Leite (2018, p. 10, nota 19).

38 Ver, para um exemplo, "O delegado empreendedor", Revista Época, nº 1048, 30/07/2018.

39 Segundo dados divulgados pelo Observatório da Intervenção, nos cinco meses de intervenção federal, a chamada "violência urbana" aumentou no Rio de Janeiro em relação aos anos anteriores: no período ocorreram 28 chacinas (sendo contabilizadas 119 mortos nestas) e houve 637 mortes no total. Disponível em <https//www.ucamcesec.com.br/projeto/observatório-da-intervencao>. O Observatório também divulgou que a intervenção militar no Rio de Janeiro está orçada em R$ 1,2 bilhão. Cf. "Quanto custa a intervenção", disponível em <https://www.youtube.com.watch?v=qTbFiaRzS9A>.

40 Leitura imprescindível para esclarecer este ponto é Grillo e Hirata (2018), que demostram como a defesa patrimonial se inscreve no eixo central das políticas de segurança pública e da intervenção federal na segurança do estado do Rio de Janeiro, assim definindo, coordenando e legitimando "as ações e os esforços" neste campo.

de uma crise/exacerbação da violência urbana de modo impossível de ser controlado/equacionado pelos quadros institucionais da segurança pública (referimo-nos às forças estaduais de segurança) e no interior das normas constitucionais que regem/deveriam reger o campo.

REFERÊNCIAS BIBLIOGRÁFICAS

AGAMBEN, Giorgio. *Estado de exceção*. São Paulo: Boitempo, 2004.

___. *Homo Sacer*: O Poder Soberano e a Vida Nua I. Belo Horizonte: Editora UFMG, 2002.

ARAUJO, Fabio A. *Falta alguém na minha casa*: desaparecimento, luto, maternidade e política. In: KANT DE LIMA, Roberto. (org.) *Antropologia e Direitos Humanos V*. Brasília: Booklink, 2008.

BIRMAN, Patricia. *Cruzadas pela Paz*: Práticas Religiosas e Projetos Seculares Relacionados à Questão da Violência no Rio de Janeiro. *Religião e Sociedade*, vol 32, n. 1, 2012.

BIRMAN, Patricia; LEITE, Márcia Pereira. *Rio e São Paulo* — categorias emaranhadas e relativização dos seus sentidos nos estudos sobre (as chamadas) periferias. Texto submetido a publicação, 2018.

BIRMAN, Patricia ;MACHADO, Carly. *A violência dos justos*: evangélicos, mídia e periferias da metrópole, Revista Brasileira de Ciências Sociais, vol. 27, n. 80, 2012.

BRODEUR, Jean-Paul. *Por uma sociologia da força pública*: considerações sobre a força policial e militar. Cadernos CRH, vol. XVII, n 42, 2004.

BURGOS, Marcelo. *Dos parques proletários ao Favela-Bairro*: as políticas públicas nas favelas do Rio de Janeiro. In: ZALUAR, Alba; ALVITO, Marcos. (Orgs.). *Um século de favela*. Rio de Janeiro: FGV Editora, 1998.

CERQUEIRA, Aluana Guilarducci. *Dados em "segredo"*: os dados oficiais de violência no Rio de Janeiro e a frágil justificativa da intervenção federal-militar na segurança pública". Seminário "Dos Megaeventos à intervenção", Cidades: Núcleo de Pesquisa Urbana, PPCIS/UERJ, 2018.

CERQUEIRA, Daniel. *Mapa dos Homicídios Ocultos*. Texto para Discussão nº 1848. Instituto de Pesquisa Econômica Aplicada — Brasília/Rio de Janeiro: IPEA, 2013.

CONCEIÇÃO, Wellington da Silva. "*'Sossega, moleque, agora você mora em condomínio'*. Segregação, gestão e resistências nas novas políticas de moradia popular no Rio de Janeiro". Curitiba: Appris Editora, 2018.

DAS, Veena. *The Signature of the State*: The Paradox f Illegibility. In: DAS, Veena e POOLE, Deborah. (orgs.). *Anthropology in the Margins of the State*. Oxford: James Currey, 2004.

DAS, Veena; POOLE, Deborah. (orgs.). *Anthropology in the Margins of the State*. Oxford: James Currey, 2005.

DE TOMMASI, Lívia; VELAZCO, Dafne. *A produção de um novo regime discursivo sobre as favelas cariocas e as muitas faces do empreendedorismo de base comunitária*. Revista do Instituto de Estudos Brasileiros, 56, 2013.

FARIAS, Juliana. *Fuzil, caneta e carimbo*: notas sobre burocracia e tecnologias de governo. Confluências — Revista Interdisciplinar de Sociologia e Direito, vol. 17, n. 3, pp. 75 — 91, 2015.

____. *Governo de mortes*. Uma etnografia da gestão de populações de favelas no Rio de Janeiro. Tese de doutorado em Sociologia. PPGSA/IFCS/UFRJ, 2014.

FERNANDES, Adriana. *Tutela e autonomia no governo dos pobres*: passagens, tensões e polissemia numa ocupação de moradia no Rio de Janeiro. In: RUI, Taniele; MARTINEZ, Mariana; FELTRAN, Gabriel (orgs.). *Novas Faces da Rua*. São Carlos: EDUFSCAR, 2016, p. 175-195.

FOUCAULT, Michel. *Segurança, Território e População*: curso no Collège de France (1977-1978). São Paulo: Martins Fontes, 2008.

____. *Vigiar e punir*. Nascimento da prisão. Petrópolis: Vozes, 2004.

____. *Em defesa da sociedade*: curso no Collège de France (1975-1976). São Paulo: Martins Fontes, 2002.

____. *História da Sexualidade I*: A vontade de saber. Rio de Janeiro: Edições Graal, 1988.

____. *Microfísica do poder*. Rio de Janeiro: Graal, 1979.

GONÇALVES, Vinicius Rodrigues. *Braço Forte, Mão Amiga*: uma análise das "pacificações" protagonizadas pelo exército brasileiro. Texto de qualificação ao Doutorado no PPCIS/UERJ, 2017.

GRAHAM, Stephen. *Cidades sitiadas*. O novo urbanismo militar. São Paulo: Boitempo, 2016.

GRILLO, Carolina; HIRATA, Daniel. *A intervenção de interesses privados na segurança pública do Rio de Janeiro*. Le Monde Diplomatique (Brasil), ano 11, nº 130, 2018.

INSTITUTO SANGARI. *Mapa da violência 2011*: os jovens no Brasil /Julio Jacobo Waiselfisz. São Paulo: Instituto Sangari; Brasília, DF: Ministério da Justiça, 2011.

LEANDRO, Sylvia. *O que matar (não) quer dizer nas práticas e discursos da justiça criminal*: o tratamento judiciário dos "homicídios por auto de resistência" no Rio de Janeiro. Dissertação (Mestrado em Direito). Rio de Janeiro: PPGD/UFRJ, 2012.

LEITE, Márcia Pereira. State, market and administration of territories in the city of Rio de Janeiro. Dossiê "The Urban Periferies, Vibrant, vol. 14, n. 3, 2017.

____. *De territórios da pobreza a territórios de negócios*: dispositivos de gestão das favelas cariocas em contexto de pacificação. In: BIRMAN, P; LEITE, M. P.; MACHADO.;CARNEIRO, Sandra. (orgs.). *Dispositivos urbanos e trama dos viventes*: ordens e resistências. Rio de Janeiro, FGV/FAPERJ, 2015.

____. *La favela et la ville*: de la production des "marges" à Rio de Janeiro. Brèsil(s), v. 3, 2013.

____. *Da "metáfora da guerra" ao projeto de "pacificação"*: favelas e política de segurança pública no Rio de Janeiro". Revista Brasileira de Segurança Pública, vol. 6, n. 2, 2012.

____. *As mães em movimento*. In: BIRMAN, P.; LEITE, M. P. (orgs.). *Um mural para a dor*: movimentos cívico-religiosos por justiça e paz. Porto Alegre: EdUFRGS/Pronex-CNPq, 2004.

____. *Para além da metáfora da guerra*: percepções sobre cidadania, violência e paz no Grajaú, um bairro carioca. Tese (Doutorado em Sociologia), PPGSA/UFRJ, 2001.

____;FARIAS, Juliana. *Welfare, warfare e lawfare*: quando os ilegalismos ultrapassam os espaços populares. Le Monde Diplomatique (Brasil), ano 11, n. 128, 2018.

LORETTI, Priscila. *Para que serve uma UOP?* Algumas considerações sobre a política de ordem pública no Rio de Janeiro. Dilemas: Revista de Estudos de Conflito e Controle Social, v. 8, 2015.

MACHADO, Carly. *"É muita mistura"*: projetos religiosos, políticos, sociais, midiáticos, de saúde e segurança pública nas periferias do Rio de Janeiro. *Religião & Sociedade*, vol. 33, n. 2, 2013.

MACHADO DA SILVA, Luiz Antonio; LEITE, Márcia. Pereira. (orgs.) *Dossiê Unidades de Polícia Pacificadora*. Dilemas: Revista de Estudos de Conflito e Controle Social, vol 7, n. 4, 2014; e vol. 8, n. 1, 2015.

MBEMBE, Achile. *Necropolítica*. Revista do PPGAV/EBA/UFRJ, n. 32, 2016.

MIAGUSKO, Edson; JARDIM, Fabiana; CÔRTES, Mariana. *Governo, gestão de populações e subjetividades*: balanço e perspectivas analíticas. Revista Brasileira de Sociologia, vol. 6, n. 12, 2018.

MISSE, Michel (et al). *Quando a polícia mata: homicídios por "autos de resistência" no Rio de Janeiro (2001-2011)*. Rio de Janeiro: NECVU/BOOKLINK, 2013.

NOIRIEL, Gérard. (Ed.). *L'identification. Génèse d'un travail d'État*. Paris: Belin, 2007.

RIVERO, Patrícia; IMANISHI, Rute. *Indicadores Socioeconômicos de Proteção e Risco para a Instrumentação de Políticas Públicas em Favelas*. Brasília/Rio de Janeiro: IPEA, 2009.

ROCHA, Lia de Mattos. O *"repertório dos projetos sociais"*: política, mercado e controle social nas favelas cariocas". In: BIRMAN, P. ; LEITE, M. P. ; MACHADO, C. ; CARNEIRO, Sandra. (orgs.). *Dispositivos urbanos e trama dos viventes*: ordens e resistências. Rio de Janeiro, FGV: FAPERJ, 2015.

SABORIO, Sebastian. *The new military urbanism*: police repression and conflict in Rio de Janeiro. Seminário "Dos Megaeventos à intervenção", Cidades: Núcleo de Pesquisa Urbana — PPCIS/UERJ, 2015.

SOUZA LIMA, Antonio Carlos; MACEDO e CASTRO, João Paulo. *Notas para uma Abordagem Antropológica da(s) Política(s) Pública(s)*. Revista ANTHROPOLÓGICAS, vol. 19, n. 26(2).

TELLES, Vera da Silva. *Cidade*: tramas, dobras e percurso. Belo Horizonte: Argumentum, 2010.

VALLADARES, Lícia. *A invenção da favela*: do mito de origem à favela.com. Rio de Janeiro: FGV Editora, 2005.

VERANI, Sérgio. *Assassinatos em Nome da Lei* [Uma Prática Ideológica do Direito Penal]. Rio de Janeiro: Alderbarã, 1996.

VIANNA, Adriana. *Violência, Estado e Gênero*: Entre corpos e corpus entrecruzados. In: Souza Lima, A. C.; Garcia-Acosta, V. (orgs.). *Margens da Violência*: Subsídios ao estudo do problema da violência nos contextos mexicano e brasileiro. Brasília: ABA, 2014.

____; FARIAS, Juliana. *A guerra das mães*: dor e política em situações de violência institucional. Cadernos Pagu, Campinas, n. 37, 2011.

A lógica da destruição: sufocamento, asfixia e resistências nas favelas do Rio de Janeiro

ALEXANDRE MAGALHÃES[1]

Introdução

Entre 2009 e 2016, a cidade do Rio de Janeiro passou (e ainda vem passando) por inúmeras transformações. Estas ocorreram em diferentes dimensões, alterando práticas e fluxos sociais, bem como os usos de determinados espaços e lugares. Neste período, também é possível observar a retomada de um tipo de ação estatal que se imaginava ter sido superada há algumas décadas: a remoção de favelas[2].

A conjuntura recente favoreceu a inserção dessa modalidade de intervenção estatal sobre estes territórios na forma de um programa que não se observava desde o período das remoções massivas dos anos 1960 e 1970. Ainda que os dados oficiais sejam de difícil acesso e muitas vezes obtidos a duras penas, estima-se que, entre 2009 e 2014, quase 22 mil famílias tenham sido removidas de suas casas[3], por variados motivos: seja pelo alegado "risco", em função do fato de morarem em altos de morros ou em beiras de rios;

[1] Graduado em Ciências Sociais na Uerj, mestre em Sociologia pelo Iuperj, doutor em Sociologia pelo IESP-UERJ. Atualmente realiza pós-doutorado em Antropologia Social no Museu Nacional/UFRJ.

[2] Além dos meus próprios trabalhos acerca da remoção (Magalhães, 2013a; 2013b; 2017a; 2017b), destaco diferentes autores que se debruçaram sobre esse processo, a partir de perspectivas diversas: Gutterres (2014) que comparou esse processo no Rio de Janeiro e em Porto Alegre; Fernandes (2013), que o observou a partir das ocupações do Centro; Rolnik (2015), que tratou a questão a partir de sua experiência como Relatora Especial da ONU para o Direito à Moradia; Naback (2015), que enfatiza a dimensão biopolítica desse processo e as possibilidades do "habitar"; Petti (2016) e Magalhães e Petti (2018), que refletem sobre o papel da casa nessa configuração; Falhauber e Azevedo (2015) que mapearam os fluxos desses deslocamentos na cidade; Freire e Silva (2016), que enfatizaram as estratégias de mobilização dos moradores contra a remoção; Davies (2017), que analisou as ameaças de remoção no contexto da produção de uma "região olímpica"; no campo do direito, destaco o trabalho organizado por Mendes e Cuocco (2016) acerca da atuação do Núcleo de Terras e Habitação da Defensoria Pública; por fim, do ponto de vista do planejamento urbano, destaco Tanaka, Sánchez, Oliveira e Monteiro (2016).

[3] Segundo a própria prefeitura, entre 2009 e o inicio de 2014, 20,3 mil famílias foram removidas. Dessas, 9,3 mil estão em imóveis do Minha Casa, Minha Vida, cinco mil recebem aluguel social e seis mil foram indenizadas. Cf. "Mais de 20 mil famílias foram removidas nos últimos quatro anos no Rio", Agência Brasil, 16 de maio de 2014.

seja devido ao fato de ocuparem áreas ambientais; ou mesmo por conta do "legado" que a organização dos Jogos Olímpicos deixaria para a cidade. Neste último enquadramento, as remoções de favelas estão diretamente conectadas com as inúmeras obras alçadas ao centro do debate sobre as transformações urbanas pelas quais a cidade passou.

Este processo ocorreu através da mobilização de diferentes agências estatais, que agenciaram distintos mecanismos que permitiram sua efetivação. Tais "práticas remocionistas" (Magalhães, 2013b) constituíram um campo de forças no interior do qual se verificava a conformação empiricamente observável de formas de gestão estatal destas populações.

Através destas técnicas, operadas nos interstícios do legal e do ilegal, do formal e do informal, é possível perceber (e descrever) a maneira por meio da qual a trama urbana no Rio de Janeiro se constitui atualmente. Em minha tese de doutorado analisei algumas destas técnicas e como a sua articulação produziu determinados efeitos sobre os moradores destas favelas, mas também sobre o conjunto do tecido urbano[4].

Meu intento, tal como ali apresentado, era analisar a lógica de estruturação das relações entre margens[5] e Estado, tendo em vista que sua atual conformação parecia levar a mudanças significativas na maneira pela qual direitos, leis, política e democracia são apreendidos. As inúmeras práticas estatais que levaram adiante os processos de remoção de favelas nos últimos anos sugerem a produção e reprodução de formas específicas de poder que se estruturam nas dimensões mais ínfimas da trama urbana.

Estas táticas e estratégias efetivamente mobilizadas pelos aparatos estatais apontam para diferentes espaços, formas e práticas através das quais o Estado está,

4 Levo em consideração na análise destes processos o que Foucault afirma quando aborda a questão dos dispositivos de segurança, ou da "sociedade da segurança", isto é, dos mecanismos a partir dos quais se intervém não mais sobre um individuo ou um conjunto especifico de indivíduos cerrados em um determinado espaço, mas sobre o conjunto da população. Ele ressalta o fato de que, para a ação estatal, não se trata somente de definir fronteiras ou mesmo determinar certas localizações (como nos mecanismos disciplinares), mas, principalmente, "possibilitar, garantir, assegurar circulações: circulação de pessoas, circulação de mercadorias, circulação do ar, etc" (Foucault, 2008). Neste sentido, a intervenção estatal no espaço urbano carioca e, mais precisamente, em suas favelas, torna-se compreensível a partir do momento em que se apreendem estas técnicas estatais no sentido em que visam controlar ou incitar a circulação populacional, permitindo que se separem as cadeias de efeitos que levam a uma circulação desejável (ou circulações desejáveis), tornando mínimos o que forem considerados os perigos inerentes e elevar ao máximo os seus efeitos positivos.

5 Quanto à noção de margens, sigo a definição elaborada por Das e Poole (2004), que apontam que essas seriam respectivamente lugares onde a natureza pode ser imaginada como selvagem e descontrolada e nos quais o Estado estaria constantemente redefinindo seus modos de governar e de legislar. Estes lugares não seriam simplesmente territoriais: consistiriam também em lugares de práticas nos quais a lei e outras ações estatais seriam colonizadas mediante outras formas de regulação que decorrem das necessidades das (ou imposições às) populações. As margens mencionadas por Das e Poole se referem àquelas práticas relativas a uma contínua redefinição da lei através de formas de violência e autoridade, que podem ser construídas tanto como extrajudiciais quanto prévias ao Estado e fora deste. Tal abordagem se afasta da tradicional abordagem weberiana sobre o Estado. Na elaboração de Weber (1997), seria importante a criação de limites entre as práticas e espaços vistos como partes do Estado e aqueles que restavam excluídos destes, fazendo com que sua legitimidade surgisse, portanto, como resultado desta demarcação de fronteiras.

constantemente, sendo experimentado e (re)construído. Contudo, revendo em retrospectiva as reflexões contidas no trabalho acima citado, percebi que o campo de intervenção criado a partir destes procedimentos usualmente utilizados pela administração pública parecia criar uma circunstância em que, aparentemente, não haveria escolhas possíveis e apenas imposição. Neste sentido, parecem constituir uma experiência de vida que se conforma nos limiares da existência individual. É justamente esta dimensão da limiaridade que pretendo explorar neste artigo, buscando compreender que tipo de jogo de forças leva a conformação de uma experiência tensionada e, no limite, asfixiada, bem como as resistências e linhas de fuga possíveis produzidas nessa configuração.

"Isso aqui é terrorismo"

Interpretar as variadas situações de remoção levando em conta os diversos procedimentos de que lançaram mão as agências estatais faz com que seja necessário, tal como apontado por Das e Poole (2004), estabelecer um distanciamento daquela imagem constituída do Estado como uma forma administrativa de organização política racionalizada que tenderia a se desarticular ao largo de suas margens territoriais e sociais[6]. Isso implica, consequentemente, localizar a ação do Estado em outro referencial, levando em consideração como, na ponta, em suas ramificações, este efetua, elabora e reelabora formas de gerir, conduzir e reconduzir determinados grupos sociais[7].

As "práticas remocionistas" remetem ao modo como o Estado[8] atua em suas próprias margens, implicando, portanto, a necessidade da explicitação desta atuação, pois esta

6 Para compreender estes procedimentos mobilizados para gerir estas populações, seria necessário superar as "imagens verticais" do Estado (Ferguson e Gupta, 2002), isto é, aquela construção que considera o Estado como algo unitário e que observa as práticas efetivas através do registro da falta ou da falha.

7 Interessantes abordagens acerca da gestão de determinadas populações pode ser encontrada em Souza Lima (2002).

8 Entendo por Estado a malha multiforme de relações e práticas perceptível do ponto de vista externo das técnicas e estratégias que utiliza e de seus efeitos concretos. Nesse sentido, cabe pensar não a partir da busca de um fundamento último do poder, de um ser profundo do poder que pode ser alcançado, mas de sua topografia, de ações e práticas que vão construindo uma verdadeira cartografia em que se visualizam os jogos de força que o traçam e constituem. Nessa angulação, um recurso heurístico interessante para pensar as situações de remoção é a noção de governamentalidade. Foucault a define como sendo o conjunto composto por análises, cálculos, táticas, instituições e procedimentos que permitem que seja exercida esta maneira específica de poder cujo objetivo principal é a gestão de uma população. Neste sentido, interessariam as variadas técnicas de governo, entendidas como aquelas que permitirão conduzir as condutas e os movimentos de determinados indivíduos em um dado contexto e através de instrumentos estatais específicos. No âmbito deste trabalho, ainda cabe afirmar que o nível administrativo considerado será especificamente o da prefeitura. Neste sentido, ao me referir às "práticas estatais" ou simplesmente a "Estado", tenho em mente as agências que compõem a administração pública municipal, visto que são elas que, ainda que compondo com outros níveis e planos estatais, estão diretamente envolvidas nas práticas de remoção de favelas.

aponta e expressa como as favelas são apreendidas no interior do que sugeri como sendo o "repertório da remoção".

Ao descrever as inúmeras situações de contato entre agentes públicos e moradores de favelas nas ocasiões de realocação, e também nas formas de resistência levadas a cabo por estes últimos, dei-me conta de como a experiência de vida destas populações se configurava a partir de um tensionamento constante por parte dos aparatos estatais[9]. Tal tensionamento, produzido a partir de diferentes tecnologias concretamente experimentadas, parecia levar à conformação de um campo de forças em que, simultaneamente, encontram-se diferentes dimensões.

Teríamos, por um lado, a percepção ou representação do Estado como aquela instância que poderia tudo e contra a qual nada se poderia fazer (algo que muitas vezes observei ao longo das várias situações de remoção). Por outro, de forma complementar, estaria em jogo a produção do próprio Estado a partir da criação deste espaço da desordem que precisa ser eliminado ou controlado.

Nessa dimensão, as favelas, como campo de intervenção no qual irão incidir as tecnologias de gestão, não seriam simplesmente um lugar de margem, mas um dos espaços nos quais a própria malha estatal se produz e reproduz constantemente. Por fim, também estaria presente a criação de resistências possíveis diante de uma experiência que parece se dar, como afirmei em outro momento, no "fio da navalha" (Magalhães, 2008).

Este tensionamento parece levar ao limite das forças dos moradores de favelas nessas situações de remoção. Tal limite, na interpretação das próprias pessoas envolvidas nestas ocasiões, configurar-se-ia a partir da produção do "terror". Diante das primeiras casas derrubadas na favela em que morava, um morador, ao avaliar a situação diante dos presentes, disse: "isso aqui é terrorismo".

Para delinear esta imagem do "terror", este mesmo morador, nesta e em outras situações em que era instado a explicitar o que ocorria na localidade em que habitava, afirmava que o cenário parecia de "guerra", remetendo a conflitos que aconteciam em outros países e por motivos diferentes, mas que, da mesma forma, produziam destruição. Tal como a guerra causava transtornos para as populações dos países onde ela poderia estar ocorrendo naquele momento, a remoção também impactaria a vida daqueles moradores desta favela em específico.

Estas duas expressões, "terror" e "guerra", parecem enquadrar não somente a maneira através da qual os moradores de favelas em situação de remoção produzem

---

9 O termo "tensionamento" pode ser apreendido aqui em um duplo sentido: tanto aquilo que leva ao limite as forças individuais das pessoas, quanto o que gera os conflitos destas com os agentes públicos nestas ocasiões. Tal expressão parece circunscrever dois processos simultâneos: por um lado, o de asfixia e sufocamento (produzido pelo avanço da maquinaria de poder) e, por outro, o de produção de tensões interindividuais, geradores de conflitos os mais variados. Darei destaque, fundamentalmente, ao primeiro aspecto.

algum entendimento do que se passava (e ainda passa), mas também apontavam para a forma como os aparatos estatais funcionam nessas circunstâncias. Portanto, ao mesmo tempo em que se apresentam como categorias descritivas de um conjunto de situações, expressam a sua efetividade enquanto formas de ação específicas que visam ao controle ou, neste caso das remoções, um governo (no sentido mesmo de condução das condutas) que articula não somente formas as mais variadas de pressão, mas também implica um dispositivo que busca incessantemente pôr em movimento, atuando sobre os fluxos, regulando espaços, lugares, suas conexões (e, porque não dizer, buscando produzir determinadas subjetividades).

Isso nos remete às reflexões de Mendiola (2017), quando o autor afirma que essas táticas e estratégias dizem respeito ao modo através do qual o sujeito, nessas situações, é decomposto, justamente por ser inscrito em uma geografia que se constitui para necessariamente causar dano, num processo contínuo — nos termos de Das (2007) — de desfazimento da vida. Como ainda afirma o autor, trata-se de ocasiões em que se passa a habitar aquilo em que dificilmente há algo reconhecível, onde se vivencia um espaço que foi imerso em um processo que o torna radicalmente estranho, um espaço que parece esgotar a possibilidade de poder ser habitado, que o autor define como sendo o "inabitável".

Além disso, tal configuração — vista do ponto de vista dos moradores envolvidos pelas diferentes técnicas de gestão estatal — repõe o que Graham (2010) chama de "urbanismo militar". Ou seja, através da mobilização de uma gramática bélica, o espaço urbano é cada vez mais, no mundo inteiro, atravessado pela lógica da racionalidade militar. Neste sentido, diferentes dimensões e questões relacionadas a distintos espaços e lugares da cidade são tratadas como uma "guerra" a ser travada pelas forças instituídas contra o que é definido como potencial "risco" à ordem urbana (e também dos negócios)[10].

Quando moradores de favela acionam esse repertório para dar conta dos processos aos quais são submetidos, apontam muito concretamente para o que afirma Telles (2015) quanto a certo embaralhamento entre a gestão da ordem e a gestão urbana, que se articula justamente a partir de fundamentos securitários, levando a constituição de "espaços governáveis", sempre mais militarizados e conduzidos por uma expansiva vigilância policialesca de práticas tratadas como "indesejáveis".

Nestes casos de remoção, em inúmeras ocasiões, os moradores tiveram que lidar com o uso de grandes aparatos de segurança, notadamente formados pela Guarda

[10] Outro aspecto deste processo global é que, tal como apontado por Brenner (2012), desde há algum tempo as formas capitalistas de urbanização implicam processos de destruição criativa, remodelando certas áreas para favorecer determinados fluxos de pessoas e capital. Neste sentido, estas ações estatais podem ser visualizadas, ao mesmo tempo, como afirma Telles (2015), como dispositivos de expansão das fronteiras urbanas e também de mercado.

Municipal. A ação destes aparatos se caracteriza por um forte componente imagético, na medida em que não somente a quantidade, mas a sua "performance" nestas ocasiões provocam a sensação, especialmente naqueles aos quais se dirige, de estarem submetidos a uma força preparada para, a qualquer momento, atacá-los. Para isso, contribuem não somente a indumentária dos guardas (marcada, cada vez mais, por uma incrível semelhança com as forças policiais tradicionais, como a polícia militar), mas também a atitude hostil, visualizada na truculência no tratamento cotidiano.

Outra associação feita pelo morador acima referido, além da guerra, e que configurava a sua elaboração da situação como sendo uma espécie de "terrorismo" (de Estado, em suas palavras), seriam os resultados do terremoto que arrasou o Haiti em 2010, remetendo novamente para a produção da destruição. Outra vez, articulam-se duas dimensões que seriam interconectadas, o "terror" e a "destruição" (ou "guerra")[11], embora a partir de configurações completamente distintas, para compreender a própria realidade experimentada a partir das ações de realocação levadas a cabo pela administração pública no Rio de Janeiro.

O "terror" aqui mencionado se configura como uma estratégia de gestão que torna viável o processo da produção simultânea e contínua de margens, em seu sentido extremo como desordem e inviabilidade, e do Estado, identificado aqui como aquela instância que assume a "obrigação" de remover.

Portanto, a mobilização destas duas expressões sugere a formatação de uma experiência particular por parte dos moradores de favelas em relação aos aparatos estatais que se dá através exclusivamente da destruição, experiência esta constituída por meio da construção contínua destes territórios como espaços da desordem, do caos e em relação aos quais o poder estatal teria a obrigatoriedade de intervir para regular e controlar. Tal como afirmam Mendiola (2017), Mbembe (2016) e Butler (2015), são modalidades (e modulações) de ação que atentam diretamente contra formas de vida sem, contudo, provocar a morte direta, mas que configuram um campo existencial que produz incessantemente uma "vida exposta à morte"[12].

Neste sentido, surge uma das primeiras questões sobre as quais buscarei refletir para explicitar a conformação dessa experiência que se dá no "fio da navalha", nos limites

---

[11] Obviamente, o terremoto que destruiu o Haiti não se deveu a uma guerra. O que gostaria de afirmar, ao destacar esta elaboração feita pelo morador citado, é de que a analogia com o cenário de guerra ocorre menos em função das causas da destruição e mais por conta da imagem do território, resultado de certo evento.

[12] Butler (2015) ainda nos alerta o quanto a precariedade e a vulnerabilidade, enquanto condição ontológica que caracteriza a existência humana — haja vista o fato de estarmos sempre diante de (expostos a) outros —, podem ser administradas e geridas de formas muito distintas e, principalmente, como em determinadas formações políticas certos grupos de pessoas estão mais expostos a violências e mortes do que outras.

das próprias forças individuais: a dos entulhos. Seria a partir do acúmulo destes no local, provenientes dos atos de demolição, que, inclusive, a crítica àquela situação de remoção seria feita em muitas ocasiões.

Entretanto, o que interessa aqui destacar é que este tipo de procedimento seria muitas vezes interpretado pelos moradores nessas ocasiões de realocação como expressando uma das formas pelas quais a prefeitura usaria para forçá-los a sair. Neste sentido, tais elementos não serão aqui observados como apenas um dado inerte da paisagem constituída por estas ações de remoção.

Pelo contrário, os entulhos se transformam em um dispositivo em torno do qual tanto se é possível observar o fazer-se constante do Estado em suas margens, como demonstração de sua força (e, consequentemente, destruição, na visão das próprias pessoas impactadas por estas ações), bem como a constituição da crítica possível (ainda que muitas vezes dificultada pela "asfixia" representada pela atuação dos aparatos estatais) por parte de moradores e seus apoiadores.

"Descaracterização"

Nessas ocasiões, após algum tempo — e devido a inúmeros motivos — algumas pessoas aceitavam as propostas ofertadas pela prefeitura. Em seguida, orientavam-se os moradores para que estes reunissem seus documentos e se dirigissem até a subprefeitura local ou à Secretaria Municipal de Habitação (SMH) e lá definissem qual alternativa (quando há mais de uma) oferecida seria aceita. No caso daquelas situações que implicavam a opção pela indenização, a administração pública (através de agentes da subprefeitura local) marcava um determinado dia para que os moradores comparecessem para receber o cheque com o valor acordado. No ato de receberem os valores acordados para suas casas, na SMH, aos moradores era feita uma exigência: para que lhes fossem de fato entregue o cheque com o valor da indenização, teriam que assinar um termo abdicando de qualquer direito de apresentar uma posterior demanda administrativa ou judicial contestando o valor recebido.

No momento em que recebiam o cheque no órgão oficial designado (a SMH), havia dois procedimentos usuais: em primeiro lugar, os agentes responsáveis por realizar a retirada das pessoas destas favelas e convencê-los a sair vão a estas localidades e anunciam uma data para efetivar a mudança e iniciar a demolição das casas. Este aviso costuma gerar apreensão, especialmente naquelas pessoas que não foram à SMH ou à subprefeitura. Em segundo, os agentes públicos entravam imediatamente em contato com a equipe de demolição e prontamente iniciavam a derrubada da casa, impedindo que o morador pudesse voltar atrás, devolver os valores e recuperá-la.

O temor, segundo apontavam, seria gerado pelo fato de não saberem o que poderia acontecer com aqueles que, a principio, não aceitavam as propostas da prefeitura. Estas situações de incerteza levaram à insistência em obter mais informações junto à administração pública, embora muitas vezes estes dados fossem negados.

A primeira ação da administração pública após a efetivação destes pagamentos ou mesmo após a aceitação de uma nova unidade habitacional seria aquilo que os agentes públicos chamam de "descaracterização", isto é, a construção não seria demolida imediatamente, mas apenas algumas de suas partes, sendo abertos buracos na laje e nas paredes. Em alguns casos, isso provocava danos na casa ao lado, os quais podiam ser irreversíveis. Em muitas localidades em que estive pude perceber como casas foram danificadas por este procedimento.

Moradores que tiveram suas moradias prejudicadas pela "descaracterização" de outras ficaram preocupados e decidiram aceitar a proposta feita pelos agentes públicos. Autoridades públicas, quando questionadas sobre a imediata demolição das casas, se justificavam afirmando que este procedimento seria necessário para que a localidade não fosse reocupada.

Esta afirmação se situa na configuração específica formada pelo conflito gerado entre os moradores e a administração pública. Enquanto os moradores apontavam que este ato de destruição implicava alterações profundas não somente do ponto de vista do impacto que poderia ocorrer em suas residências, mas também na geografia física e social do local (alterando rotas, trajetos, referências físicas e simbólicas, laços sociais), agentes públicos, sejam os responsáveis pela elaboração do projeto que se pretendia impor na região, sejam os que o realizavam diretamente, utilizavam-se do argumento da "necessidade" de continuidade das obras ou do "interesse público" envolvido em sua realização.

Aqui, portanto, visualiza-se uma tensão constante que se originava entre estes dois conjuntos de atores em questão, entre outros motivos, a partir deste ato de descaracterização (ou mesmo a demolição completa) dos imóveis. O que, de um lado, era percebido como algo que impactava as condições de vida local, alterando as rotinas de vida ali assentadas e atualizadas cotidianamente, de outro era tratado do ponto de vista da concretização efetiva e imediata das intervenções previamente elaboradas para ocorrerem na região.

O que parecia estar em jogo nestas ocasiões em que se opõem a defesa da rotina de vida local (o que envolve, por óbvio, a permanência) e a "necessidade" da intervenção estatal, era o tempo de realização, maturação e acomodação da primeira e o tempo acelerado dos projetos estatais que objetivam alterar os fluxos urbanos e, consequentemente, a geografia social (e também econômica) da cidade[13].

[13] Portanto, tratava-se de uma disputa em torno dos "ritmos" das transformações.

A guerra infraestrutural e a vida entre os escombros

Além desta situação, outra que provocava uma mudança de atitude de moradores de favelas em processo de remoção foi a situação em que ficava a localidade depois que as casas eram completamente demolidas: o cenário de entulhos, ferros distorcidos, canos estourados, fios expostos, muitas vezes traziam imagens de um local destruído por confrontos, como afirmado acima, levando a que muitos moradores resolvessem aceitar as propostas estatais e saíssem do local.

A demolição das casas realizada pelo maquinário mobilizado pelo aparato estatal produzia um cenário no qual os moradores eram instados a conviver com um conjunto de obstáculos que eram, ao mesmo tempo, físicos e simbólicos. Isto é, os restos das demolições, as casas semidestruídas, paredes prestes a cair, vergalhões à mostra, canos estourados, redes elétricas danificadas e espalhadas pelo terreno, significavam a dupla natureza da destruição a qual estavam sendo submetidos: tanto a que impactava suas moradias e a geografia local, quanto aquela que atingia suas redes de relações e as referências anteriormente projetadas na forma assumida pela localidade ao longo dos anos (portanto, um certo modo de existir na cidade).

Sobre este último ponto, gostaria de chamar a atenção para o fato de que a prefeitura não apenas derrubava ou destruía uma construção em alvenaria, ela modificava a maneira pela qual cada um ali definia sua relação com o vizinho e, consequentemente, com o local como um todo. Ela atingia a articulação muita densa entre espaço físico e afetos, entre as construções materiais e os valores morais projetados sobre elas. Portanto, atingia um determinado modo possível de existir na cidade. Mais do que isso, esse cenário de destruição pode ser compreendido, nos termos de Mbembe (2016), como se produzindo a partir daquilo que o autor chama de uma "guerra infraestrutural"[14]. Isto é, nessas geografias físicas e morais constituídas pelo que aqui denominarei de "atos de destruição" haveria tanto uma "sabotagem orquestrada" das redes de infraestrutura que permitem a continuidade da vida cotidiana, quanto uma prática de "fazer terra arrasada" (Mbembe, 2016) que busca fundamentalmente tornar inviáveis a vida (produzindo o inabitável, como já mencionado) e inabilitar e submeter a população alvo dessas formas de "fazer morrer".

Esses "atos de destruição" implicavam a reorientação das trajetórias locais cotidianas, haja vista a necessidade de, agora, ter que levar em consideração o novo cenário. Já que a normalidade esperada da vida cotidiana havia sido abalada por estes atos, as referências que organizavam estas trajetórias no espaço, consequentemente, também se

---

[14] Uma interessante discussão acerca da importância das infraestruturas nas considerações dos cálculos do poder, como dimensão fundamental da gestão da vida e da morte, pode ser encontrada em Pierobon (2018).

alteram. Então, uma casa ("de fulano de tal"), um bar, um pequeno comércio, um poste, uma árvore, que antes expressavam pontos de apoio importantes, por um lado, para a identificação de quem ali morava e, por outro, serviam de guias muito concretos para a circulação interna, agora não passam de um monte de escombros aparentemente inertes que, quando muito, retornam à vida, se assim podemos dizer, em atos de memória: "ali morava fulano, havia uma bar, uma igreja".

Como já afirmado, é como se esses "atos de destruição" não destruíssem apenas uma mera construção, como muitas vezes os funcionários envolvidos nessas situações queriam fazer crer àqueles que os indagavam, mas, sobretudo, uma vida, uma história, ao mesmo tempo particular e coletiva. Particular enquanto expressão do esforço individual em erigir uma moradia ao longo dos anos, e coletiva como resultado combinado e, muitas vezes, não esperado, destas ações individuais capazes de construir um lugar em comum.

Tensão entre a preservação da rotina e a necessidade da intervenção estatal: um breve relato

Em uma dessas situações de remoção por mim acompanhadas, notadamente a que ocorreu com os moradores da favela Metrô-Mangueira, é possível observar como se estrutura essa tensão entre a defesa da preservação das rotinas, aqui entendida como a defesa da própria casa, e a lógica da intervenção (Gros, 2009)[15] que orienta as ações estatais. Este breve relato apresentará a maneira pela qual se constitui a forma de lidar dos aparatos estatais em relação a estes territórios: a sua transformação em local de desordem que precisa ser destruído e controlado.

Após alguns dias, determinados moradores foram convocados, por telefone, a comparecer à SMH para serem informados sobre o local para o qual seriam levados. Lá, foram avisados de que o empreendimento construído pela prefeitura ficava localizado no bairro de Cosmos, Zona Oeste da cidade, a mais de 70 quilômetros de distância, sem que maiores explicações fossem dadas acerca de todo o procedimento, bem como da necessidade de sua retirada daquele local. Diante da incerteza gerada e do que lhes poderia acontecer, os moradores tentaram obter mais informações. Um morador, através de um conhecido, conseguiu contatar o subprefeito da região. Imediatamente após este contato, o agente público foi ao local explicar os motivos da ação da prefeitura.

[15] Esta lógica se caracteriza por ações que estão a serviço de uma determinada concepção de ordem. Para que esta se efetive, é necessário neutralizar — não necessariamente eliminar — aqueles que podem se apresentar como seus possíveis perturbadores. O objetivo da intervenção, em última instância, não é acabar com determinados problemas, mas restabelecer fluxos interrompidos ou mesmo modificar aqueles já existentes, reconfigurando suas direções.

No dia da referida reunião, que se realizou diante da sede da associação de moradores, ele afirmou que os moradores teriam apenas três opções: "Cosmos, abrigo ou rua". Segundo ressaltou, aqueles que não aceitassem teriam de lidar com "aquela mãozona" que iria derrubar suas casas e colocar todos os seus pertences na rua. Tentando legitimar a investida da prefeitura, ressaltou o fato de que os "políticos do passado" haviam errado ao permitir a constituição daquela favela e que, por isso, não teria culpa ao encaminhar aquele processo.

Afirmou, ainda, que os moradores não teriam como impedir isto, que aquela favela "deve acabar" e que a prefeitura tinha pretensão de "limpar" o terreno até o final daquele mês. "Cosmos", aqui, refere-se à única alternativa ofertada pela administração pública para aquela situação: uma unidade habitacional num conjunto construído no bairro de Cosmos,. Ainda de acordo com o subprefeito, diante de tal proposta, os moradores deveriam "aproveitar", pois "não teriam isso para sempre". Ressaltou que, pelo fato daquele espaço ser da prefeitura, os moradores "não teriam nada", já que não teriam a propriedade nem de suas residências, muito menos dos comércios ali existentes e que, por isso, "tudo iria para o chão mesmo".

Na semana seguinte, os moradores receberam a visita de um deputado estadual. Neste encontro, o referido parlamentar tentou convencê-los a aceitar a proposta da prefeitura. Num dado momento, afirmou que se os moradores estivessem "fazendo questão das paredes", que as levassem para o novo conjunto no qual ganhariam um imóvel, já que aquele terreno não seria deles. Ressaltou, ainda, a intenção da prefeitura em demolir aquelas construções e que, tal como dito pelo subprefeito, a área deveria ficar "limpa" o mais rápido possível.

O termo "limpar", que surge em diferentes ocasiões, aponta justamente para o que estou afirmando acerca da tensão constitutiva destes momentos. Contudo, é importante destacar que esta tensão não se estabelece entre forças de igual tamanho. Como foi possível observar neste e em outros casos, a ameaça do uso da força se fazia na certeza de sua utilização, caso qualquer resistência fosse tentada. Neste sentido, é possível apreender como a "lógica da intervenção", constituindo-se de maneira pontual em uma dada territorialidade e de forma deslocante, pressupõe, em sua forma de realização, ainda que em tom de aviso, a limpeza de um dado cenário para ali produzir novos fluxos, visando a gestão dos riscos (eliminando-os ou controlando-os). Tal circunstância intensifica o processo de sufocamento e asfixia mencionado ao longo deste texto, na medida em que, por sua própria característica, a intervenção pode ocorrer a qualquer momento e de maneira muito rápida.

A força estatal: a destruição nas dobras do legal e do ilegal

Numa das favelas removidas em função da construção da via TransOeste, no bairro do Recreio dos Bandeirantes, Zona Oeste da cidade, os moradores haviam obtido uma ordem judicial que determinava a paralisação das remoções. Neste momento, a localidade já havia sofrido a intervenção da prefeitura e uma parte dos moradores tinha sido removida. Contudo, apesar desta determinação judicial, as ações da administração pública continuaram.

Na medida em que alguns moradores eram retirados, suas casas eram imediatamente demolidas, seguindo a lógica já mencionada de atuação do aparato estatal nestas ocasiões. Este transformava o local em um lugar inabitável: escombros por toda a parte, ferros retorcidos expostos, água acumulada das chuvas. A companhia de energia elétrica, ainda durante a vigência da liminar, cortaria a prestação do serviço de eletricidade sem maiores explicações.

Algum tempo depois, também durante a vigência da liminar, operários da empreiteira responsável pela obra e representantes da subprefeitura, com a colaboração da Guarda Municipal (GM), derrubaram a casa de um dos moradores com todos os seus pertences ainda no interior. A proprietária do imóvel, que estava na localidade no momento do ocorrido, ainda tentou, em vão, pedir para retirar seus móveis e outros pertences. Os agentes públicos presentes a impediram e, em seguida, destruíram seu material de trabalho como ambulante.

Neste mesmo dia, os agentes públicos ainda tentaram derrubar outra casa. Um morador fazia do mesmo imóvel sua moradia e local de trabalho. Na parte da frente, ficava a oficina na qual trabalhava e empregava outras pessoas. Até aquele momento, seu imóvel não havia sido "marcado" pela prefeitura como fazendo parte daqueles que seriam demolidos, já que a própria administração pública havia afirmado que não haveria necessidade de retirá-la para a construção da TransOeste. Contudo, os agentes públicos que estavam no local foram até a sua residência e colocaram todos os seus pertences num caminhão de mudança, derrubando logo em seguida a parte que correspondia à oficina.

Como se observa, e aqui parece indicar o que estou chamando de tensionamento constante das forças individuais dos moradores de favelas nestas situações de remoção, a forma de atuação estatal através da produção da destruição parece operar exatamente nas dobraduras do legal e do ilegal. Neste caso apresentado brevemente acima, tal prática fica evidente na medida em que estes "atos de destruição" ocorrem durante a vigência de uma liminar obtida judicialmente que questionava os procedimentos realizados na localidade.

O moinho satânico

Em diversas ocasiões tive a oportunidade de acompanhar a trajetória de moradores em diferentes fases do processo de remoção. Sua disposição, aqui entendida a partir do engajamento particular em cada um desses momentos, variava de acordo com os rumos tomados pelo conflito ali instalado. Em algumas ocasiões era notória a participação mais efetiva nas estratégias de resistência, especialmente quando se conseguia fazer com que o funcionamento da maquinaria estatal (em diversos planos e escalas) em certo sentido fosse interrompido ou mesmo tivesse sua intensidade diminuída, o que significava uma espécie de "tomada de fôlego" para se continuar em frente.

É claro que, como afirmei acima, tais "tomadas de fôlego" (que muitas vezes se transformaram em estratégias vitoriosas de permanência) variavam de acordo com o desenrolar do conflito. Por vezes, os diferentes mecanismos e táticas mobilizados pelo aparato estatal levavam a um cerco cada vez maior à possibilidade de contorná-lo, evitá-lo ou enfrentá-lo. Era como se, do ponto de vista dos moradores das favelas em situação de remoção, não houvesse saída. Ou que a única saída possível fosse... a saída da localidade.

A observação *in situ* destas táticas empreendidas pela administração pública permitiu entrever duas características principais: por um lado, a sua efetivação se dava a partir de um "mecanismo molecular e móvel" que, ao mesmo tempo, atuava sobre cada individuo, particularizando sua situação, e também sobre o conjunto dos moradores. Em termos foucaultianos, uma combinação de dispositivos típicos da disciplina e do biopoder. Por outro, pela intensidade, já que implicava num movimento incessante de pressão. Aqui, reporto-me especificamente às ligações telefônicas diárias de representantes das subprefeituras, da secretaria de habitação, à atuação dos funcionários que realizavam o processo diário de convencimento, bem como à circulação das equipes e equipamentos de demolição. Estes dois aspectos, entre muitos outros, pesavam na decisão (se podemos chamar assim num contexto de asfixia) dos moradores pela saída.

Diante de um cenário de destruição e das inúmeras formas de pressão sofridas diariamente, era comum ouvir a expressão: "não aguento mais, resolvi aceitar/negociar". Em muitos momentos, tal expressão era seguida de relatos de situações diretamente vivenciadas, interpretadas como de desrespeito e humilhação e qualificadas como inaceitáveis. Por vezes, eram complementadas por uma prova que parecia irrefutável e que não requereria muita explicação: a inviabilidade provocada pelos atos de demolição. Em uma ocasião como essa, conversava com uma moradora de uma favela que estava sendo removida em função de uma obra viária e ela me apontou a área (coberta por escombros) emendando em seguida: "tá vendo isso aqui? Não dá".

Não foi incomum também ouvir a expressão "sufocamento" para expressar o seu estado emocional. Ela parece circunscrever exatamente a configuração que permite uma tomada de posição em situações como essa ("não agüento mais", "não dá mais") no limite mesmo de um campo de escolhas possíveis. Ou, neste caso, a única "escolha" possível: a saída.

Estas situações expressam um cerco à ação e aos corpos destes sujeitos e implicam uma exigência constante de tomada de decisões rápidas. Isso elimina qualquer possibilidade de escolha efetiva, já que esta precisa de um tempo necessário de amadurecimento de uma reflexão acerca de qual caminho tomar diante das circunstâncias. Isto, em certa medida, nestas situações de remoção, é implodido no sentido em que a gestão do tempo operada pelas instâncias estatais força que tais escolhas precisam ser tomadas imediatamente, pois a "área precisa ser liberada logo", como afirmei anteriormente. Contudo, esta exigência de uma tomada de decisão acelerada contrasta, muitas vezes, com a própria condução do processo de remoção.

Em alguns casos, o morador é instado a definir sua "escolha", mas, ao mesmo tempo, entre essa definição e o acesso à nova condição delineada por tal "escolha", pode-se transcorrer um longo período, durante o qual este morador é levado a percorrer para que sua decisão tomada imediata se configure em algo concreto. Neste momento, configura-se uma das dimensões importantes do que chamo de tensionamento, já que o pedido realizado pelos moradores de que "demore o menos possível, já que tomei a decisão de sair" acaba por se transformar num verdadeiro périplo, cansativo e doloroso (física e mentalmente) por entre instituições e reuniões de "negociação" que muitas vezes ocorrem apenas para fazer o processo se alongar mais um pouco.

As pessoas se sentem como enredadas por um verdadeiro "moinho satânico", usando aqui a expressão de Polany. Há uma infinidade de novos acontecimentos e fatos que se sobrepõem e se apresentam cotidianamente a elas nestas situações e que faz com que atuem cada vez mais de forma acelerada, num contexto em que as referências anteriores já não conseguem mais operar, pois suas bases de sustentação empírico-moral foram completamente solapadas pela ação estatal. Tal situação pode ser visualizada no trecho abaixo, retirado de uma entrevista realizada por mim com uma moradora de uma favela em vias de ser removida em 2011:

> Com essas irregularidades, a gente não sabe mais em quem acreditar, essas autoridades, por conta da [via pública em construção], das Olimpíadas, eles vêm, sem dó nem piedade, tirando a gente de nossas casas, de nosso espaço, de nosso convívio, para fazer o que querem com a gente, dando 37.500, para que a gente vá para o aluguel e daqui a pouco a gente vai morar na rua ou ir para Cosmos, para daqui a pouco também morar na rua. Porque se você não consegue pagar o apartamento, eles te tomam, a Caixa vai tomar.

Tal situação leva a uma ambiguidade: ao passo que são instadas a decidir cada vez mais rápido, com pouco espaço para a análise tanto das condições desta escolha, quanto de suas possíveis consequências futuras, a decisão efetivamente tomada traz consequências, muitas vezes irreversíveis.

Reabitar a vida: as resistências cotidianas

Como demonstrado, as intervenções estatais aqui abordadas têm a capacidade de desorganizar o tecido social, os laços sociais, a rotina de todos os dias. Contudo, a partir destes "eventos críticos" (Das, 2007) é possível verificar o surgimento de laços de solidariedade, capazes de produzir novos circuitos de sociabilidade e vínculos sociais. Indo além: nestas circunstâncias de asfixia e sufocamento, acaba-se produzindo diferentes formas de reabitar a vida, o cotidiano, o espaço.

Seja em atividades culturais ou mesmo na reutilização de espaços anteriormente descaracterizados pela ação estatal, os moradores mostram, a um só tempo, que a devastação foi realizada, mas que, através de pequenos gestos do cotidiano, há um trabalho recorrente de reabitar a vida, de reconstrução por/sobre/entre escombros[16]. Ao longo dos últimos anos, em que pude acompanhar diferentes experiências de remoção de favelas no Rio de Janeiro, observei diversas maneiras através das quais as pessoas — atravessadas por estes eventos — encontravam para poder seguir adiante, ainda que diante da adversidade e da produção constante da precariedade. Reocupar imóveis deixados por antigos moradores e ainda não demolidos para transformá-los em centro cultural e de educação; a utilização do piso onde antes havia uma igreja para atividades de lazer, culturais e mesmo apenas para passar o tempo; até se utilizar dos escombros e de todos os restos que ficam para trás para transformá-los numa atividade lúdica.

Sobre esta última forma, lembro-me perfeitamente de uma cena que presenciei na Vila Autódromo[17] durante uma visita que fiz ao local. Quando estava circulando pelas ruas, em um dado momento me deparei com um grupo de crianças brincando. Parei para observar com um pouco mais de atenção, e percebi que elas usavam dois ambientes de uma casa já demolida, completando a encenação com mesas e papelão que encontraram entre os escombros, para simular um restaurante. Durante alguns minutos acompanhei essa interação lúdica.

Foi nesse momento que tive um insight, daqueles que apenas a experiência etnográfica é capaz de produzir: eu, acostumado a tratar a ação coletiva e, de resto, as resistências, basicamente a partir da maneira como os atores elaboram uma crítica e tentam fazê-la legítima no espaço público (a partir de diferentes dispositivos de publicização: o protesto ou o direito formal, por exemplo), estava diante de uma forma de resistência que, ainda que já tivesse passado pelos meus olhos, não havia dada a devida atenção.

---

[16] Sobre uma interessante e profunda discussão sobre as formas de reabitar o mundo em contextos de violência, ver Das (2007).

[17] Esta favela foi quase totalmente removida em 2016. Um grupo de vinte famílias, depois de um longo processo de resistência, conseguiu permanecer no local, onde a prefeitura construiu novas casas e urbanizou a região

Mais ainda, notei a partir de então o quanto este tipo de experiência parecia compor com as outras formas de resistência que se teciam não somente nesta localidade em específico, mas em muitas outras. Não se tratavam de práticas residuais, mas, pelo contrário, encontram-se no centro mesmo daquilo que os moradores da Vila Autódromo, por exemplo, costumam dizer: "Vila Autódromo vive, insiste e (re)existe". Isto demonstra que apesar da destruição produzida pelo aparato estatal, seja do espaço físico, seja das redes de relação (e, portanto, de toda a vitalidade ali existente), novas figuras, espaços e relações são tecidas, num esforço contínuo de continuar resistindo e de se recusar a ser levado por esse moinho satânico.

Judith Butler (2015), analisando os poemas feitos pelos presos de Guantánamo logo depois do 11 de setembro de 2001, afirma que eles são capazes de questionar os tipos possíveis de "expressão nos limites do pesar, da humilhação, da ânsia e da raiva" (p.93), dizendo-nos sobre a vulnerabilidade a que estão submetidos, bem como da sua capacidade de sobrevivência num ambiente aparentemente cerceado. O que me parece mais interessante no que aponta Butler é o fato dela destacar que estas palavras, num contexto de extrema asfixia como este, são gravadas em copos e em outras superfícies, notadamente, como diz a autora, "em um esforço de deixar uma marca, um vestígio de um ser vivo" (idem).

É neste sentido que gostaria de destacar uma das maneiras de reabitar o mundo em meio à devastação: as inscrições feitas por moradores nos escombros, restos de demolição, nas casas e em tapumes de obras públicas. Tenho em mente, especificamente, a experiência dos moradores da Vila Autódromo. Algum tempo depois do início da remoção, os moradores passaram a registrar diferentes mensagens no interior e nas proximidades da localidade. Estas variavam desde palavras de ordem, como "a Vila fica"; uma análise das relações institucionais que produzem aquele cenário de destruição: "a polícia serve a justiça. A justiça serve ao Eduardo Paes. E o Eduardo serve ao Carlos Carvalho[18]"; demonstração do conhecimento da legislação que reconhece o direito a sua permanência no local: "A Lei Complementar 74 torna o decreto [de desapropriação] ilegal"; esforço para afastar a compreensão de que todos querem sair ou se aproveitar da remoção para ganhar dinheiro: "Nem todos tem um preço".

Estas diferentes modalidades de expressar a visão dos moradores sobre o processo (bem como as suas consequências), sobre si próprios e sua história de resistência, demonstra o esforço contínuo destas pessoas em provarem que estão vivas, que sua história não foi completamente apagada e merece ser (re)conhecida.

---

[18] Carlos Carvalho é dono da construtora Carvalho Hosken, uma das responsáveis pela construção do Parque Olímpico e proprietária de grandes extensões territoriais na região onde se localiza a Vila Autódromo.

Ainda que os contextos sejam completamente diferentes, é possível levar em conta o que ainda nos diz Butler acerca dos presos de Guantánamo e suas cartas. Segundo afirma a autora, "o corpo é também aquilo que continua vivo, que respira, que tenta esculpir sua respiração na pedra; sua respiração é precária — ela pode ser interrompida por força da tortura infligida pelo outro" (2015, p. 95). Contudo, seria justamente este estatuto precário que pode "se converter em condição de capacidade de resposta, de uma formulação da comoção estendida como um ato radical de interpretação diante de uma submissão indesejada" (Ibid, p. 95). Isto é, a própria precariedade, neste caso aqui em análise, a cenografia da destruição e os processos de asfixia, transforma-se no suporte a partir do qual uma resposta, uma denúncia e, por fim, uma crítica, pode ser feita, veiculada, comunicada.

As frases escritas em paredes e escombros expressam uma das maneiras através das quais os moradores, em meio a uma circunstância de violência e destruição, buscam uma medida de entendimento do processo ao qual foram submetidos contra a sua vontade, bem como demonstram uma resistência que transforma o que, a princípio, seria apenas uma ruína, em um meio de comunicação fundamental sobre a situação local. A disposição delas aponta para diferentes "alvos" específicos: muitasestavam inscritas em casas, muros e tapumes que apenas moradores e funcionários tanto das agências da prefeitura quanto da concessionária responsável pela obra do Parque Olímpico (ao lado da favela) podiam visualizar.

Funcionavam, ao mesmo tempo, como um "recado", um "aviso", "comunicado" ou "crítica". Isso dependia, obviamente, do interlocutor que se queria atingir: outro morador (especialmente quando se criticavam as atitudes de alguns que saíram, com destaque para líderes religiosos); um agente público que atuava nestes processos, ou genericamente as "autoridades" responsáveis (no sentido de demonstrar, por um lado, a violência que cometiam e, por outro, que iriam resistir a ela); e mesmo quando queriam obter o apoio, ainda que modesto e à distância, dos trabalhadores das obras, vistos muitos vezes como um "igual" (ou seja, potenciais moradores de favelas).

Aos poucos, as inscrições passaram a ocupar as fachadas e restos de construções voltadas para as avenidas próximas ao local, os tapumes das obras tanto do Parque Olímpico quanto do BRT TransOlímpica (alargamento da via existente). Aqui, o esforço parecia se direcionar em alcançar o máximo possível de pessoas nos arredores ou que ali estivessem de passagem e transmitir uma dupla mensagem: temos direitos e estamos vivos.

Considerações finais

O que parece interessante, e ao mesmo tempo trágico, desta configuração seria o fato de como as ações estatais nestas ocasiões de remoção vão constituindo um terreno de inviabilidades para os moradores, expressando certa cena sobre a própria força dos aparatos estatais. Ao demolir, ao provocar a "destruição" e levar o "terror", a intervenção estatal revelaria não somente que aquela favela seria um lugar de margem, mas, sobretudo, um espaço onde o próprio poder se produz, produção esta realizada no limite da vida, contra a qual se poderia fazer qualquer coisa, suspendendo-a, mesmo que sem eliminá-la imediatamente, conduzindo-a e reconduzindo-a ininterruptamente[19].

Recuperando as imagens do "terror" e da "guerra" acionada por diferentes atores nas configurações formadas pelas ações de remoção, gostaria de sugerir de que a própria "guerra" se transforma no modo principal através do qual se conformam as relações entre moradores de favelas e os diversos aparatos estatais em diferentes contextos. A "guerra" é o modo de atuação estatal em certos territórios, neste caso, nas favelas. É a forma pela qual tais aparatos e suas diferentes aparições são experienciados pela população habitante destas localidades.

Mais do que isso, é possível afirmar que a "guerra" opera a partir de um esforço contínuo e cotidiano, observável nas filigranas da vida de todos os dias, de destruição de determinados modos de existir, de determinadas formas de vida. A "guerra" não é apenas uma metáfora, mas o modo mesmo de funcionamento do aparato estatal, a dimensão ontológica de sua realização prática. A "guerra" busca, por variados meios, como pude demonstrar rapidamente, sufocar, asfixiar e, no limite, eliminar certas existências incomodas a uma determinada configuração de ordem que se pretende impor.

Uma das expressões do terror configurada pelas "práticas remocionistas" se encontra no processo de apagamento da vida, do apagamento de certo lugar moral constituído pela experiência do habitar antes destas ações, da construção social da não existência de certos modos de existir na cidade. Um dos seus efeitos mais imediatos é fazer circular uma imagem fortemente criminalizadora destes territórios, vistos normalmente como "invasões" (ainda que, em muitas ocasiões, tenham sido ocupações devidamente autorizadas), o que favorece uma elaboração normativa produzida no âmbito estatal (e também midiático) que justificará não apenas as intervenções realizadas, mas que colaborará neste processo de apagar a história que ali havia sido cristalizada, bem como certas formas de existência.

[19] Diferentes abordagens acerca da inscrição da vida em injunções de poder podem ser observadas em Foucault (2008), Agamben (2002) e Butler (2004).

Neste ponto, considero que a maneira como Feltran e Sanjurjo (2015) definem "violência de Estado" pode ajudar a pensar como estes processos se constituem e, principalmente, com qual cenário as pessoas por eles envolvidas têm de lidar para saber o que fazer para (re)existir. Os autores entendem "violência de Estado" como aqueles "atos violentos, sejam legalizados ou francamente ilegais, que se produzem como modo de sustentar uma fronteira no acesso ao 'direito a ter direitos'" (p. 43). Isto é, segundo apontam, tal fronteira reivindica uma clivagem, "quase sempre figurada no plano da natureza, entre os que pertencem à comunidade política e por isso devem ser protegidos, daqueles que a ameaçam e devem ser combatidos" (Ibid, p. 43).

É nesta configuração que as resistências se constituem. Os moradores de favelas, bem como uma miríade de outros atores, individuais e coletivos, realizam um esforço cotidiano para romper tal clivagem e desfazer as fronteiras, físicas e simbólicas, que impedem o acesso ao "direito a ter direitos". E, como tentei demonstrar, este esforço se realiza não somente através de atos de protesto ou acionando certas instituições públicas, mas também a partir de ações que visam reabitar o mundo, num empenho individual e coletivo que se projeta no cotidiano, ao mesmo tempo banal e absolutamente necessário para a continuidade da vida.

REFERÊNCIAS BIBLIOGRÁFICAS

AGAMBEM, Giorgio. *Estado de exceção*. São Paulo: Boitempo, 2004.

AZEVEDO, Lena, FAULHABER, Lucas. *SMH 2016*: remoções no Rio de Janeiro Olímpico. Rio de Janeiro: Mórula Editorial, 2015.

BRENNER, Neil. *Theses on urbanization*. Public Culture, 24, 3, 2012.

BUTLER, Judith. *Precarious Life*: the powers of mourning and violence. London/New York: Verso, 2004.

_____. *Quadros de Guerra*: quando a vida é passível de luto? Rio de Janeiro: Civilização Brasileira, 2015.

DAS, Veena. *Life and words*: violence and the descent into the ordinary. California: University of California Press, 2007.

DAS, Veena; POOLE, Deborah. *Anthropology in the Margins of the State*. New Delhi: Oxford University Press, 2004.

DAVIES, Frank Andrew. *Deodoro*: formas de governo para uma "região olímpica". Rio de Janeiro: Tese de Doutorado em Ciências Sociais, Universidade do Estado do Rio de Janeiro, 2017.

FERGUSON, James; GUPTA, Akhil. *Spatializing states*: toward an ethnography of neoliberal governmentality. American ethnologist, v. 29, n. 4, 2002, p. 981–1002

FERNANDES, Adriana. *Escuta ocupação*: arte do contornamento, viração e precariedade no Rio de Janeiro. Tese de Doutorado, Programa de Pós-Graduação em Ciências Sociais, Universidade do Estado do Rio de Janeiro, 2013.

FOUCAULT, Michel. *Nascimento da Biopolítica*: curso dado no Collège de France (1978-1979). São Paulo : Martins Fontes, 2008a.

_____. *Segurança, Território, População*: curso dado no Collège de France (1978-1979). São Paulo : Martins Fontes, 2008b.

FREIRE, Letícia de Luna; SILVA, Mariana T. *O que está em jogo na cidade olímpica?* Conflitos e resistências acerca de remoção de assentamentos populares no Rio de Janeiro. In: Neiva Vieira da Cunha; Leticia de Luna Freire; Maíra Machado-Martins; Felipe Berocan Veiga. (Org.). *Antropologia do Conflito Urbano*: Conexões Rio-Barcelona. Rio de Janeiro: Lamparina, 2016, v. 1, p. 51-74.

GRAHAM, Stephen. *El nuevo urbanismo militar*. Antropología: Boletín Oficial del Instituto Nacional de Antropología e Historia, nº 94, p. 6-18, 2012.

GROS, Frédéric. *Estados de violência*: ensaio sobre o fim da guerra. Aparecida, SP, Editora Ideias & Letras, 2009.

GUTTERRES, Anelise dos Santos. *A resiliência enquanto experiência de dignidade*: antropologia das práticas políticas em um cotidiano de lutas e contestações junto a moradoras ameaçadas de remoção nas cidades sede da Copa do Mundo 2014. Tese de Doutorado, Programa de Pós-Graduação em Antropologia Social, Universidade Federal do Rio Grande do Sul, 2014.

MAGALHÃES, Alexandre. *Críticas e Denúncias*: a configuração da ação coletiva contra a remoção de favelas do Rio de Janeiro. DADOS — Revista de Ciências Sociais, Rio de Janeiro, vol. 60, nº 1, pp. 209 a 238, 2017.

_____. *"A remoção foi satanizada, mas não deveria"*: o retorno da remoção como forma de intervenção estatal nas favelas do Rio de Janeiro. DILEMAS: Revista de Estudos de Conflito e Controle Social. Rio de Janeiro, Vol.9, nº 2: pp. 293-315, Mai-Ago, 2016.

_____. O *"legado" dos megaeventos esportivos*: a reatualização da remoção de favelas no Rio de Janeiro. Horizontes Antropológicos (UFRGS. IMPRESSO), v. 19, p. 89-118, 2013.

_____. *Transformações no "problema favela" e a reatualização da "remoção" no Rio de Janeiro*. Tese de Doutorado. Instituto de Estudos Sociais e Políticos, Universidade do Estado do Rio de Janeiro, 2013b.

MAGALHÃES, Alexandre; PETTI, Daniela. *"Nossa casa está condenada"*: o recurso à técnica como o modo de gerir populações no Rio de Janeiro.Revista de Antropologia Social dos Alunos do PPGAS-UFSCAR, v. 10, p. 257-274, 2018.

MBEMBE, Achille. *Necropolítica*. Arte & Ensaios: Revista do PPGAV/EBA/UFRJ, nº 32, dezembro 2016.

MENDES, Alexandre; COCCO, Giuseppe (orgs.). *A resistência à remoção de favelas no Rio de Janeiro*: instituições do comum e resistências urbanas: a história do Núcleo de Terras e Habitação (2007 — 2011). Rio de Janeiro: Editora Revan, 2016, pp. 181-208.

MENDIOLA, Ignacio Gonzalo. *De la biopolítica a la necropolítica*: la vida expuesta a la muerte. Eikasia: Revista de Filosofia, n.75, maio, 2017.

NABACK, Clarissa Pires. *Remoções biopolíticas*: o habitar e a resistência da Vila Autódromo. Dissertação de Mestrado (Direito). PUC-Rio, 2015.

PETTI, Daniela. *"Não tem preço, ninguém esquece sua vida assim"*: uma etnografia sobre a "luta" contra as remoções de favelas no Rio de Janeiro. Trabalho de Conclusão de Curso. Escola de Ciências Sociais, Fundação Getúlio Vargas, 2016.

PIEROBON, Camila. *Tempos que duram, lutas que não acabam*: o cotidiano de Leonor e sua ética de combate. Tese de Doutorado. Programa de Pós-Graduação em Ciências Sociais, Universidade do Estado do Rio de Janeiro, 2018.

ROLNKI, Raquel. *Guerra dos lugares*: a colonização da terra e da moradia na era das finanças. São Paulo: Boitempo Editorial, 2014.

SANJURJO, Liliana; FELTRAN, Gabriel. *Sobre lutos e lutas*: violência de Estado, humanidade e morte em dois contextos etnográficos. Ciência e Cultura, v. 67, p. 40-46, 2015.

SOUZA LIMA, Antonio Carlos (org). *Gestar e gerir*: estudos para uma antropologia da administração pública no Brasil. Rio de Janeiro: Relume Dumará, Núcleo de Antropologia da Política/UFRJ, 2002.

TANAKA, Giselle; SÁNCHEZ, Fernanda; MONTEIRO, Poliana; OLIVEIRA, Fabrício Leal (orgs.). *Planejamento e conflitos urbanos*: experiências de luta. Rio de Janeiro: Letra Capital, 2016, v. 1.

TELLES, Vera. *Cidade*: produção de espaços, formas de controle e conflitos. Revista de Ciências Sociais (UFC), v. 46, p. 15-42, 2015.

VIANNA, Adriana; FACUNDO, Angela. *Tempos e deslocamentos na busca por justiça entre 'moradores de favelas' e 'refugiados'*. Ciência e Cultura, v. 67, p. 46-50, 2015.

Rio de Janeiro: o caleidoscópio da militarização urbana

RACHEL BARROS[1]

> *"Deixem que nós pedimos paz! Vocês, privilegiados, clamem por nossas vidas. Por que toda vez que vocês gritam por paz, nosso massacre aumenta".*
>
> [ANA PAULA OLIVEIRA, INTEGRANTE DOS COLETIVOS MÃES DE MANGUINHOS E FÓRUM SOCIAL DE MANGUINHOS]

Neste texto apresento uma leitura possível das modulações que ocorreram no campo da segurança pública desde o declínio da política de "pacificação" até o início da intervenção federal militar do Rio de Janeiro. Utilizo cenas transcorridas no complexo de favela de Manguinhos[2] entre os anos de 2012 e 2016 para discutir o aprofundamento das dinâmicas de "militarização da vida", aqui entendida como o espraiamento das práticas, símbolos, narrativas e tecnologias, que tem na força bélica o aspecto principal. Acredito que considerar o Rio de Janeiro como um "laboratório" dos processos de militarização em curso contribui para a elaboração de análises que dialoguem com leituras sobre projeto de nação, soberania, dinâmicas de controle e que tratam o componente racial como elemento fundamental.

---

[1] Doutora em Sociologia pelo Instituto de Estudos Sociais e Políticos da Universidade Estadual do Rio de Janeiro — IESP/UERJ. É ativista do movimento de favela Fórum Social de Manguinhos desde 2009, e pesquisadora associada ao CIDADES — Núcleo de Pesquisa Urbana/Uerj.

[2] Manguinhos é um complexo de favelas que tem seu surgimento datado no ano de 1900, quando surge a primeira favela, localizada no morro do Amorim. No decorrer das décadas do século XX, esta área da Zona Norte da cidade adensou o seu contingente populacional em virtude das mudanças que ocorriam no restante da cidade e no país. Nas décadas de 1940 e 1950 recebeu migrantes das regiões Norte e Nordeste; nos anos 1960 e 1970 os moradores da Zona Sul da cidade que passaram pelas políticas de remoção; no final dos anos 1980 e durante os anos 1990 na ocupação das plantas de fábricas e empresas que foram desativadas. Atualmente o complexo conta com as seguintes favelas: Parque Morro do Amorim (1901), Comunidade Vila União (1915), Varginha (1941), Parque João Goulart (1951), Vila Turismo (1951), Centro de Habitação Provisória nº 2 (CHP2) (1951), Vila São Pedro (1980), Nélson Mandela (1990), Samora Machel (1991), Comunidade Agrícola de Higienópolis (1992), Mandela de Pedra (1995), Samora II (2001), Vitória de Manguinhos (2002), CCPL (2005), Embratel II (2007), DSUP (2010). Pelos limites deste texto não será possível descrever detidamente a geografia de Manguinhos. Para este fim, conferir Trindade (2012) e Barros (2016).

Manguinhos "ocupado": estética e discurso de soberania estatal

O anúncio da ocupação militar de Manguinhos aconteceu no início de 2012, e ainda que houvesse uma sensação de incerteza a respeito dos resultados dessa ação, a população estava atenta, e procurou se organizar para compreender as mudanças que poderiam acontecer. Durante uma atividade realizada no mês de julho, uma moradora de Manguinhos me informou que no mês de agosto os presidentes das associações de moradores fariam uma reunião para conversar sobre a vinda da Unidade de Polícia Pacificadora (UPP) para Manguinhos. Não acompanhei os desdobramentos desse informe, mas ele sinalizava a existência de algum grau de expectativa sobre as mudanças de cenário advindas da entrada desse novo ator no território. No dia 14 de outubro, cerca de três meses após este fato, Manguinhos foi ocupado pelas forças militares.

No dia anterior à ocupação, estava em Manguinhos para acompanhar como o evento aconteceria. Conversei com alguns moradores que me relataram fatos como o fechamento da central de canal a cabo, e que antes mesmo que a ocupação militar ocorresse, já haviam recebido ligação da empresa Sky oferecendo um novo serviço de TV a cabo; que a população começou a estocar alimentos, e alguns comerciantes distribuíram seus estoques de mercadorias por não possuírem nota fiscal dos produtos. A tensão gerada pela iminência da ocupação militar também justificou o fechamento temporário da Unidade de Pronto Atendimento (UPA) de Manguinhos, localizada no Centro Cívico, local onde estão os principais equipamentos construídos pelas obras do PAC[3]. Segundo fui informada, os pacientes tiveram que ser transferidos para outras unidades de saúde e os médicos foram dispensados. A imagem de um território sitiado, com as práticas do cotidiano colocadas em suspenso, foi sendo desenhada antes mesmo do fato acontecer.

Às cinco e meia da manhã do domingo 14 de outubro de 2012 era possível ouvir o barulho dos helicópteros que sobrevoavam Manguinhos, da polícia e da imprensa que transmitia ao vivo cada passo dado pelas tropas militares. Às seis e meia da manhã aconteceu a explosão de um muro construído com manilhas em uma das vias da favela, que foi noticiada como um símbolo da derrubada das "barricadas" do tráfico impostas aos moradores. Poucas horas após o início da ocupação, fui dar uma volta pela favela de Vila Turismo. Os moradores estavam nas ruas, juntamente com os homens das polícias Civil e Militar e da Marinha, dos tanques de guerra e retroescavadeiras que faziam parte do espetáculo pirotécnico promovido pelo Estado.

---

3 Entre os anos de 2008 e 2012 o complexo de favelas de Manguinhos recebeu recursos do Programa de Aceleração do Crescimento, uma intervenção pública federal determinante para modificar a geografia, as relações e as instituições existentes no local. Para uma discussão mais detalhada conferir as referências citadas na nota anterior.

Em 20 minutos, segundo o anúncio da Secretaria Estadual de Segurança Pública, ocorreu a "retomada" do território de Manguinhos por parte do Estado, operação que foi descrita pelo então secretário de Segurança Pública, José Mariano Beltrame, como "ocorrida em tempo recorde e dentro de uma proposta de quem pretende preservar vidas"[4]. O hasteamento da bandeira no meio da favela João Goulart demarcou o início dessa nova modalidade de presença do Estado em Manguinhos.

Um dos primeiros efeitos da ocupação militar foi a imposição de novas práticas de regulação do cotidiano. A formalização dos serviços oferecidos por empresas privadas significou a inscrição destes moradores nas regras de funcionamento do restante da cidade, com vistas a reprimir práticas ilegais (Fleury, 2012). Outro aspecto que vale a pena destacar, e que foi veiculado pela mídia como resultado da atuação do poder público no restabelecimento da ordem, foi a quantidade de lixo retirada de Manguinhos. Nesse contexto, a relação com precariedade foi acionada como argumento que reforçava a ideia de que somente uma intervenção militarizada poderia ordenar territórios marcados pela existência do crime violento.

Por outro lado, as preocupações com a intervenção policial e o prenúncio de uma provável mudança na conjuntura política local fomentaram a realização de muitos debates. A primeira reunião que discutiu essa questão foi realizada pelo Fórum Social de Manguinhos (FSM)[5] no dia 16 de outubro de 2012, e contou com a participação de aproximadamente 25 pessoas, entre moradores e professores de Manguinhos, estudantes e trabalhadores da Fundação Oswaldo Cruz (Fiocruz)[6].

Boa parte da reunião foi dedicada a encontrar "estratégias de proteção", isto é, práticas que pudessem ser adotadas como forma de prevenção a possíveis retaliações e violações de direitos, tanto de policiais quanto de pessoas ligadas ao varejo de drogas, popularmente chamado de tráfico de drogas. A necessidade do cuidado com as atitudes nesse novo contexto foi a questão que se destacou nesta reunião.

Os rumores sobre a reconfiguração de poderes no território e as possíveis atitudes de retaliação do tráfico eram as principais preocupações subjacentes às análises sobre o processo de "pacificação". Ao mesmo tempo, alguns participantes já manifestavam a preocupação com a visão polarizada entre tráfico e polícia, utilizada para incriminar os moradores de favela, e a necessidade de construir um posicionamento a esse respeito.

---

[4] https://ultimosegundo.ig.com.br/brasil/rj/2012-10-14/nao-temos-mais-uma-faixa-de-gaza-diz-beltrame-sobre-operacao-no-rio.html

[5] Este coletivo surgiu em 2007 em razão do início das obras do PAC. Sua existência foi fundamental para controlar a execução do programa e mobilizar os moradores. Este histórico tornou o coletivo durante muito tempo o principal espaço de discussão e articulação existente em Manguinhos.

[6] A Fiocruz é uma das principais referências no que diz respeito a equipamentos públicos em Manguinhos. Muitos pesquisadores e profissionais da instituição desenvolvem pesquisas e ações voltadas para Manguinhos e moradores também trabalham na instituição.

O conjunto de fatos que compõem a cena do início da ocupação militar de Manguinhos não foi diferente de como ela aconteceu em outras favelas. O que me parece relevante salientar com estes escritos etnográficos é a dimensão estética e simbólica da ocupação territorial pelas forças militares e a narrativa de soberania estatal subjacente ao fato.

A estética militar é descrita pelos próprios membros das forças armadas como um elemento fundamental da atuação de seus agentes, pois mescla elementos simbólicos e práticas morais. O uso da farda, o cabelo curto, bater continência, marchas, integram o sentido dos códigos militares de conduta de culto de amor ao país, hierarquia, disciplina, senso de dever acima da média, entre outros[7]. A estética citada nos textos de militares está para além de um elemento puramente simbólico e avança para uma definição de ordem subjetiva, pois os gestos, símbolos e códigos performam certo tipo de atuação que tem sido reproduzida e reforçada pelas forças policias dos estados brasileiros.

É importante dizer ainda que a estética militar sempre esteve em completa diacronia com a proposta de proximidade da política pacificadora, e que a simbologia mobilizada no início da ocupação é a do confronto, que torna o uso excessivo da força, ausência de empatia e táticas de guerra condutas imprescindíveis no resgate do território nacional das mãos inimigas.

A ação performativa da ocupação de Manguinhos que contrastava com a circulação de moradores pelas pequenas vielas da favela, dava o tom da grandiosidade do acontecimento e continha o efeito simbólico de anunciar uma mudança de paradigma normativo definido pela retomada da soberania territorial pelo estado. Tal soberania, contudo, precisa ser lida como controle sobre o espaço geográfico e sobre o corpo dos seus habitantes, pela sensação que estas ações de segurança transmitem com a possibilidade real de coerção violenta e eliminação do outro. O hasteamento da bandeira nacional no meio da favela marcou a imponência do controle estatal pela lógica da guerra, transmitida e retransmitida pelos meios de comunicação, atualizando no imaginário coletivo a ideia de que o investimento em tecnologias e práticas militares é a solução efetivamente possível para o problema da violência urbana. Esse imaginário permitiu que as UPPs fossem moralmente aceitas como única solução para os problemas da violência urbana, que seria causada em grande medida pelos moradores de favelas.

A discussão proposta por Oliveira sobre os usos do termo "pacificação" também se alinha à leitura estética e simbólica. De acordo com o autor, o termo adquiriu significados que remetem à tomada de territórios e a dominação ocidental dos povos considerados selvagens. No período colonial, foi utilizado para se referir às missões contra os índios

---

7 Cf. "Um estudo de polícia comparada: Brasil e Estados Unidos da América", disponível em <http://www.ciclocompleto.com.br/pagina/1446/um-estudo-de-poliacutecia-comparada-brasil-e-estados-unidos-da-ameacuterica#_ftn1> e "O caráter militar das polícias militares", disponível em <http://www.pmpr.pr.gov.br/arquivos/File/cultura/O_Carater_Militar_das_Policias_Militares.pdf>.

Tupinambás no procedimento de tomada de seus territórios e modificação dos costumes; no século XX, o indigenismo praticado pelo Serviço de Proteção aos Índios, significou "pacificação" como o tratamento considerado humanitário de proteção dispensado à população indígena, vista neste período como "altamente vulnerável e desfavorecida". Com as UPPs, o autor aponta para uma mudança significativa, em que a responsabilidade pública é transformada em "tutela militarizada" (2014, p. 130-145).

Interpretar a "pacificação" promovida pelas UPPs como forma de tutela e de gestão fortemente militarizada, na qual as favelas continuam sendo vistas como territórios inimigos, espaços vazios de sentido, ganha ainda mais importância quando consideramos que nos últimos dez anos Manguinhos recebeu um grande volume de investimentos em urbanização, também associados à ideia de "resgate da cidadania"[8]. A cena que apresento a seguir retrata a cerimônia de instalação das bases da UPP de Manguinhos e Jacarezinho e mostra como neste evento os discursos sobre a "pacificação" a destacam como a política pública capaz de solidificar a cidadania nos territórios de favela.

Investimento discursivo em cidadania "pacificada"

A instalação das bases da UPP de Manguinhos e do Jacarezinho aconteceu no dia 16 de janeiro de 2013 no Campo do Abóbora, localizado na favela do Jacarezinho. Além das tropas policiais pertencentes às duas bases instaladas, estavam presentes representações de outras UPPs da cidade e instituições privadas. A empresa de telefonia Claro armou uma barraca para fazer divulgação dos seus serviços, além de pendurar faixas com as frases: "Claro paz na comunidade de Manguinhos" e "Claro paz na comunidade do Jacarezinho".

A Associação de Moradores do Jacarezinho (AMOJA) e o Movimento Popular de Favelas (MPF) também penduraram faixas, com frases que condicionavam a "pacificação" à realização de serviços básicos: "Sem água é uma violência. Pacificação é resolver a caixa d'água do Azul"; "Os ricos querem paz para continuarem ricos. A favela quer paz para ser livre". A UPP também distribuiu materiais — calendários e jogo de quebra-cabeça — que reforçavam a imagem da "pacificação" associada às palavras como "esperança" e "cidadania". Nesses elementos discursivos e simbólicos mais uma vez é reafirmada a relação entre a política de segurança pública, garantia de serviços básicos e cidadania, prenunciando o tom dos discursos que seriam proferidos pelas autoridades presentes na cerimônia.

---

8 Barros (2016, p. 119-125) aborda a associação entre cidadania e urbanização em Manguinhos a partir da análise da cerimônia de início das obras do PAC em Manguinhos, especificamente do discurso proferido pelo então presidente Luiz Inácio Lula da Silva.

Analisar os discursos proferidos por estes atores é uma forma de acessar as motivações que estão subjacentes à ação do poder público, e no caso das UPPs, identificar as justificativas para a sua implementação e também considerar a "centralidade da linguagem" (Melucci, 2005, p. 33) para a compreensão de processos sociais em seus contextos situados. Nesse sentido, o discurso também é extremamente importante na percepção de como a linguagem da violência urbana orienta e sustenta a permanência de ilegalismos nessa modalidade de gestão adotada pelo Estado.

As falas aqui reproduzidas destacam os discursos dos integrantes da cúpula da segurança pública do estado do Rio de Janeiro e dos gestores do governo do estado. Estiveram presentes os comandantes das UPPs a serem inauguradas, a alta cúpula das polícias Militar e Civil, o então governador do estado, vice-governador e o secretário de segurança.

O comandante da Coordenadoria das UPPs, Paulo Henrique Morais, foi o primeiro a tomar a palavra e ressaltou a importância do trabalho de "transformação da realidade" feito pela polícia militar e por "todos os parceiros que chegam junto". Dirigindo-se aos policiais, o comandante afirmou que o principal desafio da polícia é "abrir caminho" para que a vida dos moradores de favelas melhore. Na sua fala, o papel exercido pela polícia na estratégia de "pacificação" é essencial para a transformação das favelas. O mesmo discurso aparece na fala da delegada Martha Rocha, quando afirma a importância da participação da Polícia Civil na "retomada" do território.

A ideia de retomada é um ponto importante, pois além de afirmar o protagonismo do Estado no combate a um "poder paralelo", também impossibilita a reificação de falas sobre a ausência do Estado, pois ainda que no senso comum a ausência do poder público seja um argumento corrente, em Manguinhos e Jacarezinho ele não adquire sentido pelo fato de nos últimos anos essas localidades terem sido alvos constantes de políticas e programas voltados para a construção de habitações e equipamentos públicos. Falar em "retomada" também se coaduna com a simbologia da ocupação militar, onde tanques de guerra e equipamentos pesados cumpriram o papel de demonstrar a força do agente público que se restabelece no território.

Mesmo com a constante afirmação da ideia de "retomada" foi possível apreender nas falas dos agentes da segurança pública a preocupação com o crescimento das críticas sobre os insucessos do programa, presente no discurso do coronel Erir Ribeiro, responsável pelo efetivo da PMERJ:

> Eu gosto sempre de falar para os meus policiais, principalmente que os senhores são novos, não conheceram muitas vezes a realidade das comunidades. E vamos ter cuidado de dar entrevistas. Entrevistas dizendo que aqui tá fragilizado, que aqui não tem fuzil. Tem fuzil, aqui não está fragilizado. Nós somos 45 mil homens da PM e temos 12 mil da Polícia Civil, ninguém está fragilizado dentro do nosso estado, principalmente vocês.

Esta fala, portanto, corrobora a visão de que neste momento a efetividade das UPPs não se constituía mais como um consenso, exigindo maiores esforços do poder público para a manutenção da sua imagem de sucesso, que é simbolizada na fala do coronel pela oposição fragilidade versus quantidade de armamento, e não pela ideia de cidadania constantemente mobilizada.

O então secretário de segurança pública, José Mariano Beltrame, afirmou que a UPP não é um projeto acabado, mas que "se constrói a cada uma que se faz" e por isso, ainda era considerado por ele como um "movimento novo", tanto para a polícia quanto para a população que não estava acostumada com essa forma de atuação adotada pela segurança pública.

Segundo o secretário, o que abonaria o caráter ainda experimental das UPPs seria o seu poderoso efeito transformador na vida dos moradores de favela, por ser "um movimento que tem resultados visíveis quantitativos e qualitativos, e essa é sem dúvida nenhuma uma possibilidade quase que de um renascimento dessas áreas". A UPP também faria a população alcançar um valor fundamental: a liberdade.

> Quero dizer a vocês que podem se manifestar com relação às demandas que existem aqui dentro por que hoje os senhores são livres pra fazer isso, e antes talvez os senhores tivessem que pedir licença pra alguém para se manifestar, ou a pedido de alguém. Hoje os senhores são livres pra falar com qualquer uma das instituições que estão aqui. A Polícia Civil está aqui, a prefeitura está aqui através da professora Eduarda La Roque, o Rio Solidário está aqui, a Light está aqui. Existem várias instituições aqui que mostram que a UPP é muito mais do que simplesmente uma presença policial.

O discurso do vice-governador citou as várias obras desenvolvidas durante o PAC em Manguinhos e aquelas ainda por iniciar, e ressaltou o fato de que todo esse processo de obras ocorreu "ainda sem a paz". Na sua fala, o potencial econômico da região também foi bastante demarcado e a "pacificação" foi vista como elemento fundamental para a reativação dessa característica do território:

> Essa localidade é uma localidade privilegiada. Aqui tem mais de cinquenta empresários que resistiram, que geram seus negócios, que geram empregos, que passaram uma fase turbulenta aqui, mas que acreditaram e permaneceram aqui. Eu acho que desses cinquenta, sessenta empresários que permaneceram aqui a gente tem que reerguer essa região [...] é importante que os empresários que ficaram permaneçam já que eles têm a garantia da paz. [...] Vamos continuar aqui presentes com as obras do PAC, vamos apresentar em março, já fizemos a licitação, está sendo desenvolvido o processo da continuação do PAC de Manguinhos e especialmente do Jacarezinho [...]. São obras estruturantes que a gente quer trazer pra essa região. Mas nada disso seria possível se nós não tivéssemos a paz.

A paz trazida pela "pacificação" se converte em justificativa para uma suposta mudança na transformação das áreas de Manguinhos e Jacarezinho num polo industrial, uma proposta antiga e que agora é reativada como um dos possíveis resultados da "retomada" do território pelo Estado. A motivação econômica para a "pacificação" de Manguinhos e Jacarezinho fica ainda mais visível na fala do então governador Sérgio Cabral Filho. Ele utilizou a sua trajetória política para falar da região, dizendo que nas suas primeiras campanhas como vereador, frequentou várias fábricas que ali existiam, e que ao longo do tempo observou a degradação da região com a saída das empresas. Na sua visão, a falta de investimentos em segurança pública é o fator explicativo para a perda do potencial econômico da região:

> O grande erro dos governos que me antecederam foi não enxergar a importância da segurança pública para o bem-estar das pessoas, sobretudo dos mais humildes. Sem segurança pública qualquer tipo de serviço fica prejudicado.

Nesse sentido, a experiência das UPPs é o que consegue modificar a vida das pessoas, pois como disse o governador, através dela "o emprego volta, os investimentos voltam, o metro quadrado de quem mora aqui vale mais, o metro quadrado de quem mora do lado vale mais. É um jogo de ganha-ganha".

É possível identificar visões distintas dos atores presentes sobre a "pacificação". As ideias de "abertura de caminhos", "retomada" para garantia da soberania do estado, o poderio bélico que garante o sucesso da política, a possibilidade de libertação do julgo opressor do tráfico, a transformação de vidas e a revitalização econômica compõem um léxico gramatical que estabelece uma relação direta entre militarização e bem-estar social. Portanto, o que fica patente nos discursos acima é que o desenvolvimento de políticas públicas nos territórios de favelas só será plenamente efetivado com o controle militarizado.

A UPP cumpriu, portanto, o papel de apresentar uma forma de governamentalidade dos territórios de favelas que necessariamente associa militarização ao desenvolvimento de políticas públicas; "abrir caminhos" para a atuação estatal atribui à instituição policial uma responsabilidade central nesse novo arranjo de governo, completamente distinto do restante da cidade.

Declínio de intenções, ascenso de práticas

Desde 2013 as notícias e os dados sobre segurança pública do Rio de Janeiro passaram a relacionar os repetidos casos de violência com a falência das UPPs. Supostos confrontos entre policiais e traficantes[9], ataque às bases das UPPs[10], casos de abuso policial[11] e homicídios[12] levantaram questionamentos sobre o sucesso do programa. Evidente que, como afirma Machado da Silva (2012, p. 119), as UPPs devem ser pensadas de forma autônoma, pois a atuação de seus agentes não é homogênea. Contudo, a recorrência desses eventos culminou na criação de uma "mácula" na imagem do programa, que transpareceu na veiculação midiática de seus insucessos.

Corroborando o argumento de Menezes (2015) sobre o rompimento do consenso sobre as UPPs, tem início em 2011 e se agudiza em 2013 uma série de críticas e situações de falhas do programa neste período[13], sendo o desaparecimento de Amarildo de Souza em julho de 2013 na favela da Rocinha o caso mais emblemático[14].

Além disso, outras dinâmicas indicam mudanças profundas na condução da "pacificação" e na correlação de forças a nível local. Em dezembro de 2015, pude observar em Manguinhos, assim como em outras favelas da cidade, a presença de homens armados circulando livremente, constantes episódios de tiroteios em horário comercial e o

---

[9] CF. "Moradores são baleados em troca de tiros em Manguinhos, Rio, diz PM", disponível em <http://g1.globo.com/rio-de-janeiro/noticia/2015/08/moradores-sao-baleados-em-troca-de-tiros-em-manguinhos-rio-diz-pm.html>.

[10] Cf. "Polícia procura por onze suspeitos de ataque a PMs da UPP Jacarezinho", disponível em <http://oglobo.globo.com/rio/policia-procura-por-onze-suspeitos-de-ataque-pms-da-upp-jacarezinho-18260857>.

[11] Cf. "PMs tentaram impedir jovens de registrar tortura em delegacia do Rio", disponível em <http://g1.globo.com/rio-de-janeiro/noticia/2015/12/pms-tentaram-impedir-jovens-de-registrar-tortura-em-delegacia-do-rio.html>.

[12] Cf. "Cinco PMs da UPP filmados forjando cena de crime são presos no Rio", disponível em <http://noticias.uol.com.br/ultimas-noticias/agencia-estado/2015/09/30/pms-da-upp-filmados-forjando-cena-de-crime-serao-indiciados.htm>.

[13] O estudo "Retrato do espalhamento da mancha criminal no estado do Rio de Janeiro" (2016) da Fundação Getúlio Vargas/Diretoria de Análise de Políticas Públicas (FGV/DAAP), retrata bem esta mudança, demonstrando o astronômico crescimento de homicídios no ano de 2016 em relação aos 10 anos anteriores. O estudo também demarca o ano de 2013 como período em que os crimes voltam a crescer na cidade do Rio, inclusive em áreas consideradas estabilizadas, e espalha-se pela região da Baixada Fluminense.

[14] Em 14 de julho de 2013 Amarildo de Souza desapareceu na favela da Rocinha. A última imagem dele mostra a sua entrada numa patrulha policial para ser levado à UPP. O inquérito policial concluiu que Amarildo foi torturado até a morte por policiais por suspeitarem que ele sabia onde traficantes escondiam armas e drogas. 25 policiais militares foram indiciados, entre eles o próprio comandante da UPP na época, major Edson Santos. Em janeiro de 2016 oito policiais que participaram da morte de Amarildo foram condenados e no mês seguinte sete foram expulsos da corporação.

retorno das "barricadas do tráfico" em algumas ruas das favelas. Ainda que a partir de 2016 o corte de gastos em segurança pública, ocasionado pela crise financeira do estado, tenha sido utilizado como justificativa para as falhas das UPPs, historicamente este foi o orçamento que mais teve um incremento de recursos[15].

O que é importante destacar desse período é que a lógica que regia a atuação das forças de "pacificação" começou a deslocar-se completamente do sentido de revitalização econômica, resgate territorial e promoção da cidadania, para a lógica de controle. Tal como afirmado por Leite (2014), as favelas "pacificadas" serviram de teste para a criação de gestão e dispositivos de governamentalidade (Foucault, 2004), que incidem diretamente sobre a sociabilidade de seus moradores. No entanto, acredito que o principal efeito da aplicação desse novo modus operandi tenha sido contribuir para que as forças de segurança sejam publicamente reconhecidas como ente fundamental sob o qual repousa a responsabilidade de gestão das favelas e seus moradores, que aqui classifico como processo generalizado de militarização da vida, aqui entendida como o espraiamento das práticas, símbolos, narrativas e tecnologias, que tem na força bélica o aspecto principal.

Evidente que a favela já foi tematizada outras vezes como "caso de polícia" (Zaluar e Alvito, 1998; Misse, 2011), mas o que se processa atualmente é uma modificação de ordem mais profunda. Falar em militarização da vida nas favelas significa, em última instância, que todas as rotinas, condutas e regras que incidem diretamente sobre o cotidiano dos seus moradores devem necessariamente passar pela lógica militarizada de gestão — sobretudo os corpos de seus moradores — o que é complemente distinto das formas de gestão no restante da cidade.

Ainda que na prática a militarização da vida não seja plenamente alcançada, ela existe como um horizonte de atuação para o qual as ações empreendidas pelas forças de segurança, gestores públicos, grandes empresas e os meios de comunicação têm se voltado. O aprofundamento desse fenômeno no período recente envolve diferentes dinâmicas, que analisadas em conjunto, ganham sentido de projeto.

Tecnologias de morte para um projeto genocida

A intensificação do uso de dispositivos securitários demonstra a importância dos recursos tecnológicos para aumentar e sofisticar as formas de controle. Do ponto de

[15] Dados da Secretaria de Fazenda do Estado mostram que o volume de gastos com segurança pública saltou de R$ 5,2 bilhões, em 2008, para R$ 12,2 bilhões, em 2017. No orçamento estadual de 2016, período de aguda crise financeira do estado, a segurança pública ficou com orçamento de R$ 7 bilhões, maior do que o investimento em saúde com R$ 6,6 bilhões, e em educação com 5,4 bilhões.

vista das intervenções nos espaços periféricos da cidade, a militarização avança pela construção de instrumentos jurídicos que atrelam as ações de segurança pública às funções das forças armadas. Desde 1992 o Rio de Janeiro tem feito uso das forças armadas em grandes eventos por meio da medida chamada Garantia da Lei e da Ordem. No ano em questão, as tropas do Exército foram usadas para fazer a segurança da Conferência das Nações Unidas sobre o Meio Ambiente e o Desenvolvimento (Eco-92). Contudo, esta lei só foi de fato regulamentada entre 1999, pela lei complementar nº 97 e pelo decreto nº 3.897 de 2001.

Descritas como operações de caráter episódico, em áreas restritas e por tempo limitado, elas passaram a ser utilizadas constantemente como complemento das ações da Polícia Militar. A grande mudança está no decreto 9.288/2018 instituiu a medida da intervenção federal no estado do Rio de Janeiro com o objetivo de pôr termo ao grave comprometimento da ordem pública, que pode ser lido como a adoção da medida de GLO para todo o estado do Rio de Janeiro. Tal medida atribuiu ao general do Exército Walter Souza Braga Netto a responsabilidade de comando da Secretaria Estadual de Segurança, das polícias Civil e Militar, do Corpo de Bombeiros e do Sistema Prisional.

O relatório produzido pelo Observatório da Intervenção sobre os seis meses de atuação das forças militares aponta para dados alarmantes: o governo federal destinou R$ 1,2 bilhão para intervenção federal no Rio de Janeiro no mês de março de 2018, e como resultado da intervenção federal tivemos um aumento do número de chacinas, tiroteios e homicídios dolosos[16].

As formas contemporâneas de militarização também puderam ser observadas pelo investimento em tecnologias de segurança — drones, helicópteros blindados e armas sônicas têm sido equipamentos de guerra usados nos últimos grandes eventos ocorridos na cidade e que progressivamente vão sendo incorporados nas ações policiais e militares. Ao uso do poderio militar aliam-se as táticas de contrainsurgência, importadas de países em guerra, que reforçam a atuação baseada no domínio territorial, no uso tecnológico de estratégias de ataque para extermínio do inimigo.

Do ponto de vista da relação empresarial, o investimento em segurança privada cresce e mobiliza os setores do comércio para desenvolver parceria com o setor público. A operação chamada "Segurança Presente" teve início em dezembro de 2015 em bairros específicos da cidade, numa parceria entre a Confederação Nacional do Comércio de Bens, Serviços e Turismo (Fecomércio), Serviço Social do Comércio (Sesc), Serviço Nacional de Aprendizagem Comercial (Senac), com o governo do município e do estado

---

16 Segundo o Observatório da Intervenção, os três primeiros meses de intervenção federal militar geraram os seguintes dados: 16 chacinas; 2.309 tiroteios, 965 homicídios dolosos e 310 mortes cometidas pela polícia. Em agosto, no sexto mês, esses valores aumentaram para 31 chacinas, 4.850 tiroteios, 2.617 homicídios dolosos e 736 pessoas mortas pela polícia.

do Rio de Janeiro. Inicialmente nos bairros da Lagoa, no Aterro do Flamengo e Méier, no ano seguinte o projeto também incorporou as regiões do Centro e da Lapa, espaços revitalizados e centrais na cidade dos grandes eventos.

A militarização também aparece no discurso midiático, que alimenta a ideia de terror existente em um estado de guerra urbana. Desta forma, produz-se uma imagem coletiva de que a melhor solução para enfrentar o problema da violência urbana é permitir que todo o tipo de ação genocida seja praticada e naturalizada contra os que seriam os responsáveis pelo mal que atinge as cidades. Quando falo em responsáveis, me refiro a como a militarização da vida se utiliza do elemento racial como mecanismo de controle biopolítico. Mbembe (2018) é o autor que mobiliza o conceito cunhado por Foucault para ir além e demonstrar que a forma de exercício da soberania, tanto na colônia quanto atualmente, possui na raça uma tecnologia que permite a aceitabilidade e a naturalização da morte. Ele afirma que as formas atuais de ocupação moderna combinam disciplina, biopolítica e necropolítica. Utilizando como exemplo o caso palestino, ele relata como a combinação de poderes atua como reatualização das práticas coloniais.

> Como ilustra o caso palestino, a ocupação colonial contemporânea é um encadeamento de vários poderes: disciplinar, biopolítico e necropolítico. A combinação dos três possibilita ao poder colonial a dominação absoluta sobre os habitantes do território ocupado. [...] Populações inteiras são alvo do soberano. As vilas e cidades sitiadas são cercadas e isoladas do mundo. A vida cotidiana é militarizada. É outorgada a liberdade aos comandantes militares locais para usar seus próprios critérios sobre quando e em quem atirar. O deslocamento entre células territoriais requer autorizações formais. Instituições civis locais são sistematicamente destruídas. A população sitiada é privada de suas fontes de renda. Às execuções a céu aberto somam-se matanças invisíveis (Mbembe, 2018, p.48)

Guardadas as devidas diferenças conjunturais e territoriais, as noções de necropolítica e necropoder apontam para um tipo de militarização que só se faz pela subjugação da vida ao poder da morte. Existe uma intensificação das práticas genocidas — pois se trata da morte física e simbólica de populações racialmente identificadas como moradoras de favelas e periferias — como parte primordial da atuação militarizada. As práticas de morte cercam-se de estratégias desumanizadoras, tecnologicamente arrojadas e pela negação racial da existência do outro.

Possíveis conclusões de um processo em curso

Falar sobre militarização tem significado abordar a multiplicidade de possibilidades de leituras sobre o atual contexto brasileiro. Especialmente no urbano, ela aparece como a possibilidade de unificar diferentes "feixes" de acontecimentos aparentemente isolados, mas que em diálogo apontam para a construção de um projeto de gestão, ou "projetos" que reatualizam práticas extremamente violentas, racistas e belicosas, marcadas agora pela égide do mercado.

Viver de forma segura tem se tornado um negócio lucrativo para cidades como o Rio de Janeiro, que se propõe a ser uma *smart city*, com centros de comando de controles cada vez mais integrados[17]. O que continua subjacente a estas transformações é o avanço institucionalizado do aniquilamento brutal de grande parte da população brasileira, tratada como um substrato descartável. Fica a tarefa para quem escreve e quem lê de criar novas combinações e feixes de luz, capazes de dar origem a imagens e movimentos transformadores.

REFERÊNCIAS BIBLIOGRÁFICAS

BARROS, Rachel. *Urbanização e "pacificação" em Manguinhos*: Um olhar etnográfico sobre sociabilidade e ações de governo Tese (doutorado) — Universidade do Estado do Rio de Janeiro, Instituto de Estudos Sociais e Políticos, 2015.

FOUCALT, Michel. *Microfísica do Poder*. Rio de Janeiro, Edições Graal. 20ª edição. 2004.

FERRAZ, Sonia Maria Taddei et. all. *Arquitetura da violência*. Políticas de segurança pública em tempos neoliberais: *food trucks* ou polícia gourmetizada? 2nd Latin America Conference, Urbanisation in Latin America: Exclusion, Marginality and Conflict, 2017. Disponível em<http://www.regionalstudies.org/uploads/Sonia_Maria_Taddei_Ferraz.pdf>.

FLEURY, Sônia. *Militarização do social como estratégia de integração* — o caso da UPP do Santa Marta. Porto Alegre: Sociologias, ano 14, nº 30, mai/ago 2012, p. 194-222.

GRAHAM, Stephen. *O bumerangue de Foucault*: o novo urbanismo militar. In: GKUCINSKI, Bernardo et all. *Bala Perdida*: a violência policial no Brasil e os desafios para sua superação. São Paulo: Boitempo, 2015.

17 Em 2013 o Rio de Janeiro venceu o Prêmio *World Smart City*. Nas palavras do então vice-prefeito Adilson Pires, "a gestão de alto desempenho, que nos garantiu esse título, tem como projeto âncora o Centro de Operações Rio", CF. <https://oglobo.globo.com/rio/rio-de-janeiro-ganha-premio-de-cidade-inteligente-do-ano-10843951>.

LEITE, Marcia Pereira. *Entre a 'guerra' e a 'paz'*: Unidades de Polícia Pacificadora e gestão dos territórios de favela no Rio de Janeiro. Dilemas: Revista de Estudos de Conflito e Controle Social, Vol. 7, nº 4, p. 625-642, 2014.

MACHADO DA SILVA, L. A. *As UPPs, a linguagem da violência urbana e a sociabilidade no Rio de Janeiro.* In: SANTOS, Angela Moulin S. Penalva; MARAFON, Glaucio José; SANT´ANNA, Maria Josefina Gabriel (orgs.). *Rio de Janeiro*: um território em mutação. Rio de Janeiro: Gramma, FAPERJ.

MBEMBE, Achille. *Necropolítica.* São Paulo, N-1 Edições, 2018.

MELUCCI, A. *Busca de qualidade, ação social e cultura.* In: MELUCCI, A. (org.). *Por uma sociologia reflexiva, pesquisa qualitativa e cultura.* Petrópolis: Vozes, 2005.

MENEZES, Palloma Valle. *Entre o "fogo cruzado" e o "campo minado"*: uma etnografia do processo de "pacificação" de favelas cariocas. Tese (doutorado) — Universidade do Estado do Rio de Janeiro, Instituto de Estudos Sociais e Políticos, 2015.

RAMOS, Silvia (coord.). *Vozes sobre a intervenção.* Rio de Janeiro: CESeC, agosto de 2018.

_____. *Três meses de intervenção no Rio*: Mudou alguma coisa? Infográfico. Rio de Janeiro: Observatório da Intervenção/CESeC, maio de 2018.

_____. *Seis meses de intervenção federal*: O Rio precisa de uma política de segurança que salve vidas. Infográfico. Rio de Janeiro: CESeC, agosto de 2018.

TRINDADE, Claudia Peçanha da. *"Não se faz omelete sem quebrar os ovos".* Política Pública e Participação Social no PAC Manguinhos — Rio de Janeiro. Tese de doutorado. Universidade Federal Fluminense, Instituto de Ciências Humanas e Filosofia, Departamento de História, 2012.

OLIVEIRA, João Pacheco de. *Pacificação e tutela militar na gestão de populações e territórios.* Mana, Rio de Janeiro, v. 20, n. 1, p. 125-161, abr. 2014. Disponível em < http://www.scielo.br/scielo.php?script=sci_arttext&pid=S0104-93132014000100005&lng=en&nrm=iso>.

Pelo direito de ser vítima: narrativas, moralidades e mobilização virtual em torno do assassinato de uma criança no Complexo do Alemão

PATRÍCIA LÂNES[1]

Introdução

Era quinta-feira da Semana Santa, feriado, dia 2 de abril de 2015. Naquele dia fiz pesquisa, mas fora do Complexo do Alemão[2]. Estive em uma atividade externa (no Centro do Rio) de um projeto social voltado para jovens de lá. Em seguida, fui com meu filho a uma reunião na Candelária para se discutir estratégias para se barrar a redução da maioridade penal que havia voltado à pauta na Câmara dos Deputados também como

---

[1] É jornalista, especialista em Sociologia Urbana (UERJ), mestre em Sociologia (PPGSA/UFRJ) e doutora em Antropologia (PPGA/UFF). Entre 1998 e 2012 foi pesquisadora do Ibase. Atualmente é bolsista Capes/PNPD no PPCIS/UERJ estando vinculada ao CIDADES — Núcleo de Pesquisa Urbana/Uerj.

[2] O Complexo do Alemão é formado por 12 favelas localizadas na parte suburbana da Zona Norte carioca, onde vivem cerca de 120 mil pessoas de acordo com movimentos sociais locais. Os dados do Censo 2010 (IBGE) falam em mais de 70 mil moradores. Abrigado na Serra da Misericórdia, abrange os bairros de Bonsucesso, Inhaúma, Olaria, Penha e Ramos, parte central da região da Leopoldina, sendo ele mesmo um bairro desde 1993. O Complexo ficou conhecido por ser uma das regiões mais violentas da cidade, com inúmeros episódios de enfrentamento entre grupos de vendedores de substâncias ilícitas armados (o chamado "tráfico de drogas") e entre eles e a polícia. A partir da década de 1980, o tráfico de drogas se fez mais presente no local que, já no início dos anos 1990, passou a ser conhecido como um dos "quartéis generais" de uma das mais conhecidas facções do Rio de Janeiro. A história de organização comunitária é, como no caso de grande parte das favelas cariocas, anterior a investimentos públicos feitos na região. A primeira associação de moradores em uma das favelas do lugar data da década de 1960 e são inúmeras as histórias narradas sobre mutirões e organização de comitês comunitários. Na primeira década dos anos 2000, o Complexo foi escolhido como uma das localidades para implantação do Plano de Aceleração do Crescimento (PAC) pelo governo federal, o que significou obras (nem sempre terminadas), construção de equipamentos públicos e projetos sociais direcionados a públicos específicos, entre os quais os jovens. Tais dinâmicas de investimentos e intervenções (públicas e privadas) adensaram-se a partir do final de 2010 com a ocupação militar que antecedeu à implantação das Unidades de Polícia Pacificadora (UPPs), veiculada em tempo real por grandes meios de comunicação.

parte do trabalho de campo. Ninguém do Alemão estava lá. Passei o dia sem internet no celular o que fazia com que não pudesse acompanhar as notícias vindas de pessoas que lá moravam. Nessa reunião, alguém contou que o "bicho 'tava' pegando" no Alemão, ou seja, que o clima por lá estava "tenso", com intensos tiroteios, mas não sabia ao certo o que tinha acontecido.

Foi à noite, em casa, que tomei conhecimento do ocorrido: mais pessoas haviam morrido naquele intervalo de tempo, entre elas, um menino de apenas dez anos de idade, Eduardo de Jesus:

> Não devia fazer etnografia disso. Mas é a morte desse menino de 10 anos na porta de sua casa, sem arma na mão, sem dúvida de sua inocência, mas que mesmo assim tentam incriminar sob a acusação de envolvimento (com o tráfico), divulgando fotos de outra criança de arma na mão como se fosse ele, é essa morte que pode mudar alguma coisa. É ela que amplifica a revolta pra fora da favela. É ela que gera comoção, que de um dia pra outro faz com que atores políticos de dentro e de fora marquem protestos, que faz com que uma *hashtag* relacionada ao Alemão fique entre as mais vistas e entre nos *Trending Topics* do Twitter, que faz com que Xico Sá [jornalista conhecido, à época colunista do jornal impresso Folha de São Paulo] escreva um artigo todo baseado nas informações do "Voz da Comunidade". É essa morte e não outra.
>
> Essa morte que não foi filmada, mas cujo corpo fotografado numa poça de sangue entra na minha TL [*timeline*] inúmeras vezes, mesmo em perfis de pessoas que usualmente não postam fotos de pessoas mortas. A imagem da mãe chorando enquanto segura a foto do filho morto em uma manifestação "pacífica" organizada ontem mesmo expressa a dor por menos uma vida (trecho do diário de campo, 3 de abril de 2015).

O relato anterior resume o que aconteceu em um curto intervalo de tempo e alguns dos desdobramentos (para mim inesperados) do ocorrido. O assassinato de Eduardo de Jesus pela polícia sintetiza a hierarquia das vidas: elas não valem a mesma coisa, não significam a mesma coisa e, nesse sistema de valores, as pessoas mais matáveis são os jovens pobres e negros, moradores de favelas e periferias. Em sua dissertação, Farias (2007) elabora a hipótese de que os favelados seriam uma "população matável". Em suas palavras:

> O "auto de resistência" e o "crime de associação ao tráfico" se encaixam numa espécie de retroalimentação do processo que configura os moradores de favelas como uma população matável: os policiais que durante incursões executarem sumariamente moradores desses locais passam a ter certeza da sua impunidade e se torna ainda mais complicado para os favelados denunciarem este tipo de ação e reivindicarem seus direitos; afinal, protestos e manifestações podem resultar em enquadramento e prisão (2007, p. 76)[3].

---

[3] Farias (2007) recorre a Cano (1997), que define os autos de resistência como "nomenclatura oficial que a polícia usa para definir as mortes e os ferimentos ocorridos em confronto, decorrentes da resistência à autoridade policial." FARIAS, 2007, p. 67

Como aponta a autora, há formas de enquadrar a conduta de moradores de favelas que justificam seu assassinato pela polícia: o auto de resistência é uma delas (assim como a prisão por desacato, citada anteriormente). Em janeiro de 2016, uma resolução conjunta do Conselho Superior de Polícia, órgão da Polícia Federal, e do Conselho Nacional dos Chefes da Polícia Civil, aboliu o uso dos termos "auto de resistência" e "resistência seguida de morte" nos boletins de ocorrência e inquéritos policiais em todo o território nacional. De acordo com reportagem da Carta Capital, "os termos eram usados por policiais que matavam suspeitos alegando estarem se defendendo e, mesmo representando homicídios, costumam ser classificados separadamente nas estatísticas" (janeiro de 2016)[4].

Essa mudança aconteceu após ampla mobilização de movimentos sociais, instituições e grupos ligados à pauta dos Direitos Humanos e especialistas em segurança pública sob o argumento de que o uso das expressões protegia policiais que cometiam propositalmente homicídios, mas foi encarada por muitos com ceticismo. Na mesma reportagem, especialistas do tema e representantes de organizações de Direitos Humanos expressavam a insuficiência da medida. Julita Lemgruber (socióloga do CESeC e ex-diretora do sistema penitenciário do Rio de Janeiro), por exemplo, afirmava que as mudanças seriam "puramente cosméticas": "Com ou sem essa expressão, o Ministério Público e as polícias sempre tiveram a obrigação de investigar essas mortes, mas nada é feito"[5].

Desse cenário também fazem parte o sentimento de insegurança e a ideia de que todas as pessoas que vivem em favelas e em periferias urbanas seriam potencialmente criminosos ou coniventes com o crime. Tais sentimento e ideia são reforçados cotidianamente por leis, modos de pensar e agir em determinados territórios e representações que circulam repetida e intensamente pelos meios de comunicação. São as pessoas classificadas como adolescentes e jovens, as mais fáceis de terem suas mortes socialmente justificadas porque elas ocupam, no imaginário social, quando são pobres, negros e/ou moradores de favelas, o lugar de "traficante"[6].

---

4 Cf. <http://www.cartacapital.com.br/sociedade/fim-do-auto-de-resistencia-e-mudanca-cosmetica-dizem-especialistas>.

5 Disponível em < https://www.terra.com.br/noticias/brasil/fim-do-auto-de-resistencia-e-mudanca-cosmetica-dizem-especialistas,e17964adb3f236fe0c303e7cdca274e8ewugh3vp.html>

6 "O sentimento generalizado de insegurança na cidade e a mentalidade que atribui aos moradores de favelas cumplicidade com os criminosos provoca uma delegação implícita aos policiais para atuar nesses territórios indo além do uso da 'força comedida' que é sua função institucional, bem como uma reorientação das políticas sociais e das ações filantrópicas que passam a focalizar quase exclusivamente territórios e categorias tidos como 'vulneráveis', isto é, 'em risco' de aderir ao crime violento. Especialmente os moradores mais jovens são pensados e tratados nesses programas de intervenção como potencialmente criminosos" (SILVA, 2008, p. 26).

De acordo com relatório da Anistia Internacional Brasil (2015), o Brasil era, naquele momento, o país com o maior número de homicídios no mundo (56 mil pessoas foram mortas só no ano de 2012). Em 2012, mais de 50% de todas as vítimas de homicídios tinham entre 15 e 29 anos e, destes, 77% eram negros. Entre os anos de 2010 e 2013, das 1.275 vítimas de homicídio devido à intervenção policial na cidade do Rio de Janeiro, quase todas eram homens (99,5%), 79% eram negras e 75% tinham entre 15 e 29 anos de idade. Os estereótipos negativos associados cotidianamente a jovens e negros que vivem em favelas e periferias contribuem para a reprodução e naturalização dessa (e de outras) modalidade de violência. Apesar da quantidade de mortos por uma política de segurança que tem como matriz a "guerra às drogas", essas mortes, em geral, não são investigadas, não mobilizam, não geram comoção ou repercussão pública. Eduardo era, no entanto, uma criança, essa condição e o contexto de sua morte expunham o absurdo do ocorrido, mesmo em uma sociedade que legitima a atuação violenta nesses lugares.

O assassinato e seu contexto

Eduardo de Jesus Ferreira foi baleado na porta de sua casa, que ficava na região do Areal, Complexo do Alemão, na tarde do dia 2 de abril de 2015. Em matéria do portal de notícias G1 veiculada no mesmo dia, Terezinha Maria de Jesus, mãe do menino, diz não ter dúvida de que foi um policial militar do Batalhão de Choque que matou seu filho[7], revelou ainda que foi ameaçada por ele ao questioná-lo sobre o acontecido. De acordo com a matéria citada:

> Eu marquei a cara dele. Eu nunca vou esquecer o rosto do PM que acabou com a minha vida. Quando eu corri para falar com ele, ele apontou a arma para mim. Eu falei "pode me matar, você já acabou com a minha vida", contou.
> Terezinha disse que estava sentada na sala de casa, assistindo televisão quando viu o filho ser morto. "Ele estava sentado no sofá comigo. Foi questão de segundos. Ele saiu e sentou no batente da porta. Teve um estrondo e, quando olhei, parte do crânio do meu filho estava na sala e ele caído lá embaixo morto", relembrou.

---

7 "A 'guerra às drogas' para combater o comércio de drogas ilícitas, especialmente nas favelas, e a ausência de regras claras para o uso de veículos blindados e de armas pesadas em áreas urbanas densamente povoadas elevam o risco de morte da população local. A Polícia tem justificado, recorrentemente, o uso de força letal contra as pessoas alegando suspeitas de envolvimento das vítimas com grupos criminosos. Essas operações militarizadas de larga escala têm resultado em um alto índice de mortes nas mãos da Polícia" (Anistia Internacional Brasil, 2015, p. 5).

SONHO DE SER BOMBEIRO

Revoltada e abalada, Terezinha, mãe de outros quatro filhos, repetiu reiteradas vezes o sonho de Eduardo: ser bombeiro.

"Tiraram o sonho do meu filho. Tiraram todas as chances dele. Eu fazia de tudo para ele ter um futuro bom. Aí vem a polícia e acaba com tudo", lamentou. "Ele sempre falava que queria ser bombeiro. Ele estudava o dia inteiro, participava de projeto na escola, só tirava notas boas. Por que fizeram isso com meu filho?", questionava sem parar.

REVOLTA NA COMUNIDADE E HOMENAGEM

Um vídeo postado na internet (...) mostra moradores revoltados com PMs, chamados de "covardes" e "assassinos". Eduardo de Jesus Ferreira é a quarta vítima de confrontos entre polícia e criminosos em 24 horas[8].

Como relatado em meu caderno de campo e na matéria acima, a morte de Eduardo aconteceu em um momento "tenso" na favela. Frequentando regularmente o Alemão desde 2013, após alguns meses de ausência, notei que a partir de 2014 a presença da polícia e os conflitos se modificaram e se intensificaram: havia mais policiais armados nas ruas principais das favelas do Complexo — por onde eu costumava circular — e as informações sobre tiros, confrontos armados, baleados e mortos invadiam cotidianamente minha *timeline* do Facebook, sobretudo a partir das páginas de pessoas, grupos e coletivos de comunicação que atuavam então no local, fazendo reverberar para fora o clima de tensão e as situações de violência. Nas 24 horas que antecederam a morte de Eduardo, outras três pessoas já haviam sido vitimadas e acontecia uma operação policial no local.

As frases de Terezinha Maria de Jesus, mãe de Eduardo, destacadas no trecho da matéria publicada pelo portal de notícias dão a dimensão do ocorrido. Além de, ao menos, contextualizar a morte de Eduardo em um período em que outras pessoas foram mortas no Complexo do Alemão, mostra o desespero da mãe ao perder seu filho ainda criança e seu enfrentamento daqueles que o mataram, especialmente daquele que ela reconhece como assassino de Eduardo e que a ameaçou. A ameaça, no entanto, não surtiu efeito sobre ela. Perder o filho já foi perder a vida. Nesse cenário, conseguir punir seus algozes e, como veremos, restituir a condição de inocência a seu filho tornou-se objetivo central para sua mãe, mobilizando também diferentes atores.

Nesse momento, destaco apenas que entre aquilo que Terezinha disse (e que foi selecionado para ser publicado) estão as informações de que o sonho do menino era ser bombeiro e os fatos de ser estudioso ("ele só estudava"), bom aluno e frequentar

---

[8] Cf. <http://g1.globo.com/rio-de-janeiro/noticia/2015/04/mae-de-morto-no-alemao-acusa-nunca-vou--esquecer-o-rosto-do-pm.html>.

"projeto" em sua escola. Essas informações seriam fundamentais na busca pela preservação de sua condição de inocência em um contexto social em que, como foi visto nas citações de Farias (2007) e Silva (2008), a morte de moradores de favelas pela polícia é constantemente justificada, presumindo a culpa da vítima que se concretizaria no imaginário social a partir de sua suposta relação com o comércio de drogas ilícitas a varejo na favela (o chamado tráfico de drogas).

Naquele período, diversas pessoas engajadas do Alemão e ações coletivas locais publicavam nas redes sociais virtuais uma série de imagens e notícias sobre a violência em curso. No dia da morte de Eduardo, o Coletivo Papo Reto (uma das ações coletivas locais), por exemplo, publicou um vídeo em sua página do Facebook (que naquele momento contava com mais de 12 mil curtidas) que mostrava o momento seguinte àquele em que a moradora Elizabeth Moura Francisco havia sido baleada, em que algumas mulheres gritavam e choravam na rua. No início não era possível entender muito bem o que estava acontecendo, em seguida, no entanto, observa-se dois homens, moradores, carregando um corpo até um carro branco e tentando colocá-lo no banco de trás do veículo. Estavam tentando levá-la para o hospital. O vídeo, com duração de pouco mais de um minuto e meio, teve mais de 36 mil visualizações. Naquele dia, ele podia ser assistido na página do Facebook do Papo Reto acompanhado do seguinte texto:

> Cansa! É triste d+ ver os seus sendo exterminados. É triste entender o abandono. É angustiante ver, ouvir, acreditar... Mais uma família destruída em nome do que os "poderosos" chamam de paz. Aqui não sabemos o que significa, mas se parar pra analisar, não quero essa paz não. É em nome dela que muitos estão indo embora... (abril de 2015).

Essa postagem, que recebeu mais de 440 curtidas e foi compartilhada 450 vezes, poderia sintetizar a repercussão do caso. O vídeo mostrava a tentativa de socorro prestado por vizinhos à Elizabeth de Moura Francisco, de 40 anos, baleada dentro de casa um dia antes da morte de Eduardo. Ela também morreu. Sua filha adolescente, também baleada, sobreviveu. Os termos em que foi escrita a postagem que acompanhava o vídeo revelavam alguns aspectos comuns desse tipo de reação aos constantes assassinatos de moradores em favelas: o cansaço daqueles que lá vivem e acompanham cotidianamente essas mortes (que, em geral, tem pouca repercussão para além do lugar); a identificação com as pessoas mortas uma vez que todos compartilham o fato de serem moradores do local; e as críticas à política de segurança que trazia no nome a ideia de paz não concretizada no cotidiano de moradores.

Após essa postagem, que mostrou os momentos seguintes à morte de Elizabeth, a página do coletivo Papo Reto continuou informando sobre a situação de violência naquele dia. Falavam do caveirão, nome popular dado ao veículo blindado utilizado pelo Batalhão de Operações Policiais Especiais da Polícia Militar (BOPE) em incursões dentro de favelas do Rio de Janeiro,[9] saindo da favela "na bala", ou seja, alvejado por pessoas armadas ligadas ao tráfico de drogas; de momentos de tiroteio em pontos diversos das favelas do Complexo; compartilharam a reportagem de A Nova Democracia[10] (veículo da imprensa alternativa engajada que se identificava como "imprensa popular, nacional, democrática e antiimperialista"), que mostrava a noite anterior (de 1º de abril) no Alemão. A reportagem foi feita pelo jornal em parceria com pessoas do Papo Reto e revelava que quatro pessoas teriam sido mortas em menos de três horas. Textos de pessoas engajadas abordando a violência no Alemão, fotos de contêineres da polícia em chamas e de barricadas nas ruas do lugar, esse foi o contexto que antecedeu a morte de Eduardo.

A ele, o coletivo adicionou em sua *timeline* um trecho de um vídeo feito pelo grupo semanas antes, na ocasião da visita do então governador do Rio de Janeiro, Luiz Fernando Pezão, ao Complexo, quando se reuniu com pessoas ligadas a organizações locais, incluindo alguns coletivos. A ida do governador também esteve relacionada à violência no local e a um certo consenso sobre a ineficiência da política de pacificação no Alemão. No trecho escolhido pelo grupo, o governador fala:

> Se tiver que vir aqui eu venho, não deixo de andar em lugar nenhum. Sempre que vocês precisarem, eu venho aqui. Respeito muito as lideranças comunitárias, os parlamentares que entraram comigo aqui, que me ajudaram a andar aqui e... o meu governo vai ser assim: eu não determino a um policial que mate, que atire, em lugar nenhum! Agora eu não tolero e não admito também que uma policial que venha pra cá trazer a paz receba um tiro que mate ela (março de 2015).

Na postagem desse trecho do vídeo, eles incluíram o seguinte texto:

> Faz 12 dias que o governador do Estado do Rio de Janeiro, Luiz Fernando Pezão, esteve no Complexo do Alemão. Na rápida oportunidade, lideranças locais fizeram importantes apontamentos sobre a situação atual da favela. Veja neste vídeo parte da resposta do governador. Qual a sua opinião sobre a fala dele?

O destaque dado à fala de Pezão é fundamental para a compreensão do contexto do assassinato de Eduardo.

---

9 Semelhante a um tanque de guerra, todo pintado de preto, o nome pelo qual é conhecido faz referência ao símbolo de uma caveira com uma adaga encravada e garruchas douradas cruzadas (logotipo do BOPE) presente no veículo. A presença de tal veículo causa apreensão entre moradores de favela, pois ele materializa a possibilidade concreta de enfrentamento armado entre policiais e pessoas do tráfico e mortes daí decorrentes.

10 Cf. <http://anovademocracia.com.br/>

A promessa de não violência da polícia feita pelo governador associava-se, de forma evidente, a um recado de não tolerância à violência contra policiais (a policial a que ele se refere havia sido morta pouco tempo antes da visita em um momento de acirramento de conflitos entre pessoas do tráfico de drogas e a polícia). Nesse trecho, o governador buscava igualar os dois movimentos de violência posicionando a ação da polícia a uma resposta à ação do tráfico de drogas no local. Não havia, ali, diferenciação entre o lugar do Estado (lugar do "do uso da 'força comedida'" que é sua [da polícia] função institucional", como apontou Silva (2008)) e o lugar de pessoas ligadas a atividades consideradas ilegais no lugar que fazem uso de armas de fogo. Ao mesmo tempo, a narrativa do governador reforçava a ideia de que seria a polícia aquela capaz de trazer a "paz" para a localidade. A violência contra a paz não seria tolerada e seria respondida com violência.

O assassinato e as disputas morais em torno da vítima

A postagem seguinte feita pelo Papo Reto foi sobre a morte de Eduardo, o texto "Agora uma criança... Criança sendo criança. Na favela não tem esquina. Nossas esquinas são os becos e vielas. 10 anos... Qual foi o seu crime??? Mais um dos nossos no Chão. Socorro!!!!! Foto: internet" aparecia acima da foto do corpo do menino morto, caído no chão, ao lado de uma pequena escada, perto de um bueiro, cheio de sangue[11], a postagem teve cerca de 1.500 curtidas e mais de 1.100 compartilhamentos naquele momento.

Em mais de 340 comentários, delineavam-se os contornos morais que entram em jogo quando morre alguém na favela. Alguém que chegou a gerar uma foto, uma imagem que passou a circular dentro e fora dos limites geográficos daquele lugar. Os comentários apontavam em alguns sentidos: pessoas marcavam outras pessoas para que tomassem conhecimento do ocorrido, outras evocavam a religião de formas variadas, lamentando e pedindo conforto para a família ou o fim dos conflitos armados. Houve, ainda, os que perguntassem quem foi morto, quando e onde exatamente aquilo havia acontecido. No entanto, uma parte significativa dos comentários tomava a direção da busca por culpados e do enquadramento da vítima entre eles.

As versões conflitantes sobre a origem do disparo que vitimou Eduardo começaram a circular quando seu corpo ainda estava no chão e a perícia não havia sido realizada. Enquanto uma parte dos comentários criticava a ação da UPP e da Polícia Militar de

[11] Há um vídeo caseiro que também circulou muito e chegou a aparecer no jornal local de uma importante emissora onde uma mulher desesperada após a morte de Eduardo grita, chora e xinga um policial que descia as escadas do morro segurando um fuzil nas mãos (como a maior parte deles circulava rotineiramente no Complexo do Alemão naquele momento).

forma geral no Alemão e nas favelas, endossando, de alguma maneira, a versão de Terezinha, mãe do menino, que contou que seu filho foi morto por um policial, outras pessoas comentavam (ou respondiam a esses comentários) culpando os traficantes pelos confrontos em favela e acusando o perfil do coletivo Papo Reto de conivência com o tráfico. Foi nessa mesma direção que seguiram algumas postagens que questionavam a idoneidade da vítima, a despeito de sua idade ou das condições descritas de sua morte. Foi nesse contexto que começaram a ser difundidas imagens de um menino armado de fuzil e pistola (são duas fotos) dizendo ser Eduardo aquela criança.

A imagem do menino armado que diziam ser Eduardo seria a prova inquestionável de que ele seria um "bandido" e, portanto, passível de ser morto e, sobretudo, de ser morto pela polícia no que se supunha ser uma situação de confronto, acionando a ideia de autos de resistência. A socióloga Marcia Leite (2008) reflete sobre a falta de legitimidade de denúncias e reivindicações realizadas por quem vive em favela devido aos estigmas a eles vinculados, ou, em suas palavras uma "criminalização prévia" que levaria a que suas reivindicações fossem "usualmente respondidas com indiferença, desrespeito e descompromisso na certeza de que se trata de demandas espúrias de pessoas praticamente tidas como não-cidadãos" (Birman e Leite, Machado, Sá Carneiro, 2004; *apud* LEITE, 2008, p. 118).

Transformar Eduardo em criminoso fazia parte, portanto, de uma engrenagem muito maior que há décadas deslegitima não apenas denúncias e reivindicações de moradores de favelas feitas no espaço público, como afirma Leite (2008), mas também seu sofrimento: o direito de chorar publicamente seu mortos.[12] A disputa entre a narrativa que tinha como objetivo transformar o menino morto em "traficante" ou "bandido", e outra que buscava restituir sua condição de vítima, de criança assassinada por policiais, se deu nesse cenário. Ambas narrativas se faziam não apenas com palavras (postagens e comentários), mas também por imagens.

No universo das redes sociais virtuais, a imagem se estabeleceu como central na disseminação de informações e na hierarquização do que é visto e do que é lido. Não se trata de fenômeno exclusivo das redes sociais virtuais em nossa sociedade marcada por uma cultura da imagem, mas parece ter se amplificado e consolidado com elas. No que se refere ao contexto aqui tratado, a de morte de moradores de favelas pela polícia,

---

12 A reflexão de Vianna e Farias (2011) faz referência às diferentes possibilidades experimentadas por mães pobres que perdem seus filhos de expor publicamente seu sofrimento a partir da construção social sobre a condição de quem foi morto: "A contrapartida do filho criado para ser 'trabalhador' era dada ali pela figura da mãe que não admitia viver privadamente sua dor e que se empenhava em conseguir esse bem supremo de redenção e reconhecimento dado pela condenação dos policiais que o mataram. Seu oposto simbólico, a 'mãe de traficante', aparecia na fala, com sua imagem às avessas, dizendo-nos da aquiescência em relação à ilegitimidade e à impossibilidade de exigir justiça, de prantear publicamente sua dor, tornando-se tão anônimas quanto os corpos dos filhos mortos 'em confronto'" (2011, p. 105).

as imagens e vídeos também ocupam lugar de destaque. Ao analisar a trajetória de fotógrafos engajados, Gama (2012) remete à morte de Matheus Rodrigues, de oito anos, na Baixa do Sapateiro, uma das favelas do conjunto de favelas da Maré, Zona Norte do Rio de Janeiro. O corpo de Matheus foi fotografado e as imagens feitas naquele momento (dezembro de 2008), anterior ao uso ampliado e intensivo de redes sociais virtuais, tiveram um papel decisivo no desfecho do caso. De acordo com Gama:

> Este "evento crítico" (Das, 1995) — o violento assassinato de uma criança — chocou a sociedade e gerou repercussões dentro e fora do conjunto de favelas, ultrapassando o grupo de interesse dos organismos que lidam com os direitos humanos no Rio de Janeiro. A pouca idade de Matheus somada às fotos produzidas por Naldinho foram fatores que ampliaram a comoção em torno do caso. Suas fotos serviram como prova da violência praticada pela polícia nas favelas, e como indício de que as incursões da Polícia Militar nessas áreas causam perdas que não poderiam ser enquadradas nos já banais "autos de resistência" (2012, p. 240).

A foto tirada pelo fotógrafo e morador do local Naldinho Lourenço, um close na mão aberta da criança caída no chão revelando a moeda de um real que o menino levava para comprar pão no momento em que foi morto, ficou muito conhecida, circulando à época por e-mail e em publicações diversas com enorme repercussão[13].

A análise de Gama (2012) do evento crítico acontecido na Maré em 2008 ajuda a entender processos que envolvem o uso de imagens fotográficas (e mais recentemente vídeos) na construção de versões que desautorizam as versões oficiais (legitimadas pelos agentes do Estado, no caso, a polícia). Apesar de nem todas serem feitas por fotógrafos profissionais (fenômeno cada vez mais possível dada à popularização de câmeras digitais e ao fato de celulares possuíram o recurso de máquinas fotográficas), gostaria aqui de chamar a atenção para algumas que compuseram a gramática da luta pela contaminação e descontaminação moral de Eduardo.

---

13 "Matheus estava saindo de casa para comprar pão para o seu tio quando recebeu um tiro na cabeça disparado por um dos quatro policiais que estavam à procura de traficantes de drogas. Metade de seu corpo estava dentro da casa, metade fora. Ele morreu na hora. Não corria pelas ruelas, não estava no meio do caminho, não podia ser confundido com um traficante. Sua pouca idade impediria os policiais de enquadrá-lo como criminoso, vítima de um auto de resistência. O lugar onde ele se encontrava também. Mostrar que ele era uma criança inocente que saía de casa, como fez Naldinho, serviu para recuperar a *idoneidade* e a *dignidade* de Matheus, assim como a de sua família" (Gama, 2012, p. 266).

As imagens e a gramática visual do assassinato de Eduardo

A primeira imagem é a de Eduardo morto: seu corpo já sem vida no chão de um lugar da favela, provavelmente um beco, entre escadas, em uma poça de sangue, a foto foi tirada de cima e Eduardo está de barriga para cima envolto e coberto de sangue. Na lateral direita da foto, se vê a metade de uma mulher de pé. Essa imagem, que parece ter sido aquela que circulou inicialmente como comprovação de sua morte, não possuía autoria.

A segunda imagem que circulou vinculada à morte de Eduardo, e que passou a compor a complexa rede de acusação contra ele, foi a de um menino segurando uma arma. Também anônima, trata-se, na verdade, de duas fotos que apareciam recorrentemente nos comentários de posts de grupos locais sempre feitos por um ou dois perfis, provavelmente *fakes*, ou seja, que não representam convergência entre uma pessoa ou grupo existente fora da internet e um perfil em uma rede social, em geral, criados com objetivos específicos, nesse caso difamar a imagem de uma pessoa ou gerar polêmica em outro perfil. Era recorrente entre militantes o relato de que muitos policiais se utilizavam de perfis dessa natureza para monitorar as atividades de pessoas e grupos engajados nas redes sociais. A foto endossava um tipo de argumentação em voga — e presente em muitas outras situações como no caso de violência contra a mulher, por exemplo — que busca responsabilizar a vítima pela violência sofrida e destituí-la do lugar de vítima[14].

Nas fotos em que buscavam criminalizar Eduardo, um menino — aparentando pertencer à mesma faixa-etária — segurava uma arma enorme (e na outra imagem uma pistola), quase maior do que ele, atrás dele um muro pintado com alguma referência à Copa do Mundo com tijolos e cimento à mostra. O menino, de pele escura e uma parte do cabelo castanho que parecia descolorida, estava de bermuda, com o dorso desnudo,

[14] No que se refere à violência contra as mulheres, muitos casos ficaram notórios recentemente devido aos usos das redes sociais, sobretudo por pessoas ligadas aos movimentos feministas, de mulheres e de mulheres negras. Um deles foi a da palestra de um policial em uma universidade do Canadá em 2011., Nela o policial falou que uma das maneiras para evitar estupro e assédio seria que as estudantes não usassem roupas curtas ou provocativas. A fala do policial em questão gerou inicialmente um movimento local intitulado *Slutwalk* traduzido para o português como Marcha das Vadias. O movimento local gerou, pela internet, adesões em todo o mundo. No Brasil (e em outros países), a Marcha das Vadias passou a ser uma manifestação anual realizada desde 2012 em diversas cidades, tornando-se um movimento transnacional contra a cultura do estupro.

levava uma camisa azul em um dos ombros[15], ele sorria meio de lado e na mão em que não segurava a arma faz um sinal com o polegar.

Essas imagens estabeleceram uma conexão com o debate ali colocado também pela frequência com que eram reproduzidas (e não por sua veracidade, imediatamente questionada todas as vezes em que era postada). Recordemos que essa imagem começou a circular pelo Whatsapp quando o corpo de Eduardo ainda se encontrava no chão, ou seja, não havia sido feita a perícia ou deslocado para outro lugar (graças à ação de vizinhos e de pessoas de ações coletivas locais que isolaram o local assegurando a permanência do corpo da criança onde foi morta). Era como se aquelas imagens fossem a encarnação da visão de parte da sociedade que justifica a morte daqueles que têm algum tipo de "envolvimento" com a venda a varejo de substâncias ilícitas nessas localidades. Segundo Leite (2008), o esforço dos moradores de favelas para realizar a "limpeza moral" que os diferenciaria dos traficantes de drogas esbarra na "cultura do medo", que traduz "convivência forçada" por "conivência" ou "ambiguidade moral" (p. 134).

As fotos justamente reforçavam a dúvida e recolocavam o dilema, exposto por Leite (2008), ligado à "ambiguidade moral" de quem vive nas favelas. Dias depois, tal suposição foi corroborada quando o presidente de uma conhecida organização não governamental que trabalha com jovens em favelas cariocas (José Júnior, do Afroreggae) postou em seu Facebook que "segundo informações", o menino morto seria bandido. Tratava-se de uma importante pessoa pública ligada a organizações não governamentais e ao debate sobre favela e juventude. Seu perfil no Facebook possuía mais de dois mil amigos e sua página na mesma rede social mais de 230 mil curtidas. O alcance de sua fala, devido a sua reputação junto a diversos segmentos sociais e acesso à visibilidade pública não só através da internet, mas também por possuir programas em redes de televisão comerciais, tinha, portanto, um peso significativo, sobretudo no que se referia a assuntos relativos à favela, do qual se colocava como porta-voz autorizado por sua larga experiência a partir da ONG que criou, ainda que fossem muitas as controvérsias públicas em que se encontrava envolvido[16].

A sua acusação, houve ao menos duas respostas: de um dos coletivos do Alemão (o Ocupa Alemão) que em seu perfil questionou a legitimidade de José Junior; e de

---

[15] Como demonstra Silva (2016) ao analisar a circulação e fronteiras experimentadas por jovens em contextos de pacificação, os jovens favelados (sobretudo homens) utilizam-se de "estratégias de invisibilização, produzindo através das roupas, acessórios, fala e postura geral uma apresentação de si nos espaços públicos enquanto estudantes, trabalhadores e/ou possíveis consumidores" (p. 338). A essas imagens, eles mesmos contrapõem os "estereótipos dos favelados funkeiros" que na percepção social geral seria mais próximo aos traficantes. A foto do menino que segurava as armas aciona esses estereótipos exibindo, em seu modo de se apresentar publicamente e para além da presença das armas, diacríticos que explicitariam sua condição de "bandido" ou "traficante".

[16] Para uma análise sobre disputas e trocas de acusação públicas entre José Junior e Pastor Marcos, ver Machado (2012).

Terezinha, mãe de Eduardo, que o chamou de "bandido" e disse que iria processá-lo. Devido à repercussão negativa de sua postagem, ela foi em seguida retirada de seu perfil e ele foi a público declarar que suas palavras haviam sido distorcidas. O recurso de "copiar e colar" aquilo que é publicado nas redes sociais virtuais (incluindo conversas privadas, ou seja, que acontecem através de recursos disponíveis, mas apenas entre um grupo limitado de pessoas ou perfis) fez com que a postagem em que ele afirmava que Eduardo era bandido continuasse a circular e repercutir nas redes sociais, blogs e jornais mesmo após sua exclusão do Facebook enquanto postagem[17].

As imagens que passaram a ser veiculadas mais recorrentemente a partir daí foram aquelas que mostravam o rosto de Eduardo mais de perto evidenciando as diferenças entre a foto de acusação de envolvimento do menino com o tráfico. Ao deixar de ser um corpo no chão e recuperar as imagens do menino ainda vivo, era possível notar nitidamente que não eram a mesma pessoa: o formato do rosto, a cor da pele, o cabelo, tudo era diferente, no entanto, o trabalho de chamar a atenção para as diferenças entre eles não pareceu surtir o efeito desejado e, não sendo fotos que apareciam associadas (ou seja, colocadas lado a lado em uma mesma imagem), o espaço para dúvidas permanecia.

Em determinado momento, contudo, foi criada uma arte que reunia as fotografias de modo a contrastá-las e tornar mais nítidas as diferenças reafirmadas pelas palavras: "Esse aqui não é o Eduardo (e abaixo duas fotos do menino segurando armas), é esse aqui (abaixo uma foto de Eduardo em pé, sem camisa, fazendo o sinal com o polegar sem nenhuma arma nas mãos e outra foto do rosto de sua mãe chorando enquanto segura uma foto do rosto de Eduardo). No meio da montagem, entre as fotos do menino com as armas e a de Eduardo o seguinte texto: "Eduardo de Jesus Ferreira, de 10 anos, assassinado em ação da PM no Complexo do Alemão". (Isso escrito mais próximo à imagem de Eduardo). Mais abaixo, do lado direito da montagem, no final, vinha "Mas nenhuma criança merece morrer!". A palavra "mas" estava rasurada e acima dela está escrito "mais".

Ainda que não tenha sido possível descobrir a autoria da montagem descrita anteriormente, ela indica uma série de aspectos sobre os quais é importante refletir. Ela construía uma semântica em que as fotos e as palavras eram utilizadas de modo a valorizar a contrainformação, ou seja, além do que era dito e exibido nas fotos, o como neste caso era de extrema relevância. O uso das cores das letras, o tamanho diferenciado das fontes, bem como o destaque e o modo de exibição de cada uma das quatro fotos utilizadas na montagem transmitiam a intenção de fazer entender diversas coisas. A primeira, que Eduardo não era o mesmo menino que carregava as armas nas fotos da esquerda. A segunda, o sofrimento causado por sua morte em sua mãe. A terceira, a autoria de sua

---

[17] Cf. <http://g1.globo.com/rio-de-janeiro/noticia/2015/04/jose-junior-diz-que-houve-distorcao-de-postagem-sobre-morte-de-eduardo.html>.

morte: a Polícia Militar. E, por último, o jogo de palavras (entre "mais" e "mas") reforçando as ideias de que não haja mais mortes (em termos de quantidade de pessoas vitimadas), mas também que, independente de fazer ou não parte do tráfico de drogas, nenhuma criança merece ser morta pela polícia. Esse aspecto é central em um contexto em que apenas aqueles considerados socialmente inocentes seriam passíveis de ser vítimas.

Assim como ela, outras imagens semelhantes circularam naqueles dias e sintetizavam as disputas de narrativas sobre a morte de Eduardo então em andamento. Às fotos do menino armado que diziam ser Eduardo, contrapunham-se a imagem de Eduardo desarmado e, em destaque por seu tamanho e pelo fato de ter sido feita por um fotógrafo e não por um amador (o autor da foto da mãe de Eduardo foi Renato Moura, um dos integrantes do Voz da Comunidade), a foto de sua mãe, e não se tratava de qualquer foto: tratava-se de um retrato de seu sofrimento.

A morte e suas mobilizações

A luta para garantir o direito de Eduardo a ser tratado como vítima apareceu também quando uma das participantes do coletivo Papo Reto desaconselhou a pessoa que incitava moradores presentes no local onde o menino foi assassinado a uma reação violenta (bastante comum em situações do gênero, ou seja, em que a morte torna-se intolerável para a comunidade em que se insere). Buscava-se, assim, uma saída mais "tranquila", de paz, que resultou naquele mesmo dia em uma caminhada silenciosa de moradores com velas até determinado ponto da favela (mais perto de uma das vias principais de acesso) onde fizeram coletivamente uma oração e onde a foto da mãe de Eduardo segurando sua foto foi tirada.

> Chegou do Papo Reto: eu e Coutinho. (...) Aí o Coutinho subiu pra fazer as fotos porque o pai tava deseseperado, tava pedindo. Os presidentes da associação já tinham chegado, quando eu comecei a conversar com a moça que estava muito agitada e agitando a galera. (...) E aí eu comecei a conversar com ela, e aí chegou a Lucia [Cabral, liderança local] e todo mundo, e eu continuei conversando com ela: "a situação é essa, essa, essa, e não vai adiantar a gente fazer nada agora que a gente vai criminalizar o Eduardo, tá circulando na rede uma foto de uma criança que não era pra tá circulando, mesmo que fosse...". E aí ela começou a acalmar e a falar "gente, vamos acalmar, vamos ouvir o pessoal, vamos acalmar". E aí todo mundo falava ao mesmo tempo, gritava ao mesmo tempo, fazia grito de ordem pra polícia sair, fora UPP, mas controlado ali naquele espaço (Entrevista com Renata Trajano, 2015).

No breve trecho anterior é possível entender o importante papel de "mediação" (termo usado pela própria Renata para se referir à sua interferência nesse processo) a partir de uma certa leitura da realidade. Renata, como outras pessoas consideradas referências locais, teve papel central naquele local no momento de buscar saídas que são percebidas como não "criminalizadoras".

As fotografias da manifestação que aconteceu no dia da morte de Eduardo (que também foi chamada de homenagem e revelava imagens em preto e branco de pessoas chorando com velas nas mãos) e os relatos de que se tratou de algo pacífico passaram também a circular imediatamente nas redes sociais corroborando para o processo de inocentar Eduardo. Tal opção insere-se em uma leitura de contexto em que determinadas formas de manifestação não são vistas como socialmente legítimas[18] (e desde as manifestações de 2013 a distinção entre manifestantes pacíficos e vândalos era cada vez mais recorrente e socialmente aceita) num subcontexto (a favela) onde qualquer tipo de manifestação pública, mesmo pacífica ou tranquila, termos frequentemente utilizados por meus interlocutores, era vista com suspeição e podia ser acusada de ter sido incitada por traficantes locais como se apenas esses atores tivessem críticas à ação policial.

Na minha *timeline* pude ver diversas imagens em preto e branco de muitas pessoas com velas nas mãos, emocionadas, revelando um momento de dor e comoção, e contribuindo para fortalecer a narrativa de inocência sobre Eduardo. Tratou-se de uma manifestação sem "confusão" (outro termo comumente utilizado por meus interlocutores para se referirem à violência em manifestações ou atividades culturais no lugar, por exemplo), com forte conotação religiosa evidenciada pelas velas nas mãos dos participantes (como em uma romaria) conectada com o calendário religioso (Eduardo foi morto numa Quinta-Feira Santa) e em meio a choros e orações ao final. Como apontam Novaes e Catela (2004), "polifônicos, os símbolos religiosos são recursos culturais imprescindíveis pra dar sentido à vida e para lidar com a morte" (2004, p. 133). O ritual ali performado pelos presentes buscava lidar com uma morte insuportável e suas imagens ecoaram pelas redes sociais, aquele trajeto feito pelos presentes foi o "espaço para socializar a dor" (para citar as mesmas autoras) naquele momento.

As fotos também foram compartilhadas pela rede de coletivos, organizações e pessoas atuantes no local. Catela e Novaes (2004), ao analisarem as repercussões a partir do caso do "sequestro do ônibus 174" em 2000 (que teve como desfecho a morte de Geisa Gonçalves, feita refém; e Sandro do Nascimento, o sequestrador e sobreviventeo da Chacina da Candelária anos antes) e, em especial, o "Mural da Dor", realizado no Centro do Rio, onde foram expostas imagens de pessoas mortas em diferentes casos

[18] Como aponta Bourdieu (1975) em texto em que analisa a greve como ação política, "(...) quando se fala de Estado, fala-se de sua força material (o exército, a polícia etc.) ou de sua força simbólica (que pode consistir no reconhecimento do Estado implícito no desconhecimento de seu papel real?). Legitimidade significa desconhecimento, e o que se chama de formas de luta legítimas (a greve é legítima, mas não a sabotagem) é uma definição dominante que não é percebida como tal, que é reconhecida pelos dominados porque se desconhece o interesse que os dominantes têm nesta definição".

de violência urbana, ressaltam que aquele ritual, "ao invés de esconder, silenciar a morte como convém ao mundo moderno, (...) a exibia, dava rosto e nome à abstração da violência. As imagens fotográficas atestavam mortes concretas, não anônimas e incluídas em frias estatísticas policiais ou do sistema de saúde, mas com nome e sobrenome" (Ibid, p. 126).

No episódio aqui analisado, as fotos conferem, como apontam as autoras, contexto à pessoa da vítima, revelam aspectos de sua vida e da rede de relações sociais em que estava incluída. As fotos da manifestação também revelam o lugar simbólico daquela morte para a comunidade. A preocupação pela não criminalização de Eduardo, como foi visto anteriormente, o cuidado com a dor da mãe, do pai e parentes, o reconhecimento da perda de "mais um dos nossos".

Uma das fotos daquela manifestação parece ter tido uma repercussão ainda maior: a imagem da mãe de Eduardo chorando com a foto do rosto de seu filho, uma criança, em sua mão (e também utilizada na montagem referida anteriormente).

FOTO: RENATO MOURA/ VOZ DA COMUNIDADE

A foto comovente tirada por Renato Moura, jovem criador e integrante do Voz da Comunidade, era a síntese da dor autorizada, a dor inquestionável, a dor da mãe que acaba de perder um filho. É preciso atentar também para o fato de que foi a mãe — e não o pai ou algum vizinho — a pessoa que afirmou ter sido um policial o responsável pelo assassinato do seu filho, levando em conta, portanto, a superioridade moral das mães (Leite, 2008) e de seu discurso. De acordo com Leite, "a perda e a dor seriam, por isso, mais intensamente experimentadas pelas mães que, em decorrência, seriam os personagens mais legítimos para denunciar violações de direitos, exigir reparações, cobrar deveres morais e clamar por justiça" (2004, p. 155). Esse lugar socialmente distinto conferido às mães em nossa sociedade cria uma possibilidade para denunciar, exigir, cobrar, lutar (transformar o "luto em luta" como dizem nos movimentos de mães de vítimas). Ao analisarem o movimento de mães que perderam seus filhos em situações de violência institucional, Vianna e Farias (2011) recuperam também a dimensão performática da dor em manifestações públicas, lembrando que a vinculação física com a imagem do filho opera uma conexão entre o luto individual e uma causa coletiva. Naquele momento, a foto de Eduardo sendo segurada por sua mãe era, antes de tudo a marca da perda recém-experimentada.

Foi a morte de Eduardo, e não muitas outras, que mobilizou diferentes atores de dentro e de fora do Alemão. O grupo à frente do jornal Voz da Comunidade, o perfil Alemão Morro, coletivos, como o Papo Reto e o Ocupa Alemão, organizações locais, como Raízes em Movimento e Educap, pessoas engajadas e moradores não engajados fizeram o acontecimento repercutir nas redes sociais virtuais e alguns dias depois, a *hashtag* #PaznoAlemão estava entre os destaques dos *Trending Topics* do Twitter[19] no Brasil.

Além disso, uma imagem foi criada para substituir a foto do perfil do Facebook das pessoas, organizações, coletivos etc. que aderissem de alguma forma à causa. A foto do perfil em redes sociais como o Facebook, em geral, operava a produção de uma identificação. Pessoas que possuíam perfis nas redes sociais escolhiam uma foto ou imagem para representá-la publicamente nessas plataformas e que, no Brasil, de forma geral, convergia com sua identidade social[20]. Com o passar do tempo, no entanto, tal imagem foi encarnando variados processos e adesões. Dessa forma, no dia das crianças, por exemplo, as pessoas mudavam suas fotos de perfil para fotos suas na infância. A partir de 2012/2013, muitas vezes essa mudança era realizada a fim de expressar sua adesão a ideias ou causas[21]. Tais mudanças eram, no entanto, temporárias e marcadas

---

19 Os Trending Topics são uma lista em tempo real das frases mais publicadas no Twitter. Essas frases eram agrupadas a partir da utilização do recurso/símbolo *hashtag* (#).

20 Para discussão sobre convergência identitária e internet, ver especialmente Ramos, 2015.

21 Havia, inclusive, aplicativos que tornavam disponíveis filtros que podiam ser combinados a outras imagens (como fotos da própria pessoa, por exemplo) de modo a expressarem seu apoio a determinado candidato em épocas de eleições ou certas causas como o orgulho gay, por exemplo.

por certos eventos (eleições ou situações públicas de discriminação ou um dia no calendário vinculado a certa causa). Havia também a possibilidade do recurso utilizado no caso da morte do Eduardo em que foi feita uma arte específica que remetia a um evento e/ou causa. Nesse caso específico, o "Somos Todos Alemão" fazia referência não só à situação de violência no local, a partir de uma morte intolerável fazendo daqueles que a compartilham participantes de um luto coletivo (Catela e Novaes, 2004), mas também se referia indiretamente a outro evento violento intolerável hiper visibilizado pelos meios comerciais e redes sociais virtuais: o assassinato de jornalistas do jornal satírico francês Charlie Hedbo em Paris, França, num atentado terrorista que aconteceu meses antes, em janeiro de 2015, gerando grande repercussão mundial.

Esse tipo de recurso utilizado como modo de engajamento virtual problematizava também a hierarquia da dor e do sofrimento a partir de sua visibilidade. Cada morte em países da Europa ou, no caso do Brasil, especificamente nos bairros da Zona Sul da cidade do Rio de Janeiro (excluindo as favelas), costuma operar maior visibilidade social e comoção. Tal movimento recorrente tem sido constantemente questionado por pessoas engajadas em ações coletivas e movimentos sociais que utilizam a internet e, em especial, as redes sociais virtuais para indagar publicamente o valor dado a cada vida tirada tendo em vista seu local de moradia ou país onde ocorreu, sua origem social, sua cor/raça, gênero, orientação sexual, religião etc. O cerne do questionamento levanta a questão de quais mortes geram de fato o que Boltanski (1993) chama de "sofrimento à distância".

Além dos recursos da *hashtag* #PaznoAlemão, da arte para ser substituída nos perfis das redes sociais e do compartilhamento de imagens e informações sobre o assassinato de Eduardo, as condições de sua morte e a disputa em torno de sua imagem e identidades públicas, houve, ainda, uma série de manifestações de adesão e solidariedade no lugar, nas ruas do Alemão e entorno. A manifestação organizada pelo coletivo Papo Reto com outros coletivos, instituições e associações de moradores locais dois dias depois recebeu ampla adesão de pessoas de outras favelas, representantes de diversas organizações civis, parlamentares e políticos, além de igrejas locais e moradores.

A adesão de moradores à manifestação convocada pelo Papo Reto e outras organizações dias depois é ainda mais significativa caso levemos em conta que, muitas vezes, eles deixavam de participar de atividades do gênero justamente por medo de episódios de violência que poderiam ocorrer — as "confusões" e/ou a repressão da polícia, recorrentemente violenta. Episódios que podem reforçar ainda mais o estigma de violência presente na sociedade em relação às favelas e seus moradores.

É preciso colocar em perspectiva a atividade: além do fato de ter sido motivada pela morte de uma criança enquanto estudava na porta de sua casa, ela foi antecedida por uma manifestação pacífica ocorrida no dia de seu assassinato, além de uma manifestação no dia seguinte a sua morte, percebida como violenta devido à reação da polícia, gerando revolta entre parte dos participantes que reagiram jogando pedras nos policiais, por exemplo. É preciso pontuar, ainda, que cerca de um ano antes um mototaxista foi assassinado por policiais durante uma manifestação realizada nas ruas do Complexo do Alemão. Caio Moraes da Silva, 20 anos, foi morto pelas costas em sua moto. Sua mãe, Denize Moraes, passou a integrar mobilizações e atos pedindo o fim da violência no Complexo do Alemão, tornando-se uma pessoa próxima ao coletivo Papo Reto e de outros grupos e instituições locais, apesar de não ter se engajado diretamente em nenhuma delas[22].

A manifestação organizada pelo Papo Reto e outros atores locais aconteceu sábado, dia 4 de abril de 2015, pela manhã. O ato "tranquilo" e "pacífico" desejado e alcançado por organizadores reuniu cerca de 500 manifestantes. As pessoas concentraram-se por volta das dez da manhã na entrada de uma localidade do Complexo chamada Grota. Ali, algumas delas falaram ao megafone e fizeram cartazes. Já ao chegar, me surpreendi com o número de reunidos. Habituada a participar de outras manifestações públicas na localidade, elas raramente ultrapassavam 30 pessoas, entre militantes locais e de outras favelas ou movimentos sociais, alguns moradores (incluindo amigos e familiares da vítima) e pesquisadores. Dessa vez tratava-se de algo diferente: havia, além de meus interlocutores habituais, incluindo colegas pesquisadoras, outras pessoas que conhecia como representantes de ONGs de fora que não atuavam diretamente no Alemão, muitos moradores, incluindo crianças e mulheres, coletivos e organizações locais em peso, mototaxistas, pessoas vindas de outros bairros e cidades. A caminhada foi longa, indo da entrada da Grota até a Praça de Inhaúma, passando "por fora" das favelas, pelas vias principais de acesso ao Complexo do Alemão. Havia um carro de som à frente que foi alugado através de uma "vaquinha"[23].

22 Essa aproximação entre coletivos e organizações vistos como "de juventude" e movimentos de mães de vítimas não acontecia somente no Complexo do Alemão. Nos últimos anos, ela integrou uma espécie de reconfiguração de ambos os movimentos (de mães e de jovens) em alguns espaços populares. A solidariedade à dor materna se articula à consciência de que aqueles rapazes e moças poderiam ser seus filhos, terem sido ou serem mortos nesse contexto de violência urbana nas favelas. Ao mesmo tempo em que as mães seguem como porta-vozes dos filhos assassinados (em sua grande maioria, jovens negros e moradores de favelas).

23 A realização do ato foi resultado de uma série de arranjos e negociações. Uma das integrantes do coletivo Papo Reto, por exemplo, relatou que passou boa parte do tempo da manifestação mediando um possível conflito entre policiais e mototaxistas, pois os primeiros queriam recolher suas motos, que seguiam à frente da manifestação. Outros conflitos comuns em manifestações dessa envergadura surgiram ao longo do trajeto, no entanto, nenhum deles comprometeu o andamento da atividade. Ainda que pessoas ligadas a grupos diversos de dentro e de fora do Complexo tivessem leituras distintas sobre certas questões (como a presença de representantes de determinado veículo de imprensa comercial, por exemplo), prevaleceu ali o entendimento de que tais diferenças não deveriam ser expostas publicamente naquele momento para não comprometer a atividade, seu significado e suas possíveis repercussões.

Além das manifestações e da repercussão pública da morte de Eduardo (como artigos escritos em grandes jornais, cobertura midiática das manifestações e da sua perícia etc.) — ou talvez justamente por causa delas — houve uma série de "respostas" do poder público sobre a morte do menino. E coletivos e organizações locais — junto com organizações mais tradicionais como associações de moradores — tiveram papel relevante em todo o processo. Houve a visita de diversos representantes do poder público, reuniões de autoridades com moradores para ouvi-los sobre seus problemas (culminando com uma audiência pública realizada dentro de uma escola estadual local onde há dois anos havia sido instalada uma das bases da UPP, e que continuou funcionando lá por um longo período mesmo depois da audiência), além de uma série de promessas de mudança não apenas na política de segurança pública, mas no andamento de diversos processos e acordos em curso. As organizações locais buscaram uma rearticulação em busca de uma agenda mínima comum[24], e tais ações geraram efeitos por, pelo menos, dois meses (ainda que a política de segurança não tenha alterado significativamente seu *modus operandi* no local, mesmo que os policiais que estavam na operação no dia da morte de Eduardo tenham sido afastados).

O assassinato de Eduardo, tratado desse ponto de vista como expressão máxima de uma situação de violência da policial, já intolerável, tornou-se ponto de partida para outros debates. No foco deles, estava a percepção compartilhada de que violência não se combate com polícia, por um lado, e, por outro, de que era preciso ouvir os moradores (sua participação) para que ações adequadas fossem propostas por parte do Estado.

"Nossos mortos não serão esquecidos"

Todos os desdobramentos da morte de Eduardo foram amplamente cobertos pela mídia comercial e também pelos movimentos sociais locais. No início de junho de 2015, Terezinha, mãe de Eduardo, gravou e postou um vídeo onde pede justiça, fala da demora da resposta das autoridades e clama pelo julgamento dos policiais suspeitos de matarem seu filho.

---

[24] O movimento feito por pessoas engajadas e ações coletivas locais gerou uma série de reuniões na localidade (em espaços variados, fossem a sede de organizações ou grupos ou espaços públicos como a Praça do Conhecimento ou a Vila Olímpica, usualmente utilizados com essa finalidade pelos movimentos sociais locais no período da pesquisa). A busca pela criação de uma agenda comum mínima, aí mobilizando não apenas o grupo mais próximo a ONGs locais e coletivos, mas também as associações de moradores, ocorria em paralelo a uma intensificação significativa na visita de autoridades governamentais, agentes públicos, representantes de ONGs e outras organizações e atores de fora, como jornalistas ligados à grande mídia.

O inquérito policial concluiu que o tiro que matou Eduardo foi disparado por um policial, mas que este teria agido em legítima defesa. O caso do assassinato de Eduardo foi incorporado ao relatório de 2015 da organização internacional de direitos humanos Anistia Internacional Brasil e em sua campanha Jovem Negro Vivo:

> Não há legítima defesa de policiais quando um menino de 10 anos desarmado morre com um tiro de fuzil na cabeça disparado por um policial militar. A tese defendida pela Polícia Militar reforça a rotina de impunidade, falta de responsabilização e de controle do uso da força letal pela polícia do Rio de Janeiro. É uma verdadeira aberração. #JustiçaparaEduardo #DigaNãoÀExecução.[25]

Essas frases concluem o vídeo feito pela organização em que Terezinha de Jesus conta emocionada o que aconteceu no dia da morte de seu filho e o impacto sobre sua vida e é na luta por justiça que ela apostava. O relato de Terezinha sobre o assassinato de seu filho consta, com o de outras mães de vítimas, no relatório da Anistia Internacional "Você matou meu filho — Homicídios cometidos pela Polícia Militar no Rio de Janeiro". O documento traz informações sobre o modo de ação da Polícia no Rio de Janeiro em favelas, incluindo casos de assassinatos cometidos pela Polícia, como o de Eduardo. Terezinha realizou, com Ana Paula Oliveira (mãe de Johnatha de Oliveira Lima, rapaz de 19 anos, assassinado pela polícia pacificadora em Manguinhos em maio de 2014) uma viagem internacional para a Europa como parte da campanha Jovem Negro Vivo da mesma organização.

Durante a viagem, em novembro de 2015, ocasião em que o caso ganhou repercussão internacional, o Ministério Público denunciou o policial responsável pela morte de Eduardo. Uma audiência realizada pela 2ª Câmara Criminal do Tribunal de Justiça do Rio de Janeiro em 29 de novembro de 2015 resultou no arquivamento do caso do assassinato de Eduardo, mas naquele momento, ainda cabia recurso do Ministério Público[26].

Um ano depois da morte de Eduardo de Jesus e Elizabeth de Moura Francisco, coletivos, grupos e perfis no Facebook relacionados ao Alemão relembraram seus assassinatos e as condições em que ocorreram. "Um ano depois, nada mudou". As mortes marcam a passagem do tempo. E com ela, revelam expectativas frustradas. Os efeitos imediatos causados por aquelas mortes, um ano antes, traziam uma certa esperança de que alguma coisa se transformaria: talvez a política de segurança fosse seriamente

---

25 Cf. transcrição de trecho do vídeo produzido pela Anistia Internacional Brasil, disponível em <https://www.youtube.com/watch?v=5RlO07ZTPkQ>.

26 Um ano depois, em 29 de novembro de 2016, uma audiência realizada pela 2ª Câmara Criminal do Tribunal de Justiça do Rio de Janeiro "resultou no arquivamento do caso do assassinato de Eduardo de Jesus Ferreira (10 anos), morto por policiais militares no Complexo no Alemão em abril de 2015. Ainda cabe recurso do Ministério Público". Disponível em <https://anistia.org.br/noticias/caso-menino-eduardo-de-jesus-deve-ser-responsabilizado/>.

debatida e modificada como foi indicado pelas autoridades em momentos públicos quando o assassinato de Eduardo ganhou visibilidade. Talvez alguma coisa mudasse de fato, mas, um ano depois, outros nomes foram incorporados à lista daqueles que não se pode deixar esquecer, cair no anonimato, virar estatística.

Constituindo-se como marcos temporais para quem sobrevive, as mortes também geram engajamentos e resistências. A luta pelo não esquecimento dos que se foram ecoa através de seus nomes entoados em voz alta em atividades da militância sucedidas pelo grito coletivo de "Presente!". "Nossos mortos não serão esquecidos" também aparece na fala de militantes dos movimentos negro e de favela, nos movimentos de mães e de juventude, compõe postagens e chamados da militância. No material de divulgação que chama para as atividades que homenageiam Eduardo um ano após sua morte é possível ler a frase "Eduardo presente". A frase é a resistência à morte transformada em estatística, à morte genérica na lógica do Estado. A pessoa morta foi alguém para outras pessoas. E continua sendo. Ela não será esquecida, não pelas mães, não pelos movimentos.

REFERÊNCIAS BIBLIOGRÁFICAS

ANISTIA INTERNACIONAL. *Você matou meu filho* — Homicídios cometidos pela Polícia Militar no Rio de Janeiro. Rio de Janeiro, Anistia Internacional, 2015.

BIRMAN, P.; LEITE, M.P. *Um mural para a dor*: movimentos cívico-religiosos por justiça e paz. Porto Alegre: Editora da UFRGS, 2004.

BOLTANSKI, L. *La souffrance à distance*: morale humanitaire, medias et politique. Paris: Éditions Métaillé, 1993.

BOURDIEU, Pierre. *A greve e a ação política*. Comunicação apresentada como "conclusão" da segunda mesa redonda sobre a História Social Europeia, organizada pela Maison de sciences de l`homme, em Paris, 2 e 3 de maio de 1975.

FARIAS, Juliana. *Estratégias de visibilidade, política e movimentos sociais*: reflexões sobre a luta de moradores das favelas cariocas contra a violência. Dissertação (Mestrado) — Universidade do Estado do Rio de Janeiro, Programa de Pós-Graduação em Ciências Sociais, 2007.

GAMA, Fabiene. *Fotodocumentação e participação política*: um estudo comparativo entre o Brasil e o Bangladesh. Rio de Janeiro/ Paris: UFRJ/ PPGSA e EHESS, 2012.

LEITE, Marcia Pereira. As Mães em Movimento. In: BIRMAN, P.; LEITE, M.P. *Um mural para a dor*: movimentos cívico-religiosos por justiça e paz. Porto Alegre: Editora da UFRGS, 2004.

________. *Violência, risco e sociabilidade nas margens da cidade*: percepções e formas de ação de moradores de favelas cariocas. In: MACHADO DA SILVA, Luiz Antonio (org.). *Vida sob cerco*: violências e rotinas nas favelas do Rio de Janeiro. Rio de Janeiro: Nova Fronteira, 2008.

OLIVEIRA, João Pacheco de. *Pacificação e tutela militar na gestão de populações e territórios.* MANA 20(1), PPGA, UFRJ, Rio de Janeiro, 2014.

MACHADO DA SILVA, Luiz Antonio. *Introdução.* In: MACHADO DA SILVA, Luiz Antonio (org.). *Vida sob cerco*: violências e rotinas nas favelas do Rio de Janeiro. Rio de Janeiro: Nova Fronteira, 2008.

_________. *Fazendo a cidade*: trabalho, moradia e vida local entre as camadas populares urbanas. Rio de Janeiro: Mórula, 2016.

MACHADO, Carly. *Conexões e rupturas urbanas*: projetos, populações e territórios em disputa. Comunicação apresentada no GT33 — Sobre periferias: novos conflitos no espaço público no 36º Encontro Anual da Anpocs. Águas de Lindoia, SP, 2012.

MILLER, Daniel; SLATER, Don. *The Internet*: An Ethnographic Approach. Oxford, 200/ 2001.

NOVAES, Regina Reyes; CATELA, Ludmila S. *Rituais para a dor*. Política, religião e violência no Rio de Janeiro. In: BIRMAN, P.; LEITE, M.P. *Um mural para a dor*: movimentos cívico-religiosos por justiça e paz. Porto Alegre: Editora da UFRGS, 2004.

RAMOS, Jair Souza. *Subjetivação e poder no ciberespaço*. Da experimentação à convergência identitária na era das redes sociais. Vivência — Revista de Antropologia, Natal, v. 1, n. 45, p. 57-76. 2015.

SOUZA, Patrícia Lânes Araujo de. *Entre becos e ONGs*: etnografia sobre engajamento militante, favela e juventude. Tese de Doutorado em Antropologia. PPGA/UFF, Niteroi, 2017.

VIANNA, Adriana; FARIAS, Juliana. *A guerra das mães*: dor e política em situações de violência institucional. Cadernos Pagu (37), julho-dezembro de 2011, p. 79-116.

1ª edição	outubro 2018
impressão	rotaplan
papel miolo	offwhite 80g/m²
papel capa	cartão supremo 300g/m²
tipografia	intro e freight